BREVE HISTORIA
DE LA LITERATURA
HISPANOAMERICANA

BREVE HISTORIA
DE LA LITERATURA
HISPANOAMERICANA

por
LUIS LEAL
University of Illinois

ALFRED A. KNOPF　　NEW YORK

THIS IS A BORZOI BOOK
PUBLISHED BY ALFRED A. KNOPF, INC.

Copyright © 1971 by Alfred A. Knopf, Inc.
All rights reserved under International and Pan-American Copyright Conventions.
Published in the United States by Alfred A. Knopf, Inc., New York, and simultaneously
in Canada by Random House of Canada Limited, Toronto. Distributed by Random
House, Inc., New York.

ISBN : 0-394-31015-2

Library of Congress Catalog Card Number : 77-151900

Manufactured in the United States of America

First Edition
1 3 5 7 9 8 6 4 2

ACKNOWLEDGMENTS

We wish to thank the following for kind permission to reprint the poems appearing in this volume:

Casa de la Cultura Ecuatoriana, Quito, Ecuador, for the poem by Jorge Carrera Andrade.

Editorial Losada, Buenos Aires, Argentina, for excerpts from poems by Pablo Neruda.

Editorial Sur, Buenos Aires, Argentina, for excerpts from poems by Ricardo Molinari.

Editorial Universitaria, Santiago, Chile, for excerpts from poems by Nicanor Parra taken from *Obra gruesa,* Santiago: Editorial Universitaria, S.A., 1969.

Editorial Zig-Zag, Santiago, Chile, for excerpts from poems by Vicente Huidobro.

Eugenio Florit for the excerpt from the poem "El caminante" from *Hábito de esperanza.*

Fondo de Cultura Económica, México, D.F., for poems by José Gorostiza, Octavio Paz, and Xavier Villaurrutia.

Ana María Palés de Méndez for poems by Luis Palés Matos.

Jaime Torres Bodet for excerpts from his poems.

A
la memoria
de
CARLOS CASTILLO
maestro y amigo

Prefacio

En este manual nos proponemos dar una idea sucinta y clara del desarrollo de la literatura hispanoamericana desde los orígenes hasta nuestros días. Cuando nos pusimos a preparar esta obra nos preguntamos : ¿Será posible presentar una historia de la fecunda literatura de los países americanos, de habla española, limitando el estudio a unas quinientas cuartillas?. La respuesta es sí y no. No, si queremos incluir a todos los escritores; esto es, si entendemos por *historia de la literatura* todo lo que se ha publicado de carácter poético, ficticio o dramático. Sí, si nos limitamos a los autores representativos dentro de cada período y dentro de cada movimiento. Y esto es precisamente lo que hemos hecho. A las palabras *breve* e *historia* habría que añadir la palabra *crítica*. Crítica en el sentido de que sólo escogemos para hablar de ellos a los autores que han escrito obras significativas, obras que han dejado una marca en la evolución de la historia literaria de los países hispanoamericanos. Y aún más. Para no pasarnos del límite prescrito, hemos omitido de las bibliografías que aparecen al final de cada capítulo las de los autores menos significativos. Esperamos que lo que quede dé una visión coherente del desarrollo de esas literaturas, y que las bibliografías ayuden al estudioso a ampliar sus conocimientos de un período, de un movimiento, de una escuela o de un autor favoritos.

En la clasificación, con pocas excepciones, nos hemos ajustado a la que la crítica ha venido utilizando en los manuales e historias. Dentro de cada período hemos clasificado a los autores en poetas, narradores, dramaturgos y ensayistas. La única excepción es el movimiento modernista, clasificado en tres ciclos, sin separar a poetas de narradores siendo que todos ellos publicaron tanto verso como prosa. En cuanto al método. Con muy pocas excepciones, hemos omitido todo dato biográfico, con excepción del país de origen y las fechas de nacimiento (y muerte en caso de los desaparecidos), con el objeto de dedicar más espacio a las obras. Esto no indica, por supuesto, que se haga un análisis detallado de cada obra que se menciona. Ese análisis se queda para las monografías y los estudios. El interesado puede consultar las bibliografías de los autores principales. También hemos omitido los asteriscos para señalar a los mejores autores, ya que nos parecen superfluos. La importancia de cada autor la revelará lo que de él se diga, no el número de líneas que se le dediquen o las estrellas que lo señalen. Lo mismo podemos decir de las obras de cada autor.

Al escribir esta historia quisimos rendir un servicio a los estudiosos de la rica literatura hispanoamericana; pero también nos movió el deseo de demostrar que esa literatura, aunque formada por literaturas nacionales independientes, presenta ciertos rasgos en común que le dan coherencia. Esos han sido nuestros propósitos al emprender la elaboración de este manual. Esperamos haberlos cumplido.

Urbana, Illinois   L. L.
Agosto de 1970

Tabla de Materias

BREVE HISTORIA
DE LA LITERATURA
HISPANOAMERICANA

I

Las Literaturas Prehispánicas

En el continente americano, los españoles descubrieron tres grandes culturas : la azteca, la maya y la incaica. De estos tres pueblos (cuyas lenguas son el náhuatl, el maya y el quechua) existe un rico caudal de monumentos literarios que nos permite hacer un estudio de las letras prehispánicas, estudio imprescindible en la historia de la literatura hispanoamericana. La producción literaria de los aztecas, mayas e incas, tanto la escrita como la de tradición oral, es la que más nos interesa, aunque bien hay otras importantes, tales como la de los tarascos de Michoacán, la de los zapotecas de Oaxaca y la de los guaraní del Paraguay.

1. LA LITERATURA NÁHUATL

La literatura de los aztecas, los chichimecas y otras tribus afines, floreció en el valle de Anáhuac, en la altiplanicie mexicana. Para su estudio hay que recurrir a los códices, tanto los prehispánicos como los que datan del siglo dieciséis, éstos preparados bajo la dirección de misioneros como Fray Bernardino de Sahagún.

Los códices prehispánicos, hechos de piel de ciervo o papel de maguey, eran simples representaciones pictóricas acompañadas de jeroglíficos explicativos. Los principales son el *Códice Borgia*, el *Códice Boturini*, el *Códice Laud* y el *Códice Aubin*.

Para el estudio de la literatura náhuatl propia es necesario hacer uso de códices compuestos después de la conquista. Estos códices están escritos en náhuatl, pero usan el alfabeto español. Las fuentes literarias más ricas son los *Veinte himnos sacros*, recogidos por Sahagún entre 1558 y 1560, y los *Cantares mexicanos*, manuscrito del siglo dieciséis conservado en la Biblioteca de la Universidad Nacional de México.

La poesía náhuatl se caracteriza por su paralelismo o balanceo de vocablos, frases y períodos; por sus pies rítmicos sin cuenta silábica; por el uso de estribillos y por la estructura en estrofas irregulares. Los símiles, las metáforas y las imágenes reflejan el ambiente mexicano de la altiplanicie. Entre los temas predomina el religioso; pero también aparece el asunto guerrero y la queja por el abandono del mundo. La presencia de la muerte—fenómeno diario y frecuente entre los aztecas—es nota característica de estos cantares. La narrativa hay que buscarla en los cronistas como Sahagún y Alva Ixtlilxóchitl, quienes recogieron de la tradición oral gran cantidad de mitos, leyendas, tradiciones y cuentos.

2. LA LITERATURA MAYA-QUICHÉ

Los códices mayas, escritos en un sistema conocido sólo de los sacerdotes, servían para registrar los mitos, las historias, los datos astronómicos y los augurios. Los tres que se conservan se encuentran en Europa : el *Códice Dresdensis* en Dresden; el *Códice Tro-Cortesianus* en la Biblioteca del Museo de América en Madrid y el *Códice Peresianus* en la Biblioteca Nacional de París. Además de los códices se han conservado algunas narraciones más o menos extensas, pasadas por vía oral de generación en generación y alfabetizadas por los misioneros y los escribas mayas a mediados del siglo dieciocho. Las más importantes son el *Popol Vuh*, el *Chilam Balam*, el *Título de los señores de Totonicapan* y los *Anales de los Xahil*.

El *Popol Vuh* o *Libro del Consejo*, manuscrito descubierto y traducido al español por Fray Francisco Ximénez durante el siglo dieciocho, es uno de los documentos americanos más antiguos. La narración, especie de Biblia de los quiché de Guatemala, relata en la primera parte la creación del mundo; en la segunda, las mitologías del pueblo maya-quiché; en la tercera, la creación del hombre (quien fue hecho de maíz); y en la última, la historia de las diversas tribus de la región. El libro termina con una lista de los reyes quiché que alcanza hasta la época de la conquista. La nota americana en el *Popol Vuh* es perceptible en el estilo—paralelismo y balanceo—en el concepto dual del mundo y en la naturaleza de las teogonías. Muchos de los fragmentos tienen valor literario como narraciones fantásticas. De especial interés son el estilo poético que las anima y el elemento imaginativo que predomina a través de ellas; el simbolismo que las adorna y que las asemeja a la primitiva literatura oriental.

Al pueblo maya-quiché también pertenece la única obra dramática prehispánica, la tragedia danzante conocida con el nombre de *Rabinal Achí*. Que la obra es de origen prehispánico lo indica tanto la estructura, en la cual no hay ninguna semejanza con el teatro europeo, como el desenlace y fin : el rito del sacrificio humano. Los personajes parlantes son pocos—cinco apenas—pero muchos los mudos. Cada personaje lleva una máscara y puede ser reemplazado por otro cuando se fatiga como resultado de la danza. Los diálogos son de carácter épico : cada personaje repite parte del diálogo del personaje anterior. La parte más extensa del drama es el duelo verbal entre el guerrero de Rabinal (Rabinal Achí) y el guerrero de Queché (Queché Achí). Al final Queché Achí es conquistado y tiene que ser sacrificado a los dioses. El ambiente es enteramente pagano. El estilo también refleja el mundo indígena, sobre todo en las imágenes, que provienen de la cultura maya.

3. LA LITERATURA INCAICA

La falta de códices como los que se encuentran en México y Guatemala dificulta el estudio de la literatura incaica. Los *quipos*, cuerdas de varios colores con que, haciendo diversos nudos, los incas suplían la falta de escritura, eran usados para registrar las tradiciones y las leyendas, las historias y las genealogías. Habiéndose perdido, sólo nos queda la tradición oral y lo que lograron recoger cronistas como el Inca Garcilaso de la Vega, cuyos *Comentarios Reales* contienen los más antiguos ejemplos de la poesía lírica incaica. Otros ejemplos los encontramos en la *Relación de antigüedades de este Reyno del Perú* (c. 1620) de Juan Santacruz Pachacuti, y en la *Relación de las fábulas y ritos de los Incas en el tiempo de su infidelidad* (1575) de Cristóbal de Molina.

En la poesía lírica de los incas predominan la musicalidad, la sencillez en la versificación (resultado de la necesidad del canto) y la preferencia por el verso de pocas sílabas. Las formas son muy variadas, mas las diferencias son a veces insignificantes. El *jailli* es un himno sacro, pero también puede tratar el tema heroico y hasta el agrícola. El *arawi (yaraví)* era el nombre aplicado a todo verso o canción, que con el tiempo vino a significar sólo poesía de tema amoroso. Aunque el arawi a veces es alegre, predomina en él la nota melancólica y el pensamiento triste. Para dar expresión a la burla amorosa se usaba el *wawaky*, cuyo rasgo distintivo de forma es el estribillo, de una sola palabra exclamatoria, con que remata cada verso, y el uso del diálogo. Para la poesía cantada se daba preferencia al *taki*, al *wayñu* y a la *qhashwa*. El primero admitía mayor número de temas que ninguna otra de las formas mencionadas. El *wayñu* casi siempre se cantaba y se bailaba; la *qhashwa*, de tema alegre, también era cantada y bailada. La poesía lírica incaica es abundante y aun hoy se encuentran todas las formas. No así la épica, de la cual apenas han quedado vestigios de algunos poemas mitológicos. De la prosa quechua, como es de esperarse, no existen ejemplos prehispánicos. Sin embargo, han perdurado en la tradición oral varias narraciones, recogidas por los investigadores, que delatan un origen precolombino. Más que en México y en Centro América, en los países andinos se ha conservado la literatura indígena a través de los siglos con pocas modificaciones. En lo que se conserva es fácil observar la riqueza de esa tradición, que no desaparece del todo con la conquista.

Problema muy discutido es el de la existencia de la poesía dramática entre los antiguos habitantes de los países andinos. Jesús Lara ha rastreado algunas noticias del teatro entre los incas y cita los nombres de algunas piezas dramáticas que se representaban antes de la llegada de los españoles. De todas ellas sólo sobrevive el drama *Ollantay*, en torno al cual también se ha creado una enconada discusión entre aquellos que lo consideran como prehispánico y los que creen que se trata de una obra de origen posterior a la conquista. Sin duda alguna, en el drama perduran elementos incaicos, pero mezclados con motivos españoles que le dan un carácter europeo. *Ollantay* es un drama histórico en el cual actúan personajes reales. La trama gira en torno a los amores del militar Ollantay y la princesa inca Cusi-Ccoyllur. El rey Pachacutec se opone al enlace y Ollantay se rebela. Mas es traicionado y conquistado. Los elementos que predominan son el amor filial, la fidelidad conyugal, la humanidad hacia el vencido, la magnanimidad real y el espíritu militar. Más que tragedia, parece ser un drama histórico que servía para recordar al pueblo la vida y hazañas de sus señores.

4. LITERATURAS MARGINALES

Las manifestaciones literarias de los pueblos de culturas marginales son poco conocidas. La literatura de los guaraní del Brasil y Paraguay ha sido poco estudiada. Lo que se ha recogido, que es bien escaso, ha sido adulterado por los folkloristas y los recopiladores. Eso hizo Narciso R. Colmán (Rosicrán) quien, en su libro *Ñandi Ipi Cuera* ("Nuestros antepasados", 1937), recoge las tradiciones del pueblo guaraní desde sus orígenes. Ernesto Morales, en sus *Leyendas guaraníes* (1960), reconstruye mitos y tradiciones. Antes de Morales, Filiberto Oliveira Cézar ya había recogido algunas *Leyendas de los indios guaraníes* (1892) y J. Norberto de S. S. algunas poesías. Lo más completo, sin embargo, es lo recogido por León Cadogan, quien ha recopilado mitos, leyendas, cuentos, cantos y poesías.

Entre las varias culturas marginales que florecieron en México las más importantes son la zapoteca de Oaxaca y la tarasca de Michoacán. El mito zapoteca fue recogido por Fray Alonso de Espinosa a principios del siglo diecisiete, y por Fray Francisco Burgoa un poco después. Entre los zapotecas existía una rica tradición de mitos, leyendas y parábolas, algunos de los cuales todavía perduran. Varias de las leyendas zapotecas tuvieron su origen en la región de Mitla, el lugar de los muertos.

Otra región mexicana rica en tradiciones prehispánicas es la de Michoacán, donde floreció la cultura tarasca. La fuente más auténtica para su estudio es la *Relación de Michoacán*, colección de mitos y leyendas recogidos por orden del virrey don Antonio de Mendoza.

BIBLIOGRAFÍA

GENERAL

ALCINA FRANCH, José. *Floresta literaria de la América indígena*. Madrid, 1957.
ARIAS-LARRETA, Abraham. *Pre-Colombian Literatures*. New World Library, 1964.
ASTURIAS, Miguel Angel. *Poesía precolombina*. Buenos Aires, 1960.
CID PÉREZ, José, y D. MARTÍ DE CID. *Teatro indio precolombino*. Madrid : Aguilar, 1964.
LEÓN-PORTILLA, Miguel. *Las literaturas precolombinas de México*. México : Edit. Pormaca, 1964. Trad. al inglés, *Pre-Columbian Literature of Mexico*. Norman : Univ. of Oklahoma Press, 1969.
ORTIZ DE MONTELLANO, Bernardo. *La poesía indígena de México*. México : Talleres Gráficos de la Nación, 1935.
OSUNA RUIZ, Rafael. *Introducción a la lírica prehispánica*. Maracaibo : Univ. de Zulia, 1968.
YÁÑEZ, Agustín. *Mitos indígenas*. México : Univ. Nacional Autónoma de México, 1964.

1. LA LITERATURA NÁHUATL

BRINTON, Daniel G. *Ancient Nahuatl Poetry*. Philadelphia, 1887.
——. *Riga Veda Americanus*. Philadelphia, 1890.
CAMPOS, Rubén M. *La producción literaria de los aztecas*. México, 1936.
CORNYN, John H. *The Songs of Quetzalcoatl*. Yellow Springs, 1930.
GARIBAY K., Angel María. *Poesía indígena de la Altiplanicie*. México : UNAM, 1940.
——. *Épica náhuatl*. México : UNAM, 1945.
——. *Historia de la literatura náhuatl*. 2 tomos. México : Edit. Porrúa, 1953-1954.

———. *Veinte himnos sacros de los nahuas.* México : UNAM, 1958.
———. *Panorama literario de los pueblos nahuas.* México : Edit. Porrúa, 1963.
———. *Poesía náhuatl; romance de los señores de la Nueva España; ms. de Juan Bautista Pomar, Texcoco, 1592.* México : UNAM, 1964.
Nicholson, Irene. *Firefly in the Night: A Study of Ancient Mexican Poetry and Symbolism.* London : Faber and Faber, 1959.
Peñafiel, Antonio (ed.). *Cantares mexicanos. Ms.* de la Biblioteca Nacional. México, 1904.
Vaillant, G. C. *Aztecs of Mexico.* New York, 1944.
Vigil, José María. *Nezahualcóyotl, el rey-poeta.* México : Edit. De Andrea, 1957.

2. LA LITERATURA MAYA-QUICHÉ

Barrera Vázquez, A. (ed.). *El libro de los libros de Chilam Balam.* México : Fondo de Cult. Econ. 1948.
Brinton, Daniel G. *The Books of Chilam Balam.* Philadelphia : E. Stern and Co., 1882.
Monterde, Francisco (ed.). *Rabinal Achí.* México : UNAM, 1955.
Morley, S. G. y Delia Goetz. *Popol Vuh; the Sacred Book of the Ancient Quiché Maya.* Norman : Univ. of Oklahoma Press, 1950.
Raynaud, George. *El libro del consejo (Popol Vuh).* Trad. y Notas de G. Raynaud, J. M. González de Mendoza y Miguel Ángel Asturias. México : UNAM, 1939.
Recinos, Adrián. *Popol Vuh.* Trad. del texto original . . . México : Fondo de Cult. Econ., 1947.
———. *Crónicas indígenas de Guatemala.* Guatemala : Edit. Univ., 1957.
Sodi, Demetrio. *La literatura de los mayas.* México : Joaquín Mortiz, 1964.
.Vargas de Núñez, Inés. "El *Popol Vuh*, libro esotérico de los quichés," *Filosofía y Letras,* México, XXVIII, 55-56 (jul.-dic., 1954), 179-195.

3. LA LITERATURA INCAICA

Arguedas, José María. *Canciones y cuentos del pueblo quechua.* Lima : Edit. Huascaran, 1949.
———. *Ollantay; cantos y narraciones quechuas.* Lima : Patronato del Libro Peruano, 1957.
Basadre, Jorge. *Literatura inca.* "Biblio. de Cult. Peruana," I. París, 1938.
Burga, Napoleón M. *La literatura en el Perú de los incas.* Lima : Gil, S.A., 1940.
Farfán, José María Benigno. *Colección de textos quechuas del Perú.* Lima, 1952.
Lara, Jesús. *La poesía quechua.* México : Fondo de Cult. Econ., 1947.
———. *Pauccarwara, poemas quechuas.* Buenos Aires, 1947.
Markham, Clements R. *Poesía dramática de los incas : Ollantay.* Buenos Aires, 1883.

MIRANDA RIVERA, Porfirio. *Florilegio keshua*. Sucre : Edit. Don Bosco, 1953.
NORDENSKIÖLD, Erkand. "The Secret of the Peruvian Quipus," *Comparative Ethiological Studies*, Gothenburg, VIII (1925).
ROJAS, Ricardo. *Himnos quechuas*. Buenos Aires : Imp. de la Univ., 1937.
SALAZAR BONDY, Sebastián. *Poesía quechua*. México : UNAM, 1964.
VIDAL MARTÍNEZ, Leopoldo. *La poesía de los incas*. Lima : Edit. Amauta, 1947.

4. LITERATURAS MARGINALES

BERTONI, Moisés. *La civilización guaraní*. Puerto Bertoni, Paraguay, 1922.
CADOGAN, León. *La literatura de los guaraní*. México : Edit. Joaquín Mortiz, 1965.
LEÓN, Nicolás. "La *Relación de Michoacán;* nota bibliográfica y crítica," *Rev. Mexicana de Estudios Históricos*, I (1927), 191-211.
MORALES, Ernesto. *Leyendas guaraníes*. Buenos Aires, 1960.
Relación de las ceremonias y ritos, población y gobierno de Michoacán, en el tomo 53 de la "Col. de Documentos para la historia de España." Madrid : Imp. de la Vda. de Calero, 1869.

II

Los Orígenes
(Siglo Dieciséis)

La conquista física de lo que hoy es Hispanoamérica fue llevada a cabo por españoles interesados más en las armas que en las letras. Y sin embargo, varios de ellos tuvieron tiempo para sentarse a escribir acerca de las extraordinarias experiencias personales y, a veces, para generalizar sobre el significado del descubrimiento y la conquista, para hacer síntesis históricas y expresar ideas abstractas. La mayor parte de los primeros prosistas, sin embargo, se concretan a relatar las experiencias personales, siempre interesantes por su valor humano, si no histórico. De ahí que las formas que utilizan sean la crónica, el diario, el memorial, la carta de relación, todas ellas de origen medioeval.

No todos los que pasan al Nuevo Mundo, sin embargo, son conquistadores o exploradores. Los misioneros y los letrados llegan cuando el proceso de la conquista no ha terminado. Los primeros, además de evangelizar a los naturales, cuyas lenguas aprenden, se dedican a fundar escuelas y colegios y a escribir sermones, catecismos, gramáticas y vocabularios bilingües. Algunos, como Sahagún, dedican su vida a reconstruir la historia cultural de las razas vencidas.

Los letrados (poetas, retóricos, dramaturgos, filósofos) introducen en las letras las formas renacentistas de origen italiano. Ya en 1535 el poeta Lázaro Bejarano escribe en América versos a la manera italiana. Gutierre de Cetina, Tirso de Molina y Mateo Alemán son algunos de los ingenios españoles que visitan o se quedan a .vivir en el Nuevo Mundo. Todos ellos, imbuidos por la cultura italiana, cuya influencia predominaba en España bajo el reinado de Carlos V, trasplantan a las Indias las formas renacentistas y fomentan su cultivo. Pronto esas formas se convertirán en el patrimonio de los escritores ya nacidos en América. Los primeros, como en el caso de Terrazas, serán simples imitadores de los Europeos. Mas no ha de pasar mucho tiempo antes de que aparezca una literatura originalmente americana, cuyo desarrollo nos proponemos trazar, si bien brevísimamente, en este manual.

1. LOS CRONISTAS

Las primeras manifestaciones literarias en América son las cartas, los diarios y las crónicas escritos por los mismos exploradores y conquistadores. Entre los diarios destaca el de Colón; entre las cartas, las de Cortés al rey Carlos V. Las crónicas son abundantísimas. Muchos fueron los conquistadores y misioneros que sintieron la urgencia de describir el maravilloso mundo nuevo; muchos los que deseaban dar a conocer las penalidades sufridas en la conquista de las Indias. Con frecuencia esos escritos tienen otro propósito : el de formular una petición al rey con el objeto de recibir una compensación por los servicios prestados a la corona. Otros, como los de Bernal Díaz, se proponen hacer justicia a los que verdaderamente sufrieron penalidades sin haber sido reconocidos. Pero sea cual sea la finalidad de lo que se escribe, lo importante es que los cronistas de las Indias nos dejaron la historia de una de las hazañas más significativas en los anales de la humanidad : el descubrimiento, la conquista y colonización del Nuevo Mundo. Si es verdad que las crónicas no llegan a ser historia—los autores confundían lo histórico con lo anecdótico, lo real con lo ficticio—también es verdad que en ellas encontramos vívidos retratos de los habitantes y sus costumbres, interesantes descripciones de la flora y la fauna y dramáticos relatos de prodigiosas hazañas. Los primeros cronistas son los conquistadores y descubridores, los misioneros, los humanistas venidos de España al Nuevo Mundo, los indios instruidos y, poco después, los primeros criollos y mestizos ya nacidos en América. Como sería inoportuno mencionarlos a todos, hablaremos aquí solamente de los principales.

CRISTÓBAL COLÓN (1451–1506), descubridor del Nuevo Mundo, fue también su primer cronista. La visión que los europeos se formaron de las Indias es la que encontramos en su *Diario* (según lo transcribió el Padre Las Casas) en la entrada correspondiente al doce de octubre de 1492. Colón se interesa tanto en el hombre americano como en la naturaleza; nos dice que todos los habitantes andaban desnudos, que no conocían las armas y que, considerando su dócil temperamento, sería fácil hacerlos cristianos. En la entrada en el *Diario* para el día 15 de octubre describe así la naturaleza antillana : "Son estas islas muy fértiles, y de aire muy dulces". La carta, "hecha en la carabela sobre las islas Canarias a XV. de febrero de 1493" y dirigida al canciller Luis de Santángel, contiene la primera descripción que los europeos reciben del Nuevo Mundo. En ella Colón es más efusivo que en el *Diario*. "¡La Española es maravillosa!" exclama al describir la isla de Santo Domingo; la isla de Cuba le parece "mayor que Inglaterra y Escocia juntas". A la observación objetiva mezcla el aserto subjetivo; después de darnos una idea precisa del tamaño de la isla nos dice que en la provincia de Ávan, en la cual no ha estado, "nacen las gentes con cola". Poco después, sin embargo, comenta : "En esta isla no he visto monstruos, como muchos pensaban; mas antes es gente de muy lindo acatamiento". Colón no era hombre de letras y por lo tanto, en sus descripciones, se interesa más en los fines prácticos de las cosas que en su valor estético. Su estilo es monótono, aunque a veces hiperbólico, mas es justo decir que tiene cierta gracia, resultado del desaliño con que el Almirante escribía el castellano.

Hernán Cortés (1485–1547), natural de Medellín en Extremadura, pasó a las Indias en 1504 y a México en 1519. El conquistador mismo es el primer cronista de la Nueva España, a la cual él dio el nombre. En las cinco largas *Cartas de relación* (1519–1536) nos dejó una reseña precisa de los hechos que más tarde habían de inspirar a mejores pero no más fieles historiadores. Las *Cartas* al Emperador Carlos V forman la base sobre la cual levantaron sus andamios históricos de la gran hazaña los cronistas posteriores. Pero el estilo de Cortés difiere del de sus émulos; diferencia debida, aparte de temperamento, a la finalidad que movió a Cortés a escribir las extensas cartas. Su objeto primordial era el de obtener el nombramiento de Capitán General de la Nueva España. Precisamente por eso su estilo es sobrio, respetuoso, sucinto. No deseando ser prolijo ni importuno, omite todo detalle pintoresco que otros cronistas aprovechan con ventaja.

La segunda carta, la más famosa, fue compuesta a raíz de la trágica salida de México, el 30 de octubre de 1520. Allí encontramos uno de los mejores trozos de Cortés : la descripción de la gran Tenochtitlán, hecha en estilo sobrio y directo; no hay digresiones, anécdotas, cuentos o detalles innecesarios; "otras muchas cosas supe, que por no dar a V.A. [Carlos V] importunidad, dejo". Cortés es un escritor de escasa imaginación. No hay ni un rasgo imaginativo en toda su obra. Nos cuenta lo que le pasó y describe al pie de la letra lo que vio. Sus descripciones son escuetas y a grandes pinceladas, si bien tienen el sello de la originalidad. El conquistador de México no tenía a quien imitar.

BERNAL DÍAZ DEL CASTILLO (c. 1495-1584) nació en Medina del Campo, España, y a los diecinueve años pasó a Cuba (en 1514) y a México con Cortés en 1519. Su *Historia verdadera de la conquista de la Nueva España* (1568), que no fue publicada hasta 1632, se basa en experiencias personales. Como se describe en ella todo lo que vio y oyó el autor, es una de las más valiosas fuentes para la historia de la conquista de México y los primeros años de su formación. Díaz del Castillo tenía una prodigiosa memoria y recordaba los más insignificantes detalles. Lo que cuenta lo ameniza con interesantes anécdotas y picantes comentarios. Más que historiador Díaz del Castillo es un verdadero cronista; a veces pierde la perspectiva, pero nunca el interés humano. Y eso es precisamente lo que imparte valor literario a su libro. La visión que nos dejó de la gran hazaña es la más viva, la que recordamos después de haber leído las de sus contemporáneos. Como afirmó el erudito crítico mexicano Joaquín García Icazbalceta, Bernal Díaz "con sus animados y pintorescos pormenores, sus vivas descripciones y su lenguaje sencillo y desaliñado, nos traslada a los campamentos, nos identifica con aquellos hombres extraordinarios, y nos hace comprender con tanta claridad, como si hubiéramos presenciado aquellas escenas". La *Historia verdadera*, como es bien sabido, fue escrita para enmendar la *Historia de la conquista de México* de Gomara y, al mismo tiempo, para dar crédito de la conquista a los soldados como él, que sin ser capitanes o caballeros sufrieron y contribuyeron tanto como los dirigentes. Gomara sólo cuenta lo que oyó por relación, aunque lo escribe "como si fuera verdad". Díaz del Castillo cuenta lo que vio, que *es* la verdad, según èl firmemente lo creía. Hoy sabemos que es su verdad y que su *Historia verdadera* es su verdadera historia, como también lo es, para Gomara, la suya.

ÁLVAR NÚÑEZ CABEZA DE VACA (1490?-1559?), natural de Jerez de la Frontera (no se sabe con exactitud ni el año de su nacimiento ni el de su muerte), pasó al Nuevo Mundo en 1527 con el gobernador Pánfilo de Narváez. Fue el jerezano uno de los pocos que lograron salvarse de la desastrosa expedición a la Florida. Los *Naufragios y relación* (Zamora, 1542) son una detallada descripción de los infortunios y trabajos que sufrió durante ocho años de peregrinación a través del continente americano, desde la Florida hasta Culiacán, donde llegó, con sus tres compañeros, en 1536. Los *Naufragios* no son, en verdad, una crónica sino más bien una novela de aventuras inverosímiles. Nada más opuesto a las *Cartas de relación* de Cortés que los *Naufragios y relación* de Cabeza de Vaca. Cortés nos habla de grandes hazañas; Álvar Núñez de pequeñeces humanas. Cortés llenó sus cartas de hechos heroicos vistos objetivamente, sin emoción. Cabeza de Vaca nos presenta una autobiografía en la cual da cabida a elementos extraños a la historia. Baste recordar el episodio en el cual Álvar Núñez, metido a hechicero, resucita a un indio. Históricamente, por lo tanto, la obra de Cabeza de Vaca es insignificante. Sin embargo, el capítulo del descubrimiento de Norte América, como documento humano, supera muchas crónicas e historias.

Gonzalo Fernández de Oviedo (1478–1557), madrileño educado en la Corte durante la época de los Reyes Católicos, hizo doce viajes al Nuevo Mundo, el primero en 1514. Autorizado por la Corona para pedir a los conquistadores relaciones de sus descubrimientos, pasó gran parte de su vida en Santo Domingo escribiendo la monumental *Historia general y natural de las Indias*, de la cual dio un *Sumario* (Toledo, 1526) a Carlos V. La obra completa no se publicó hasta 1855, si bien los primeros dieciséis libros aparecieron en Sevilla en 1535. La *Historia* de Oviedo es la primera que trata del Nuevo Mundo en conjunto y por eso su autor se adjudicó el título de "Primer Cronista de Indias". Pero también es una respuesta a su enemigo, Las Casas, quien había llamado a Oviedo "infamador, temerario, falso, embaidor, inhumano, hipócrita, ladrón, malvado, blasfemo y mentiroso". El valor de la *Historia* lo encontramos, más que en la filosofía del autor, en el caudal de materiales recogidos, útiles tanto para el historiador como para el lingüista. Su valor documental es inapreciable.

Fray bartolomé de las casas (1474–1565), sevillano, licenciado en leyes por Salamanca, pasó a las Indias en 1502. No satisfecho con el trato que los conquistadores daban a los indios, se dedicó al sacerdocio y como dominico se convirtió en su defensor. Llegó a ser obispo de Chiapas, en México. Su obra histórica interesa por el fervor con que defiende a los indios y el furor con que ataca a sus contemporáneos, sobre todo a su antagonista Gonzalo Fernández de Oviedo. En su obra, sin embargo, no se limita a escribir cartas y opúsculos en defensa de los indios, como la famosa *Brevísima relación de la destrucción de las Indias*, escrita en 1542 y publicada en Sevilla en 1552. Su aportación medular hay que buscarla en la *Historia de las Indias* (terminada en 1561) y en la *Apologética historia de las Indias* (inéditas hasta 1875 y 1909 respectivamente), obras capitales para el estudio de los primeros años de la conquista y la colonización. La primera cubre desde el descubrimiento de América hasta 1520 y la segunda trata de las características físicas de las Indias, lo mismo que de las costumbres de los naturales.

La actitud polémica de Las Casas resta mérito a su obra, sobre todo a la *Historia*. Los juicios contra Gomara, al tratar de la conquista de

México, son mucho más severos que los que hizo Bernal Díaz del Castillo, ya que éste se concreta a señalar errores de poca trascendencia. En cambio, Las Casas impugna los motivos de Gomara : "Y decirlo Gomara, como ni lo vido ni lo oyó sino de boca de Cortés, su amo, y que le daba de comer, tiene poca autoridad" (III, cxii). Las diatribas contra Oviedo, como hemos visto, rayan en vituperio. La *Apologética*, la obra maestra de Las Casas, fue escrita tal vez antes que la *Historia*, ya que en ésta la menciona varias veces. No encontramos en la *Apologética* el estilo polémico de la *Historia* pues el estudio de las costumbres y los habitantes del Nuevo Mundo no se presta para ello. Si bien más sereno, este estilo es menos pintoresco. En general, Las Casas escribía en un estilo desigual, difuso y lleno de repeticiones y digresiones innecesarias, lo mismo que adornado con citas que hoy nos parecen pedantes. Sin embargo, tiene gracia y gran elocuencia, sobre todo cuando trata de demostrar las injusticias cometidas contra los indios.

Fray bernardino de sahagún (*c.* 1500-1590) nació en la villa de Sahagún, provincia de León, y estudió en la Universidad de Salamanca y en México. A partir de 1529, pasó el resto de su vida dedicado a enseñar a los indios y a escribir su monumental *Historia de las cosas de la Nueva España* (1569). La obra compuesta de doce libros trata de manera exhaustiva la historia, la religión, las costumbres, la literatura y hasta el folklore de los antiguos mexicanos. El texto original fue escrito en náhuatl por los discípulos indios de Sahagún en el Colegio de Tlatelolco en la ciudad de México. Después Sahagún hizo la traducción al latín y al español y lo organizó a tres columnas. El libro XII es una reseña de la conquista según la observaron los mexicanos. El relato nos permite la confrontación de los mismos hechos en dos conciencias diferentes, la del conquistador y la del conquistado. Según opinión del crítico venezolano Mariano Picón Salas, la *Historia* de Sahagún es "la más rica cantera de investigación etnológica que se haya levantado nunca en América y acaso en país alguno".

Pedro cieza de león (*c.* 1520-1554) nació en Llerena, Extremadura, y a temprana edad pasó al Perú, donde participó en las expediciones de Alonso de Cáceres (1536) en busca de la provincia de Urute; en las del licenciado Vadillo (1537) a través de las selvas; y en las de Lorenzo de Aldana en 1538. En Cali, hacia 1542, sirvió a las órdenes de Belalcázar y participó en la expedición que éste emprendiera. Durante todo este tiempo Cieza de León no dejó de tomar apuntes para su futura *Crónica del Perú*, escrita en 1548 y publicada la primera parte—descripción geográfica del imperio incaico—en 1553. El resto de la obra, desgraciadamente, no se conoce completo. La segunda parte, bajo el título *Del señorío de los Incas*—estudio histórico y social de la civilización indígena—no se publicó hasta 1879; la tercera parte, que trata del descubrimiento y conquista del Perú, se ha perdido; la cuarta, *Las guerras civiles del Perú*, apareció, aunque no completa, en 1877. La obra de Cieza, escrita en estilo llano, tiene su atractivo, ya que todo lo que cuenta llama poderosamente la atención. Como documento histórico es de inapreciable valor para el estudio de la época formativa de la sociedad peruana.

Francisco Cervantes de Salazar (1514?–1575) nació en Toledo y estudió en Salamanca. Pasa a México en 1550 y a partir de 1553 ocupa la cátedra de retórica en la Universidad, de la cual recibe el grado de doctor en teología. Habiendo sido nombrado cronista de la ciudad de México, escribe la *Crónica de la Nueva España* (1559), obra que permanece inédita hasta 1914, si bien fue utilizada por el cronista Herrera. La versión de la conquista que nos da Cervantes de Salazar es menos seca que la de Cortés, pero no tan amena como la de Bernal Díaz. Habiéndola preparado años después del hecho, ve las cosas con mayor perspectiva. Sin embargo, el concepto de inferioridad que el autor tenía del indígena le resta mérito a la *Crónica*. Su actitud de desprecio hacia el pueblo conquistado le quita el valor humano que encontramos en las obras de Las Casas, Bernal Díaz, Sahagún y otros cronistas. Además de la *Crónica* Cervantes de Salazar escribió el *Túmulo Imperial* (1554), descripción de las exequias relativas a Carlos V y que contiene poesías en latín y castellano, propias y ajenas. También dejó una colección de *Diálogos* en latín (publicados en 1554 y traducidos al castellano por Joaquín García Icazbalceta en 1875) en los cuales hace una rica descripción de la vida universitaria en la ciudad de México.

Garcilaso de la Vega, el Inca (1540–1616) nació en Cuzco, hijo del capitán Garcilaso de la Vega (primo del poeta de este nombre) y de la princesa Isabel Chimpu Ocllo, hija del Inca Tupae Yupanqui y prima de Atahualpa, el último de los Incas. De sus parientes maternos aprendió el pasado de los antiguos habitantes del Perú. Habiéndose hecho sospechoso a las autoridades españolas, fue enviado a España (en 1560), en donde le protegieron los parientes de su padre. Pronto ingresó en el ejército y participó en las campañas de Italia, donde aprendió la lengua de Dante, que manejaba con soltura. Hacia 1580, al terminar sus servicios militares, se estableció en Sevilla, donde se dedicó al estudio de la literatura. Su primera obra es la traducción de los *Diálogos de amor* de León Hebreo, que publicó en 1590. Según juicio de Menéndez y Pelayo, la traducción del Inca es la mejor que se ha hecho en castellano de esta obra neoplatónica. Seis años más tarde, esto es, en 1596, escribió en Granada la *Genealogía de Garcí Pérez de Vargas* y la *Florida del Inca o Historia del Adelantado Hernando de Soto*, la cual vio la luz pública en Lisboa en 1605. De 1609 a 1617 escribió su más famosa obra, los *Comentarios Reales que tratan del origen de los Incas*, cuya primera parte apareció también en Lisboa en 1609; la segunda parte, que lleva el título *Historia general del Perú*, apareció en Córdoba en 1617, un año después de la muerte de su autor.

En los *Comentarios Reales* el Inca describe, con gran simpatía, el pasado de los habitantes del Perú, según lo había aprendido de sus abuelos maternos y parientes indígenas. Después de pintar con gran colorido, las costumbres de los incas, traza la conquista de su país y describe las desastrosas guerras civiles que se siguieron. Para la recreación del pasado incaico se valió también de las relaciones de algunos indígenas de edad : "Luego que me propuse escribir esta historia—nos dice—escribí a los condiscípulos de esta escuela gramática, encargándoles que cada uno me ayudase con la relación que pudiese haber de las particulares conquistas de los Incas ... Los condiscípulos, tomando de veras lo que les pedí, cada cual de ellos dio cuenta de mi intención a su madre y parientes; los cuales, sabiendo que un indio, hijo de su tierra, quería escribir los sucesos de ella, sacaron de sus archivos las relaciones que tenían de sus historias, y me las enviaron". Dichas relaciones, por supuesto, sólo le sirven para extraer de ellas los datos necesarios para entretejer sus *Comentarios*, en los cuales campean las características renacentistas de la época, tanto en el estilo como en la visión del mundo.

2. LA POESÍA

Las primeras poesías en lengua española que se oyen en las Indias son los romances y las coplas que los conquistadores recitan de memoria durante las largas caminatas o en torno a las hogueras para distraerse a la hora del descanso. Pronto esos mismos conquistadores plasman sobre las viejas formas una nueva letra, como aquel romance conservado por Bernal Díaz en su *Historia:*

En Tacuba está Cortés
con su escuadrón esforzado;
triste estaba y muy penoso,
triste y con muy gran cuidado,
una mano en la mejilla
y otra en el costado. (cap. 145)

A raíz de la conquista llegan al Nuevo Mundo poetas peninsulares como Gutierre de Cetina, Ercilla, Juan de la Cueva, Eugenio de Salazar y tantos otros, quienes introducen las formas renacentistas tan de moda en Europa. Pronto aparecen los poetas nacidos ya en América, esto es, los criollos y los mestizos. Todos ellos, ya peninsulares, ya americanos, cantan con una nueva voz y así crean una nueva poesía, que se distingue de la española por la actitud del poeta ante el paisaje, por su modo de reaccionar ante una realidad desconocida en el viejo mundo, por ser el producto de una nueva sociedad, sociedad que se está gestando; que es el resultado del choque entre dos culturas, la hispana y la indígena. De allí ha de brotar lo americano, que es una síntesis de ambas formas de vida. Mencionaremos a los principales poetas del siglo dieciséis, a aquellos cuya obra es representativa de toda una tendencia, ya sea la lírica, la épica o la satírica.

FRANCISCO DE TERRAZAS (1525?–1600?) es el primer poeta nacido en el Nuevo Mundo que escribe en la lengua castellana; fue elogiado por Miguel de Cervantes en su *Canto de Calíope* (en *La Galatea*, 1585). Su padre, Francisco de Terrazas, fue mayordomo de Hernán Cortés. La obra de este primer criollo representante de la poesía renacentista se ha perdido, con excepción de nueve sonetos, una epístola, diez décimas y un poema épico incompleto, *Nuevo Mundo y conquista*. El genio de Terrazas como poeta se manifiesta mejor en el soneto que en la épica. Sus mejores composiciones son los sonetos "Dejad las hebras de oro ensortijado" y "Soñé que de una peña me arrojaba", ambos singulares ejemplos de la poesía hispanoamericana del siglo dieciséis.

ALONSO DE ERCILLA Y ZÚÑIGA (1533–1594), madrileño, pasó a Chile en 1554, donde peleó contra los indios araucanos y donde compuso parte de su gran poema épico, *La araucana*, cuya primera parte se publicó en su ciudad natal en 1569; la segunda no aparece hasta 1578 y la tercera y última, en 1589. La primera edición de la obra completa es de 1590. Considerado como uno de los grandes poemas épicos en lengua castellana, es americano por el tema y el asunto, la conquista de Chile. Sus héroes son los capitanes españoles e indígenas, entre quienes destaca la figura de Caupolicán. En la estructura el poema es típico de la épica renacentista. Está dividido en tres partes de 15, 14 y 7 cantos, todos compuestos en octavas reales, la estrofa favorita de los poetas italianos, españoles y portugueses de la época. En el poema de Ercilla se describen las costumbres de los araucanos; se pinta la naturaleza americana y se narran los principales hechos de las guerras entre españoles e indios. Sobresalen las heroicas hazañas de los españoles Valdivia y García

Hurtado de Mendoza, y en especial las de los araucanos Lautaro y Caupolicán, siendo éste el verdadero héroe del poema. La publicación de *La araucana* en 1569 inició una nueva tendencia en la épica hispana. Los imitadores de Ercilla fueron numerosos; nadie, sin embargo, logró superarlo.

Pedro de Oña (Chile, 1570–1643?) es el primer poeta nacido en Chile. Hijo de un conquistador, estudió en la Universidad de San Marcos (1590–1592) y participó en la expedición contra la insurrección de Quito en 1592 bajo las órdenes de don Hurtado de Mendoza. Admirador de Ercilla, se inspiró en *La araucana* para escribir, a los veinticinco años, su poema épico *Arauco domado* (1596), en el que trata el mismo tema, pero en estilo más florido y exuberante. Capta la realidad ya con ojos de criollo. Publicó, ademas, las siguientes obras : *El temblor de Lima en 1609* (1609); *Ignacio de Cantabria* (Madrid, 1636), calificado por Lope de Vega, en el *Laurel de Apolo*, de "poema heroico, armónico y suave"; la *Vida de San Francisco Solano* (Madrid, 1643) y *El vasauro* [vaso áureo] (1635) que Rodolfo Oroz dio a conocer en 1941. Mas es el *Arauco domado* la obra que ha conservado el nombre de Oña en las historias de la literatura hispanoamericana. Si bien imitativa, ya se perfila en ella la psicología del poeta criollo que escribe, nos dice en el Prólogo, para "hacer algún servicio a la tierra donde nací" y donde ya hay una conciencia de un estilo americano. "Van mezclados algunos términos indios", dice en el Prólogo, "no por cometer barbarismo, sino, siendo tan propia dellos la materia, me pareció congruencia que en esto también le correspondiese la forma". Su criollismo lo demuestra también al quejarse del modo en que los encomenderos tratan a los indios : "Oh qué desaforado desafuero / usado con los pobres naturales". Es pues necesario considerar a Oña como el primer poeta nacional chileno, y una de las primeras voces en la poesía americana.

Mateo rosas de oquendo (1559?–1621?), de origen español, vivió en México y el Perú y supo captar la psicología de la nueva sociedad americana en versos que más tienen de satíricos que de poéticos. Oquendo, clasificado de "hombre de gustos vulgares, de fácil verso, de vena satírica y costumbrista" por Alfonso Reyes, escribió poesía mordaz contra los peninsulares, los criollos, los mestizos y los indios. En verdad nadie se le escapaba. En el "Romance en lengua de indio mexicano medio ladino", una de las más festivas poesías coloniales, plasma el modo de hablar de los indios que aprendían a medias la lengua de los conquistadores. En la "Carta de las damas de Lima a las de México" se satiriza a las mexicanas, y en la "Sátira que hizo un galán a una dama criolla que le alababa mucho a México", a los criollos y peninsulares. En otras poesías, como ha observado Alfonso Reyes, Oquendo hace un elogio del paisaje americano; pero aún en esas composiciones predomina la actitud satírica. Entre lo mejor de Oquendo, cuya obra permanece todavía inédita (excepto por lo publicado por Paz y Melia y Alfonso Reyes) se encuentra el soneto "Indiano volcán famoso".

ANTONIO SAAVEDRA GUZMÁN (c. 1570– ?), nacido en México, escribió en sesenta días, en alta mar durante un viaje a España, El peregrino indiano (Madrid, 1599), poema épico de 2,037 octavas reales dividido en veinte cantos. Más que poema épico, la obra es una crónica rimada de la conquista de México. Si las descripciones de las batallas son cansadas, no lo son aquellas octavas del canto XVIII que tratan del extraño y amoroso suceso de Juan Cansino, quien se convierte en esclavo, por amor, de la india Culhua :

> Tirano amor, crüel, di ¿qué pretendes
> mostrando tu furor en un rendido
> pues con tanto rigor mi vida ofendes
> con tu liga y veneno enfurecido?

3. EL TEATRO

Poco después de los conquistadores llegan al Nuevo Mundo los misioneros, encargados de evangelizar y educar a los indios. Con el propósito de enseñar la doctrina cristiana con mayor eficacia, los misioneros se valen de composiciones dramáticas que los mismos indios representan en los atrios de las iglesias, en las capillas abiertas y en los patios de los conventos. Las formas que predominan pertenecen al teatro medioeval español : el auto, el coloquio, el villancico. A esa corriente dramática, la primera en América, se le da el nombre de "teatro misionero" y se manifiesta mejor en México y el Perú, los dos virreinatos fundados por la Corona en el Nuevo Mundo. Con el establecimiento de colegios y universidades aparece el teatro criollo, el teatro de los estudiantes. Las piezas representadas en los patios de los centros educativos, ya en español, ya en latín, son de origen peninsular. Sin embargo, pronto aparecen ingenios nativos, como en el caso de Llerena y Pérez Ramírez. Ingenios que, por lo demás, no crean un teatro original, ya que imitan las formas españolas que giran en torno a temas religiosos. No hay durante el siglo XVI manifestaciones de un teatro profano. Para eso hay que esperar hasta las primeras décadas del siglo siguiente. Como representantes del teatro en Hispanoamérica durante el siglo dieciséis, destacan los nombres de tres autores, dos de ellos de la Nueva España y el otro de Santo Domingo.

Fernán González de Eslava (1535-1601?), sevillano, llegó a México en 1558 y allí se ordenó de sacerdote en 1575. Se le recuerda por las piezas que compuso para el teatro religioso, instrumento todavía de evangelización. En 1610 fueron salvados del olvido dieciséis de sus *Coloquios espirituales y sacramentales*, libro que también contiene ocho loas y un entremés. En los coloquios explica, en estilo sencillo y ameno, los misterios de la religión. Interesado en lo profano, salpica su obra de notas curiosas y, con frecuencia, de referencias a hechos históricos. De su obra profana —perdida casi en su totalidad—nos ha quedado un ameno entremés, chispeante burla de los criollos fanfarrones de la época, que nos hace recordar el estilo de la poesía de su contemporáneo, Rosas de Oquendo. En el carácter de los dos personajes, cuyo humorístico diálogo da forma al entremés, ya notamos la fusión de elementos españoles y americanos, elementos que apuntan hacia lo que ha de ser el criollo perteneciente a esa clase social. En la obra de Eslava se encuentran también (en el estilo, en el uso de motivos locales, en las referencias a la geografía y las costumbres novohispanas) los gérmenes del teatro criollo; del teatro que ha de florecer con Ruiz de Alarcón y Sor Juana durante el siglo siguiente. Eslava también fue poeta. La segunda parte de su libro contiene varias canciones, chanzonetas y algunos villancicos. Pero son sus obras dramáticas las que han ayudado a que se conserve su memoria.

Juan Pérez Ramírez (1542?– ?), hijo de conquistador, nació en México, donde muy joven se ordenó clérigo. Para celebrar la consagración del arzobispo Pedro Moya de Contreras, compuso y presentó en 1574 una comedia alegórica de ambiente pastoril, el *Desposorio espiritual entre el Pastor Pedro y la Iglesia Mexicana*, considerada como la primera obra teatral de autor mexicano. "Esta obra," comenta el crítico cubano Juan José Arrom, "vale literariamente . . . por la pulcra y espontánea versificación, la sencillez del argumento y la claridad del estilo".

Cristóbal de Llerena (1540?–1627) nació en la ciudad de Santo Domingo, de cuya Catedral fue organista y director de coro. Además, fue catedrático de Gramática en la Universidad de Gorjón, en la misma ciudad. De su obra poética nada se conoce; de su obra dramática sólo se conserva un entremés en prosa, estrenado en 1588 por los estudiantes. En el diálogo entre el bobo y el gracioso Llerena solapadamente hace una severa crítica de las instituciones sociales de su tiempo, representándolas en forma de monstruo. Además del bobo y el gracioso intervienen dos alcaldes y algunas figuras alegóricas. La mezcla de elementos populares (en el lenguaje) y referencias clásicas, lo mismo que la protesta social, son dos de las características que con los años han de convertirse en signos distintivos de la literatura hispanoamericana. Llerena en su entremés nos ofrece un anticipo de esa literatura, todavía en gestación durante el siglo dieciséis.

BIBLIOGRAFÍA

GENERAL

(Nota : Ver también la Bibliografía General de los Siglos Diecisiete y Dieciocho, capítulos Tercero y Cuarto.)

ALATORRE, Antonio. "Los libros de México en el siglo XVI", *Cuadernos Amer.* (ene–feb., 1955). pp. 219–226.

GARCÍA ICAZBALCETA, Joaquín. *Bibliografía mexicana del siglo XVI.* México : Andrade y Morales, 1886, 2a. ed., México : Fondo de Cult. Econ., 1954, ed. de A. Millares Carlo.

HENRÍQUEZ UREÑA, Pedro. "Erasmistas en el Nuevo Mundo", *La Nación*, Buenos Aires (dic. 8, 1935).

MÉNDEZ PLANCARTE, Gabriel. *Humanistas del siglo XVI.* México : UNAM, 1946. "B.E.U.", 63.

ROBLES, Oswaldo. *Filósofos mexicanos del siglo XVI.* México : Lib. de Manuel Porrúa, 1950.

1. LOS CRONISTAS

TEXTOS

Estudios de historiografía de la Nueva España. México, 1945.

FERNÁNDEZ DE NAVARRETE, Martín. *Colección de los viajes y descubrimientos.* Madrid, 1837.

GABALDÓN MÁRQUEZ, Joaquín. *Muestrario de historiadores coloniales de Venezuela.* "Biblio. Popular Venezolana", 26. Caracas, 1948.

Historiadores primitivos de Indias. "Biblio. de Autores Españoles", tomos 22 y 26. Madrid : M. Rivadeneyra, 1852–. (Varias eds. a partir de ese año; ver también tomos 107, 183 y 184.)

ESTUDIOS

IGLESIA, Ramón. *Cronistas e historiadores de la conquista de México; ciclo de Hernán Cortés.* México : El Colegio de México, 1942.

LEONARD, Irving A. *Books of the Brave.* Cambridge : Harvard Univ. Press, 1949. Trad., *Los libros del conquistador.* México : Fondo de Cult. Econ., 1953.

Los cronistas de la conquista. "Biblio. de Cult. Peruana", II. París, 1938.
MAJÓ FRAMIS, Ricardo. *Vidas de los navegantes, conquistadores y colonizadores españoles de los siglos XVI, XVII y XVIII.* 3 tomos. Madrid : Aguilar, 1954–1956.
PORRAS BARRENECHEA, Raúl. *Las primeras crónicas de la conquista del Perú.* Madrid, 1949.
SANTISTEBAN OCHOA, Julián. *Los cronistas del Perú; contribución al estudio de las fuentes de la historia peruana.* Cuzco, 1947.

CRISTÓBAL COLÓN

TEXTOS

El descubrimiento de América (Diario de Navegación). Pról. de Luis Alberto Sánchez. Santiago de Chile : Eds. Ercilla, 1942.
Four Voyages to the New World : Letters and Selected Documents. New York : Corinth, 1961.
La Carta de Colón anunciando el descubrimiento del Nuevo Mundo, 15 febrero–14 marzo, 1493. Madrid : Talleres Haeser y Menet, 1956.
Los cuatro viajes de Colón y su testamento. 3a. ed. Buenos Aires, 1958. "Col. Austral", 633.
Relaciones y cartas de Cristóbal Colón. Madrid : Lib. de la Vda. de Hernando, 1892.

ESTUDIOS

IGLESIA, Ramón (ed.). *Vida del Almirante don Cristóbal Colón.* México : Fondo de Cult. Econ., 1947.
KEEN, Benjamin (trad.). *The Life of the Admiral Christopher Columbus by his Son Ferdinand.* New Brunswick, N. J. : Rutgers Univ. Press, 1959.
MENÉNDEZ PIDAL, Ramón. *La lengua de Cristóbal Colón.* Buenos Aires : Espasa–Calpe Argentina (1942).

HERNÁN CORTÉS

TEXTOS

Cartas de relación de Hernán Cortés. "Biblio. de Autores Españoles", 22. Madrid : M. Rivadeneyra, 1852.
Cartas de relación de la conquista de México. Buenos Aires : Espasa–Calpe, 1945. "Col. Austral", 547.
Cartas y relaciones de Hernán Cortés al Emperador Carlos V. Colegidas e ilustradas por don Pascual de Gayangos. París : A. Chaix y Ca., 1866.
Letters of Cortés . . . to the Emperor Charles V. Trans. by Francis A. MacNutt. 2 vols. New York : Putnam, 1908.

Estudios

Benítez, Fernando. *La ruta de Hernán Cortés.* México : Fondo de Cult. Econ., 1950. Trad., *In the Footsteps of Cortés.* New York : Pantheon, 1952.
Medina, José Toribio. *Ensayo bio-bibliográfico sobre Hernán Cortés.* Santiago de Chile, 1952.
Reynolds, Winston A. "Cinco siglos en torno a la figura de Hernán Cortés (historia, ensayo, literatura)", *Estudios Amer.*, Sevilla, XVIII (1959), 25–42.
Valle, Rafael Heliodoro. *Bibliografía de Hernán Cortés.* México, 1953.

BERNAL DÍAZ DEL CASTILLO

Textos y Estudios

Historia verdadera de la conquista de la Nueva España. 2 vols. La publica Genaro Estrada. México, 1904. Otras eds., la de Joaquín Ramírez Cabañas, 3 tomos, México : Edit. Porrúa, 1944; la de Ramón Iglesia, México, 1943; la de la "Col. Austral", México, 1956; la de Eduardo Mayora, 2 vols., Guatemala, 1933–1934.
The Bernal Díaz Chronicles. Trans. by Albert Idell. Garden City, N.Y. : Doubleday, 1957.
The Conquest of New Spain. Trans. with an Introd. by J. M. Cohen. Baltimore : Penguin, 1963.
Barbón, José A. *Bernal Díaz del Castillo.* Buenos Aires : Centro Editor de América Latina, 1968.
Carreño, Alberto María. *Bernal Díaz del Castillo, descubridor, conquistador y cronista de Nueva España.* México : Edit. Xóchitl, 1946.
Cerwin, Herbert. *Bernal Díaz, Historian of the Conquest.* Norman : Univ. of Oklahoma Press, 1963.
Graham, R. B. *Bernal Díaz del Castillo.* London, 1915.

ÁLVAR NÚÑEZ CABEZA DE VACA

Textos

Cabeza de Vaca's Adventures in the Unknown Interior of America. Newly trans. and ed. by Cyclone Covey. New York : Collier, 1961.
Naufragios de Álvar Núñez Cabeza de Vaca, en "Biblio. de Autores Españoles", 22.
Naufragios y comentarios, con dos cartas. Madrid : Espasa-Calpe, 1932.
Relación del viaje de Pánfilo de Narváez al Río de las Palmas hasta la punta de la Florida, hecha por el tesorero Cabeza de Vaca. Madrid, 1870. "Col. de Documentos Inéditos Relativos al Descubrimiento . . .", XIV, 265–279.
Spanish Explorers in Southern United States; the Narrative of Álvar Núñez Cabeza de Vaca. Ed. by Frederick W. Hodge. New York : Barnes and Noble, 1953.

ESTUDIOS

BISHOP, Morris. *The Odyssey of Cabeza de Vaca*. New York : Century, 1933.
HALLENBACK, Cleve. *Álvar Núñez Cabeza de Vaca : Journey and Route*. Glendale, Calif. : Arthur H. Clark, 1940.
LONG, Daniel. *The Power Within Us; Cabeza de Vaca's Relation*. New York : Duell, Sloan and Pearce, 1944.
MAJÓ FRAMIS, Ricardo. *Álvar Núñez Cabeza de Vaca*. Madrid : Edit. "Gran Capitán", 1950.

GONZALO FERNÁNDEZ DE OVIEDO

TEXTOS

Historia general y natural de las Indias, Islas y Tierra Firme del Mar Océano. Ed. de José Amador de los Ríos. 4 tomos. Madrid : Imp. de la Real Academia de la Historia, 1851-1855. Otras eds., Asunción, Paraguay : Edit. Guarania, 1944-1945, con las notas de Amador de los Ríos; Madrid : Eds. Atlas, 1959, con un estudio de Juan Pérez Tudelo y Bueso, "Biblio. de Autores Españoles", tomos 117-121.
Sumario. México : Fondo de Cult. Econ., 1950. Otra ed., Salamanca : Eds. Anaya, 1963. También en la "Biblio. de Autores Españoles", 22.

ESTUDIOS

PÉREZ DE TUDELO Y BUESO, Juan. "Vida y escritos de Gonzalo Fernández de Oviedo", tomo 117 de la "Biblio. de Autores Españoles", pp. vii-clxxv.
SALAS, Alberto María. *Tres cronistas de Indias*. (Pedro Mártir, Las Casas, Oviedo.) México : Fondo de Cult. Econ., 1959.

FRAY BARTOLOMÉ DE LAS CASAS

TEXTOS

Apologética historia de las Indias. "Nueva Biblio. de Autores Españoles", 13. Madrid : Bailly, Bailliére e Hijos, 1909.
Brevísima relación de la destrucción de las Indias. Pról. de A. Millares Carlo. México : Sec. de Educ. Púb., 1945. Otra ed., Buenos Aires : Eds. Mar Océano, 1953, con Pról. de Gregorio Weinberg.
Colección de tratados. Ed. de Emilio Ravignani. Buenos Aires, 1924.
De las antiguas gentes del Perú. Madrid : Tip. de M. G. Hernández, 1892. "Col. de Libros Españoles Raros y Curiosos", 21.
Del único modo de atraer a todos los pueblos a la verdadera religión. Ed. de A. Millares Carlo. Pról. de Lewis Hanke. Trad. de Atenógenes Santamaría. México : Fondo de Cult. Econ., 1942.
Doctrina. Pról. y selección de Agustín Yáñez. 9a. ed. México : UNAM, 1951.

Historia de las Indias. Ed. de Agustín Millares Carlo y Estudio Preliminar de Lewis Hanke. 3 vols. México : Fondo de Cult. Econ., 1951.
Tratados de Fray Bartolomé de las Casas. Pról. de Lewis Hanke y Manuel Giménez Fernández. Trad. de A. Millares Carlo. México : Fondo de Cult. Econ., 1965.

Estudios

Hanke, Lewis. *Bartolomé de las Casas, an Interpretation of His Life and Writings.* The Hague : M. Nijhoff, 1951. ·
——. *Bartolomé de las Casas, Historian : An Essay in Spanish Historiography.* Gainesville : Univ. of Florida Press, 1952.
——. *Bartolomé de las Casas, 1474–1566 : bibliografía.* Santiago de Chile, 1954.
Menéndez Pidal, Ramón. *El padre Las Casas : su doble personalidad.* Madrid : Espasa–Calpe, 1963.
Wagner, Henry R. *The Life and Writings of Bartolomé de las Casas.* Albuquerque : Univ. of New Mexico Press, 1967.
Yáñez, Agustín. *Fray Bartolomé de las Casas, el conquistador conquistado.* México: Eds. Xóchitl, 1942.

FRAY BERNARDINO DE SAHAGÚN

Textos

Florentine Codex; general history of things of New Spain. Santa Fe, N. Mex., 1950–1961.
Historia general de las cosas de Nueva España. Ed. de Carlos M. Bustamante. 3 vols. México : Imp. de A. Valdés, 1829–1830. Otras eds., Francisco del Paso y Troncoso (ed.), Madrid : Hauser y Manet, 19—; México : Robredo, 1938, 2a. ed. 1946, 3a. 1956, ésta de Ángel María Garibay K.; México : Edit. Nueva España, 1946, con notas de Miguel Acosta Saignes.

Estudios

d'Olwer, Nicolau. *Fray Bernardino de Sahagún* (1499–1590). "Historiadores de América", 9. México, 1952.
Jiménez Moreno, Wigberto. *Fray Bernardino de Sahagún y su obra.* México : Edit. Pedro Robredo, 1938.
Leal, Luis. "El libro XII de Sahagún", *Historia Mexicana,* V, 18 (oct–dic., 1955), 184–210.

PEDRO CIEZA DE LEÓN

Textos

El señorío de los Incas. Pról. de Alberto Mario Salas. Buenos Aires : Eds. Solar, 1943.

La crónica del Perú. "Biblio. de Autores Españoles", 26. Madrid : M. Rivadeneyra, 1862. Otras eds., Lima. 1924, "Col. Urteaga", VII; Madrid : Espasa-Calpe, 1962, "Col. Austral", 507.
The Incas of Pedro Cieza de León. Trans. by Harriet de Onís. Norman : Univ. of Oklahoma Press, 1959.

Estudios

Marticorena Estrada, Miguel. "Cieza de León en Sevilla y su muerte en 1554", *Anuario de Estudios Americanos,* XII (1955).
Von Hagen, Victor Wolfgang. Editor's Introduction, *The Incas of Pedro Cieza de León,* pp. xxv–lxxx.

FRANCISCO CERVANTES DE SALAZAR

Textos y Estudios

Crónica de la Nueva España. Madrid : Hauser y Menet, 1914. Otra ed., de M. Magallón, Madrid : Hispanic Society of America, 1914.
Dic. de escritores mexicanos. México : UNAM, 1967, pp. 79–80.
México en 1554. Trad. (del latín) y Notas de Joaquín García Icazbalceta. México : Andrade y Morales, 1875. Otra ed., con Notas preliminares de Julio Jiménez Rueda, México : UNAM, 1939, "B.E.U.", 3.

GARCILASO DE LA VEGA, EL INCA

Textos

Comentarios reales de los Incas. Ed. de Ángel Rosenblat. 2 vols. 2a. ed. Buenos Aires : Emecé, 1944. Otras eds., 2 vols., 2a. ed., Lima : Imp. Gil, 1941–1943, ed. de Horacio H. Urteaga; Buenos Aires : Espasa-Calpe, 1950, "Col. Austral", 324, ed. de Augusto Cortina; 3 vols., Lima : Univ. de San Marcos, 1959, ed. de José Durand; Lima : Librero Internacional del Perú, 1959, ed. de Miró Quesada Sosa.
La Florida del Inca. Ed. de Susana Speratti Piñero. Pról. de Aurelio Miró Quesada. Estudio bibliográfico de José Durand. México : Fondo de Cult. Econ., 1956.
Obras completas. 4 tomos. "Biblio. de Autores Españoles", 132–135. Madrid : Ed. Atlas, 1960.

Estudios

Arocena, Luis A. *El Inca Garcilaso y el humanismo renacentista.* Buenos Aires, 1949.
Cox, Carlos M. *Utopía y realidad en el Inca Garcilaso.* Lima, 1965.
Nuevos estudios sobre el Inca. Lima : Centro de Estudios Histórico-Militares, 1955.

Porras Berrenechea, Raúl. *El Inca Garcilaso en Montilla, 1561–1614.* Lima : Edit. San Marcos, 1955.

Sánchez, Luis Alberto. *Garcilaso de la Vega, primer criollo.* Santiago de Chile : Eds. Ercilla, 1940.

Varner, J. G. *El Inca : The Life and Times of Garcilaso de la Vega.* Austin : Univ. of Texas Press, 1968.

2. LA POESÍA

Textos y Estudios

Flor de baria poesía. Ed. de Renato Rosaldo. México : Ábside, 1952.

Poetas novohispanos; primer siglo (1521–1621). Ed. de Alfonso Méndez Plancarte. México : UNAM, 1942. "B.E.U.", 33.

Roggiano, Alfredo. "La poesía en la Nueva España durante el siglo XVI", *Universidad*, Santa Fe, Argentina, 60 (1964), 171–220.

——. "Momentos de la poesía en los primeros centros culturales de la colonia", *En este aire de América.* México : Edit. Cultura, 1966, pp. 1–80. (Recoge el texto anterior.)

Túmulo Imperial de la gran ciudad de México. De Francisco Cervantes de Salazar, impreso en México por Antonio de Espinosa en 1560, 2a. ed. en la *Bibliografía mexicana del siglo* xvi de Joaquín García Icazbalceta, México, 1886; 3a. ed. facsimilar, México : Alcancía, 1939, 4a. ed. México : Fondo de Cult. Econ., 1954.

FRANCISCO DE TERRAZAS

Textos y Estudios

García Icazbalceta, Joaquín. "Francisco de Terrazas y otros poetas del siglo XVI", *Obras*, II. México : Agüeros, 1896, pp. 217–306.

Millán, María del Carmen. "El paisaje idealizado : Francisco de Terrazas", *Rev. Iber.*, XI, 21 (1946), 81–90.

Poesías. Ed. de Antonio Castro Leal. México : Lib. de Porrúa, 1941.

Toscano, Salvador. "Francisco de Terrazas", *Anales del Instituto de Investigaciones Estéticas*, UNAM, 15 (1947), 45–50.

ALONSO DE ERCILLA Y ZÚÑIGA

Textos

La araucana. Ed. facsimilar de Archer M. Huntington. New York, 1902. Otras eds., Santiago de Chile, 1910–1918, ed. de José Toribio Medina; Madrid, 1946, con Pról. de Concha de Salamanca; Buenos Aires : Espasa-Calpe, 1947, "Col. Austral", 722; México : UNAM, 1962, 2 vols., con Introd. de Arturo Souto; Barcelona : Edit. Iberia, 1962, con Pról. de Florencio

Grau; New York : Kraus Reprint Corp., 1967, ed. facsimilar de las dos primeras partes, Madrid, 1567-1578.

The Araucaniad. Trad. de Charles Maxwell Lancaster y P. T. Manchester. Nashville : Vanderbilt Univ. Press, 1945.

Estudios

CAILLET-BOIS, Julio. *Análisis de "La Araucana".* Buenos Aires : Centro Editor de América Latina, 1967.

FLORIT, Eugenio. "Los momentos líricos de *La Araucana", Rev. Iber.,* XXXIII, 66 (ene.-jul., 1967), 45-54.

MEDINA, José Toribo. *Vida de Ercilla.* México : Fondo de Cult. Econ., 1948.

PETTY, McKendree. *Some Epic Imitations of Ercilla's "La Araucana",* Urbana, Ill., 1932.

PEDRO DE OÑA

Textos

Arauco domado. Ed. facsimilar de la de 1596. Madrid : Eds. Cult. Hisp., 1944. Otra ed., Santiago de Chile : Imp. Univ., 1917, ed. crítica de la Academia Chilena, anotada por José Toribio Medina.

Arauco Tamed. Trad. de C. M. Lancaster y P. T. Manchester. Albuquerque : Univ. of New Mexico Press, 1948.

El temblor de Lima de 1609. Ed. de José Toribio Medina. Santiago de Chile, 1909.

El vasauro. Ed. de Rodolfo Oroz. Santiago de Chile : Prensas de la Univ., 1941.

Estudios

DINAMARCA, Salvador. *Estudio del "Arauco domado" de Pedro de Oña.* New York : Hispanic Inst., 1952.

SEGUEL, Gerardo. *Pedro de Oña, su vida y la conducta de su poesía.* Santiago : Eds. Ercilla, 1940.

MATEO ROSAS DE OQUENDO

Textos y Estudios

CABRERA, Pablo. "Mateo Rosas de Oquendo, el poeta más antiguo de Tucumán", *Rev. de la Universidad de Córdoba,* IV (1917), 90-97.

CABRICES, Fernando. "Mateo Rosas de Oquendo, poeta satírico de la conquista", *Rev. Nacional de Cultura,* V, 40 (sept-oct., 1943), 10-16.

FLORES FRANCO, C. "Andanzas de Mateo Rosas de Oquendo", *Sustancia,* Tucumán, II, 5 (dic., 1940), 90-93.

Paz y Melia, A. "Cartapacio de diferentes versos a diferentes asuntos, compuestos o recogidos por Mateo Rosas de Oquendo", *Bulletin Hispanique*, VIII (1906), 154-162, 257-278; IX (1907), 154-185.

Reyes, Alfonso. "Sobre Mateo Rosas de Oquendo, poeta del siglo XVI", *Rev. de Filología Española*, IV (1917), 341-369. (Añade algunas poesías no reproducidas por Paz y Melia.)

Vargas Ugarte, Rubén. *Rosas de Oquendo y otros*. Lima, 1944.

Vélez Picasso, José M. "Un satírico olvidado, Mateo Rosas de Oquendo", 3, núm. 4, Lima (marzo, 1940), 5-15.

ANTONIO SAAVEDRA GUZMÁN

Textos y Estudios

El peregrino indiano. Madrid : Pedro Madrigal, 1599. Otra ed., México : J. M. Sandoval, Impresor, 1880, ed. de Joaquín García Icazbalceta.

García Icazbalceta, Joaquín. "Antonio de Saavedra Guzmán", *Obras*, IV. México : Agueros, 1897, pp. 109-115.

Lozano, Dolores Dora. *"El peregrino indiano" y algunas relaciones del siglo XVI de la conquista de México*. Tesis inédita. Austin : Univer. de Texas, 1929.

3. EL TEATRO

Textos

An Edition of "Triunfo de los Santos," with a Consideration of Jesuit School Plays in Mexico before 1650, by Harvey L. Johnson. Philadelphia : Univ. of Pennsylvania Press, 1941.

Autos y coloquios del siglo XVI. Ed. de José J. Rojas Garcidueñas. México : UNAM, 1939, "B.E.U.", 4.

Coloquio de la nueva conversión y bautismo de los cuatro últimos reyes de Tlaxcala en la Nueva España. Ed. bilingüe en *Preliminary Studies of the Texas Catholic Historical Society*, III (1936).

De nuestro antiguo teatro : colección de piezas dramáticas de los siglos XVI, XVII, XVIII. Ed. de Rubén Vargas Ugarte. Lima : Univ. Católica del Perú, 1943.

Estudios

Amunátegui, Miguel. *Las primeras representaciones dramáticas en Chile*. Santiago : Imp. Nacional, 1888.

Arrom, José Juan. "Entremeses coloniales", *Estudios de literatura hispanoamericana*. La Habana : Anuario Bibliográfico Cubano, 1950.

Henríquez Ureña, Pedro. "El teatro de la América Española en la época colonial", *Obra crítica*. México : Fondo de Cult. Econ., 1960, pp. 698-718, 733-749.

Lohmann Villena, Guillermo. "El teatro en Lima en el siglo XVI; las primeras representaciones", *Cuadernos de Estudios*, I (1939), 45-75.

María y Campos, Armando. *Guía de representaciones teatrales en la Nueva España*. México, 1959.

Oeste de Bopp, Marianne. *Influencia de los misterios y autos europeos en los de México (anteriores al barroco)*. México, 1952.

Pasquariello, Anthony M. "The Entremés in Sixteenth-Century Spanish America", *Hispanic American Historial Review*, XXXII (1952), 44-58.

Rojas Garcidueñas, José J. *El teatro de Nueva España en el siglo XVI*. México : Imp. de Luis Álvarez, 1935.

FERNÁN GONZÁLEZ DE ESLAVA

Textos

Coloquios espirituales y sacramentales y canciones divinas, compuestas por el divino poeta Fernán González de Eslava, clérigo presbítero. Recopiladas por el R.P. Fr. Fernando Vello de Bustamante. México : Imp. de Diego López Dávalos, 1610.

Coloquios espirituales y sacramentales y poesías sagradas del presbítero Fernán González de Eslava. Ed. de Joaquín García Icazbalceta. México : F. Díaz de León, 1877.

Coloquios espirituales y sacramentales. Ed. de José J. Rojas Garcidueñas. 2 vols. México : Edit. Porrúa, 1958.

Estudios

Alonso, Amado. "Biografía de Fernán González de Eslava", *Rev. de Filología Hispánica*, II (1940), 213-321.

Torres Ríoseco, Arturo. "El primer dramaturgo americano : Fernán González de Eslava", *Hispania*, XXIV (1941), 161-170.

Weber de Kurlat, Frida. "Estructuras cómicas en los coloquios de Fernán González de Eslava", *Rev. Iber.*, XXI (1956), 393-407.

JUAN PÉREZ RAMÍREZ

Textos y Estudios

Arrom, José Juan. *Historia del teatro hispanoamericano (Época Colonial)*. 2a. ed. México : Studium, 1967, pp. 37-38.

Desposorio espiritual entre el Pastor Pedro y la Iglesia Mexicana, en José María Vigil, *Historia de la literatura mexicana*, 1910, Apéndice al Capítulo IV, pp. 65-86. También en Francisco A. de Icaza, "Orígenes del teatro en México", *Boletín de la Real Academia Española*, II (1915), 57-76; y en Rojas Garcidueñas, *Autos y coloquios del siglo XVI (vide supra)*, pp. 41-77.

CRISTÓBAL DE LLERENA

Textos y Estudios

Entremés, en Francisco A. de Icaza, "Francisco de Llerena y los orígenes del teatro en América Española", *Revista de Filología Española*, VIII (1921), 121-130. También en Cipriano de Utrera, *Universidades de Santiago de la Paz y de Santo Tomás de Aquino*, Santo Domingo, 1932; Pedro Henríquez Ureña, *La cultura y las letras coloniales en Santo Domingo*, Buenos Aires : Inst. de Filología, 1936, pp. 153-157; reproducido en *Obra crítica*, pp. 374-377.

III

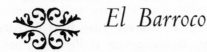 *El Barroco*

(Siglo Diecisiete)

La corriente renacentista en las artes, y sobre todo en la literatura, no se agota en Hispanoamérica con el siglo. Como hemos visto, algunos de los escritores de esa escuela publican su obra durante la primera década del siglo diecisiete. Más que una ruptura entre el renacimiento y el barroco— cuando menos en la literatura hispanoamericana—lo que encontramos es una gradual transición. Los primeros poetas del siglo diecisiete, como Hojeda y Balbuena, son verdaderos poetas de transición. Sin abandonar las formas renacentistas (la épica, la octava real, el endecasílabo), ya recargan sus obras de adornos, como lo harán los mejores representantes del barroco.

La escuela barroca se distingue, entre otras cosas, por el desequilibrio en la forma (no hay proporción entre las partes, a la manera clásica), por el predominio de lo ornamental, por el uso de un estilo torturado (excesivo empleo de hipérbaton, de retruécanos, de antítesis, de contrastes), por el predominio de lo dinámico sobre lo estático (en las imágenes, en los símiles, en las metáforas, en los símbolos), por el interés en lo artificioso, lo dramático y lo ilusorio (los sueños), y por la predilección que se da al tema del desengaño.

Así como en la arquitectura, según lo ha demostrado Pedro Henríquez Ureña, en las letras el barroco americano presenta características que lo distinguen del español. Los elementos que entran a formar el aspecto decorativo de la obra, por ejemplo, son americanos. El estilo, a veces, se ve recargado de palabras, frases y composiciones nativas. No menos importante es la superabundancia de motivos populares, y hasta formas de ese origen, como el "tocotín" o baile azteca usado por Sor Juana. A

35

veces, la forma española se modifica; ese es el caso del villancico, que se convierte en cuadro dramático, especie de entremés sagrado. No menos importante es el uso de temas americanos, las referencias a las culturas primitivas y a la mitología prehispánica y, en fin, el uso de los elementos que la cultura criolla aportaba a la española.

La literatura barroca da sus mejores frutos en los grandes centros culturales, México y Lima. Mexicanos son Juan Ruiz de Alarcón, Sor Juana, Sigüenza y Góngora, Balbuena; en el Perú escriben Hojeda, Caviedes, Espinosa Medrano. Pero también se destacan Rodríguez Freile en Colombia y Pineda y Bascuñán en Chile.

1. LA POESÍA

Durante el siglo barroco la poesía es el género que alcanza el más alto nivel artístico. En México, en la corte virreinal y bajo la protección de los mecenas, la poesía florece y da sus mejores frutos en la obra lírica de Sor Juana. Mas no es ella la única: allí tenemos a Balbuena, a Hojeda, a Ruiz de Alarcón, a Caviedes, lo mismo que a un gran número de poetas menores, de los cuales no nos ocuparemos para poder dedicar nuestra atención a los más importantes y hacer resaltar su obra; mas sin olvidarnos de que no son flores aisladas, sino las más brillantes en el frondoso jardín barroco.

BERNARDO DE BALBUENA (1568–1627) nació en Valdepeñas (provincia de Ciudad Real) el 20 de noviembre de 1562 y de niño pasó con su padre a la Nueva España, donde hizo sus estudios (tal vez en Guadalajara), los cuales termina hacia 1580 en la ciudad de México. Entre 1592 y 1602 escribe *El Bernardo* y entre 1602 y 1603 la *Grandeza mexicana*, motivada ésta por el deseo de dar una idea de la metrópoli novohispana a doña Isabel de Tobar, que residía en Culiacán. La obra, primera publicada por Balbuena, apareció en la ciudad de México, en la imprenta de Ocharte, en 1604. Dos años después pasa el autor a España, donde recibe el grado de doctor en Teología (Sigüenza, 1607) y publica una segunda obra, el *Siglo de oro en las selvas de Erífile* (1608). El mismo año es nombrado Abad de la Isla de Jamaica, puesto que ocupa de 1610 a 1622. En 1619, sin embargo, había sido nombrado Obispo de Puerto Rico, mas no llega a la isla hasta 1623. Allí muere el 11 de octubre de 1627.

Balbuena es un verdadero poeta de transición entre el renacimiento y el barroco. En sus obras principales usa temas y asunto renacentistas, pero ya aparecen allí las imágenes barrocas. El *Siglo de oro* y *El Bernardo* pertenecen a la literatura renacentista del dieciséis. El primero es una colección de doce églogas que reflejan la influencia de Sannazaro y otros poetas bucólicos. Abundan en esa mezcla de prosa y verso las formas renacentistas (églogas, sonetos, diálogos), lo mismo que los motivos y los temas (el siglo de oro, idilios artificiales entre pastores, intervención de dioses y diosas, etc.). Pero ya usa algunos tercetos (tal vez escritos durante la reelaboración del poema), estrofa que ha de emplear exclusivamente en la *Grandeza mexicana*.

Para el poema heroico *El Bernardo o victoria de Roncesvalles* (Madrid, 1624) selecciona Balbuena un tema medioeval español, las épicas hazañas de Bernardo del Carpio. Pero no se concreta al aspecto narrativo; en los 24 libros encontramos descripciones geográficas, leyendas caballerescas, actos de magia, noticias históricas, fábulas alegóricas y peregrinas aventuras. No falta la descripción de México. Pero para poder integrarla tuvo que crear un personaje, el sabio Malgesí, que hace un recorrido aéreo sobre el continente americano, deteniéndose a describir parte de la Nueva España; he aquí una imagen barroca americana :

> El gran volcán de Xola, monstruo horrible
> del mundo, y sus asombros el más vivo,
> que ahora con su roja luz visible
> de clara antorcha sirve a lo que escribo.

No menos interesantes son los motivos fantásticos, como las descripciones de los palacios del hada Morgana (lib. I) y de Galiana (lib. V). A pesar de esa falta de unidad (que indica su naturaleza transitiva al barroco) el poema es de interés por lo vigoroso del estilo, por el colorido de las descripciones y por los vuelos imaginativos del poeta.

La *Grandeza mexicana*, sin duda su obra más inspirada, es un poema descriptivo de estructura más ceñida en el que predominan los elementos barrocos. Escrito en tercetos, se inicia con una octava real donde se hace una síntesis del contenido, la ciudad de México y sus habitantes. Siendo una descripción contemporánea, se omiten los elementos arqueológicos; si bien Balbuena describe lo que ve, todo lo presenta idealizado, en términos hiperbólicos. El largo poema es, sin duda, la más rica descripción de la ciudad fundada sobre una isla no muy diferente a las que se encuentran en los libros de caballerías :

> Es todo un feliz parto de fortuna
> y sus armas una águila engrifada
> sobre las anchas hojas de una tuna. (IX, 22)

Otro poeta de transición, representante de la épica religiosa, es Diego
de Hojeda (c. 1571–1615), sevillano que en 1590 se trasladó al Perú,
donde se ordenó sacerdote (Orden de Santo Domingo) en abril de 1591.
De su pluma salieron versos laudatorios antepuestos al *Arauco domado*
de Oña y su largo poema religioso, *La Cristiada* (Sevilla, 1611), cuya
publicación le costó la envidia de sus hermanos de la Orden. Murió en el
convento de Huánaco, a donde había sido desterrado por el vicario Fray
Alonso de Armería.

La Cristiada, poema épico religioso de casi dos mil octavas reales
divididas en doce cantos, trata del drama de la crucifixión, desde la última cena hasta el entierro santo. Hojeda, sin embargo, no se limita a la
narración escueta del asunto central. A través del poema intercala adornos
y digresiones, con las que elabora artísticamente lo que de otro modo
sería una árida composición. A lo largo del poema encontramos conceptos
teológicos, historias profanas y hasta relatos mitológicos—elementos que
ofrecen al lector un descanso en el largo desarrollo de la narración. Hoy el
poema es leído por lo vívido de ciertas escenas, como aquella en que Jesús
es flagelado. El defecto de *La Cristiada* es que el poeta no mantiene un
sostenido nivel artístico. Los altibajos son evidentes. Si algunas octavas
son prosaicas, otras sin embargo reflejan una elevada inspiración mística.

El florecimiento del barroco en Hispanoamérica lo representa Sor
Juana Inés de la Cruz (1648–1695), cuyo nombre en el mundo era
Juana de Asbaje. Nació Sor Juana en la Hacienda de San Miguel
Nepantla, al pie de los volcanes mexicanos cantados por los poetas. Desde
niña mostró su clara inteligencia y su interés en las letras. El latín lo
aprendió en ocho lecciones, y a los ocho años compuso sus primeros
versos. Enterada la virreina de su talento, en 1665 la hizo pasar a la ciudad
de México para que le sirviera de dama. A instancias del virrey Mancera,
Sor Juana discute sobre problemas filosóficos con los doctores de la
Universidad, a quienes asombra con sus respuestas. Mas la vida cortesana
no era lo que buscaba Juana de Asbaje, sino el desarrollo de sus talentos
intelectuales. En 1669 se hace monja jerónima para poder dedicarse por
completo a los estudios y a la religión. Llegó a reunir una biblioteca de
más de cuatro mil volúmenes. Sus últimos años no fueron felices. Como
Hojeda, por orden superior tuvo que abandonar los estudios y la poesía.
Murió en 1695, ayudando a los menesterosos durante la plaga que desoló
la ciudad de México ese año.

La obra literaria de Sor Juana, la Décima Musa de México (como se le
llamó en su tiempo), asombra por la variedad de formas empleadas.
Afortunadamente, la mayor parte de esa obra poética fue recogida en tres

volúmenes que se publicaron en España : *Inundación castálida* (1689); *Segundo volumen de la obra de Sor Juana Inés de la Cruz* (1691); y *Fama y obra póstuma del Fénix de México, Décima Musa* (1700). Este último lleva la primera biografía sobre Sor Juana, por el P. Diego Calleja. También se conserva la mayor parte de su obra dramática : dos comedias *(Los empeños de una casa,* 1683; *Amor es más laberinto,* 1689), veintidós villancicos, dieciocho loas, tres autos, dos sainetes y un sarao. De los tres autos *(El Divino Narciso,* 1690; *El cetro de José, El mártir del Sacramento: San Hermenegildo),* el más importante es el primero, en el cual Sor Juana crea un mundo alegórico y desarrolla el tema de la redención humana a través de la intercesión del Divino Narciso, el Hijo de Dios. En las comedias, en cambio, Sor Juana sigue muy de cerca la técnica de Calderón de la Barca, aunque sin dejar de demostrar cierta originalidad. Mucho más interesantes son los dos sainetes, compuestos para ser representados entre los actos de la comedia *Los empeños de una casa.* En el segundo Sor Juana hace la crítica de la obra misma que se está representando. Entre los personajes aparece el mismo autor, a quien también se critica. Así, Sor Juana se adelanta a su tiempo, mezclando en la obra dramática la ficción y la realidad al mismo tiempo que demuestra su buen sentido del humor. Entre las loas de Sor Juana hay que destacar la que precede al auto *El Divino Narciso.* En ésta demuestra su americanismo con personajes e ideas autóctonos. Si bien la loa tiene un fin didáctico (la enseñanza de la religión cristiana), Sor Juana arteramente introduce ideas y dioses paganos. El Occidente, personaje alegórico representativo de la raza vencida, aparece como "Indio galán, con corona" y América como "India bizarra, con mantas y cupiles". Los dos salen "al modo que se canta el tocotín". Ambos festejan al "Gran Dios de las Semillas" hecho de sangre y maíz y que después se hace manjar.

No menos importante que la obra dramática es la prosa de Sor Juana. Desgraciadamente, la mayor parte de ella se ha perdido. Pero lo que se conserva (el *Neptuno alegórico,* la *Respuesta a Sor Filotea de la Cruz,* alguna carta, algún ofrecimiento, alguna petición) demuestra que Sor Juana era excelente prosista. El *Neptuno alegórico,* "océano de colores, simulacro político" es la descripción de un arco triunfal que se erigió para celebrar la entrada del virrey, el Marqués de la Laguna, a la ciudad de México en 1680. El arco, ideado por Sor Juana, representaba el mito de Neptuno. En su descripción Sor Juana hace derroche de erudición clásica. Escogió la alegoría de Neptuno por tratarse de festejar a un virrey que era Marqués de la Laguna. "La alegoría", dice Francisco de la Maza, "es perfecta : agua y color, mitología y símbolo, teatro y simulacro para festejar a un Marqués que lo era de la Laguna, en una ciudad que era todavía el corazón de una laguna y que había sido el Anáhuac, el país del agua". Mucho más conocida que la prosa del *Neptuno* lo es la de la *Respuesta* escrita a Sor "Filotea de la Cruz" (seudónimo del obispo de Puebla, Manuel Fernández de Santa Cruz) en defensa de su independencia intelectual y en la que nos da datos preciosos para la completa apreciación de su vida y actividades intelectuales. La prosa de esa carta ha sido calificada como la mejor de la época. "A la riqueza y buen estilo tradicionales de la prosa española", observa Alfonso Reyes, "añade cierto rigor de palabra justa y hallazgos de expresión que, a la vez, poseen valor estético y científico".

La poesía de Sor Juana, que es la parte más valiosa de su obra, se caracteriza por la gran cantidad de formas que la componen, por el profundo sentimiento que la alienta y por la riqueza de imágenes. Entre sus poesías encontramos sonetos, romances, liras, silvas, redondillas y décimas. La mayor parte de los sonetos, que con las redondillas "Hombres necios que acusáis", es lo que más se lee de Sor Juana, son verdaderas joyas literarias. Se da en ellas, con gran maestría, expresión al tema del desengaño en formas antitéticas. A pesar de su gran valor, Sor Juana sólo consideraba digna de su pluma una sola composición, el *Primero sueño*, poema filosófico cuyo tema es el conocimiento humano. Si bien el poema, que puede considerarse como la obra más importante de la literatura colonial hispanoamericana, tiene una compleja elaboración intelectual, las originales imágenes que lo estructuran captan con sorprendente efecto el viaje alegórico del alma, que durante el sueño se purifica—no para alcanzar el éxtasis místico como en Santa Teresa, sino para penetrar las leyes del universo. Esta obra, y en verdad la producción total de Sor Juana, sigue intrigando a los amantes de las letras. El valor formal, lo profundo de los sentimientos y la rica imaginación, entre otras bondades, aseguran a Sor Juana un lugar preeminente en las letras hispánicas.

Menos brillante, menos espectacular, es la obra poética de Juan del Valle Caviedes (1652-1697), andaluz (nació en Porcuna) que de niño pasó a vivir al Perú. Su obra, manuscrita, la dio a conocer el crítico peruano Manuel de Odriozola en 1873 bajo el título *Diente del arnaso*, al cual agregó algunas *Poesías serias y jocosas*. No es hasta 1947 cuando se da a conocer la poesía religiosa y amorosa de Caviedes. Pero es su poesía satírica la que le ha dado fama. Si Sor Juana representa en la literatura hispanoamericana el barroco a la manera de Góngora y Calderón, Caviedes sigue las huellas de Quevedo. Caviedes en Lima, como Quevedo en Madrid, satirizaba a sus contemporáneos en romances, sonetos y quintillas, ensañándose sobre todo contra los médicos. Su poesía, de menos valor estético que la de Quevedo, no es menos punzante. No se le escapan, como al español, ni los sastres, las cortesanas, los clérigos, los poetas o los cómicos. Su visión satírica de la sociedad limeña es un fiel reflejo de las condiciones de vida prevalentes en el virreinato peruano del diecisiete. Es el primer escritor peruano que retrata fielmente las costumbres y los tipos criollos, dando origen así a una literatura de raigambre nacional. Lo que hace Caviedes en verso durante el siglo diecisiete lo ha de hacer don Ricardo Palma en prosa durante el diecinueve. Y es Palma precisamente quien prologa la primera edición del *Diente del Parnaso*. Como ejemplo de la feroz sátira de Caviedes, en este caso contra los médicos y las mujeres feas, dos de sus blancos favoritos, citamos estos versos, tomados de la "Loa en aplauso del doctor Francisco Machuca por haber curado a una prima del autor y haberla muerto como todos los que curan" :

> Verdugo atroz, inhumano,
> cuya bárbara fiereza
> de idiota ignorancia es tanta
> que no perdona bellezas;
> ¿por qué, verdugo en latín,
> no te das a curar feas,
> que aunque de éstas mates muchas
> siempre quedará cosecha?

2. LA PROSA

Además de Sor Juana, cultivan la prosa barroca varios escritores interesados tanto en las ideas y la crítica como en la historia y la ficción. Algunos cronistas e historiadores siguen escribiendo sobre temas prehispánicos y de la conquista; otros dan preferencia a las historias de las órdenes religiosas. Aparece una nueva forma, el diario de sucesos notables, valioso caudal de noticias a veces interesantes, a veces intrascendentes.

La narrativa, tan popular en España durante los siglos dieciséis y diecisiete, apenas si se halla en América. No es hasta 1620 cuando aparece una obra que podría considerarse novela. Ese año Francisco bramón (? –1655) publica en México los *Sirgueros de la Virgen sin original pecado*, novela pastoril en la cual los personajes se dedican a alabar a la Virgen, en prosa y verso. "Obra de tímida ficción", la llama Alfonso Reyes, en la cual "los pastorcitos de biscuit están plantados, inmóviles, en un paisaje artificial". El libro termina con un auto, al fin del cual hay un tocotín con personajes indios.

Tampoco es verdadera novela la obra de don JUAN DE PALAFOX Y MENDOZA (1600–1659), *El Pastor de Noche Buena* (1644), alegoría estructurada en forma de viaje por el país de las virtudes y los vicios. Como prosista, Palafox, doctor en Cánones por Salamanca, Obispo de Puebla de 1640 a 1642, virrey de México por cinco meses en 1642, Obispo de Osma hasta su muerte, es también recordado por un libro de tono místico, *Varón de deseos* (1642), lo mismo que por el tratado *Virtudes del indio* (1645), en el cual defiende a los indígenas americanos con fervor. El año de su muerte terminó de escribir su *Vida interior*, que no se publicó hasta 1682.

Más importante que los anteriores es CARLOS DE SIGÜENZA Y GÓNGORA (México, 1645–1700), poeta y prosista interesado en las ciencias físicas, las lenguas, la historia y las antigüedades de los indios. Si bien gran parte de su obra se ha perdido, nos quedan ejemplos de su poesía culterana (*Primavera indiana*, 1668; *Oriental planeta evangélico*, 1668; *Glorias de Querétaro*, 1680; *Triunfo parténico*, 1683) y de su prosa en los *Infortunios de Alonso Ramírez* (1680) y en el *Mercurio Volante, papel periódico* (1693), anticipo el último del periodismo que aparecerá durante el siglo siguiente. Pero son los *Infortunios* los que mantienen viva su memoria. En este curioso libro, en el que se entrelazan los elementos históricos, geográficos y narrativos, Sigüenza se vale de su personaje, el joven puertorriqueño Alonso Ramírez, para narrar, en primera persona, un viaje alrededor del mundo en más de ochenta días. Las aventuras de Ramírez como prisionero en un barco inglés forman una de las partes más interesantes del libro. Si bien la primera parte de la obra parece una novela picaresca (Alonso narra en primera persona sus aventuras con varios amos), la segunda carece de toda pretensión de picardía y en ella se presenta al héroe, mucho antes del fin, como un buen marido con un buen empleo que vende a su esclavo para ganar dinero y poder ayudar a sus amigos. Los *Infortunios* es el libro de la literatura colonial hispanoamericana que más se acerca a lo que hoy llamamos "novela". Lástima que Sigüenza no haya tenido el sentido del humor, esencial al autor de novelas picarescas.

La prosa de Sigüenza es típica del siglo barroco. No así la del colombiano JUAN RODRÍGUEZ FREILE (1566–1640?), el autor de la curiosísima y chispeante crónica titulada *Conquista y descubrimiento del Nuevo Reino de Granada* y conocida como *El carnero*, nombre que no aparece en el libro y que el autor mismo no usó, pero sobre cuyo significado se han conjeturado varias teorías. Si bien Freile pretende ser historiador veraz, su obra es una gacetilla periodística de noticias sensacionales, lances amorosos, leyendas tradicionales y chismes burgueses. Más que veracidad histórica, el lector encuentra ingenio narrativo, buen humor, un sentido picaresco de la vida y una vívida pintura de las costumbres bogotanas de entre siglos. Escrito a los setenta años, *El carnero*, como la *Historia verdadera* de Bernal Díaz, es una crónica que recoge de primera mano y registra los hechos sociales por los cuales atraviesa una sociedad en formación. ¿Cuáles eran las credenciales de Freile para servir de cronista? "Paréceme", dice, "que algún curioso me apunta con el dedo y me pregunta, que de dónde supe estas antigüedades; pues tengo dicho que sobre estos naturales no hubo quien escribiera, ni cronistas. Respondo presto por no me detener en esto, que nací en esta ciudad de Santa Fe [Bogotá], y al tiempo que escribo esto me hallo de edad de setenta años, que los cumplo la noche que estoy escribiendo este capítulo, y que son los 25 de abril de 1636. Mis padres fueron de los primeros conquistadores y pobladores de este Reino. Yo en mi mocedad pasé de este Reino a los de Castilla, a donde estuve seis años. Volví a él y he corrido mucha parte de él, y entre los muchos amigos que tuve fue uno don Juan, Cacique y señor de Guatavita, sobrino de aquél que hallaron los conquistadores en la silla al tiempo que conquistaron este Reino; el cual sucedió luego a su tío y me contó estas antigüedades y las siguientes". Entre esas antigüedades se encuentra la historia de el Dorado, que Freile relata en este mismo capítulo segundo. Aunque el estilo de Freile es más bien descuidado, la vivacidad, el tono picaresco y a veces la malicia con que se cuentan los hechos le dan a *El carnero* un valor que no encontramos en otros libros coloniales mejor escritos.

Otro aspecto de la prosa hispanoamericana del siglo diecisiete la encontramos en *El cautiverio feliz* (*c.* 1650) del criollo chileno Francisco Núñez de Pineda y Bascuñán (1607–1682), obra en la cual predomina el intento narrativo sobre el histórico. Aquí ya el cronista (el subtítulo del libro es *Razón de las guerras dilatadas de Chile*) se olvida de su finalidad didáctica para hacer resaltar, por medio de una técnica narrativa, los elementos novelescos relacionados a su cautiverio de siete meses entre los indios araucanos. Lo importante es el destino del personaje, no el hecho histórico : su caída en manos de los indios en una escaramuza, la magnanimidad de los capitanes araucanos Lientur y Maulicán al perdonarle la vida, su cautiverio con éste, su castidad, el amor de la joven hija de Maulicán, sus aventuras al lado de éste y, por fin, la deseada y esperada reunión con el padre, el capitán español Álvaro Núñez de Pineda. A lo largo de la narración encontramos digresiones sobre el mal y el bien, la conducta de los buenos y los malos conquistadores (¿resquemor criollo?) y otras moralizaciones que unidas al elemento novelesco dan a la obra el tono didáctico-narrativo característico de la novela picaresca, aunque el libro de Pineda no lo sea. Sin ser un prosista barroco como Sigüenza, no deja el autor del *Cautiverio feliz* de utilizar motivos y símbolos característicos de esa escuela.

3. EL TEATRO

Sor Juana es sin duda el dramaturgo principal americano de la época. Pero también merece atención JUAN RUIZ DE ALARCÓN Y MENDOZA (1580–1639), aunque su obra fue escrita para el teatro de Madrid. A los veinte años Alarcón pasó a estudiar a la Universidad de Salamanca y en 1608 volvió a su patria a recibir el grado de licenciado en derecho civil en 1615 en la Universidad de México. Hacia esa época vuelve a Madrid, donde pasa el resto de su vida escribiendo comedias mientras espera que el Rey le conceda un puesto administrativo en la Nueva España. Al lado de la de Lope, Tirso y Calderón, la obra dramática de Alcarcón es insignificante en cuanto al número de comedias, que no pasa de veinticuatro. En cuanto a la calidad, compite ventajosamente con la de ellos. Ante *La verdad sospechosa*, obra imitada por Corneille, decía Alfonso Reyes : "Con la obra de Alarcón México por primera vez toma la palabra ante el mundo y deja de recibir solamente para comenzar ya a devolver. Es el primer mexicano universal, el primero que se sale de las fronteras, el primero que rompe las aduanas de la colonia para derramar sus acarreos en la gran corriente de la poesía europea". Se destacan también *Ganar amigos*, *Las paredes oyen*, *Mudarse por mejorarse*, *El examen de maridos*, todas ellas representativas de una nueva modalidad en el teatro hispano : la comedia de carácter, la comedia de fondo moral.

BIBLIOGRAFÍA

GENERAL

CAMACHO GUIZADO, Eduardo. *Estudios sobre literatura colombiana; siglos XVI y XVII*. Bogotá : Univ. de los Andes, 1965.

CARILLA, Emilio. *El gongorismo en América*. Buenos Aires : Univ. de Buenos Aires, 1946.

GALLEGOS ROCAFULL, José Manuel. *El pensamiento mexicano en los siglos XVI y XVII*. (México) : Centro de Estudios Filosóficos, 1951.

GONZÁLEZ OBREGÓN, Luis. "Las letras mexicanas en el siglo XVII", *Croniquillas de la Nueva España.* México : Edit. Botas, 1936, pp. 159–161.

GUTIÉRREZ, Juan María. *Escritores coloniales americanos.* Buenos Aires : Edit. Raigal, 1957.

HENRÍQUEZ UREÑA, Pedro. "Barroco en América", *La Nación*, Buenos Aires, 23 de junio de 1940.

JIMÉNEZ RUEDA, Julio. *El humanismo, el barroco y la contrarreforma en México virreinal.* México : Edit. Cultura, 1951.

LARREA, Juan. *"El paraíso en el Nuevo Mundo* de Antonio de León Pinelo", *España Peregrina*, II, 8–9 (12 oct., 1940), 74–94.

LEONARD, Irving A. *Baroque Times in Old Mexico.* Ann Arbor : Univ. of Michigan, 1959.

PEISER, Werner. "El barroco en la literatura mexicana", *Rev. Iber.*, VI (1943), 77–93.

SCHONS, Dorothy, "The influence of Góngora on Mexican Literature During the Seventeenth Century", *Hispanic Review*, VII (1939), 22–34.

VALDÉS, Octaviano. "El barroco : espíritu y forma del arte de México", *Ábside*, XX, 4 (oct.–dic., 1956), 380–409.

1. LA POESÍA

TEXTOS Y ESTUDIOS

BUXÓ, José Pascual. *Arco y certamen de la poesía mexicana colonial : siglo XVII.* Xalapa : Univ. Veracruzana, 1959. (Contiene las obras *Marte católico*, 1653, y *Breve relación de la plausible pompa*, 1673.)

——. *Góngora en la poesía novohispana.* México : UNAM, 1960.

LEONARD, Irving A. "Some Góngora 'Centones' in Mexico", *Hispania*, XII (1929), 563–572.

MEDINA, José Toribio. *Historia de la literatura colonial de Chile.* 3 vols. Santiago de Chile, 1878. Vol. I, "La poesía".

MÉNDEZ PLANCARTE, Alfonso. *Poetas novohispanos; segundo siglo (1621–1721).* 1a. parte, México : UNAM, 1944. "B.E.U.", 43. 2a. parte, México : UNAM, 1945. "B.E.U.", 54.

BERNARDO DE BALBUENA

TEXTOS

El Bernardo, o Victoria de Roncesvalles. Madrid : Diego Flamenco, 1624. Otras eds., Madrid : Sancha, 1808 : Madrid : Hernando, 1851, ed. de Cayetano Rosell, "Biblio. de Autores Españoles", XVII; Madrid, 1852, "Biblio. Ilustrada" de Gaspar y Roig; ed. de Octavio Viader, Imp. San Félix de Guixol (Cataluña), 1914; ed. de John Van Horn, *University of Illinois Studies in Language and Literature*, XII, 1 (1927).

Grandeza mexicana. México : M. Ocharte, 1604. Otras eds., New York : Lanuza, Mendía y Cía., 1828; Madrid, 1829; Madrid : Imp. de Miguel de Burgos, 1837; México : Imp. de Andrade y Escalante, 1860; México : Soc. de Bibliófilos Mexicanos, 1927; Urbana : Univ. of Illinois Press, 1930, ed. de John Van Horn; México : UNAM, 1941, "B.E.U.", 23, ed. de Francisco Monterde, con fragmentos del *Siglo de oro* y *El Bernardo*.
Siglo de oro en las selvas de Erífile. Madrid : Alonso Martín, 1608. Otra ed., Madrid : Ibarra, Impresor, 1821, ed. de la Academia Española.

ESTUDIOS

ROJAS GARCIDUEÑAS, José. *Bernardo de Balbuena, la vida y la obra*. México : Inst. de Investigaciones Estéticas, 1958.
VAN HORNE, John. *Bernardo de Balbuena, biografía y crítica*. Guadalajara, México : Imp. Font, 1940.

DIEGO DE HOJEDA

TEXTOS Y ESTUDIOS

La cristiada. Ed. de Sister Mary H. P. Corcoran. Washington, D.C. : Catholic Univ. of America, 1935.
La cristiada. Ed. de Rafael Aguayo Spencer. 2 vols. Lima : P.T.C.M., 1947.
MERINO, Félix. *Poesía épica de la edad de oro : Ercilla, Balbuena, Hojeda*. Zaragoza : Ebro, 1955.
MEYER, Mary E. *The Sources of Hojeda's "La Cristiada"*. Ann Arbor : Univ. of Michigan, 1953.
REINA Y CASTRILLÓN, Francisca. *El alma española a través de "La cristiada"*. Santander : Edit. Cantabria, 1951.

SOR JUANA INÉS DE LA CRUZ

TEXTOS

Antología. Ed. de Elías L. Rivers. Madrid : Eds. Anaya, 1965.
Carta athenagorica . . . Puebla de los Ángeles, D. F. de León, 1690. (Varias eds.)
Fama y Obras póstumas del Fénix de México, Décima Musa, Poetisa americana . . . Madrid : Imp. de Manuel Ruiz de Murga, 1700. (Varias eds.)
Inundación castálida . . . Madrid : Juan García Infanzón, 1689. (Varias eds., ver la *Bibliografía* de Abreu Gómez.)
Obras completas. 4 vols. ed. de Alfonso Méndez Plancarta, excepto el último que es de Alberto G. Salceda. México : Fondo de Cult. Econ. I : "Lírica personal", 1951; II : "Villancicos y letras sacras", 1952; III : "Autos y loas", 1955; IV : "Comedias, sainetes y prosa", 1957.
Segundo volumen de las Obras de Sor Juana . . . Sevilla : Tomás López de Haro, 1692. (Varias eds.)

ESTUDIOS

ABREU GÓMEZ, Ermilo. *Sor Juana Inés de la Cruz: bibliografía y biblioteca.* México : Imp. de la Sec. de Rel. Ext., 1934.

ARROYO, Anita. *Razón y pasión de Sor Juana Inés de la Cruz.* México : Porrúa y Obregón, 1952.

BELLINI, Giuseppe. *La poesia di Sor Juana Inés de la Cruz.* Milano, 1954.

CHÁVEZ, Ezequiel A. *Ensayo de psicología de Sor Juana Inés de la Cruz.* Barcelona : Casa Edit. Araluce, 1931.

HENRÍQUEZ UREÑA, Pedro. "Bibliografía de Sor Juana Inés de la Cruz", *Revue Hispanique,* XL (1917), 161–214.

JIMÉNEZ RUEDA, Julio. *Sor Juana Inés de la Cruz en su época (1651–1951).* México : Edit. Porrúa, 1951.

PAZ, Octavio. "Homenaje a Sor Juana Inés de la Cruz en su tercer centenario", *Sur,* 206 (1951), 29–40.

PFANDL, Ludwig. *Die zehnte Muse von Mexico Juana Inés de la Cruz; ihr Leben, ihre Dichtung, ihre Psyche.* München : Verlag Hermann Rinn, 1946. Trad. castellana de Francisco de la Maza. México : Inst. de Investigaciones Estéticas, 1963. (Amplia bibliografía.)

PUCCINI, Dario. *Sor Juana Inés de la Cruz : studio d'una personalita del barocco messicano.* Roma : Ateneo, 1967.

SALCEDA, Alberto G. "El acta de bautismo de Sor Juana Inés de la Cruz", *Ábside,* XVI, 1 (ene.–mar., 1952), 5–29.

SALINAS, Pedro. *En busca de Sor Juana.* Los Angeles, Calif. : Sobretiro del Segundo Congreso Internacional del Inst. de Lit. Iberoamericana, 1940, 21 pp.

SCHONS, Dorothy. "Nuevos datos para la biografía de Sor Juana", *Rev. Mexicana de Literatura,* III (ene.–mar., 1929), 161–176.

VOSSLER, Karl. *Die "zehnte Muse von Mexico" Sor Juana Inés de la Cruz.* München : C. H. Beck, 1934. 42 pp. Trad. castellana de R. de la Serna en *Logos,* 2 (1942), pp. 291–313. Otra trad. en *Universidad,* México, II, 9 (oct., 1936), 15–24.

XIRAU, Ramón. *Genio y figura de Sor Juana Inés de la Cruz.* Buenos Aires : EUDEBA, 1967.

JUAN DEL VALLE CAVIEDES

TEXTOS Y ESTUDIOS

Diente del Parnaso. Poesías serias y jocosas. Ed. de Manuel de Odriozola. *Documentos literarios del Perú,* V. Lima, 1873. Otra ed., de Luis Alberto Sánchez y Daniel Ruzo, Lima, 1925.

KOLB, Glen L. *Juan del Valle Caviedes : A Study of the Life, Times and Poetry of a Spanish Colonial Satirist.* New London : Univ. of Connecticut, 1959. Monograph No. 7.

Obras. Ed. de Rubén Vargas Ugarte. Lima : Edit. Studium, 1947.

BELLINI, Giuseppe. "Actualidad de Juan del Valle y Caviedes", *Caravelle*, Univ. de Toulouse, VII (1966), 153–165.

REEDY, Daniel R. *The Poetic Art of Juan del Valle Caviedes.* Chapel Hill : Univ. of North Carolina Press, 1964.

——. "Poesías inéditas de Juan del Valle Caviedes", *Rev. Iber.*, XXIX, 55 (1963), 157–190.

——. "A New Manuscript of the Works of Juan del Valle Caviedes", *Romance Notes*, V, 1 (1963), 1–4.

——. "Signs and Symbols of Doctors in the *Diente del* Parnaso", *Hispania*, XLVII, 4 (dec., 1964), 705–710.

2. LA PROSA

FRANCISCO BRAMÓN

TEXTOS Y ESTUDIOS

Auto del triunfo de la Virgen y gozo mexicano. Ed. de Agustín Yáñez. México : Imp. Univ., 1945. Otra ed., 1952.

BENWELL, Frank P. "Francisco Bramón's *El triunfo de la Virgen*", *The Americas*, XI (1955), 51–55.

"Joyas bibliográficas de la Biblioteca Nacional", *Biblos*, II, 61, México (mar. 3, 1920).

Los sirgueros de la Virgen sin original pecado. México : Juan de Alcázar, 1620. Otra ed., con Pról. de Agustín Yáñez, México : Imp. Univ., 1943, "B.E.U.", 45. (Esta ed. no es completa.)

JUAN DE PALAFOX Y MENDOZA

TEXTOS Y ESTUDIOS

El pastor de Nochebuena. Puebla de los Ángeles, 1644. Otras eds., Valencia : Claudio Macé, 1646; Bruselas, 1655; Zaragoza : Pascual Bueno, 1705; Barcelona : Rafael Figueró, 1712; Madrid : Rialp, 1959.

GARCÍA, Genaro. *Don Juan de Palafox y Mendoza, obispo de Puebla y Osma, visitador y virrey de la Nueva España.* México : Lib. de Bouret, 1918.

(Libro de las) virtudes del indio. Madrid : Imp. de Tomás Minuesa de los Ríos, 1893. "Col. de libros raros y curiosos que tratan de América", 10. (Contiene también *Vida interior*.)

Obras ... 8 tomos. Madrid : Imp. de Pablo del Val ..., 1659–1671. Otra ed., 12 tomos, Madrid : Imp. de Gabriel Ramírez, 1762.

SICILIA VOJTECKY, Paul Andrew. *El obispo Palafox y su lugar en la mística española.* México, 1965.

CARLOS DE SIGÜENZA Y GÓNGORA

Textos

Alboroto y motín de México del 8 de junio de 1692. Ed. de Irving A. Leonard. México : Museo Nacional de Arqueología, 1932.
Glorias de Querétaro. México, 1680. Otra ed., Querétaro : Edit. Cimatorio, 1945.
Infortunios de Alonso Ramírez. México : Calderón, 1690. Otras eds., Madrid : Imp. de la Viuda de G. Pedraza, 1902, "Col. de libros raros y curiosos que tratan de América", 20; en *Obras históricas*, México : Edit. Porrúa, 1944; Buenos Aires : Espasa-Calpe, 1951. Trad. al inglés por Edwin H. Pleasants, *The Misadventures of Alonso Ramírez.* México: Imp. Mexicana, 1962.
Libra astronómica. México, 1690.
Manifiesto filosófico contra los cometas. México, 1681.
Mercurio volante. México, 1693. Trad. al inglés de Irving A. Leonard. Los Angeles : Quivira Society, 1932.
Obras. Con una biografía escrita por Francisco Pérez Salazar. México : Soc. de Bibliófilos Mexicanos, 1928.
Paraíso occidental. México, 1684.
Poemas. Ed. de Irving A. Leonard y E. Abreu Gómez. Madrid : Biblio. de la Historia Hispanoamericana, 1931.
Primavera indiana. México, 1668. Otra ed., México, 1945.
Relaciones históricas. Ed. de Romero de Terreros. México : UNAM, 1940. "B.E.U.", 13. (Contiene los "Infortunios de Alonso Ramírez".)
Teatro de virtudes políticas. México, 1680.
Triunfo parthenico ... México, 1683. Otra ed., con Pról. de J. Rojas Garcidueñas, México : Ed. Xóchitl, 1945.

Estudios

Iglesia, Ramón. "La mexicanidad de don Carlos de Sigüenza y Góngora", *Homenaje a Francisco Gamoneda.* México : Imp. Univ. 1946, pp. 251–267.
Leonard, Irving A. *Don Carlos de Sigüenza y Góngora, a Mexican Savant of the Seventeenth Century.* Berkeley : Univ. of Calif. Press, 1929.
——. *Ensayo bibliográfico de don Carlos de Sigüenza y Góngora.* México, 1929. "Monografías Bibliográficas Mexicanas", 15.
Rojas Garcidueñas, José. *Don Carlos de Sigüenza y Góngora, erudito barroco.* México : Eds. Xóchitl, 1945.

JUAN RODRÍGUEZ FREILE

Textos y Estudios

El carnero; conquista y descubrimiento del nuevo reino de Granada. Ed. y Pról. del doctor Felipe Pérez. Bogotá, 1859. Otras eds., Bogotá, 1884; Bogotá, 1935; Bogotá, 1942, "Biblio. Popular de Literatura Colombiana", 31;

Bogotá, 1955; Bogotá : Minist. de Educ. Nacional, 1963, ed. de Miguel Aguilera; se reproduce el Pról. de la 1a. ed.

Latcham, Ricardo A. "Una crónica del barroco hispanoamericano : *El carnero* de Juan Rodríguez Freile", *Mapocho*, Santiago de Chile, III, 1 (1965), 5–10.

Martinengo, Alessandro. "La cultura literaria de Juan Rodríguez Freyle", *Thesaurus*, Bogotá, Inst. Caro y Cuervo, XIX, 2 (mayo–ago., 1964), 274–299.

FRANCISCO NÚÑEZ DE PINEDA Y BASCUÑÁN

Textos y Estudios

Cautiverio feliz . . . Ed. de Diego Barros Arana. Santiago : Imp. del Ferrocarril, 1863. Otra ed., de Ángel Custodio González, Santiago : Zig-Zag, 1948.

Seguel, Gerardo. *Francisco Pineda y Bascuñán.* Santiago : Ercilla, s.f.

Vicuña, Alejandro. *Bascuñán, el cautivo.* Santiago : Nacimiento, 1948.

3. EL TEATRO

JUAN RUIZ DE ALARCÓN Y MENDOZA

Textos

Comedias de don Juan Ruiz de Alarcón y Mendoza. Ed. de Juan Eugenio Hartzenbush. Madrid : Imp. y Est. de M. Rivadeneyra, 1852. "B.A.E.", 20.

Obras completas. 2 tomos. Ed. de A. Millares Carlo. Introd. de Alfonso Reyes. México : Fondo de Cult. Econ., I, 1957; II, 1959.

Teatro completo. México : Compañía General de Ed., 1957.

Estudios

Alatorre, Antonio. "Para la historia de un problema", *Anuario de Letras*, México, IV (1964), 161–202.

Castro Leal, Antonio. *Juan Ruiz de Alarcón, su vida y su obra.* México : Cuadernos Amer., 1943.

González, Natalicio. "Alarcón y Corneille", *Estaciones*, II, 7 (otoño, 1957), 256–264.

Hamilton, T. Earle. "*Comedias* attributed to Alarcón examined in the light of his own epistolary practices", *Hispanic Review*, XVII (1949), 124–132.

Henríquez Ureña, Pedro. "Don Juan Ruiz de Alarcón", Conferencia pronunciada en la Libería General la noche del 6 de diciembre de 1913. México, 1914. Recogida en *Seis ensayos* . . . y en *Obra crítica*, México : Fondo de Cult. Econ., 1960, pp. 272–282.

Posee, Walter. *Ensayo de una bibliografía de Juan Ruiz de Alarcón*. Valencia : Edit. Castalia, 1964.

Reyes, Alfonso. "Tres siluetas de Ruiz de Alarcón", en *Capítulos de literatura española*. México, 1939, pp. 139-216.

Schon, Dorothy. "The Mexican Background of Alarcón", *PMLA*, LVII (1942), 89-104.

IV

 Rococó y Neoclasicismo

(Siglo Dieciocho)

Con la muerte de Carlos II termina en España la dinastía de los Hapsburgos, iniciada por Carlos V en 1519. En 1700 sube al trono español el primer Borbón, el francés Felipe V. El cambio se deja sentir inmediatamente en todo el mundo hispano. La influencia francesa en todos los aspectos de la cultura predominará durante todo el siglo dieciocho, el siglo de las luces. Es la época de las academias, del interés en el lujo, en lo ornamental, en el placer como finalidad. El gusto literario sufre un cambio. El barroco, interesado en lo monumental, en lo grandioso, que había dado al mundo las grandes figuras de Sor Juana, Ruiz de Alarcón, Góngora, Quevedo, cede frente al rococó, frente al interés en el detalle, en el ornamento, en lo externo. No hay grandes figuras durante este siglo.

El rococó, como estilo, como actitud ante la realidad, tiene corta vida : escaso medio siglo. Hacia 1750 aparece una nueva modalidad, el neoclasicismo, reacción contra el rococó que rechaza lo ornamental para volver, como durante el Renacimiento, a lo sobrio de los clásicos.

Bajo el reinado de Carlos III (1759–1788) despierta el interés en las ciencias, las matemáticas, la historia, la filosofía y la lingüística. El predominio de la razón prohibe que aparezcan grandes obras de creación. La filosofía atrae a las mejores mentalidades y la literatura queda en manos de talentos de segunda categoría. Por esa razón son mejores durante este siglo los prosistas que los poetas, los filósofos que los novelistas, los historiadores que los dramaturgos.

1. LA POESÍA

La poesía rococó, que predomina durante la primera mitad del siglo, es una poesía de abigarrada fisonomía. Se cultivan las formas poéticas más abstrusas : versos retrógados, que se pueden leer de arriba hacia abajo y de abajo hacia arriba; palíndromas, que se pueden leer de izquierda a derecha y de derecha a izquierda; pangramatones, en los que el verso contiene todas las letras del alfabeto; metronteleones, en que el verso emplea todas las partes de la oración; centones, poemas de cien versos fabricados con versos aislados de un poeta famoso; laberintos, en que los endecasílabos pueden leerse quitándoles tres o cuatro sílabas del principio. El interés en la forma, en lo artificioso, prohibe que el poeta dé expresión a sentimientos hondos, humanos. Por eso no hay grandes poetas durante este siglo académico.

Como representantes de la poesía rococó hispanoamericana aparecen los nombres de los mexicanos Juan José de Arriola (1698–1768), descubierto por Alfonso Méndez Plancarte, quien exhumó sus *Décimas de santa Rosalía* (1766). Tiene algún valor su *Canción a un desengaño* (1755) por contener algún verso feliz; y Cayetano Cabrera Quintero (? – 1775). Conocido por su curiosa obra histórica, *Escudo de armas de la ciudad de México* (1746), escribió versos en latín y en español, a veces mezclándolos en el mismo poema, como lo hizo en el *Himeneo celebrado* (1723). Su más conocido poema es el que dedicó al santo italiano : "Predicación de San Francisco a las aves", en el que no se conjugan el candoroso tema y la compleja forma. También mencionaremos al colombiano Francisco Antonio Vélez Ladrón de Guevara (1721–c. 1781), cuya poesía gira en torno a la vida cortesana, frívola, superficial, que busca el placer como finalidad. Entre sus más conocidas poesías hallamos varias dedicadas a las damas : "A una beldad amiga . . .", "En el cumpleaños de una dama", etc.

Como manifestación neoclásica encontramos un gran número de traducciones de autores griegos y latinos, lo mismo que algunas excelentes poesías en latín. Los representantes del clasicismo humanista en Hispanoamérica son los mexicanos Alegre y Abad y el guatemalteco Landívar. Francisco Javier Alegre (1729–1788), maestro de letras humanas en el Colegio de San Ildefonso en la ciudad de México, tradujo la *Ilíada* de Homero y el *Arte poético* de Boileau. Es autor también de una *Historia de la Compañía de Jesús en Nueva España*. Diego José Abad (1727–1779) tradujo las *Églogas* de Virgilio y escribió en hexámetros latinos el poema religioso *Heroica de Deo Carmina* (1769). El guatemalteco Rafael Landívar (1731-1793), avecindado en México desde su juventud, es el autor del famoso poema descriptivo en latín, *Rusticatio mexicana* (1781-1782), en el que hace fieles descripciones del paisaje mexicano.

La lírica neoclásica la representa el mexicano Fray manuel de navarrete (1768-1809), cuyo tardío florecimiento privó a la literatura mexicana de un sentido poeta. Hacia 1806 se dio a conocer en el *Diario de México* con algunas de sus composiciones líricas, publicadas bajo las iniciales N. o F. M. N. Pronto cobró fama y fue nombrado *Mayoral* de la *Arcadia* mexicana. Sus poesías tienen un tono nuevo, desconocido entre los neoclásicos. La sencillez de la forma y lo sentido de la expresión le separan de sus contemporáneos y le convierten en el poeta de transición entre el neoclasicismo y el romanticismo del siglo siguiente. Sus ambientes son casi siempre bucólicos y entre los temas predomina el del amor. También característica que ya apunta hacia el romanticismo es el interés en el paisaje, como en "La mañana". Así mismo románticos son la ternura de los sentimientos; la melancolía y el desencanto que afloran en algunas de sus composiciones; ciertos motivos, como lo macabro y lo nocturnal, y ciertos temas, como la libertad y la inmortalidad. Sus poesías fueron recogidas en dos volúmenes bajo el título *Entretenimientos poéticos* (1823).

La tradición satírica, la tradición de Caviedes, no desaparece en la poesía neoclásica. Y es un peruano quien la continúa, Esteban de Terralla y Landa, autor de una feroz sátira de la sociedad de la época, *Lima por dentro y por fuera* (1797).

2. LA PROSA

La prosa del siglo dieciocho es mucho más rica y variada que la poesía. Aparece durante el siglo una anacrónica obra mística, los *Afectos espirituales* de la Madre Castillo (Sor Francisca Josefa de la Concepción de Castillo y Guevara, Colombia, 1671-1742), que comenzó a escribir en 1694, a los veintitrés años. "En este tiempo", dice, "vino a confesarme el Padre Francisco de Herrera ... El Padre me trataba con severidad, y hacía que trabajara de manos lo más del día, y si alguna vez le pedía licencia para gastar el medio día en oración, me la daba, con la condición que a la tarde doblara el trabajo. Mandóme muchas veces que escribiera, y le mostraba los sentimientos que nuestro Señor me daba; fue grande mi pena y vergüenza en esto; mas al fin lo hice" (cap. XI, 31-32). Pero es la prosa didáctica la que predomina durante este siglo. Entre los escritores de obras científicas hallamos los nombres de Francisco Xavier Gamboa

(México, 1717-1794), José Ignacio Bartolache (México, 1739-1790), José Antonio Alzate (México, 1737-1799), Antonio León y Gama (México, 1735-1802), Francisco José de Caldas (Colombia, 1771-1811), Francisco Eugenio Santa Cruz y Espejo (Ecuador, 1747-1795) y José Mariano Mociño (México, c. 1750-1821).

El caso de Santa cruz y espejo es raro en la historia de las letras hispanoamericanas. De familia pobre y sangre mezclada, llegó a ser doctor en medicina; además estudió derecho, teología y lenguas. Publicó varias obras sobre asuntos científicos, sermones, diálogos y el periódico *Primicias de la cultura de Quito* (1792). Los dos libros de diálogos, *El nuevo Luciano de Quito* (1779) y *La ciencia blancardia* (1780), son satíricos. Si bien Espejo es un escritor que a veces escribe con incorrección, su crítica acerba mantiene el interés del lector. En algunos de sus escritos, que ya pueden pasar por ensayos en el sentido moderno de la palabra, anticipa algunos de los temas que se han de desarrollar durante el siglo siguiente. En el "Ensayo sobre determinar los caracteres de la sensibilidad" ya aparece el tema del conflicto entre la civilización y la barbarie. Como buen hijo de la ilustración francesa, Espejo creía firmemente en la paz, el progreso y la igualdad del hombre. Fue, en todo, un verdadero americano.

Mucho más serio, mucho más apegado al método científico, el mexicano José antonio alzate fue el más activo propagandista del valor de las ciencias físicas. Su vida entera la dedicó a esos estudios, dando preferencia a la química, la física y las matemáticas. Entre sus innumerables opúsculos destacan las *Observaciones sobre la física, historia natural y artes útiles* (1787), en el cual se observa una inclinación hacia la objetividad científica. El mayor esfuerzo de Alzate fue la *Gaceta de literatura*, que sostuvo desde 1788 hasta 1795 y en la cual defendía las ideas de la ilustración, al mismo tiempo que luchaba contra el escolasticismo y el oscurantismo.

Durante el siglo dieciocho los historiadores desplazan a los antiguos cronistas. Más rigurosos en la observación de los hechos, con más sentido de la interpretación de los acontecimientos, y con mayores informes para poder hacer síntesis, estos escritores logran establecer bases firmes sobre las cuales se ha de levantar el edificio de la historiografía moderna. Entre esos iniciadores de la historia en Hispanoamérica ocupa lugar distinguido el mexicano Francisco javier clavijero (1831-1887), que a los veinte años ya conocía la nueva filosofía de Descartes. Al ser desterrados los jesuitas de España y América por Carlos III en 1767, el Padre Clavijero con sus colegas pasó a vivir a Italia, donde escribió y publicó la famosa

Historia antigua de México (1780), en la cual hace una defensa de las culturas indígenas a base de sus profundos conocimientos de la materia y de los antiguos documentos. Puede decirse que Clavijero es uno de los primeros historiadores hispanoamericanos digno del título, tanto por su método riguroso y su amplia erudición como por su espíritu crítico, profundo y sutil.

El interés en la ciencia y en la filosofía distrae la atención de los literatos y por lo tanto no se dedican a escribir obras de ficción. No encontramos ni novelas ni cuentos dignos del nombre. Lo que existe son prosas en las que se intercalan elementos narrativos con el propósito de suavizar la finalidad didáctica o satírica. Entre las pocas obras narrativas encontramos *La portentosa vida de la muerte* (1792) del mexicano Joaquín Bolaños (franciscano y español de nacimiento). El padre Alzate (en su *Gaceta de literatura*) critica la obra severamente por lo anacrónico del tema. A través de episodios en los que la muerte visita a varios mortales, el autor va desarrollando, con un criterio medioeval, la vida del personaje. El episodio en el que la muerte visita a su amigo el doctor Rafael de la Mata ya anticipa algunos de los momentos picarescos de Fernández de Lizardi.

De mayor importancia es el libro *El Lazarillo de ciegos caminantes* (1773) del español Alonso carrió de la vandera (*c.* 1715–*c.* 1778), publicado bajo el nombre del peruano Calixto Bustamante Carlos Inca, Concolorcorvo. Más que novela, *El Lazarillo* es un itinerario, especie de manual para viajeros. Escrito a la manera de las novelas picarescas (en cuanto al punto de vista, que es en primera persona, en cuanto a los datos denigrantes que se ofrecen relativos al origen del narrador ["Yo soy indio neto, salvo las trampas de mi madre, de que no salgo por fiador"]), la obra es una mezcla de datos históricos, geográficos y sociológicos y de elementos narrativos, sin faltar la crítica social peculiar al género. Si bien el autor, según parece, nació en España, critica a los que no tratan, como él, temas americanos. De interés hoy es la parte donde se hace una descripción de los gauchos (gauderios los llama Carrió), la primera en la literatura hispanoamericana. El tono satírico, la crítica contra los administradores españoles en Lima (razón por la cual el autor encubre su nombre), las descripciones de la vida y las costumbres de la época salvan del olvido a este libro que por lo demás es desorganizado, sin tema central unificador, y de género amorfo.

La prosa humorística, no muy común durante este siglo interesado en la razón, en la ciencia, en los derechos del hombre, en el progreso, no tiene un buen representante neoclásico. La excepción es el guatemalteco Antonio paz y salgado (*c.* 1700–1757), que publica dos obras en las que se burla de la sociedad de su época en términos que todavía hoy nos hacen reír. Tanto en la *Instrucción de litigantes* (1742) como en *El mosqueador* (del mismo año) se mofa de sus contemporáneos, sobre todo de los tontos y los majaderos. Ya Beristáin, a principios del siglo diecinueve, decía de Paz : "No me atreveré a llamarle el Quevedo de Guatemala. Pero si don Diego de Torres Villarroel quiso imitar a aquel genio original de la Antigua España, nuestro Paz en la Nueva dio muchos pasos sobre las huellas del Juvenal español, y con mucho decoro". No pertenece a Paz, como se dice en una reciente historia crítica de la literatura hispanoamericana, la obra *El peregrino con guía y medicina universal del alma* (1750) sino al fraile mexicano Marcos Reynel Hernández.

3. EL TEATRO

En el teatro del siglo dieciocho predomina la influencia del teatro francés. El primero en imitarlo fue el peruano Pedro Peralta barnuevo (1664–1743), quien leía a Corneille y a Molière. La comedia *La Rodoguna* (1710) es una refundición de la obra *Rodogune* de Corneille, si bien Peralta añade nuevos personajes y crea un nuevo ambiente. La comedia lleva una "Loa" y un "Entremés" en los que se imita a Molière, sobre todo *Le médecin malgré lui* y *Les femmes savantes*. Que Peralta fue un dramaturgo de transición lo indica el hecho de haber compuesto dos comedias que más pertenecen al siglo barroco que al de las luces. En *Triunfos de amor y poder* (1711) recrea un asunto mitológico, las transformaciones de la ninfa Io, y en *Afectos vencen finezas* (1720) imita a Calderón. Más interesantes que las comedias mismas son las obras cortas que las acompañan, ya que es allí donde aparece la nueva modalidad teatral que ha de predominar durante el resto del siglo. Ambas llevan un "Baile" y un "Fin de fiesta". En cambio, *La Rodoguna* lleva una "Loa" y un "Entremés". En el "Fin de fiesta" de la comedia *Aspectos vencen finezas* se imita a Molière, especialmente en la crítica que se hace de los médicos y del escolasticismo en general. Allí también encontramos una crítica del gongorismo y sus pésimos efectos sobre poetas sin talento, representados por don Cosme, de quien se da un soneto. El primer cuarteto es así :

Nadando breve barca un pie de plata
en el golfo de un vaso, atroz piloto
le hace arrojar por leve rumbo roto
vivo carmín de venas de escarlata.

Doña Laura comenta :

> Góngora no libó tales cadencias,
> ni dio en tan breves ritmos más sentencias.

El mismo Peralta, en algunas de sus numerosas obras, fue barroco y además resucitó la poesía épica narrativa en su anacrónica *Lima fundada, o conquista del Perú* (1732)—historia rimada en 1183 octavas reales divididas en diez cantos. También resucita el tema religioso en *Pasión y triunfo de Cristo* (prosa, 1738). Al mismo tiempo, se interesa en las ciencias físicas, en la astronomía y en las matemáticas.

La obra dramática del español-mexicano Eusebio Vela (1688–1737), contemporáneo de Peralta, no pertenece, como la de éste, a la literatura rococó de su época. Los tres dramas de Vela que se conocen (escribió unos veinte) pertenecen al siglo anterior, ya que tratan temas legendarios, mitológicos o históricos. En *Apostolado en las Indias* se dramatiza la conocida historia del martirio del niño Cristóbal, martirio ordenado por su padre el cacique Axoténcatl al saber que el niño había aceptado la fe cristiana. *Si el amor excede al arte . . .* es una comedia mitológica en la que se recrea la historia de Telémaco en la isla de Calipso. *La pérdida de España* tiene asunto español. Es la historia del rey don Rodrigo, que nada añade al drama de Lope sobre el mismo tema. Don Francisco Monterde encuentra en las comedias de Vela cierta mesura "en la que sin duda influyó el medio mexicano" que "debió impresionar gratamente al público, en aquel siglo predispuesto contra los excesos del siglo precedente".

4. EL PERIODISMO

Durante la segunda mitad del siglo dieciocho nace el periodismo, que tanta influencia había de tener a partir de 1812. Las primeras manifestaciones del papel periódico fueron las *Gacetas*, que aparecían irregularmente—sobre todo cuando llegaban las flotas españolas o había alguna noticia de importancia que era necesario comunicar al público. Después fueron utilizadas por los eruditos para dar a conocer los adelantos de las ciencias y para impartir la enseñanza técnica. Y por fin, los literatos contribuyen con sus obras, que sirven primero para llenar los huecos en blanco. Después, no hay número en que no aparezca alguna fábula, alguna poesía lírica, alguna leyenda, lo mismo que traducciones de obras de ficción, especialmente de autores franceses.

El primer periodista mexicano, Juan Ignacio María de Castorena

Ursúa (1668–1733), fundó en 1722 la *Gaceta de México*, que contiene una sección dedicada a dar noticias sobre libros nuevos. La segunda publicación de esta naturaleza es la *Gaceta de México* sostenida por Francisco Sahagún de Arévalo desde 1727 hasta 1738. Le siguen el *Mercurio de México* (1740–1742), el *Mercurio Volante* (1772) de Bartolache, la *Gazeta de México* (1784–1809) de Manuel Antonio Valdés (1742–1814) y las *Gacetas de literatura de México* (1788–1795) de Alzate. En Guatemala se publicaron dos *Gacetas*, la primera de 1729 a 1731 y la segunda, propiedad de Jacobo de Villaurrutia (1757–1833) de 1794 a 1816. La *Gaceta de Lima* tuvo varias épocas : de 1743 a 1767, de 1793 a 1795, de 1798 a 1804 y por fin de 1810 a 1821. En el Perú también aparece el *Mercurio Peruano* (1791–1795) y el *Diario de Lima* (1790–1793) de Jaime Bausate, considerado como el primer diario hispanoamericano. También se publicaron gacetas y periódicos en Cuba (a partir de 1764), en Bogotá (a partir de 1785), en Buenos Aires (a partir de 1801), en Puerto Rico (1807), en Montevideo (desde 1807) y en Santo Domingo (desde 1821). Del Ecuador ya hemos mencionado, al hablar de Espejo, las *Primicias de la cultura de Quito* (1792).

Algunos de estos periódicos continúan publicándose durante los primeros años del siglo diecinueve; otros aparecen durante ese siglo. De ahí han de nacer, durante el romanticismo, las revistas, los diarios, los almanaques y los álbumes. Después vendrán los grandes diarios.

BIBLIOGRAFÍA

GENERAL

Abreu Gómez, Ermilo. "Introducción al estudio de la literatura virreinal mexicana", *Rev. de Guatemala*, II (oct.–dic., 1945), 123–132; V (jul.–sept., 1946), 51–65.

Amunátegui Solar, D. *Bosquejo histórico de la literatura chilena; período colonial.* Santiago de Chile, 1918.

Baz, W. E. *Aportaciones al estudio de la literatura mística en la Nueva España.* México, 1945.

Beristáin y Souza, J. M. *Biblioteca hispanoamericana septentrional.* 3 tomos. México : Alejandro Valdés, 1816, 1819, 1821. 2a. ed., Amecameca : Hipólito de Vera, 1883; 3a. ed., México : Navarro, 1947.

Díaz Vasconcelos, Antonio. *Apuntes para la historia de la literatura guatemalteca; época indígena y colonial.* Guatemala : Tip. Nacional, 1942; 2a. ed., 1950.

FLORES, Ángel (ed.). *The Literature of Spanish America*. Vol. I : "The Colonial Period", New York : Las Américas, 1966.

GUZMÁN, Augusto. *Antología colonial de Bolivia*. Cochabamba : Edit. Atlantic, 1956.

JIMÉNEZ RUEDA, Julio. *Historia de la cultura en México; el virreinato*. México : Edit. Cultura, 1950.

LAZO, Raimundo. *Historia de la literatura hispanoamericana; período colonial, 1492–1780*. México : Edit. Porrúa, 1965. Col. "Sepan Cuantos", 38.

MATUS, Eugenio (ed.). *Literatura hispanoamericana de la conquista y de la colonia; antología*. La Habana : Edit. Nacional de Cuba, 1965.

MEDINA, José Toribio. *Historia de la literatura colonial de Chile*. 3 tomos. Santiago, 1878. I : "La poesía"; II : "La prosa"; III : "Literatura en latín".

MENCES FRANCO, Agustín. *Literatura guatemalteca en el período de la colonia*. Guatemala : Tip. Nacional, 1937.

MÉNDEZ PLANCARTE, Gabriel (ed.). *Humanistas del siglo XVIII*. México : UNAM, 1941. "B.E.U.", 24.

MOSES, Bernard. *Spanish Colonial Literature in South America*. New York : Hispanic Society of America, 1922; 2a. ed., 1961.

ORTIZ DE MONTELLANO, Bernardo. *Literatura indígena y colonial mexicana*. México : Sec. de Eds. Púb., 1946. "Biblio. Enciclopédica Popular", 113.

O'RYAN, Juan Enrique. *Bibliografía guatemalteca : siglos XVII–XVIII*. 2a. ed. Guatemala : Minist. de Educ. Púb., 1960.

OTERO MUÑOZ, Gustavo. *La literatura colonial de Colombia*. La Paz : Imp. Artística, 1928.

PAGÉS LARRAYA, Antonio. *Legado literario de la colonia*. Montevideo : Univ. de la República, Dept. de Literatura, 1961.

PICÓN SALAS, Mariano. *De la conquista a la independencia*. México : Fondo de Cult. Econ., 1944; 2a. ed., 1950; 3a. ed., 1958. Trad. al inglés de Irving A. Leonard, *A Cultural History of Spanish America: From Conquest to Independence*. Berkeley : Univ. of Calif. Press, 1962.

PRINCE, C. *Bosquejo de la literatura peruana colonial*. Lima, 1911. "Biblio. Peruana de la Colonia".

REYES, Alfonso. *Letras de la Nueva España*. México : Fondo de Cult. Econ., 1948.

ROGGIANO, Alfredo. "Momentos de la poesía en los primeros centros culturales de la colonia", *En este aire de América*. 1a. serie. México : Edit. Cultura, 1966, pp. 1–80. "Biblio. del Nuevo Mundo", 5.

SÁNCHEZ, Luis Alberto. *Escritores representativos de América*. 3 tomos. Madrid : Edit. Gredos, 1963. Tomo I : (Colonia e Independencia).

VEGA, Miguel Ángel. *Literatura chilena de la conquista y de la colonia*. Santiago : Nacimiento, 1954.

Zertuche, Francisco. *Literatura mexicana de los siglos XVI, XVII y XVIII*. Monterrey : Univ. de Nuevo León, 1957.

I. LA POESÍA

RAFAEL LANDÍVAR

Textos y Estudios

Escobedo, Federico. *En torno a Landívar*. Puebla de los Ángeles, 1934. 8 pp.

Rusticatio mexicana. Bolonia, 1782. Otras eds. y trads. : Trad. de Ignacio Loureda, México : Lib. Franco-Americana, 1925; ed. de Octaviano Valdés bajo el título *Por los campos de México*, México : UNAM, 1942, "B.E.U.", 34; José Mata Gavida, Introd. a la ed. facsimilar de la de Bolonia, 1782, México : Edit. Univ., 1950; trad. al inglés de Graydon W. Regenos, New Orleans : Tulane Univ., 1948.

Valle, Rafael Heliodoro. "Esencia mexicana de Landívar", *Vida Universitaria* Monterrey (2 oct., 1957).

Zertuche, Francisco M. "La *Rusticatio mexicana* de Landívar", *Armas y Letras*, Monterrey, XI, 12 (1954), 1–3, 12.

FRAY JOSÉ MANUEL MARTÍNEZ DE NAVARRETE

Textos

Entretenimientos poéticos. 2 vols. México : Imp. de Valdés, 1823; 2a. ed., París : Lib. de Lecointe, 1935.

Obras de Fray Manuel Navarrete; Poesías. México : V. Agüeros, 1904.

Poemas inéditos. México : Imp. Murguía, 1929. "Soc. de Bibliógrafos Mexicanos".

Poesías profanas. Ed. de Francisco Monterde. México : UNAM, 1939. "B.E.U.", 7.

Estudios

Escobar, Sister Adriana. "Influencias y estilo en la obra de Fray Manuel Navarrete", *Rev. Iber.*, XIX, 38 (abr.–sept., 1954), 273–282.

González de Mendoza, José María. "Las fábulas de Fray José Manuel Martínez de Navarrete", *Memorias de la Academia Mexicana* ..., XIV (1956), 194–211.

Monterde, Francisco. "Navarrete, en el prerromanticismo", *Cultura mexicana*. México : Edit. Internacional, 1946, pp. 91–118.

Toussant, Manuel. "Nuevos aspectos en la biografía de Fray Manuel Navarrete", *Rev. Mexicana de Literatura* I, 2 (1940), 226–234.

2. LA PROSA

FRANCISCA JOSEFA DEL CASTILLO Y GUEVARA

Textos y Estudios

Achury Valenzuela, Darío. *Análisis crítico de los "Afectos espirituales" de Sor Francisca Josefa de la Concepción de Castillo* . . . (Bogotá, 1962). "Biblio. de Cult. Colombiana". (Reproduce los primeros 45 *Afectos*.)

Afectos espirituales, I. Bogotá, 1942. "Biblio. Popular de Cult. Colombiana", 24.

Mi vida. Bogotá, 1942. "Biblio. Popular de Cult. Colombiana", 16.

Su vida; escrita por ella misma. Bogotá, 1956. "Biblio. de Autores Colombianos".

FRANCISCO EUGENIO DE SANTA CRUZ Y ESPEJO

Textos y Estudios

Apoteosis de Espejo. Quito : Eds. del "Comité Pro Bicentenario de Espejo," 1947. (Varios Estudios.)

Bravo G., Luis R. *La pedagogía de Espejo*. Cuenca, Ecuador : Edit. Austral, 1967.

El nuevo Luciano de Quito. Ed. de Isaac J. Barrera. Quito, 1943. "Clásicos Ecuatorianos".

Escritos . . . 3 vols. Quito : Municipalidad de Quito, 1912–1923.

Escritos médicos, comentarios e iconografía. Quito : Imp. de la Univ., 1952.

Garcés, Enrique. *Espejo, médico y duende*. Quito : Talleres Municipales, 1944.

Primicias de la cultura de Quito. Ed. facsimilar. Quito : Publicaciones del Archivo Municipal.

Primicias de la cultura de Quito. Ed. facsimilar. Quito, 1947. "Publicaciones del Archivo Municipal", 23. 2a. ed. (no es facsimilar), 1958, con una bibliografía, pp. 93–100.

JOSÉ ANTONIO ALZATE

Textos y Estudios

Cody, W. F. "An Index to the Periodicals by José Antonio Alzate y Ramírez", *Hispanic American Historial Review*, XXXIII, 3 (1953), 442–475.

Fernández del Castillo, Francisco. "Apuntes para la biografía del Presbítero Bachiller José Antonio de Alzate y Ramírez Cantillana", *Memorias de la Sociedad Antonio Alzate*, XLVIII (1927), 347–375.

Gacetas de literatura de México. 4 tomos. Puebla : Manuel Buen Abad, 1831. (Reimpresión de la *Gazeta de literatura*, publicada primero en la ciudad de México entre 1788 y 1795.)

Galindo y Villa, Jesús. *El Presbítero D. José Antonio Alzate y Ramírez*. México, 1890.

HERNÁNDEZ LUNA, Julia. *José Antonio Alzate.* Estudio biográfico y selección. México : Sec. de Educ. Púb., 1945. "Biblio. Enciclopédica Popular".

MORENO MONTESDEOCA, Rafael. "José Antonio Alzate y la filosofía de la ilustración", *Memorias y Revista de la Academia Nacional de Ciencias*, México, LVII (1952), 55–84.

NAVARRO, Bernabé. "Alzate, símbolo de la cultura ilustrada mexicana", *Ibid.*, pp. 85–97.

FRANCISCO JAVIER CLAVIJERO

TEXTOS Y ESTUDIOS

Historia antigua de México. Trad. de José Joaquín de Mora. 2 vols. Londres : R. Ackermann, 1826. (Varias eds.)

Historia antigua de México. 1a. ed. del original escrito en castellano por el autor. Pról. y Notas de M. Cuevas. 4 tomos. México : Edit. Porrúa, 1945.

Historia de la Antigua o Baja California. Trad. de Nicolás García de San Vicente. México : Imp. del Museo Nacional, 1933.

"La *Historia antigua de México* del Padre Francisco Javier Clavijero", *Estudios de Historiografía de la Nueva España.* Varios autores, con Pról. de Ramón Iglesia. México: El Colegio de México, 1945.

MIRANDA, J. "Clavijero en la Ilustración mexicana", *Cuadernos Amer.*, XXVIII, 4 (jul.–ago., 1946), 180–196.

Storia antica del Messico . . . 4 tomos. Cesena : Giorgio Biasini, 1780.

Storia della California. 2 vols. Venezia : Modesto Fenzo, 1789.

ALONSO CARRIÓ DE LA VANDERA ("CONCOLORCORVO")

TEXTOS Y ESTUDIOS

BATAILLON, Marcel. "Introducción a Concolorcorvo y su itinerario de Buenos Aires a Lima", *Cuadernos Amer.*, XIX, 4 (jul.–ago., 1960), 197–216.

BOSE, Walter B. L. *"El Lazarillo de ciegos caminantes* y su problema histórico", *Labor de los Centros de Estudios* (de la Univ. de la Plata), XXIV, 3 (1940), 219–287.

DUNBAR TEMPLE, Ella. "Los Bustamante Carlos Inca : la familia del autor del *Lazarillo de ciegos caminantes*", *Mercurio Peruano*, XXII, 243 (jun., 1947), 283–305.

El lazarillo de ciegos caminantes desde Buenos Aires hasta Lima. Ed. de Martiniano Leguizamón. Buenos Aires, 1908. "Biblio. de la Junta de Historia y Numismática Americana", 4. Otras eds., Buenos Aires : Eds. Argentinas Solar, 1942, de José Luis Busaniche; Buenos Aires : Espasa-Calpe, 1946, "Col. Austral", 609. Trad. al inglés de Walter Kline, *El Lazarillo: A Guide for Inexperienced Travelers Between Buenos Aires and Lima.* Bloomington: Indiana Univ. Press, 1967.

REAL DÍAZ, José J. "Don Alonso Carrió de la Vandera, autor del *Lazarillo de ciegos caminantes*", *Anuario de Estudios Americanos*, XIII (1956), 387–416.

3. EL TEATRO

ESTUDIOS

ARROM, José Juan. *El teatro de Hispanoamérica en la época colonial*. La Habana : Anuario Bibliográfico Cubano, 1956, 2a. ed., *Historia del teatro hispanoamericano (Época Colonial)*. México : Eds. De Andrea, 1967. (Amplia bibliografía, pp. 140–146.)

PEDRO PERALTA BARNUEVO

TEXTOS Y ESTUDIOS

Historia de España vindicada. Lima : F. Sobrino, 1730.

Homenaje a Peralta. Lima : Univ. Nac. Mayor de San Marcos, 1966. (Varios estudios.)

Lima fundada o conquista del Perú. Poema heroico . . . 2 vols. Lima : Imp. de F. Sobrino y Badas, 1732. Otra ed., Manuel de Odriozola, *Colección de documentos literarios del Perú*, I. Lima : Establecimiento de Tip. y Encuad. de Aurelio Alfaro, 1863.

MIRÓ-QUESADA, Aurelio. "Ideas peruanas en Peralta Barnuevo", *Caravelle*, Univ. de Toulouse, VII (1966), 145–152.

Obras dramáticas, con un apéndice de poemas inéditos. Ed. de Irving A. Leonard. Santiago de Chile : Imp. Univ., 1937.

Obras dramáticas cortas. Ed. de Elvira Ampuero, con varios estudios. Lima : Eds. de la Biblio. Univ., 1964.

PASQUARIELLO, Anthony M. "Two Eighteen-Century Peruvian Interludes, Pioneer Pieces in Local Color", *Symposium*, VI (1953), 385–390.

SÁNCHEZ, Luis Alberto. *El doctor océano; estudios sobre don Pedro de Peralta Barnuevo*. Lima : Univ. Nac. Mayor de San Marcos, 1967.

EUSEBIO VELA

TEXTOS Y ESTUDIOS

MARÍA Y CAMPOS, Armando. *Andanzas y picardías de Eusebio, autor y comediante mexicano del siglo XVIII*. México : Compañía de Eds. Populares, 1944.

SPELL, J. R. "Three Manuscript Plays by Eusebio Vela", *Revista de Estudios Hispánicos*, New York, I (1928), 268–273.

Tres comedias de Eusebio Vela. Ed. de J. R. Spell y Francisco Monterde. México : Imp. Univ., 1948.

V

Del Neoclasicismo al Romanticismo
(1800-1832)

El cambio de ideas durante la segunda mitad del siglo dieciocho, al rechazarse el escolasticismo y aceptarse la nueva filosofía, el método científico y las ideas de la Ilustración, preparó el terreno para la independencia política. Las ideas separatistas, aceptadas por los criollos, al verse sin poder político como consecuencia del sistema español exclusivista, recibieron un gran ímpetu tras la independencia de los Estados Unidos y la Revolución francesa. Con la invasión de España por las fuerzas de Napoleón, los criollos vieron la oportunidad de separarse de España y tomaron las armas para luchar por la libertad.

La independencia política de Hispanoamérica, sin embargo, no indica que también se haya efectuado una independencia de la literatura. Durante la época de la lucha armada, la estética literaria que predomina es la del neoclasicismo finisecular. Pero ya aparece en los escritores americanos la preocupación por los asuntos criollos, por la descripción del paisaje nativo, por los problemas de sus hombres. Si todavía se da preferencia a la poesía, aparece por fin la novela, si bien como arma política. En verdad, toda la literatura de la época de la Independencia tiene esa finalidad : la de crear una conciencia americana, independiente de España y del resto de Europa.

i. LA POESÍA

La poesía de la época de la Independencia es neoclásica en la forma; no abandona el endecasílabo y sigue dando preferencia a estrofas como la oda y la silva. Sin embargo, los temas a los cuales se da expresión en esas formas rígidas son la libertad, el patriotismo, la heroicidad. Así es la poesía de Olmedo, de Bello y de los contemporáneos de esos dos destacados poetas. El argentino Manuel José de Lavardén (1754–1809) ya en 1801 publica una "Oda al Paraná", en la cual hace una descripción de la naturaleza americana, que más tarde los románticos como Echeverría ampliarán usando mejores pinceles. Mas no anticipemos. Volvamos a los poetas de transición entre el neoclasicismo y el romanticismo.

Como casi todos los escritores de la época, JOSE JOAQUÍN DE OLMEDO (Ecuador, 1780–1847) participó activamente en la política. Su poesía refleja el espíritu revolucionario de su tiempo, lo mismo que su apasionado antiespañolismo. Si bien en la forma es todavía neoclasicista (nunca deja de utilizar el endecasílabo), el contenido de sus poesías es ya de tema y asunto americanos. En la oda *La victoria de Junín : Canto a Bolívar* (1825) elogia al héroe venezolano en versos grandilocuentes cuajados de imágenes auditivas. Pero se vale de una estratagema (el predecir el futuro del continente Americano) para introducir a un emperador inca, Huaima Capac, dándole así a la composición un aire americano, aunque para obtener ese efecto tuvo que prescindir de la unidad, la sacrosanta regla de los neoclasicistas. No obstante haber sido Olmedo un ardiente admirador de Bolívar y de la lucha por la independencia, en su poema *Al General Flores, vencedor de Miñarica* (1835) se lamenta de los desastrosos efectos de la guerra y de las lamentables discordias civiles que comenzaban a minar la estabilidad de los nuevos gobiernos.

ANDRÉS BELLO (Venezuela, 1781–1865) participó activamente en el movimiento revolucionario como representante de Bolívar en Londres, en donde permaneció de 1810 a 1829 y donde publicó dos revistas literarias, la *Biblioteca Americana* (1823) y el *Repertorio Americano* (1826–1828). Allí se publicaron sus importantes "Silvas Americanas" (la "Alocución a la poesía" en la *Biblioteca* en 1823 y la "Silva a la agricultura de la zona tórrida" en el *Repertorio* en 1826). También aparecen el estudio sobre el *Poema del Cid*, artículos sobre cultura hispanoamericana y reseñas de libros americanos, como el de las poesías de Heredia. A partir de 1829 Bello radica en Chile, donde reorganiza el sistema educativo; sirve de Rector de la Universidad, por él fundada; publica un periódico, *El Araucano*; y escribe varios opúsculos. Como poeta, Bello contribuye con temas americanos, con la pintura del paisaje nativo y con sus ideas en provecho de la paz; aconseja la tranquilidad, el amor al trabajo y a la vida campestre y promueve el engrandecimiento de América. En el estilo, sin embargo, todavía es tradicionalista. Su polémica con Sarmiento en 1842 en torno al tema del romanticismo es famosa en los anales de las letras hispanoamericanas. Como pensador, Bello se distingue por su honradez intelectual, sus amplios intereses y conocimientos, su americanismo y en general su actitud humanista y su amplio criterio. Tanto Bello como Olmedo son poetas académicos, tradicionalistas en el uso del lenguaje y de las formas literarias. Mas no ha de pasar mucho sin que sean rechazados y se derrumbe el sobreviviente neoclasicismo, tal y como se habían derrumbado las instituciones políticas y sociales. Al mismo tiempo que ellos escriben ya se nota la presencia de una nueva preocupación : la de la literatura del pueblo, que hasta entonces había sido excluida de los círculos de escritores eruditos. Esa nueva influencia con el tiempo ha de dar vigor a la corriente culta y producir durante el romanticismo lo que vino a ser llamado "el criollismo". Uno de los primeros por recibir esa influencia es el uruguayo BARTOLOMÉ HIDALGO (1788-1822), que era él mismo de origen plebeyo. A partir de 1811 formó parte de las milicias criollas que peleaban por la independencia y fue allí donde se inspiró para escribir los *Cielitos*, coplas populares de tema revolucionario. De mayor importancia son sus *Diálogos*, en los que dos gauchos, Chano y Contreras, hacen comentarios acerca de la guerra civil y de otros acontecimientos contemporáneos. Con estos *Diálogos* Hidalgo crea el estilo gauchesco, que otros habrán de desarrollar y perfeccionar. El frondoso árbol de la literatura gauchesca tiene sus raíces en esos humildes diálogos entre dos personajes salidos del pueblo.

El mejor representante de la transición del neoclasicismo al romanticismo en la literatura hispanoamericana es el cubano JOSÉ MARÍA HEREDIA Y HEREDIA (1803-1839). Es reconocido por sus famosas odas "En el Teocalli de Cholula" (1820), poesía descriptiva del paisaje mexicano y de los bárbaros ritos de los antiguos aztecas, y por "Al Niágara", en la que canta la fuerza indomable de la naturaleza. Heredia, debido a sus ideas políticas, se vio obligado a vivir en el destierro, primero en los Estados Unidos y después en México. En Nueva York publicó la primera edición de sus *Poesías* en 1825, y la segunda edición considerada como definitiva, se publicó en Toluca en 1832. En esta ciudad también publicó dos excelentes revistas literarias, *El Iris* (1826) y la *Miscelánea* (1829-1832). No toda la poesía de Heredia es descriptiva; también encontramos poemas de tema amatorio, lo mismo que alguno de tono filosófico y otros, como era usual en su época, de inspiración patriótica. Mas son las descriptivas las más logradas, ya que es en ellas donde hallamos temas y asuntos románticos y un tono personal en el que predomina la melancolía y la nostalgia. Entre las mejores, además de las ya mencionadas, se encuentran "A una palmera", "En una tempestad", "Al sol", "Calma en el mar" y "El océano"—poesías que colocan a Heredia en lugar prominente entre los precursores del romanticismo hispanoamericano. Como prosista, Heredia se distingue por la certera crítica literaria, especialmente en sus reseñas de libros de autores hispanoamericanos (que publicaba en sus revistas). También se distingue en el ensayo sobre la novela histórica, uno de los primeros sobre este nuevo género literario, con el cual Heredia se adelanta a su tiempo.

Una manifestación poética que florece tardíamente en Hispanoamérica es la de los fabulistas. Los neoclásicos (Iriarte, Samaniego) utilizaron la fábula para moralizar, ya que para ellos una de las finalidades de la literatura era la enseñanza de las buenas costumbres. Los hispanoamericanos de la época de la Independencia echan mano de la forma y la convierten en arma política. Con el pretexto de enseñar la moral, los fabulistas hispanoamericanos hacen acerbas críticas de los gobiernos, de las anticuadas leyes, de los prejuicios raciales y en general de todos los males políticos y sociales que afligían al pueblo. Muchos fueron los escritores que se valieron de la fábula para combatir esos males; pocos los que se preocuparon de la estética. La mayor parte de esas fábulas tienen poco valor literario y son pocas las que han sobrevivido. Entre ellas permanecen las de RAFAEL GARCÍA GOYENA (1766–1823), poeta nacido en Guayaquil, Ecuador, pero identificado con la literatura de Guatemala, donde vivió desde los doce años. En Guatemala publicó, en 1825, las *Fábulas y poesías varias*, libro que contiene los mejores ejemplos del género escritos por autor hispanoamericano. Famosas son las tituladas "Una yegua y un buey", en la que se compara al político con las bestias; "El pavo real, el guarda y el loro", contra los ignorantes y los eruditos; "Las golondrinas y los barqueros", contra los petulantes. Y así, se entera el lector de las debilidades de esa sociedad que salía de un sueño que había durado trescientos años y que no encontraba todavía formas estables que, al mismo tiempo, no fueran perjudiciales.

2. LA PROSA

La prosa hispanoamericana de los primeros treinta años del siglo diecinueve manifiesta una variedad superior a la de la poesía. Se abandonan los moldes neoclásicos, con algunas excepciones, y se crea una prosa más flexible, más expresiva de las pasiones humanas incitadas por la lucha, más bien adaptada al material contenido en los innumerables tratados, los innumerables folletos que continuamente salían de las prensas. Se olvidan las reglas académicas y así el escritor cobra mayor libertad para expresar sus pensamientos. A veces, por supuesto, se escribe sin corrección, descuidadamente, sobre todo en los periódicos y las revistas, donde el deseo del prosista es tener un efecto inmediato y no construir un ensayo para la posteridad. Es también durante la época de la Independencia cuando por fin aparece la novela. Los principales escritores, sin embargo, no escriben ficción sino obras didácticas, sobre todo tratados políticos, ensayos patrióticos y artículos polémicos. Entre los principales prosistas de la época encontramos a Simón Bolívar (1783–1830), al Padre Mier, al colombiano Antonio Nariño (1765–1823), al mexicano Fernández de Lizardi y al argentino Mariano Moreno (1778–1811).

Como casi todos los escritores de su época, FRAY SERVANDO TERESA DE MIER (México, 1765–1827) luchó por la independencia de Hispanoamérica. Su azarosa vida, sobre la cual nos dejó unas *Memorias*, se lee como novela, tantas fueron las peripecias que le ocurrieron. En 1794, como resultado del sermón que predicó el 12 de diciembre sobre el tema de la aparición de la Virgen de Guadalupe, fue excomulgado y desterrado a España, donde le ocurre una serie de aventuras casi novelescas. De España pasa a Francia y de allí a Londres, donde publica las *Cartas de un americano* (1811) y la *Historia de la revolución en Nueva España* (1813). Acompaña al general español Francisco Xavier Mina a México y después de otra serie de aventuras es por fin reconocido su mérito y llega a ser diputado al Congreso. Sus obras más leídas, por lo vivo de la prosa, por la soltura y el gracejo con que cuenta sus lances, son la *Apología* y la *Relación*, que a veces se publican bajo el título *Memorias*. Mier fue un fervoroso defensor de lo americano y un severo crítico de la ineptitud de los gobernantes españoles, tanto civiles como religiosos.

Otro mexicano, JOSÉ JOAQUÍN FERNÁNDEZ DE LIZARDI (1776–1827) es el primero en publicar una novela en Hispanoamérica. Después de fundar varias revistas, en las que ataca con saña al gobierno, la censura le obliga a refugiarse bajo el palio de la ficción. Así nace la novela hispanoamericana con *El Periquillo Sarniento* (1816), en donde no sólo se critican los vicios sociales, sino también se divierte al lector con las aventuras del héroe, el pícaro Pedro Sarmiento, alias Periquillo Sarniento. Si bien Lizardi utiliza una forma española, la picaresca, todo lo demás es mexicano : la psicología de los personajes, el ambiente, el lenguaje, la actitud del narrador ante la vida, las ideas.

Lizardi fue buen discípulo de los enciclopedistas y así las ideas de esa escuela, tamizadas por su psicología criolla, afloran en la novela en la forma de largas disquisiciones que interrumpen el hilo narrativo, pero que presentan un programa social bien definido. Ciertas partes de la novela, como los episodios de Periquillo en el Oriente, son retratos de una verdadera utopía. Lizardi era un celoso creyente de las ideas de la Ilustración; creía en el progreso humano, en los derechos del hombre, en la igualdad entre los seres humanos, en la libertad creadora. Antes de morir, el Periquillo escribe sus memorias como una lección para sus hijos, para que aprendan de sus errores y mejoren su vida y la sociedad en general.

Lizardi escribió y publicó otras novelas, si bien menos felices que la primera. En 1819 dedica una a la educación de la mujer, *La Quijotita y su prima*, novela también de forma picaresca en la que el elemento moral se sobrepone al narrativo. Menos prédicas hay en *Don Catrín de la Fachenda* (1825), en donde sólo se conserva el elemento narrativo picaresco. Don Catrín ya no es, como Periquillo, un optimista, sino un pícaro resentido de la sociedad. Le falta a esta obra la frescura que encontramos en *El Periquillo*.

La forma picaresca no es la única que maneja Lizardi. En 1818 había publicado *Noches tristes y día alegre*, anticipo de la novela romántica inspirada en las *Noches lúgubres* del español Cadalso. La obra no es plenamente romántica, si bien algunos motivos y algunas escenas nos hacen pensar en la narrativa de esa escuela. También fue Lizardi poeta y dramaturgo, aunque menos feliz. Como poeta se le recuerda por las *Fábulas* (1817), utilizadas por largos años en las escuelas mexicanas para enseñar la moral. Dejó también varios dramas, recientemente sacados del olvido. Mas la contribución mayor de Lizardi es haber creado la novela hispanoamericana, contribución que le asegura un puesto permanente en la historia de la literatura.

Durante la época de la independencia nace también la novela histórica. La primera en castellano es *Jicotencal*, obra anónima sobre el tema de la conquista de México por Cortés, que se publicó en Filadelfia en 1826. El elemento narrativo gira en torno a los amores del general tlaxcalteca Jicotencal (hoy Xicoténcatl) y Teutila, india hermosísima codiciada por Cortés y sus degenerados capitanes. Los indios aparecen idealizados, vistos sólo por el lado virtuoso, y los españoles pintados con rasgos negativos. Las ideas del autor—y según parece el fin principal de la obra es el propagar esas ideas—son las de la Ilustración. Si bien hasta hoy el problema del autor no ha sido resuelto satisfactoriamente, nosotros hemos propuesto el nombre del pensador y maestro cubano Félix Varela (1788–1853), que vivió en Filadelfia durante esos años y que publicó allí mismo la revista *El Habanero* (1823–1826), en cuyas páginas luchó por la independencia de Cuba.

3. EL TEATRO

El teatro hispanoamericano no da sus mejores frutos durante la época de la Independencia. Pero sí descubrimos en él los gérmenes del teatro nacional. El de los primeros treinta años del siglo diecinueve es un teatro supeditado a una finalidad extraliteraria : la de crear la nacionalidad incitando al pueblo a la lucha por la independencia, enardeciendo los ánimos contra el enemigo común, enalteciendo los valores patrios y haciendo resaltar el valor de lo americano, tanto en su aspecto histórico como en sus aspectos social y racial. Muchos fueron los que utilizaron el teatro con esos propósitos; muy pocos los nombres que recordamos.

Los precursores del teatro nacional fueron, entre otros, el argentino Manuel José de Lavardén (1754-1809), a quien se le atribuye el drama incompleto *Siripo* (1789), que trata del conflicto entre blancos e indios en la región del río de la Plata; y el mexicano José Agustín de Castro (1730-1814), introductor de asuntos regionales en sus dos piezas, *Los remendones* (1809?) y *Los charros* (1809?). Precursor del teatro de tema indianista es el drama quechua *Ollantay*, descubierto a fines del siglo dieciocho por el padre Antonio Valdez (m. 1816) y dado a conocer (en manuscrito) hacia 1827.

El mejor comediógrafo de este período es el mexicano MANUEL EDUARDO DE GOROSTIZA (1789-1851), que si bien escribió y estrenó sus comedias en Madrid, a partir de 1824 vivió en México y participó en la vida pública. Su teatro, sin embargo, es de ambiente español. Sobresalen las comedias *Indulgencia para todos* (1825), *Tal para cual* (1822), *Las costumbres de antaño* (1822), *Don Dieguito* (1822), *Contigo pan y cebolla* (1833 la más famosa) y *Don Bonifacio*. La última, en un acto y con un número limitado de personajes, fue escrita en México y tiene ambiente mexicano. Si bien predominan todavía los rasgos neoclásicos—la crítica de los médicos, la unidad de tiempo, lugar y acción—los motivos mexicanos no escasean. No falta tampoco la crítica social, que se presenta como el conflicto entre las dos clases, representadas por la sirvienta Margarita, que se burla de doña Cándida; ésta, a la vez, trata con desprecio a la criada, llamándola bruta y animal. Tanto ésta como las otras comedias de Gorostiza, si bien superficiales en la estructura, la caracterización y los asuntos, tienen el mérito del estilo, del vivo diálogo y de la actitud de buen humor del autor.

Así como en la novela aparece durante esta época el personaje indio, en el teatro también se utilizan temas y asuntos sacados de las culturas indígenas, tal vez por influencia de Chateaubriand. Uno de los primeros que llevan al teatro la tragedia de Cuauthémoc, el último emperador de los aztecas, es el poeta colombiano José FERNÁNDEZ MADRID (1789–1830), autor de *Guatimoc*, obra publicada en París en 1827 y dedicada "al inmortal Bolívar, libertador de Colombia, Perú y Bolivia". La tragedia, en cinco actos, tiene seis personajes principales : cuatro aztecas (Guatimoc [Cuauthémoc], Tizoc, la mujer y el hijo del Emperador) y dos españoles, Cortés y Alderete, oficial y tesorero del ejército. La escena transcurre en la ciudad de México, desde la prisión de Cuauthémoc hasta su muerte en el tormento. El autor aquí cambia los hechos históricos para hacer resaltar la crueldad de los españoles y para mayor efecto dramático. La tragedia termina con estas palabras en boca de Tepoczina, hija de Moctezuma y mujer de Cortés :

¡Oh Dioses! ¿sufriréis a estos malvados,
y quedarán impunes sus delitos?

BIBLIOGRAFÍA

GENERAL

Antología del Centenario. Ed. de Luis G. Urbina, Pedro Henríquez Ureña y Nicolás Rangel. 2 tomos. México : Imp. de Manuel León Sánchez, 1910.

CARILLA, Emilio. *La literatura de la independencia (neoclasicismo y preromanticismo)*. Buenos Aires : EUDEBA, 1964.

CORDERO, Salvador. *La literatura (mexicana) durante la guerra de independencia*. París-México : Lib. de la Vda. de Ch. Bouret, 1920.

FURLONG, G., et al. *Historia y bibliografía de las primeras imprentas rioplatenses (1700–1850)*. 2 tomos. Buenos Aires, 1953–1955.

HENRÍQUEZ UREÑA, Pedro. *Traducciones y paráfrasis en la literatura mexicana de la época de la independencia (1800–1821)*. México : Imp. del Museo Nacional de Arqueología, Historia y Etnografía, 1913. 13 p..

"La *Gaceta de Caracas*, 1808–1812; el *Mercurio Venezolano*, 1811", Pról. de Rafael Caldera, en Pedro Grases, *Estudios bibliográficos*. Caracas, 1961, pp. 135–234.

SPELL, Jefferson R. *Rousseau in the Spanish World Before 1833*. Austin : Univ. of Texas Press, 1938.

URBINA, Luis G. *La literatura mexicana durante la guerra de la Independencia*. Madrid : Imp. de M. García y G. Sáez, 1917. También en la *Antología del Centenario*, I.

WOLD, Ruth. "*Diario de México;* Its Editors, Purpose, and Format", *Rev. Interamericana de Bibliografía*, XIII, 2 (abr.–jun., 1963), 147–151.

1. LA POESÍA

Textos y Estudios

Colección de poesías mejicanas. Ed. de José María Luis Mora. París : Lib. de Rosa, 1836.

HILLS, E. C. *The Odes of Bello, Olmedo and Heredia.* New York : Putnam, 1920.

SÁNCHEZ, Luis Alberto. *Los poetas de la colonia y de la revolución.* Lima : Eds. P.T.C.M., 1947.

JOSÉ JOAQUÍN DE OLMEDO

Textos y Estudios

CARILLA, Emilio. "Revisión de Olmedo", *Thesaurus*, XIX, 1 (ene.–abr., 1964), 129–146.

DUARTE VALVERDE, Ángel. *Olmedo; breve ensayo histórico-crítico sobre su obra literaria.* Guayaquil : Colegio Normal Vicente Rocafuerte, 1953.

ESPINOSA PÓLIT, Aurelio. *Olmedo en la historia y en las letras.* Quito, 1955.

GUEVARA, Darío. *Olmedo.* Quito : Casa de la Cult. Ecuatoriana, 1958.

MONGUIÓ, Luis. "Las tres primeras reseñas londinenses de 1826 de *La Victoria de Junín*", *Rev. Iber.*, XXX, 58 (1964), 225–237.

Obras completas : poesías. Ed. de A. Espinosa Pólit. Quito : Casa de la Cult. Ecuatoriana, 1945; 2a. ed., *Poesías completas de José Joaquín de Olmedo.* México : Fondo de Cult. Econ., 1947.

Poesías. París : Garnier, 1896.

ANDRÉS BELLO

Textos

A Georgic of the Tropics. Trad. de John C. Wylie. Charlottesville, Va. : Lindsay Printing Corp., 1954.

Antología. Ed. de Pedro Grases. 2a. ed. Caracas : J. Villegas, 1953.

Antología poética. Ed. de Eugenio Orrego Vicuña. Buenos Aires : Estrada, 1945.

Bello. Ed. de Gabriel Méndez Plancarte. México : Sec. de Educ. Púb., 1943.

El pensamiento vivo de Andrés Bello. Ed. de Germán Arciniegas. Buenos Aires : Losada, 1946; 2a. ed., 1958. "Biblio. del Pensamiento Vivo", 33.

Obras completas. 15 vols. Santiago de Chile : Imp. de P. G. Ramírez, 1881–1893. Otras eds., Madrid : Dubrull, 1882–1906, en 7 vols.; Caracas : Minist. de Educ., 1951–1962, en 20 vols. (I : "Poesía"; II : "Borradores de poesía"; IV : "Gramática".)

Estudios

CREMA, Edoardo. *Andrés Bello a través del romanticismo.*

GRASES, Pedro. *En torno a la obra de Bello.* Caracas : Tip. Vargas, 1953.

LIRA URQUIETA, Pedro. *Andrés Bello.* México : Fondo de Cult. Econ., 1948.
RODRÍGUEZ MONEGAL, Emir. *El otro Andrés Bello.* Caracas : Monte Ávila, 1969.
SILVA CASTRO, Raúl. *Don Andrés Bello (1781-1865).* Santiago : Edit. Andrés
Bello, 1965.

BARTOLOMÉ HIDALGO

TEXTOS Y ESTUDIOS

Cielitos y diálogos patrióticos. Buenos Aires : Ciordia y Rodríguez, 1950.
FALÇÃO ESPALTER, Mario. *El poeta uruguayo Bartolomé Hidalgo, su vida y su
obra.* 2a. ed. Madrid : Gráficas Reunidas, 1929.
FUSCO SANSONE, Nicolás. *Vida y obras de Bartolomé Hidalgo.* Buenos Aires,
1952.
LEGUIZAMÓN, Martiniano. *El primer poeta criollo del Río de la Plata.* 2a. ed.
Paraná, 1944.

JOSÉ MARÍA HEREDIA

TEXTOS

Antología herediana. Habana : Muñiz, 1939.
Obras poéticas. 2 vols. Nueva York : N. Ponce de León, 1875.
Poesías completas. Ed. de Emilio Roig de Leuchsenning. 2 vols. Habana : Muni-
cipio de la Habana, 1940-1941.
Poesías, discursos y cartas. 2 vols. Habana : Cultural, 1939.
Poesías líricas. Prólogo de Elías Zerolo. París : Casa Editora Garnier Hnos.,
(1893).

ESTUDIOS

ALONSO, Amado, y Julio Caillet-Bois, "Heredia como crítico literario", *Rev.
Cubana,* XV (ene.-jun., 1941), 54-62.
CHACÓN Y CALVO, José. *Estudios heredianos.* Habana : Ed. Trópico, 1939.
CHAPMAN, Arnold. "Unos versos olvidados de José María Heredia", *Rev.
Iber.,* XXVII, 52 (jul.-dic., 1961), 357-365.
GARCÍA GARÓFALO MESA, M. *Vida de José María Heredia en México, 1825-1839.*
México : Eds. Botas, 1945.
GONZÁLEZ, Manuel Pedro. *José María Heredia; primogénito del romanticismo;
ensayo de rectificación histórica.* México : El Colegio de México, 1955.
GONZÁLEZ DEL VALLE, Francisco. *Poesías de Heredia traducidas a otros idiomas.*
Habana, 1940.
MAÑACH, Jorge. "Heredia y el romanticismo", *Cuadernos Hispanoamericanos,*
86 (1957), 195-220.
MENTON, Seymour. "Heredia, introductor del romanticismo", *Rev. Iber.,* XV,
29 (feb.-jul., 1949), 83-90.

Moore, Ernest R. "José María Heredia in New York", *Symposium*, V (1951), 256–291.
Spell, Jefferson R. "The Mexican Periodicals of José María Heredia", *Hispania*, XXII (1939), 189–194.

RAFAEL GARCÍA GOYENA

Textos y Estudios

Ávila Ayala, Manuel María. "El doctor Rafael García Goyena", *Rev. de la Facultad de Ciencias Jurídicas y Sociales de Guatemala* (sept.–oct., 1943), pp. 151–165.
Colección completa de las fábulas. París : Lib. de Rosa, 1836.
Fábulas. Ed. de Carlos Samayoa Chinchilla. Guatemala : Eds. del Gobierno de Guatemala, 1950. ("De la fábula y de García Goyena", por Samayoa Chinchilla, pp. xiii–lii; Bibliografía, pp. liii–lvi.)

2. LA PROSA

FRAY SERVANDO TERESA DE MIER

Textos y Estudios

"Bibliografía de Fray Servando", *El Libro y el Pueblo*, XI (jul., 1933), 262–265.
Bosquejo ligerísimo de la revolución en Méjico . . . Filadelfia, 1822.
El pensamiento del Padre Mier. Ed. de Vito Alessio Robles. México : Sec. de Educ. Púb., 1944.
Fray Servando Teresa de Mier. Ed. de Edmundo O'Gorman. México : Imp. Univ., 1945.
Historia de la Revolución de Nueva España, antiguamente Anáhuac. 2 tomos. Londres : Imp. de Guillermo Glindon, 1813; 2a. ed., México : Cámara de Diputados, 1822.
Memoria político-instructiva . . . Filadelfia, 1821.
Memorias. Ed. de Alfonso Reyes. Madrid : Edit. América, 1917. Otras eds., Monterrey, 1946; México : Edit. Porrúa, 1946, en 2 tomos.
Miquel y Vergés, J. M. "Aspectos de las andanzas del padre Mier : una rectificación histórica", *Cuadernos Amer.*, XI, 5 (sept.–oct., 1943), 143–164.
Ontañón, Eduardo de. *Desasosiegos de Fray Servando*. México : Eds. Xóchitl, 1941.
Reyes, Alfonso. "Fray Servando Teresa de Mier", *Armas y Letras*, 2a. Época, VI, 3 (sept., 1963), 65–75.

JOSÉ JOAQUÍN FERNÁNDEZ DE LIZARDI

Textos

El Periquillo Sarniento. México : Alejandro Valdés, 1816. Otras eds., México :
J. Ballescá y Cía., Suc., 1897, ed. de Francisco Sosa, 4 tomos en 2;
Barcelona : Edit. Sopena, 1908; México : Edit. Stylo, 1942, ed. de Octa-
vio N. Bustamante, en 2 tomos; México : Edit. Porrúa, 1949, ed. de J. R.
Spell, en 3 tomos; México : Edit. Porrúa, 1965, Col. "Sepan Cuantos".
Trad. de Katherine N. Porter, *The Itching Parrot.* Garden City, N.Y. :
Doubleday, Doran, 1942.
La Quijotita y su prima. México : Mariano Ontiveros, 1818; 2a. ed., 1831; Otra
ed., México : Imp. Manuel León Sánchez, 1942.
Noches tristes y día alegre. México : Mariano Zúñiga y Ontiveros, 1818; Otra ed.,
México : UNAM, 1949, ed. de Agustín Yáñez.
Obras. México : Centro de Estudios Literarios, UNAM. I : "Poesías", 1963, ed.
de Jacobo Chencinsky y Luis Mario Schneider; II : "Teatro", 1965, ed.
de J. Chencinsky y Ubaldo Vargas Martínez; III : "Periódicos", 1968,
ed. de María Rosa Palazón y J. Chencinsky.
Vida y hechos del famoso caballero don Catrín de la Fachenda. México : Imp.
de A. Valdés, 1832. Otras eds., México : Edit. Cultura, 1944, ed. de
J. R. Spell; México : Edit. Porrúa, 1959, ed. de J. R. Spell.

Estudios

Godoy, Bernabé. *Corrientes culturales que definen al Periquillo.* Guadalajara :
Edit. Navegación Poética 1938.
González Obregón, Luis. *Don José Joaquín Fernández de Lizardi.* México :
Oficina Tip. de la Sec. de Fomento, 1888; Otra ed., México : Eds. Botas,
1938.
Reyes, Alfonso. "*El Periquillo Sarniento* y la crítica mexicana", *Obras completas*,
IV, México : Fondo de Cult. Econ., 1956, 169–178. (De "Simpatías y
diferencias", 3a. serie.)
Yáñez, Agustín. Estudio preliminar a *El Pensador Mexicano.* México : UNAM,
1954, "B.E.U.", 15.

3. EL TEATRO

MANUEL EDUARDO DE GOROSTIZA

Textos

Contigo pan y cebolla. Ed. de Elizabeth McGuire. Boston : Ginn and Co., 1922,
Otra ed., New York : Macmillan, 1923, ed. de A. L. Owen.
"Don Bonifacio", en Carlos Castillo, *Antología de la literatura mexicana.* Chicago,
Univ. of Chicago Press, 1944, pp. 139–143.

Indulgencia para todos. Ed. de Mario Mariscal. México : UNAM, 1942. "B.E.U.", 37.

Obras. 4 tomos. México : Imp. de V. Agüeros, 1899–1902. "Biblio. de Autores Mexicanos", 22, 24, 26, 45.

Teatro original. París : Rosa, 1822. (Contiene "Indulgenia para todos", "Tal para cual", "Las costumbres de antaño", y "Don Dieguito".)

Teatro selecto. Ed. de A. de María y Campos. México : Edit. Porrúa, 1959.

Estudios

Aguilar M., María Esperanza. *Estudio bio-bibliográfico de don Manuel Eduardo de Gorostiza.* México : Talleres de Imp. "Renacimiento", 1932.

María y Campos, Armando de. *Manuel Eduardo de Gorostiza y su tiempo.* México : Talleres Gráficos de la Nación, 1959.

Mejía Sánchez, Ernesto. "Manuel Eduardo de Gorostiza", *Universidad de México*, XII, 1 (sept., 1957), 4.

O'Connell, Richard B. "Gorostiza's *Contigo pan y cebolla* and Sheridan's *The Rivals*," *Hispania*, XLIII (1960), 384–387.

Spell, J. R. "*Indulgencia para todos* en Austria y Alemania", *Rev. Iber.*, XVII, 34 (1953), 293–300.

Spell, Lota M. "Para la biografía de Gorostiza", *Historia Mexicana*, VIII (1958), 230–235.

VI

El Romanticismo

(1832-1862)

1. LA POESÍA

En 1832 el argentino ESTEBAN ECHEVERRÍA (1805-1851) publica el poema descriptivo *Elvira o la novia del Plata*, obra que puede ser considerada como la primera que pertenece enteramente a la nueva corriente literaria. La escuela ha de llamarse "el romanticismo hispanoamericano" y será resultado de las ideas de la emancipación, fundamentadas en el firme deseo de implantar la libertad, la democracia y en general la vida que se adapta a las leyes de la naturaleza. Ya hemos visto que algunos escritores de la época de la independencia injertaban en sus obras motivos considerados románticos y evadían las reglas neoclásicas. El romántico ha de caracterizarse, como podemos observar en las obras de Echeverría, y sobre todo en su poema *La cautiva* (1837), por no querer entronizar la razón, por dar rienda suelta a las emociones, por querer destruir las formas rígidas, por el interés en la variedad y no en la uniformidad, y por el interés en el paisaje como fuente de emoción estética. Los románticos americanos, que coinciden con la aparición de las luchas civiles y los caudillos, apartan por primera vez los ojos de Europa y describen la naturaleza americana, los tipos regionales, las costumbres del pueblo. Dan expresión a sus creaciones en un lenguaje que no rehuye el uso de regionalismos o de palabras procedentes de las lenguas indígenas. El indio aparece en las obras de los románticos no ya como un salvaje noble, sino como el representante romántico que vive en entera libertad y bien adaptado a las leyes naturales. El indio y el gaucho serán los héroes correspondientes al pirata, el cosaco y el beduino de los románticos

81

europeos. A veces, es verdad, el indio sólo sirve para dar a la obra una nota de color local, o para contraponer su barbarie a la del hombre civilizado. En _La cautiva_ de Echeverría el indio es un ser primitivo visto todavía con ojos de blanco. Lo que hoy nos interesa de este poema narrativo en octosílabos no es tanto el destino de Brian y María sino las descripciones de la pampa y de la lucha entre la civilización y la barbarie. Echeverría es hoy más recordado por su prosa que por su poesía. Y de su prosa se lee el cuento "El matadero", descubierto y publicado por el crítico romántico argentino Juan María Gutiérrez (1809–1878), editor de las obras de Echeverría y de la primera verdadera antología de la poesía hispanoamericana, _América poética_ (1846). En "El matadero" vemos la lucha entre la civilización y la barbarie, pero no en el campo sino en la ciudad de Buenos Aires. La barbarie la representan Rosas y los federales y la civilización el joven unitario que muere en sus manos después de haber sido brutalmente vejado. El autor no deja que la crítica se sobreponga a los intereses estéticos. El cuento está artísticamente estructurado, con énfasis en lo dramático y en las descripciones costumbristas—sin dejar que éstas opaquen el elemento narrativo. Con "El matadero" nace el cuento hispanoamericano.

Si bien el romanticismo se manifiesta con mayor fuerza en la Argentina, todos los países hispanoamericanos participan en el movimiento y tienen sus representantes; entre otros Plácido y Gómez de Avellaneda en Cuba, Caro y Julio Arboleda (1817–1861) en Colombia, Guillermo Prieto (1818–1897) y José Joaquín Pesado (1801–1861) en México y José Batres Montúfar (1809–1844) en Guatemala.

Plácido, seudónimo de Gabriel de la Concepción Valdés (Cuba, 1809–1844) es, como Hidalgo en el Río de la Plata, el representante del poeta salido del pueblo. Su poesía, no siempre inspirada, es de interés porque en ella aparece por primera vez la protesta social, la protesta contra la tiranía, la opresión, la injusticia. Plácido escribió algunos sonetos ("El juramento", "A la muerte de Jesucristo," "La muerte de Gesler"); letrillas en las que describe la naturaleza cubana ("La flor del café", "La flor de caña", "La flor de la piña"); plegarias ("Plegaria a Dios") y romances, éstos de tema a veces histórico ("Los Incas", "Jicotencal"), a veces descriptivos ("El pajarillo").

Gertrudis gómez de avellaneda (1814–1873) nace en Cuba y a los doce años pasa a vivir a España, donde escribe poesía lírica y novelas históricas de tema americano. Como poetisa se le recuerda por el sentido soneto "Al partir"; por las quintillas "A él . . ."; por la fantasía "La noche del insomnio y del alma" (de singular forma en la que se usan metros de dos a dieciséis sílabas) y por algunos sonetos. Sus novelas (*Sab*, 1841; *Espatolino*, 1844; *Guatimozín*, 1846) y dramas (*Munio Alfonso*, 1844; *Saúl*, 1849; *Baltasar*, 1848) han perdido hoy interés, excepto tal vez *Sab*, que presenta un asunto de conflicto racial y un tema abolicionista.

El colombiano JOSÉ EUSEBIO CARO (1817–1853) poeta y periodista (*La Estrella Nacional*, 1836; *El Granadino*, 1837), expresa en su lírica sus ideales políticos : el amor a la libertad, la integridad moral e intelectual, la justicia política. Al mismo tiempo, fue innovador en la métrica. Bien conocida de la crítica es la composición "En alta mar", en la cual usa el hexámetro griego, hecho famoso años después por Darío en la "Salutación del optimista". El eneasílabo, otro de los versos favoritos de Darío, lo usó Caro en la poesía "Estar contigo". Caro podría ser considerado, por su interés en las ideas políticas y sociales y en la renovación métrica, como el precursor del peruano Manuel González Prada. Entre sus mejores poesías se encuentran "El ciprés", "Despedida de la patria", "La libertad y el socialismo", "En boca del último Inca" y "En alta mar".

2. LA PROSA

Los prosistas románticos continúan las tendencias de los escritores de la época de la Independencia. Interesados en la libertad, tanto política como literaria, introducen nuevos géneros literarios (la leyenda, el cuento, el cuadro de costumbres, el ensayo) y desarrollan otros, como la novela histórica. En esas nuevas formas, más bien adaptadas a los temas y los asuntos, dan expresión, como los poetas, a los sentimientos y las ideas románticas. Algunos escritores, como Gutiérrez y Sarmiento, se revelan contra las normas académicas; otros, más sumisos, siguen escribiendo guiados por la *Gramática* y el *Diccionario* de la Real Academia. Esa lucha entre académicos y americanistas es una de las características que predomina durante este primer período romántico; lucha que han de ganar los americanistas y que ya no preocupará a los escritores de la segunda generación romántica.

Entre los primeros novelistas románticos se distinguen los argentinos José Mármol y Vicente Fidel López (1815–1903); el cubano Cirilo Villaverde (1812–1894), autor de una sola novela *(Cecilia Valdés)* que comenzó a escribir en 1839 pero que no se publicó hasta 1882. También aparecen los mexicanos Justo Sierra O'Reilly (1814–1861), Manuel Payno (1810–1894), Florencio M. del Castillo (1828–1863) y Luis G. Inclán (1816–1875), éste último, autor de una sola novela, *Astucia* (1865), en la que se reproduce el habla popular del Estado de Michoacán. En Chile se distingue Manuel Bilbao (1827-1895), autor de *El inquisidor mayor* (1852), novela anticlerical y de crítica política.

El cuento propio, como hemos dicho, aparece en Hispanoamérica durante el romanticismo. Antes de Echeverría habían publicado cuentos el cubano José María Heredia (en la revista literaria *Miscelánea* hacia 1830), los mexicanos Payno y Del Castillo y el Chileno José Victorino Lastarria (1817-1888). El cuadro costumbrista, que tuvo gran popularidad, lo cultivaron el chileno José Joaquín Vallejo (1809-1858), los mexicanos Guillermo Prieto y José Tomás de Cuéllar (1830-1894) y el guatemalteco José Milla ("Salomé Jil", 1822-1882).

José Mármol (Argentina, 1817-1871), también poeta (*Cantos del peregrino*, 1844), es recordado por la novela política *Amalia* (1851-1855), considerada como la primera argentina en el género. Si bien escrita sin preocupación estética, se lee por la vívida pintura que en ella se encuentra de la sociedad de la época del dictador Rosas. La exaltada denuncia que se hace de su forma de gobernar, de las injusticias políticas y de la desorganización social, lo mismo que el enredo amoroso entre Eduardo y Amalia, han contribuido a salvar esta novela del olvido, a pesar de las fallas artísticas que contiene.

Más importante que la prosa narrativa en esta época lo es el ensayo. Entre sus cultivadores, además de Juan María Gutiérrez (ya mencionado), de Juan Bautista Alberdi (Argentina, 1810-1884), de Ignacio Ramírez (México, 1818-1897) y de Bartolomé Mitre (Argentina, 1821-1906) encontramos a Domingo Faustino Sarmiento (1811-1888), sin duda el más vigoroso prosista de su generación. Si bien sus obras llenan las páginas de numerosos volúmenes, su fama descansa sobre dos de ellas, *Los recuerdos de provincia* (1850) y *Facundo* (1845). La última, cuyo subtítulo es *civilización y barbarie,* es obra representativa del romanticismo hispanoamericano, tanto por su forma como por su estilo y su contenido. Tiene como propósito el desenmascarar al dictador Rosas y presentarlo como el asesino de Facundo Quiroga, el caudillo riojano. El autor se ve en la necesidad de explicar el caudillismo—que resulta ser la causa de la barbarie rural—y antes de presentar la biografía de Facundo Quiroga, antepone un ensayo sobre la naturaleza del argentino, basado en una interpretación de la cultura de los gauchos en la pampa. Como hijo de su época, Sarmiento daba demasiada importancia a la influencia del medio sobre el carácter del hombre; pero tenía una fe ciega en el poder de la educación y creía firmemente que los males argentinos desaparecerían con la introducción de la escuela. Ferviente admirador del sistema educativo de los Estados Unidos, visitó el país para estudiar su sistema e implantarlo en su patria. Su lema "educar es poblar" pudo ponerlo en práctica cuando llegó a ser presidente de la República, aunque no pudo lograr los resultados expuestos en *Facundo*. Más importante que por esas ideas, hoy rebasadas, lo es la primera parte de la obra por la descripción de la vida del gaucho en la pampa, su sistema social y político, sus costumbres, sus defectos. Sin pensarlo, Sarmiento crea aquí un mito, y todo escritor que habla del gaucho después de 1845 sigue en sus huellas aceptando sus ideas fundamentales, si bien introduciendo variantes de época. En la segunda parte, la biografía de Facundo, hay elementos narrativos que han hecho decir a varios críticos que la obra es una novela. Esta segunda parte, no hay duda, puede considerarse como biografía novelada y forma, con la primera, una especie de narración política. La tercera parte, en cambio, es un ensayo sobre el tema del caudillo y forma una síntesis de las dos partes anteriores. Se predice allí, además, el futuro de la Argentina y, hasta cierto punto, de Hispanoamérica. El libro en su totalidad es fundamental para la comprensión cabal del origen de los problemas sociales y políticos de Hispanoamérica. Es, además, una expresión estilística americana en la que el autor hace uso de todos los recursos de la prosa de su tiempo y crea una modalidad indepediente de la española. Esos son los valores del *Facundo*, libro clave en la literatura hispanoamericana del siglo diecinueve.

3. EL TEATRO

El teatro hispanoamericano del primer período romántico no logra dar obras de indiscutible valor artístico. Lo que se escribió, sin embargo, fue indispensable para echar las bases sobre las cuales se levantaría el teatro que aparecerá a fines del siglo. El teatro neoclásico de Gorostiza y de sus contemporáneos es remplazado por un teatro decididamente romántico costumbrista. En México Fernando Calderón (1809–1845) trata asuntos románticos en *El torneo* (1839), *Hernán o la vuelta del cruzado* (1842) y *Ana Bolena* (1842), y costumbristas en *A ninguna de las tres* (1839), en donde hace, como la había hecho Lizardi en su novela, una crítica de la defectuosa educación que reciben las mujeres. Más mexicana, más original es la obra de Ignacio Rodríguez Galván (1816–1842), que introduce temas y ambientes indígenas en la lírica ("Profecía de Guatimoc") y temas novohispanos en el teatro (*Muñoz, visitador de México*, 1838). La exageración de los sentimientos y las escenas, a veces descabelladas, restan mérito a su teatro.

En el Perú Felipe Pardo y Aliaga (1806-1868) y Manuel Segura (1805-1871) son los representantes del teatro romántico costumbrista. El primero es tradicionalista y su teatro no se distingue mucho del neoclásico, de tendencia didáctica. Como Calderón, critica el entrenamiento que se le da a la mujer en *Los frutos de la educación* (1829). De Manuel Segura se siguen leyendo *El sargento Canuto* (1839) y *Ña Catita* (1856), en donde aparecen tipos populares de la sociedad de la época. Con buen humor se burla del soldado fanfarrón descendiente del criollo novohispano y de la vieja casamentera que no falta en una sociedad en formación.

BIBLIOGRAFÍA

GENERAL

GONZÁLEZ DEL VALLE, J. *La vida literaria en Cuba (1836-1840)*. La Habana, 1938.

GUTIÉRREZ, Juan María. *Estudios histórico-literarios*. Buenos Aires, 1949.

PINILLA, Norberto. *La polémica del romanticismo en 1842*. Santiago, 1943.

1. LA POESÍA

TEXTOS Y ESTUDIOS

AYESTARÁN, Lauro. *La primitiva poesía gauchesca en el Uruguay*. Montevideo, 1950.

BLOMBERG, Héctor Pedro. *Cancionero federal; los poetas de la tiranía*. Buenos Aires, 1936.

GUTIÉRREZ, Juan María. *América poética*. Valparaíso : Imp. del Mercurio, 1846.

——. *Los poetas de la Revolución*. Pról. de Juan P. Ramón. Buenos Aires : Academia Argentina de Letras, 1941.

RIVERA, Jorge B. *La primitiva literatura gauchesca*. Buenos Aires : Jorge Álvarez, 1969.

VITIER, Cintio. *Los poetas románticos cubanos; antología*. La Habana : Consejo Nacional de Cult., 1962.

ESTEBAN ECHEVERRÍA

TEXTOS

El matadero. Buenos Aires, 1926.

El matadero (The Slaughter House). Trad. de Ángel Flores. New York : Las Américas, 1959.

La cautiva, El matadero. Ed. de Juan Carlos Pellegrini. Buenos Aires : Edit. Huemel (1961).

La cautiva, El matadero, La guitarra, Elvira, Rimas. Buenos Aires : Sopena, 1939.

Obras completas. 5 tomos. Ed. de Juan María Gutiérrez. Buenos Aires, 1870–1874. Otra ed., Buenos Aires : Eds. Antonio Zamora, 1951, en 1 tomo.

Prosa literaria. Ed. de Roberto F. Giusti. Buenos Aires, 1944. "Biblio. de Clásicos Argentinos", 13.

ESTUDIOS

AGOSTI, Héctor Pablo. *Echeverría.* Buenos Aires : Futuro, 1951.

ANDERSON-IMBERT, Enrique. "Echeverría y el liberalismo romántico", *Estudios sobre escritores de América.* Buenos Aires : Raigal, 1954, pp. 47–55.

Dic. de la literatura latinoamericana. Argentina. Washington, D. C. : Unión Panamericana, 1960, I, 39–44.

GARCÍA PUERTAS, M. *El romanticismo de Esteban Echeverría.* Montevideo, 1957.

GHIANO, Juan Carlos. *"El matadero" de Echeverría y el costumbrismo.* Buenos Aires : Centro Editor de América Latina, 1968.

HALPERÍN DONGHI, Tulio. *El pensamiento de Echeverría.* Pról. de Roberto F. Giusti. Buenos Aires : Sudamericana, 1951.

JITRIK, Noé. *Estéban Echeverría.* Buenos Aires : CEAL, 1967.

LAMARQUE, Nydia. *Echeverría, el poeta.* Buenos Aires : Cervantes Talleres Gráficas, 1951.

MORALES, Ernesto. *Esteban Echeverría.* Buenos Aires : Claridad, 1950.

PUPO-WALKER, Enrique. "Apuntes sobre la originalidad artística de *El matadero* de Esteban Echeverría", *Rev. de Estudios Hispánicos,* III, 2 (nov., 1969), 1–15.

ROJAS PAZ, Pablo. *Echeverría, el pastor de soledades.* Buenos Aires : Losada, 1951.

GABRIEL DE LA CONCEPCIÓN VALDÉS ("PLÁCIDO")

TEXTOS Y ESTUDIOS

CASALS, Jorge. *Plácido como poeta cubano.* Habana : Minist. de Educ., 1944.

GARCÍA GARÓFALO Y MESA, Manuel. *Plácido, poeta y mártir.* México: Edit. Botas, 1938.

HORREGO ESTUCH, Leopoldo. *Plácido.* La Habana : Consejo de Cult., Minist. de Educ., 1949.

Poesías completas con doscientas diez composiciones inéditas. Habana : Cultural, (1930).

Poesías selectas de Plácido. Ed. de A. M. Eligio de la Puente. Habana : Cultural, 1930.

STIMSON, Frederick S. *Cuba's Romantic Poet; the Story of Plácido.* Chapel Hill : Univ. of North Carolina Press, 1964.

GERTRUDIS GÓMEZ DE AVELLANEDA

Textos

Antología (poesías y cartas amorosas). Pról. y edición de Ramón Gómez de la Serna. Buenos Aires : Espasa-Calpe, (1945). "Col. Austral", 498; 2a. ed., 1948.

Autobiografía y cartas (hasta ahora inéditas) ... Ed. de Lorenzo Cruz de Fuentes. 2a. ed. Madrid, 1914.

Cartas inéditas y documentos relativos a su vida en Cuba de 1859 a 1864. Ed. de José Augusto Escoto. Matanzas, 1911.

Diario de amor; obra inédita. Ed. de Alberto Ghiraldo. Madrid : M. Aguilar (1928 ?).

Epistolario inédito (1841-1871). Ed. de Antonio Rodríguez Moñino. Valencia : Tip. Moderna, 1959. Separata de la revista *Hispanófila*, 6 (1959), 1-52.

Espatolino; novela original. México, 1856.

Guatimozín, último emperador de México. Madrid, 1846. Otras eds., México : Imp. de Juan R. Navarro, 1953. Trad. al inglés de Mrs. Wilson W. Blake, *Cuauhtémoc, the Last Aztec Emperor.* México : Hoeck, 1898.

Obras de la Avellaneda. 6 tomos. La Habana : Imp. de Aurelio Miranda, 1914.

Obras literarias ... Nota bibliográfica por Nicomedes Pastor Díaz. 5 tomos. Madrid : Imp. y Estereotipia de M. Rivadeneyra, 1869-1871.

Sab. La Habana : Consejo Nac. de Cult., Edit. Nacional de Cuba, 1963.

Sus mejores poesías. Barcelona : Edit. Bruguera, 1953.

Estudios

Cotarelo y Mori, Emilio. *La Avellaneda y sus obras.* Madrid : Tip. de Archivos, 1930.

Marquina, Rafael. *Gertrudis Gómez de Avellaneda, la peregrina.* Habana : Edit. Trópico, 1939.

Williams, Edwin B. *The Life and Dramatic Works of Gertrudis Gómez de Avellaneda.* Philadelphia : Univ. of Pennsylvania Press, 1924.

JOSÉ EUSEBIO CARO

Textos y Estudios

Antología; verso y prosa. Bogotá : Minist. de Educ. Nac., 1951. "Biblio. Popular de Cult. Colombiana", 148.

Epistolario. Ed. de Simón Aljure Chalela. Bogotá : Minist. de Educ. Nacional, 1953. "Biblio. de Autores Colombianos", 62.

Escritos filosóficos. Ed. de Simón Aljure Chalela. Bogotá : Eds. de la Revista Bolívar, 1954. "Biblio. de Autores Colombianos", 78.

Galves Salazar, Fernando. *José Eusebio Caro.* Bogotá : Imp. Nacional, 1955.

MARTÍN, José Luis. *La poesía de José Eusebio Caro*. Bogotá : Inst. Caro y Cuervo, 1966.
Obras escogidas en prosa y verso. Bogotá : Imp. y Lib. de "El Tradicionalista", 1873.
OSPINA ORTIZ, Jaime. *José Eusebio Caro, guión de una estirpe*. Bogotá : Edits. Pub. Técnicas (1958).
Poesías. Madrid : M. Tello, 1885.

2. LA PROSA

JOSÉ MÁRMOL

TEXTOS Y ESTUDIOS

Amalia. Leipzig : F. A. Brockhaus, 1877. Otras eds., Barcelona : Casa Edit. Maucci, s. f., en 2 tomos; Boston : D. C. Heath and Co., 1926, ed. de Sturgis E. Leavitt; Buenos Aires : Edit. Sopena, 1938; 4a. ed., 1948, 7a. ed., 1959. Buenos Aires : Estrada, 1944, ed. de Adolfo Mitre en 2 tomos. Trad. al inglés de Mary J. Serrano, *Amalia, a Romance of the Argentine*. New York : Dutton, 1919.
Armonías; poesías. Ed. de Carlos Muzzio Sáenz Peña. Buenos Aires : La Cultura Argentina, 1917.
BAUDÓN, Héctor Roberto. *Echeverría y Mármol*. Buenos Aires, 1918.
Cantos del peregrino. Ed. crítica de Elvira Burlando de Meyer. Buenos Aires : EUDEBA, 1964, 1965. Otras eds., Buenos Aires : Eds. Estrada, 1943, ed. de Rafael Alberto Arrieta; Buenos Aires : La Cultura Argentina, 1917, ed. de Juan María Gutiérrez.
CUTHBERTSON, Stuart. *The Poetry of José Mármol*. Boulder : Univ. of Colorado Press, 1935.
El poeta; drama en cinco actos y en verso. Buenos Aires : Imp. de la Univ., 1925.
Obras poéticas y dramáticas. Ed. de José Domingo Cortés. París : Ch. Bouret, 1882. Otra ed., 1905.
Poesías completas. Ed. de Félix Molina Téllez. Buenos Aires : Edit. Claridad, 1945. Otra ed., Buenos Aires : Academia Argentina de Letras, 1946-1957, ed. de Rafael Alberto Arrieta.
Poesías escogidas. Ed. de Arturo Capdevila. Buenos Aires : W. M. Jackson, 193–.

DOMINGO FAUSTINO SARMIENTO

TEXTOS

A Sarmiento Anthology. Trad. de Stuart E. Grummon. Princeton : Princeton Univ. Press, 1948.
Antología de Sarmiento. 2 vols. Buenos Aires : Eds. Cult. Argentinas, 1962.

Antología total. Ed. de Germán Berdiales. 2 tomos. Buenos Aires : Minist. de Educ. y Just., 1962.

El pensamiento vivo de Sarmiento. Buenos Aires : Edit. Losada, 1941.

Facundo, o civilización y barbarie. Ed. de Joaquín V. González, Buenos Aires : La Cultura Argentina, 1915. Otras eds., Buenos Aires : W. M. Jackson, s.f.; Lib. de "La Facultad", de J. Roldán, 1929; Estrada, 1940, ed. de Delia S. Etcheverry; Peuser, 1955, ed. de Raúl Moglia; México : Edit. Novaro-México, 1958; New York: Ginn and Company, 1960, ed. de Xavier A. Fernández y Reginald F. Brown; Doubleday, 1961. Trad. al inglés de Mrs. Horace Mann, *Life in the Argentine in the Days of the Tyrants, or Civilization and Barbarism.* New York, 1868; otra ed., Hafner, 1960.

Mi vida . . . Ed. de Julio Noé. 2 vols. Buenos Aires : A. Estrada, 1938–1939.

Obras. 53 tomos. Santiago de Chile : Imp. Gutenberg, 1885–1903. Otra ed., en 5 tomos, Buenos Aires : Minist. de Educ. y Just., 1962–1963.

Obras escogidas. 18 tomos. Buenos Aires : Ed. "La Facultad", 1938.

Obras selectas. Ed. de Enrique de Gandía. 3 tomos. Buenos Aires, 1944.

Prosa de ver y pensar. Ed. de E. Mallea. Buenos Aires : Emecé, (1943).

Recuerdos de provincia. Ed. de Martín García Mérous. Buenos Aires : La Cultura Argentina, 1916. Otras eds., Lib. y Edit. de "La Facultad", 1938; W. M. Jackson, (1944,) ed. de Alberto Palacios; El Navío, 1944, ed. de Jorge Luis Borges; Sopena, 6a. ed., 1953.

Sarmiento. Ed. de Iduarte y Shearer. New York : Dryden, 1949.

Sarmiento; estudio y antología. Ed. de Conrado E. Egcers-Lecour. Madrid : Compañía Bibliográfica Española, 1963.

Textos fundamentales. Ed. de Luis Franco y Ovidio Omar Amaya. 2 tomos. Buenos Aires : Compañía General Fabril, 1959.

Viajes. 3 vols. Buenos Aires : Lib. Hachete, 1959.

Estudios

ANDERSON-IMBERT, Enrique. *Genio y figura de Sarmiento.* Buenos Aires : EUDEBA, 1967.

——. *Una aventura amorosa de Sarmiento.* Buenos Aires : Losada, 1969.

BARRENECHEA, Ana María. *Domingo Fausti.o Sarmiento.* Buenos Aires : Centro Editor de América Latina, 1967.

BRAVO, Héctor Félix. *Sarmiento, pedagogo social.* Buenos Aires : EUDEBA, 1965.

BUNKLEY, Allison W. *The Life of Sarmiento.* Princeton : Univ. of Princeton Press, 1952.

CARILLA, Emilio. *Lengua y estilo en Sarmiento.* La Plata : Univ. Nacional de La Plata, 1964.

CORREAS, Edmundo. *Sarmiento and the United States.* Gainesville : Univ. of Florida Press, 1961.

CÚNEO, Dardo. *Sarmiento y Unamuno.* Buenos Aires : Edit. Poseidón, 1949. Otra ed., Edit. Transición, 1955.

Franco, Luis Leopoldo. *Sarmiento y Martí.* Buenos Aires : Lautaro, 1958.
Lugones, Leopoldo. *Historia de Sarmiento.* Buenos Aires : Otero y Co., 1911. Otras eds., Bajel, 1931, 1945; EUDEBA, 1960 (2a. ed.).
Martínez Estrada, Ezequiel. *Sarmiento.* Buenos Aires : Argos, 1956.
Penn, Dorothy. "School-Master President of Argentina", *Hispania,* XXIX (1946), 386-389.
Rebollo Paz, León. *Sarmiento, presidente.* Buenos Aires, 1968.

3. EL TEATRO

Estudios

Carilla, Emilio. "El teatro romántico en Hispanoamérica", *Thesaurus,* XIII (1958), 35-56.
Castagnino, Raúl. *El teatro en Buenos Aires durante la época de Rosas, 1830-1852.* Buenos Aires : Comisión Nacional de Cult., 1944.
Reyes de la Maza, Luis. *El teatro en 1857 y sus antecedentes.* México : UNAM, 1956.
——. *El teatro en México entre la Reforma y el Imperio, 1858-1861.* México : UNAM, 1958.

FERNANDO CALDERÓN

Textos y Estudios

A ninguna de las tres. Ed. de Francisco Monterde. México : UNAM, 1944. "B.E.U.", 47.
Dramas y poesías. Ed. de Francisco Monterde. México : Porrúa, 1959. "Col. Escritores Mexicanos", 78.
Hernán, o la vuelta del cruzado. Ed. de Carlos González Peña. México : Sec. de Educ. Públ., 1945. "B.E.U.", 70.
Monterde, Francisco. "Una evasión romántica de Fernando Calderón", *Rev. Iber.,* XVII, 33 (feb., 1951), 81-89.
Muerte de Virginia por la libertad de Roma. Ed. de Francisco Monterde. 1a. ed. México : UNAM, 1960.
Obras poéticas. México : Impreso por el Editor, 1844. Nueva ed., Veracruz : Lib. "La Ilustración", 1883.
Obras . . . poesía y teatro. México : Imp. de V. Agüeros, 1902. "Biblio. de Autores Mexicanos", 40.

MANUEL ASCENSIO SEGURA

Textos y Estudios

Artículos, poesías y comedias. Lima, 1885.
Comedias. 2 vols. Lima : Edit. Garcilaso, 1874.

El sargento Canuto, en W. K. Jones, *Antología del teatro hispanoamericano*, México : Studium, 1959.
La peli-montada; epopeya de última hora. Ed. de Alberto Tauro. Lima : Edit. San Marcos, 1957.
Ña Catita, en H. Alpern y José Martel, *Teatro hispanoamericano*. New York : Odyssey, 1956.
Sánchez, Luis Alberto. *El señor Segura, hombre de teatro*. Lima : Edit. P.T.C.M., 1947.

FELIPE PARDO Y ALIAGA

Textos y Estudios

Miró Quesada, Luis. *Felipe Pardo, 1806-1906*. Lima : Tip. "El Lucero", 1906.
Poesías. Ed. de M. Gz. de la Rosa. París, 1898.
Poesías y escritos en prosa. París, 1869.

VII

✺ Del Romanticismo al Modernismo (1862-1888)

El romanticismo en Hispanoamérica echa hondas raíces y no desaparece cuando ya en Europa ha sido reemplazado por el realismo u otras escuelas. Algunas de las mejores obras románticas hispanoamericanas se publicaron entre 1862 y 1888; entre ellas la *María* (1867) de Isaacs, el *Martín Fierro* (1872) de Hernández y el *Tabaré* (1886) de Zorrilla de San Martín. Sin embargo, el romanticismo durante esta segunda época no deja de transformarse y presentar nuevos rasgos. Deja de ser un romanticismo europeo para convertirse en un romanticismo criollo. El interés en lo popular, en los tipos nativos y sus costumbres, en la lengua nacional, da a las obras publicadas durante esta segunda etapa un signo distintivamente americano. Al mismo tiempo, aparece el realismo en la narrativa con las obras de Blest Gana. Pero los realistas de esta generación son más costumbristas que naturalistas. Pocas son las obras realistas que no presentan rasgos románticos. Hay que esperar hasta después de 1888 para que aparezca en Hispanoamérica el realismo naturalista. Por esa razón esta época, que comienza con la publicación del *Martín Rivas* (1862) de Blest Gana y termina con la de *Azul* ... (1888) de Darío, puede considerarse como de transición, como época formativa de la verdadera literatura hispanoamericana.

1. LA POESÍA GAUCHESCA

Una de las manifestaciones de la literatura romántica en Hispanoamérica es la poesía gauchesca. Ya vimos que fue Bartolomé Hidalgo quien primero cantó a ese auténtico personaje del Río de la Plata. Viene

93

después el análisis de Sarmiento en el *Facundo*, donde perfila al personaje que ha de pasar a ser un ente literario. Sólo falta inventar un lenguaje apropiado al personaje para que el escritor pueda dar expresión a ese mundo criollo donde vive. Esa tarea estaba reservada para los argentinos HILARIO ASCASUBI (1807–1875) y ESTANISLAO DEL CAMPO (1834–1880).

Ascasubi, que había luchado contra la dictadura de Rosas, escribe y publica en folletos, durante el cerco de Montevideo, algunos cantos que atribuye a un recluta. Estos romances de cuartel, en los que se lanza un furibundo ataque contra el dictador, fueron más tarde coleccionados y publicados bajo el romántico título *Paulino Lucero, o los gauchos del Río de la Plata cantando y combatiendo contra los tiranos de la República Argentina y Oriental del Uruguay* (1839–1851). Al caer Rosas en 1852 Ascasubi vuelve a Buenos Aires y allí publica el periódico *Aniceto el Gallo* (1853–1859), al mismo tiempo que continúa escribiendo su poema *Santos Vega, el payador*, que es su mejor obra. Terminada en París, fue publicada bajo el título *Santos Vega o los mellizos de la flor* en 1872, el mismo año que Hernández publica *Martín Fierro*.

La obra de Ascasubi, en parte, se había publicado en los periódicos del Río de la Plata antes de 1866, año en que aparece el *Fausto* de Estanislao Del Campo. La influencia de Ascasubi sobre Del Campo no se limita a lo que éste publicara bajo el seudónimo "Anastasio el Pollo" (obvia referencia al título del periódico de Ascasubi). Ha de traslucir también en su obra principal, el *Fausto*. Del Campo perfecciona la lengua gauchesca de su maestro y la utiliza para dar expresión, con gran efecto, a un aspecto de la psicología del gaucho, el del sentido del humor. La interpretación de la vida citadina en términos rurales, hecha por el gaucho el Pollo a su amigo Laguna según lo que vio en el Teatro Colón de Buenos Aires durante la representación de la ópera *Fausto*, es la fuente del humor de Del Campo. El humor, sin embargo, es a costas del gaucho y su vida campera, ya que la obra fue escrita para divertir a los amigos del autor. Pero es allí donde cuaja el uso del lenguaje gauchesco, que Hernández ha de elevar a un nivel superior en la obra maestra de esa literatura.

Una de las consecuencias de la publicación del *Fausto* en 1866 fue la reacción de parte de JOSÉ HERNÁNDEZ (1834–1886), quien escribió el famoso poema épico *El gaucho Martín Fierro* (primera parte, 1872) para demostrar que el gaucho no era un payaso como lo pintaba Del Campo. El gaucho Martín Fierro de Hernández es un personaje trágico, un gaucho que defiende sus instituciones rurales y su cultura gaucha contra el avance de la ciudad. El héroe, hombre del campo, es representativo de un gran sector de la población hispanoamericana del siglo diecinueve; un héroe que encarna la esencia del pueblo : sus sufrimientos, sus problemas, sus aspiraciones. Es, al mismo tiempo, un héroe que tiene una conciencia social y que culpa al gobierno por las degradantes condiciones de vida en que se encuentra el gaucho. En la primera parte del poema el héroe huye del problema y se refugia entre los indígenas, acompañado de su nuevo amigo Cruz, que le ha ayudado a salvarse la vida. La experiencia le enseña que la vida entre los indios es peor que la que ha abandonado. Así, en la segunda parte, *La vuelta de Martín Fierro* (1879), vemos al héroe reintegrado a la sociedad y sometido a sus leyes. El cambio ha sido total; ahora Martín Fierro cree en el trabajo, en el valor regenerativo de ese trabajo. Ese es el consejo que da a sus hijos, que aparecen, con los de Cruz, en esta segunda parte. El verdadero héroe aquí es el viejo Vizcacha, representante del pueblo, de su sabiduría popular, que se basa en el refranero y en el conocimiento de la naturaleza, sobre todo la de los animales. El viejo Vizcacha encarna los rasgos distintivos del pícaro español y del campesino americano; es, en verdad, un típico representante de la nueva sociedad rural de Hispanoamérica, no menos importante que la de la ciudad. El tono trágico del poema, el estilo popular, el personaje central, Martín Fierro, que como otro Quijote se sale de la obra literaria para formar parte del mundo real, son las características que hacen de este poema épico una de las obras maestras del romanticismo hispanoamericano y de la literatura criolla.

2. LA POESÍA LÍRICA

La lírica de los primeros románticos la continúan después de 1862 un grupo de poetas que no logra independizarse de las corrientes europeas, como lo hicieron los escritores de poesía gauchesca. Las influencias de Bécquer, de Lamartine, de Manzoni, de Leopardi y de Hugo siguen vivas en Hispanoamérica hasta los albores del modernismo. Algunos poetas de esta segunda generación romántica, sin embargo, logran expresarse con originalidad. Entre otros encontramos al colombiano Rafael Pombo (1833–1912), al venezolano Juan Antonio Pérez Bonalde (1846–1892), a los argentinos Olegario Víctor Andrade (1839–1882) y Rafael Obligado (1851–1920), al mexicano Manuel Acuña (1849–1873) y al uruguayo Juan Zorrilla de San Martín (1855–1931).

Los románticos de la segunda generación tienen que luchar, en el terreno intelectual, contra las ideas de los positivistas; es el precio que tienen que pagar por aferrarse a una estética superada en el tiempo. En la poesía de Acuña notamos muy claramente este conflicto intelectual.

Si bien romántico sentimental en composiciones como el "Nocturno a Rosario", en otras ("Ante un cadáver") se ve conmovido por el conflicto entre la religión y la ciencia. La mezcla de imágenes de ambos mundos refleja el hondo conflicto psicológico, no resuelto satisfactoriamente ni en el poema ni en la vida. La inhabilidad de conciliar los dos mundos contrapuestos es característica de los poetas que no abandonan la estética romántica pero que comienzan a dudar de sus creencias. El positivismo comienza a minar sus bases ideológicas.

Un caso insólito es el del poeta uruguayo Zorrilla de San Martín, cuya familia lo envía a Chile para protegerlo de la educación laica impartida en las escuelas uruguayas y así evitar que su intelecto absorba las ideas positivistas. El joven no perdió ni la fe en la religión ni la fe en la bondad del sistema social de sus mayores. A pesar de haber mantenido ideas anacrónicas, logró Zorrilla dar expresión a un tema netamente hispanoamericano, el del mestizaje. En el poema épico-lírico *Tabaré* (1886; 1888), se inspira en la leyenda chilena de un joven hijo de madre española y padre araucano. Cambia el escenario y los personajes de Chile al Uruguay; hace al héroe Tabaré miembro de la tribu charrúa del Uruguay; recrea un pasado histórico en torno al conflicto entre españoles e indios; crea un héroe melancólico, de psicología ambivalente; y, de suma importancia, intercala trozos líricos en la narración; trozos en los cuales ya encontramos imágenes que nos parecen modernistas. Logra así Zorrilla de San Martín crear una de las mejores composiciones poéticas de su época; composición que ya apunta hacia lo que será la poesía hispanoamericana después de 1888.

3. LA NARRATIVA

En 1862 ALBERTO BLEST GANA (Chile, 1830–1920) publicó la novela *Martín Rivas*, considerada como la primera de tendencia realista en Hispanoamérica. Dos años antes había ganado un premio con *La aritmética en el amor*, novela todavía dentro de los cánones del romanticismo. Sus primeras obras de ficción son todas románticas : *Una escena social* (1853), *Engaños y desengaños* (1855), *Juan de Aria* (1858), *Un drama en el campo* (1859). El éxito alcanzado con *Martín Rivas* no induce al autor a seguir publicando novelas. Con excepción de *El ideal de un calavera* (1863), más humorística que realista, no vuelve a dar a la imprenta otra obra narrativa hasta 1897, cuando aparece *Durante la reconquista*, novela histórica en torno a la lucha por la independencia en Chile. Nada añaden a su desarrollo como novelista *Los trasplantados* (1904), *El loco Estero*

(1909) y *Gladys Fairfield* (1912). *Martín Rivas* fue la novela que le hizo famoso y la que inició el movimiento realista en la narrativa hispano-americana. La obra trata de una revuelta en Santiago hacia 1851, y si bien el autor aprovecha la oportunidad para pintar las costumbres de la época, no deja que ese elemento se sobreponga a lo anecdótico. Su novela le dio fama en el extranjero y fue por largo tiempo uno de los reconocidos novelistas de Hispanoamérica. Hoy su obra ha perdido popularidad, excepto esa novelita, que todavía sigue leyéndose y estudiándose.

El indianismo en la narrativa, que venía gestándose desde el período anterior (*Netzula*, 1832, del mexicano José María Lafragua, 1813–1875; la *Historia de Welina*, 1862, del yucateco Crescencio Carrillo y Ancona, 1837–1897, etc.) da su mejor fruto en 1879 con la publicación de *Cumandá* por el ecuatoriano Juan León Mera (1832–1894). En ella juega papel importante el indio americano. La acción ocurre a fines del siglo dieciocho en el Ecuador (el alzamiento de los jíbaros en 1790), lo que, unido a la idealización del ambiente y de los personajes, da a la novela un sentido de irrealidad. El elemento narrativo es melodramático : los amores entre la hermosa india Cumandá y el joven blanco Carlos, que al fin resultan ser hermanos. Mas no se descubre la identidad de la joven hasta el final, cuando ya no es posible salvarla de la muerte. A pesar de lo truculento del enredo, la novela tuvo éxito, tanto en España como en América. Hoy, queda en las historias de la literatura como el máximo monumento de un sub-género desaparecido, la novela indianista.

Superior a *Cumandá*, y a todas las novelas hispanoamericanas del siglo diecinueve, es la obra del colombiano Jorge Isaacs (1837–1895). *María* (1867) es el prototipo de la novela sentimental en la que se da juego libre a las emociones. El amor imposible es el tema en torno al cual se desarrolla la sentimental historia de los amores entre Efraín y María. Tiene la ventaja de que el idilio es narrado en primera persona por Efraín que así nos pone en contacto inmediato con su mundo. Es el mundo idealizado en la casa paterna, donde, al regresar del colegio en Bogotá, encuentra a María, hija huérfana de un amigo del padre. El paisaje del valle del Cauca lo vemos, igualmente, idealizado y en armonía con los sentimientos de los protagonistas. "La luna, que acababa de ele-varse llena y grande bajo un cielo profundo sobre las crestas altísimas de los montes, iluminaba las faldas selvosas blanqueadas a trechos por las copas de los yaruros, argentando las espumas de los torrentes y difun-diendo su claridad melancólica hasta el fondo del valle. Las plantas exhalaban sus más suaves y misteriosos aromas. Aquel silencio, inte-rrumpido por el rumor del río, era más grato que nunca a mi alma".

El único elemento que desentona en esa naturaleza idealizada es la presencia del ave negra agorera, necesaria como símbolo del mal. Es el mal que ha de destruir la felicidad del protagonista. El ave anuncia la enfermedad de María, la pérdida de la fortuna de la familia y la muerte de María. Finalmente aparece cerca del sepulcro cuando Efraín lo visita. No obstante, predominan las imágenes que asociamos a los sentimientos delicados y que le dan el tono a la novela. Así se da intensidad a la tragedia de Efraín, la muerte de María antes de que él regrese de Londres, a donde su padre lo ha enviado a estudiar medicina, para también alejarlo de María. Eso es lo que da el tono melancólico a su relato, tamizado por el tiempo. La delicadeza en la expresión de los sentimientos, la armonía que reina en el mundo idealizado en el valle del Cauca, la naturaleza melancólica de los personajes, el estilo poético, la intimidad que se establece entre narrador y lector, lo bien unificado que se presentan el mundo interno y el mundo externo son, en conjunto, los elementos que han dado a esta novela de Isaacs lugar preferente en la narrativa romántica hispanoamericana.

En el mismo año en que Isaacs publica su famosa novela, en México terminan las luchas contra el Segundo Imperio, el imperio de Maximiliano y Carlota impuesto por Napoleón III. Con el deseo de unificar a los intelectuales, que se encontraban divididos entre liberales y conservadores, IGNACIO MANUEL ALTAMIRANO (1834–1893) funda dos años más tarde la revista literaria *El Renacimiento*, con la cual se inicia la renovación en las letras mexicanas y especialmente en la narrativa. El consejo de Altamirano a los jóvenes novelistas y cuentistas era que se olvidaran de los temas europeos y que ensayaran escribir sobre sus propios problemas. Para probar que eso era posible, Altamirano, que también fue poeta y excelente crítico, se pone a componer cuentos y novelas. Con esa intención escribió y publicó *Clemencia* (en *El Renacimiento*, II [1869]), *La Navidad (en las montañas)* (1871), los *Cuentos de invierno* (1880) y *El Zarco* (póstuma, 1901). La obra narrativa de Altamirano se caracteriza por los asuntos nacionales, el tono sentimental, la leve intención didáctica, la conciencia de crear un estilo original y la actitud de buena voluntad hacia partidarios y opositores. En *Clemencia* trata el tema del traidor y del héroe, ubicando la acción en Guadalajara durante la época de la intervención francesa. Se vale de dos militares : el elegante, bien parecido y donjuanesco Enrique Flores y el feo pero noble Fernando Valle. No estamos aquí muy lejos de la técnica de los dramas de Ruiz de Alarcón, en la asociación de la fealdad externa y la nobleza de corazón. De interés también en esta novela, que inicia el renacimiento de la narrativa mexicana, es la técnica y el estilo. Abandona Altamirano la idea de presentar multitud de personajes y concentra la acción en cuatro, dos hombres y dos mujeres; además, le da al relato unidad de acción haciendo que el narrador cuente la acción en una noche. Si bien el estilo es menos poético que el de Isaacs, encontramos una mesura y una corrección que le colocan muy por encima del de sus contemporáneos.

Más leída que *Clemencia* es la novela corta *La Navidad (en las montañas)*, donde el autor idealiza tanto el paisaje mexicano como a los personajes. En *La Navidad* Altamirano el romántico, dice Ralph E. Warner, "se expresa como tal, y a la vez subraya inconscientemente su amor al prójimo y su anhelo de unidad para todos los hombres, sin el obstáculo de barreras religiosas ni sociales". Su novela póstuma, *El Zarco*, escrita entre 1886 y 1888, puede ser considerada como una de las obras en que se anticipa lo que será en nuestro siglo la novela de la Revolución. El bandido el Zarco es ya un precursor de Villa, si no de Zapata. Más interesado en la presentación de las costumbres y del color local y menos en los problemas sociales, no deja Altamirano de anticiparse a los novelistas de la Revolución en las descripciones de la gente del Zarco y de las escaramuzas; pero sin olvidarse nunca del elemento narrativo, los amores del protagonista y Manuela, amores contrastados a los de Pilar y Nicolás. Como en *María*, también aparece aquí el símbolo del ave agorera que canta en la rama donde por fin cuelgan al Zarco. Lo excelente de la obra lo podemos ver mejor si la comparamos con la historia de Payno, *Los bandidos de Río Frío* (1889-1891), en donde el único interés es el narrativo. En el *Zarco*, en cambio, el estilo le da a la simple narración un valor permanente.

El mejor escritor de narraciones cortas durante esta época fue el peruano Ricardo Palma (1833-1919), creador de un género nuevo en la narrativa hispanoamericana : la tradición. Es la tradición una forma literaria en la cual se entretejen el dato histórico y el motivo ficticio y se crea un mundo en el cual los personajes—ya sean virreyes, cortesanas, frailes, capitanes, pícaros o simples mozos—viven con gran intensidad. La técnica de Palma consiste en la presentación de un documento histórico, un dato o una conseja, al cual se le agrega un elemento ficticio. El desenlace, casi siempre sorprendente, viene al fin de la tradición, teniendo el autor mucho cuidado de no delatarlo con anticipación. El marco, si lo hay, es algún refrán, alguna copla o un simple "Principio principiando". Una de las mayores atracciones de Palma es el estilo, que es siempre zumbón, satírico y a veces escéptico. La sugerencia maliciosa salta en cada frase epigramática. Hay cierta picardía que Palma parece gozar en incluir. Para dar un sabor rancio a sus tradiciones usa de arcaísmos y de vocablos y giros desusados, casi siempre sacados de viejos cronicones. No rehuye el uso de peruanismos, con los cuales salpica su obra generosamente. Tampoco omite los giros familiares, y hasta usa los vulgares si es necesario; rasgos que dan a su estilo un aire inconfundible que sus imitadores no han podido captar.

Los asuntos de las tradiciones, como el nombre lo indica, se derivan de las crónicas, las consejas, las anécdotas, los refranes o las simples noticias curiosas que el autor encontraba en olvidados manuscritos, polvorientos infolios o antiguas crónicas. Muchas de sus tradiciones son simples explicaciones, dramatizadas, de refranes o dichos populares : "La gatita de Mari-Ramos, que halaga con la cola y araña con las manos", "Cosas tiene el rey cristiano que parecen de pagano"; o de frases vernáculas de cuyo origen el pueblo se ha olvidado : "La camisa de Margarita", "Que repiquen en Yaulí"; otras son anécdotas históricas o seudo-históricas, por lo general de sabor picaresco. Si a veces se concreta a transcribir, sin cambio alguno, los hechos históricos según las fuentes, siempre les da forma artística, eliminando las prolijas descripciones y convirtiéndolos en verdaderos cuentos. En la mayor parte de ellos, sin embargo, el hecho histórico sólo sirve de pretexto para escribir el cuento. Si la fuente es legendaria, como en "El alacrán de Fray Gómez", la presenta con un tono satírico que le da a la anécdota una originalidad insospechada. Y esa originalidad es lo que en general caracteriza los cientos de tradiciones peruanas que Palma escribió durante su larga vida.

4. EL ENSAYO

La tradición en el género "ensayo" establecida por Sarmiento la continúan durante esta época dos pensadores : el ecuatoriano JUAN MONTALVO (1832–1889) y el puertorriqueño EUGENIO MARÍA DE HOSTOS (1839–1903). Montalvo, gran estilista, usó su pluma para combatir al dictador García Moreno desde las páginas del periódico El Cosmopolita (1866–1869). Sus mejores ensayos se encuentran en los Siete tratados (escritos entre 1872 y 1873, publicados en 1883), libro que, si bien lleva en el título la palabra "tratado", nada tiene de didáctico. Es una colección de verdaderos ensayos, si definimos el género como composición literaria breve, en prosa, que no sea ni didáctica ni narrativa, en la cual se interpreta, con un punto de vista personal y sin agotarlo, un asunto cualquiera. El ensayo, como el cuento, debe ser lo suficientemente corto para poder leerse de una sola vez. Los Siete tratados de Montalvo, no obstante ser demasiado extensos, se ciñen a esa rigurosa definición y pueden ser considerados como los primeros en Hispanoamérica. Allí encontramos los temas y asuntos propios del ensayo : "De la nobleza", "De la belleza en el género humano", "Réplica a un sofista seudo-católico", "Los héroes en la emancipación sudamericana", "Los banquetes de los filósofos", "El buscapié". También encontramos en ellos una actitud personal y la ausencia total de elementos didácticos. En el estilo, Montalvo es académico; sus modelos son los prosistas clásicos españoles. Llegó a imitar con éxito la prosa del autor del *Quijote* en los *Capítulos que se le olvidaron a Cervantes* (1921), en donde se burla de sus propios enemigos. Tanto en esta obra como en *Geometría moral* (1902) se aparta del ensayo para escribir prosa narrativa. La última, sin ser obra de ficción, contiene trozos narrativos, como el que se titula "Safira".

En el destierro, por su crítica de los políticos, publica Montalvo en Panamá una de las más furibundas diatribas contra los tiranos y el fanatismo. En particular ataca al dictador ecuatoriano Ignacio Veintemilla (el "Tirano de media marca") tan estúpido que no sabe ser ni siquiera un eficiente tirano. "Ignacio Veintemilla no ha sido ni será jamás tirano : la mengua de su cerebro es tal, que no va gran trecho de él a un bruto; su corazón no late; se revuelca en un montón de cieno". Le atribuye los siete pecados capitales y los ilustra con ejemplos. De Panamá Montalvo pasó a vivir a París, donde permaneció hasta su muerte. Allá publicó el periódico *El Espectador* (1886–1888), cuyo título refleja la influencia del inglés Joseph Addison. "La importancia de Montalvo", dice Medardo Vitier, "hay que buscarla en tres contenidos : la firmeza de su carácter, la vivacidad de sus conceptos y el señorío con que escribe el español". Esas son, cabalmente, las tres características de sus ensayos.

Hostos, en cambio, es el escritor que ve la realidad a través de la moral, que publica tratados, estudios, artículos, cartas y ensayos con el propósito de reformar la sociedad. Le interesa más decir las cosas con claridad y economía que expresarlas en lenguaje atildado o poético. No es que sea un mal escritor, de ninguna manera, sino que rehuye de la figura retórica por convicción, para expresarse con claridad, objetivamente, según sus ideas positivistas. Como Montalvo, ensayó la narrativa (*La peregrinación de Bayoán*, 1863), el teatro y la poesía, mas también por convicción los abandonó para dedicarse por completo a escribir prosa didáctica. Hostos fue primero romántico, después krausista y por último positivista. Al aceptar las doctrinas de Spencer abjuró de la literatura, y especialmente de la ficción, por considerarla nociva a la moral y retardataria del progreso social de los pueblos. Sus mejores ensayos (*qua* ensayos) son aquellos en los que interpreta algún aspecto de la cultura, como el que le dedica a la pintura y la escultura ("En la Exposición") o aquel en el que hace un estudio del *Hamlet* de Shakespeare. Su obra más conocida y leída, sin embargo, es la *Moral social* (1888), ya dentro de la corriente positivista y en la que Hostos critica la literatura; aconseja que los jóvenes la abandonen; y les incita al estudio de la ciencia. El sentido moral de Hostos es tal vez el más alto en Hispanoamérica durante el siglo diecinueve. Su vida entera la dedicó a defender los derechos del hombre; luchó por que se impartiera a la mujer hispanoamericana una educación científica, por que se mejoraran las condiciones de vida de los indios, por los derechos de los desheredados. Su ideal americanista era ecuménico : "unir a todas las razas en el trabajo, en la libertad, en la igualdad y en la justicia . . . ligar a todos los pueblos de una raza, de una lengua, de una tradición, de unas costumbres". Hostos, con su credo, continúa la tradición americanista iniciada por Sarmiento y marca el camino que han de seguir González Prada, Martí y Vasconcelos.

5. EL TEATRO

En el teatro hispanoamericano posterior a 1862 y anterior al realismo aparecen los mismos temas que en la narrativa. En la Argentina y el Uruguay el teatro gauchesco fue el que tuvo más éxito. Se inició con la presentación, por el actor José Podestá, de la pantomina *Juan Moreira* (1884), dramatización de la novela de Eduardo Gutiérrez (1853–1890). El éxito de este truculento drama fue debido tal vez a que ponía en juego los resentimientos del pueblo contra los extranjeros. A pesar de su poco valor como obra de arte, tiene la distinción de haber iniciado una corriente nativista en el teatro del Río de la Plata, corriente que desembocará en Florencio Sánchez. El teatro gauchesco lo cultivan también Martiniano Leguizamón (1858–1935), el autor de *Calandria* (1896), obra más moderada que la de Gutiérrez; Elías Régules (1860-1929), recordado por *Los gauchitos* (1894) y otras comedias sobre el mismo asunto, lo mismo que una adaptación del *Martín Fierro* de Hernández; y Abdón Aróstegui (1853–1926), autor de *Julián Jiménez* (1890), obra hoy olvidada que tuvo gran éxito cuando se estrenó.

En Chile el teatro de esta misma época es costumbrista. Así son las comedias de Daniel Barros Grez (1834–1904), las que mejor representan esa tendencia. En la más conocida, *Como en Santiago* (1875), se presentan tipos y costumbres chilenos vistos con humor. A veces algún autor escribe obras de asunto histórico, como en el caso de Carlos Walker

Martínez (1842–1905) quien recrea el ambiente de Santiago durante la época de la Independencia en la pieza *Manuel Rodríguez*, representada en 1865.

El teatro mexicano de la segunda generación romántica lo representan, entre otros, el médico José Peón y Contreras (1843–1907); el poeta Manuel Acuña, autor de un solo drama, *El pasado* (1872), que tuvo gran éxito; el historiador Alfredo Chavero (1841–1906); y el fabulista y maestro José Rosas Moreno (1838–1883), quien escribió dramas indianistas *(Netzahualcóyotl, bardo de Acolhuacán*, 1872), comedias costumbristas *(Los parientes*, 1872; *El pan de cada día* [en verso], 1876) y teatro infantil *(El Año Nuevo*, 1874). Chavero es más recordado por su historia y su bibliografía que por sus comedias. Como dramaturgo tuvo éxito en su época por haber llevado a la escena obras de tema prehispánico : *Xóchitl* (1877), *Quetzalcóatl* (1878). De él dice con cierta sorna su contemporáneo Vicente Riva Palacio en la obra *Los Ceros* (1882) : "Las cosas de México parece que les caen mal a las gentes de México; por eso Alfredo Chavero ha encontrado tantas dificultades y ha podido apenas salvar del naufragio a Quetzalcóatl y a la reina Xóchitl. Ha querido mexicanizar la escena en México y su gran mérito no está sólo en eso, sino en que no se desalienta" (p. 155).

El más importante comediógrafo mexicano de este período es Peón y Contreras, quien escribió gran número de dramas y comedias. En 1876 presentó nada menos que diez, la mayor parte de ellas de asunto histórico *(Gil González de Avila, La hija del rey, Un amor de Hernán Cortés)*. También cultivó el género costumbrista, si bien con menos fortuna *(Luchas de amor y honra*, 1876).

Resumiendo, podría decirse que el teatro hispanoamericano de la segunda generación romántica no llega a alcanzar gran relieve; sólo tiene importancia dentro del desarrollo de las literaturas nacionales. Mas ya prepara el terreno para un Florencio Sánchez.

BIBLIOGRAFÍA

GENERAL

Antología de la literatura gauchesca y criollista. Ed. de John F. Garganigo y Walter Rela. Montevideo : Edit. Delta, 1967.

Arellano, Jorge Eduardo. *Panorama de la literatura nicaragüense. Época anterior a Darío (1503–1881)*. Managua, 1968.

BATIS, Huberto. *Índices de "El Renacimiento"*. México : UNAM, Centro de Estudios Literarios, 1963.

BORGES, Jorge Luis. *Aspectos de la literatura gauchesca*. Montevideo : Número, 1950.

CAILLAVA, Domingo A. *Historia de la literatura gauchesca en Uruguay, 1810–1940*. Montevideo : García y Cía., 1945.

CARILLA, Emilio. *El romanticismo en la América hispánica*. Madrid : Gredos, 1958.

CASTAGNINO, Raúl. *Sociedades literarias argentinas (1864–1900)*. La Plata : Univ. Nacional de La Plata, 1967.

CORTAZAR, Augusto Raúl. *Indios y gauchos en la literatura argentina*. Buenos Aires : Inst. de Amigos del Libro Argentino, 1956.

GARCÍA CALDERÓN, Ventura. *Del romanticismo al modernismo; prosistas y poetas peruanos*. París : Soc. de Ediciones Literarias y Artísticas, 1910.

LEUMANN, Carlos Alberto. *La literatura gauchesca y la poesía gauchesca*. Buenos Aires : Edit. Raigal, 1953.

MARTÍNEZ, José Luis. *La expresión nacional; letras mexicanas del siglo XIX*. México : Imp. Univ., 1955.

MCLEAN, Malcolm D. *El contenido literario de "El Siglo XIX"*. Washington : Inter-American Bibliographical and Library Assoc., 1940. Otra ed. aum., México : BBSHCP, 1965.

MIRÓ, Rodrigo. *El romanticismo en Panamá; la primera generacion poética del Istmo*. Panamá : Minist. de Educ., 1948.

NICHOLS, Madeline W. *The Gaucho*. Durham, N. C. : Duke Univ. Press, 1942. Trad., *El gaucho*. Buenos Aires : Peuser, 1953.

PERALES OJEDA, Alicia. *Asociaciones literarias mexicanas; siglo XIX*. México : Imp. Univ., 1957.

SÁNCHEZ, José. *Academias y sociedades literarias de México*. Chapel Hill : Univ. of North Carolina, 1951.

I. LA POESÍA GAUCHESCA

TEXTOS Y ESTUDIOS

ARA, Guillermo. *La poesía gauchesca*. Buenos Aires : Centro Editor de América Latina, 1967.

BORGES, Jorge Luis, y Adolfo Bioy-Casares. *Poesía gauchesca*. 2 vols. México : Fondo de Cult. Econ., 1955.

CAILLET-BOIS, Julio. "Introducción a la poesía gauchesca", *Historia de la literatura argentina*, III (1959), 51–259. Buenos Aires : Peuser, 1958–1960.

FERREYRA BASSO, Juan G., *et al. Los poetas gauchescos*. Buenos Aires : Municipalidad de la Ciudad de Buenos Aires, 1945.

GARCÍA, Serafín J. *10 poetas gauchescos del Uruguay*. Montevideo : Lib. Blundi, 1963.

LUGONES, Leopoldo. *El payador*. Buenos Aires : Otero y Cía., 1916.

Poetas gauchescos : Hidalgo, Ascasubi, del Campo. Ed. de Eleuterio F. Tiscornia. Buenos Aires : Losada, 1940.
Rodríguez López, Rafael R. *La poesía gauchesca en la lengua culta.* Buenos Aires, 1953.
Sánchez Reulet, Aníbal. "La poesía gauchesca como fenómeno literario", *Rev. Iber.,* XXVII, 52 (1951,) 281-299.

HILARIO ASCASUBI

Textos y Estudios

Mujica Láinez, Manuel. *Vida de Aniceto El Gallo (Hilario Ascasubi).* 2a. ed. Buenos Aires : Emecé, 1955.
Paulino Lucero. Buenos Aires : Estrada, 1945.
Rodríguez Molas, Ricardo. "Contribución a la bibliografía de Hilario Ascasubi", *Bibliografía Argentina de Artes y Letras,* 12. Buenos Aires : Fondo Nacional de las Artes, 1961.
Santos Vega o Los mellizos de la Flor. 3 vols. París, 1872. Vol. II : *Paulino Lucero ...* Vol. III : *Aniceto el Gallo . . .*
Santos Vega o Los mellizos de la Flor. 2 vols. Buenos Aires : Sopena, 1939. 2a. ed. en vol., 1953.

ESTANISLAO DEL CAMPO

Textos y Estudios

Anderson-Imbert, Enrique. *Análisis de "Fausto".* Buenos Aires : Centro Editor de América Latina, 1968. (Amplia bibliografía.)
Fausto, en el *Correo del Domingo,* Buenos Aires, VI, 144 (30 sept., 1866), 185-196. Otras eds., Buenos Aires : Ed. de Carlos O. Bunge, 1915; Edit. Sopena, 1939; Kraft, 1942; Peuser, 1951, con Introd. de Emilio Ravignani y Estudio de Amado Alonso. Trad. al inglés de Walter Owen, *Faust.* Buenos Aires : Imp. Lamb, 1943.
Fausto y otros poemas selectos. Ed. de Alfredo Parodié Montero. Buenos Aires, 1929.
Mujica Láinez, Manuel. *Vida de Anastasio el Pollo (Estanislao del Campo).* Buenos Aires : Emecé, 1948.
Poesías. Ed. de José Mármol. Buenos Aires, 1870. Otra ed., 1875.

JOSÉ HERNANDEZ

Textos

El gaucho Martín Fierro. Buenos Aires, 1872.
El gaucho Martín Fierro, La vuelta de Martín Fierro. Ed. crítica de Angel J. Battistessa. Buenos Aires : Peuser, 1958.

La vuelta de Martín Fierro. Buenos Aires, 1879.
Martín Fierro. Ed. de Eleuterio F. Tiscornia. Buenos Aires : Univ. de Buenos Aires, 1925. Otras eds., Losada, nueva ed. notablemente ampliada, 1939, 1941, 1943, etc.
Martín Fierro. Pról. de Ezequiel Martínez Estrada. Buenos Aires : W. M. Jackson, s.f.
Martín Fierro. Buenos Aires : Espasa-Calpe, 1938. "Col. Austral", 8.
Martín Fierro. Ed. de Carlos Alberto Leumann. Buenos Aires : Estrada, 1945. 3a. ed., 1958.
Martín Fierro. Ed. de Augusto R. Cortazar. Buenos Aires : Cultural Argentina, 1967.
Martín Fierro, the Argentine Gaucho Epic. Trad. de Henry A. Holmes. New York : Hispanic Inst., 1948.
The Gaucho Martín Fierro. Trad. de Walter Owen. New York : Farrar and Rinehart, 1936.
The Gaucho Martín Fierro. New York : State Univ. of New York Press, 1968.

ESTUDIOS

AGUIRRE, Juan Martín. *Otra vez "Martín Fierro".* Mercedes : Ed. Gráficas y Lib. Oeste, 1966.
ARTESANO, Eduardo B. *Martín Fierro y la justicia social.* Buenos Aires : Eds. Revelo, 1963.
BIANCHI, Enrique. *"Martín Fierro", un poema de protesta social.* Buenos Aires : G. Kraft, 1952.
BORGES, Jorge Luis. *El "Martín Fierro".* Buenos Aires : Edit. Columba, 1953. (Con Margarita Guerrero.)
CORDERO, Héctor Adolfo. *Valoración de "Martín Fierro".* Buenos Aires : J. E. Rossi, 1960.
CORTAZAR, Augusto Raúl. "José Hernández, Martín Fierro y su crítica", *Bibliografía Argentina de Artes y Letras,* 9. Buenos Aires, 1960.
INCHAUSPE, Pedro. *Diccionario de "Martín Fierro".* Buenos Aires : Biblio. Manantial, 1955.
LESTRADE, Rodolfo. *Realidad en el mito de Martín Fierro.* México : Biblio. de Acción Cultural México-Argentina, 1948. Pról. de José Vasconcelos.
LEUMANN, Carlos Alberto. *El poeta creador.* Buenos Aires : Edit. Sudamericana, 1945.
MARTÍNEZ ESTRADA, Ezequiel. *Muerte y transfiguración de Martín Fierro.* 2 vols. México : Fondo de Cult. Econ., 1948, 2a. ed., 1958.
TISCORNIA, Eleuterio F. *La lengua de Martín Fierro.* Buenos Aires : Univ. de Buenos Aires, 1930. (Tomo II de su ed. de 1925.)

2. LA POESÍA LÍRICA

Textos y Estudios

Loprete, Carlos Alberto. *Poesía romántica argentina.* Buenos Aires : Edit. Plus Ultra, 1965.

Millán, María del Carmen. *Poesía romántica mexicana.* México : Libro Mex Editores, 1957.

Poesía de México; de los orígenes a 1880. Buenos Aires : EUDEBA, 1966.

Vitier, Cintio. *Los poetas románticos cubanos; antología.* La Habana : Consejo Nac. de Cult., 1962.

MANUEL ACUÑA

Textos y Estudios

Castillo Nájera, Francisco. *Manuel Acuña.* México : Imp. Univ., 1950.

El pasado. Ensayo dramático en tres actos. México, 1872(?) Otras eds. con las poesías y en las obras.

Estrada Zalce, Marcelino. *Manuel Acuña, ausencia y presencia.* Puebla : Grupo Literario Bohemia Poblana, 1959.

Jarnés, Benjamín. *Manuel Acuña, poeta de un siglo.* México : Xóchitl, 1942.

Obras. Barcelona : Maucci, s.f. Pról. de Juan de Dios Peza. Otras eds., de Rafael de Zayas Enríquez, Veracruz-Puebla-México-París : Ramón Lainé, 1891; de José Luis Martínez, México : Porrúa, 1949.

Poesías, aumentadas con *El pasado.* Pról. de Fernando Soldevilla. París : Lib. de Garnier Hnos., 1884. Otras eds., de Francisco Sosa, México : Lib. La Ilustración, 1885; de Enrique Fernández Granados. México : Porrúa Hnos., 1919; Buenos Aires : Sopena, 1941.

Toscano, Carmen. *Rosario la de Acuña.* México : Talleres Gráficos de la Nación, 1948.

Versos. México : Domingo R. Arellano, 1874.

JUAN ZORRILLA DE SAN MARTÍN

Textos

Conferencias y discursos. Ed. de José Q. Antuña. Montevideo : Minist. de Instr. Púb., 1965.

La leyenda patria. 4a. ed., de Pablo Groussac. Montevideo, 1896.

Obras completas. 16 tomos. Montevideo : Banco de la República, 1930.

Tabaré. Buenos Aires : Edit. Tor, 1886(?) Otras eds., Montevideo, 1889, "Biblio. de Autores Uruguayos".

Tabaré. Novísima edición corregida por el autor. *La leyenda patria.* Montevideo, 1923. Otra ed., Imp. Nac. Colorada, 1930.

Tabaré, novela en verso. La leyenda patria. 5a. ed. Barcelona : Edit. Cervantes, 1937.
Tabaré. Con un juicio crítico de Juan Valera. Montevideo : J. Sureda, 1936.
Tabaré. Ed. de Alberto Zum Felde. Montevideo, 1956.
Tabaré. An Indian Leyend of Uruguay. Trad. de W. Owen. Washington : Pan American Union, 1956.

ESTUDIOS

ANDERSON-IMBERT, Enrique. "La originalidad de *Tabaré*", *Memoria del Séptimo Congreso del Inst. Internacional de Lit. Iberoamericana.* Berkeley : Univ. of Calif. Press, 1956, pp. 33–55.
——. *Análisis de "Tabaré".* Buenos Aires : CEAL, 1968.
BORDOLI, Domingo Luis. *Vida de Juan Zorrilla de San Martín.* Montevideo : Concejo Departamental de Montevideo, 1961.
CRISPO ACOSTA, Osvaldo (Lauxar). *José Zorrilla de San Martín.* Montevideo : La Casa del Estudiante, 1955.
GARCÍA BLANCO, Manuel. *El escritor uruguayo Juan Zorrilla de San Martín y Unamuno.* Madrid : Gráficas Orbe, 1955. 33 pp.
IBÁÑEZ, Roberto. "*La leyenda patria*" *y su contorno historico.* Montevideo : Edit. Florensa y Lafón, 1959.
ROJAS, Ricardo. *Don Juan Zorrilla de San Martín.* Buenos Aires : Eds. Selección, 1933. 31 pp.
SUIFFET, Norma. *Análisis estilístico de "Tabaré".* Montevideo, 1960.
ZORRILLA DE SAN MARTÍN DE MORA, Concepción. *Juan Zorrilla de San Martín, momentos familiares.* Montevideo : Imp. Alar, 1957.

2. LA NARRATIVA

TEXTOS Y ESTUDIOS

BRUSHWOOD, John S. *The Romantic Novel in Mexico.* Columbia : Univ. of Missouri, 1954.
MELÉNDEZ, Concha. *La novela indianista en Hispanoamérica; 1832–1889.* Madrid, 1934. 2a. ed., Río Piedras : Univ. de Puerto Rico, 1961.
Novelas selectas de Hispanoamérica del siglo XIX. Ed. de Salvador Reyes Nevares. 2 vols. México : Edit. Labor, 1959.
SPELL, Jefferson Rea. "The Costumbrista Movement in Mexico", *PMLA,* L (1935), 290–315. Trad. de Juana Manrique de Lara, *Universidad de México,* V, 25 (1938), 5–11.
SUÁREZ-MURIAS, Marguerite C. *La novela romántica en Hispanoamérica.* New York : Hispanic Inst., 1963.
ZAMUDIO Z., José. *La novela historica en Chile.* Santiago, 1949.

ALBERTO BLEST GANA

Textos y Estudios

Alone (Hernán Díaz Arrieta). *Don Alberto Blest Gana; biografía crítica.* Santiago : Edit. Nascimiento, 1940.

Durante la reconquista. 2 tomos, París : Garnier Hnos., 1897, Otras eds., Santiago : Empresa Letras, 1933, 2 tomos; Santiago : Zig-Zag, 1942, 2 tomos; otras eds., 1946, 1951.

El ideal de un calavera. Santiago : Imp. de "La Voz de Chile", 1863. Otras eds., París-México : Lib. de la Vda. de Ch. Bouret, 1908, 2 vols. otra ed., 1918; París-México : Lib. Franco-Americana, 1925, 2 vols.; Santiago : Zig-Zag, 1931, 2 vols.; otras eds., 1933, 1942, 1946.

El loco Estero. París, 1909. Otras eds., Santiago : Zig-Zag, 1935(?); Buenos Aires : W. M. Jackson, 1946, 2a. ed., de Alfonso M. Escudero.

Gladys Fairfield. París : Garnier Hnos., 1912(?).

La aritmética en el amor. Valparaíso : Imp. y Lib. del Mercurio de Santos Tornero, 1860. Otras eds, París-México : Lib. de la Vda. de Ch. Bouret, 1897, 2 vols.; París, 1914, ed. corregida por el autor, 2 vols.; Santiago : Zig-Zag, 1950.

Los trasplantados. París, 1911(?).

Martín Rivas. Santiago : Imp. de "La Voz de Chile", 1862. Otras eds., Buenos Aires : Imp. del Siglo, 1869; Santiago : Oficina de "El Chileno", 1905; París-México : Lib. de la Vda. de Ch. Bouret, 1910, con notas de Carlos Schaible; otras eds. 1924, 1931; Santiago : Folletín de "El Mercurio", 1925, 2 tomos; Boston : D. C. Heath and Co., 1926, ed. de G. W, Umphrey; Santiago : Zig-Zag, 1938; otras eds. hasta la 8a., 1961. Trad. al inglés de Charles Witham, New York : Knopf, 1916.

Poblete Veras, Hernán. *Genio y figura de Alberto Blest Gana.* Buenos Aires : EUDEBA, 1968. (Bibliografía.)

Silva Castro, Raúl. *Alberto Blest Gana (1830–1920).* Santiago : Imp. Univ., 1941.

JUAN LEÓN MERA

Textos y Estudios

Borja, Luis Felipe. *Juan León Mera; breves apuntes críticos.* Quito, 1932.

Cumandá, o un drama entre salvajes. Quito, 1879. Otras eds., Madrid, 1891; Quito : Casa de la Cult. Ecuatoriana, 1948, ed. de Augusto Armas; Buenos Aires : Espasa-Calpe, 1951, "Col. Austral", 1035; Boston : D. C. Heath, 1932, ed. de Pastoriza Flores.

Guevara, Darío C. *Juan León Mera o el hombre de cimas.* Quito : Imp. del Minist. de Educ. Púb., 1944.

Rolando, Carlos A. *Don Juan León Mera, 1832–1932.* Guayaquil, 1932.

JORGE ISAACS

TEXTOS Y ESTUDIOS

ARCINIEGAS, Germán. *Genio y figura de Jorge Isaacs.* Buenos Aires : EUDEBA, 1967.

BERMEJO, Vladimiro. *Jorge Isaacs, 1837–1937.* Arequipa : Edit. La Colmena, 1937.

CARVAJAL, Mario. *Vida y pasión de Jorge Isaacs.* Manizales, Colombia : A. Zapata, 1937.

María, novela americana. Barcelona : Biblio. Artes y Letras, 1882. Otras eds., Boston ; Ginn, 1918, ed. de R. H. Keniston; New York, 1922, ed. de Stephen L. Pitcher; Boston : D. C. Heath, 1926, ed. de J. Warshaw; Barcelona : Sopena, 19—; otra ed., 1938; Bogotá : Minist. de Educ. de Colombia, 1942; Buenos Aires : Juventud Argentina, 1943; Madrid : Aguilar, 1945; Nece York : Oxford, 1948, ed. de H. Olmsted; México : Fondo de Cult. Econ., 1951, ed. de Enrique Anderson-Imbert; Santiago : Zig-Zag, 1956, ed. de Juan Loveluck; México : Edit. Porrúa, 1966, ed. de Daniel Moreno; Cali, 1967, ed. de Mario Carvajal.

María y poesías completas. Buenos Aires : Edit. Tor, 1956.

María; poesías. Madrid : Aguilar, 1964. "Col. Crisol", 90.

Poesías. Ed. de S. Estrada. Buenos Aires : Igon Hnos., 1877. Otra ed., de Armando Romero Lozano, Cali, 1967.

Poesías completas. Edición de Baldomero Sanín Cano. Barcelona : Maucci, 1920.

VELAZCO MADRIÑÁN, L. C. *Jorge Isaacs, el caballero de las lágrimas.* Cali, 1942.

ZANETTI, Susana. *Jorge Isaacs.* Buenos Aires : Centro Editor de América Latina, 1967.

IGNACIO MANUEL ALTAMIRANO

TEXTOS Y ESTUDIOS

Clemencia, en *El Renacimiento.* México, II (1869). Otras eds., México : F. Díaz de León y Santiago White, 1869; París-México : Lib. de la Vda. de Ch. Bouret, 1904, 1907, 1930; México : Edit. Porrúa, 1944, ed. de Joaquín Ramírez Cabañas.

Cuentos de invierno. México : Tip. Lit. de Filomeno Mata, 1880. Otra ed., México : Edit. Nacional, 1954.

El Zarco. Pról. de Francisco Sosa. Barcelona : J. Ballescá y Cía. Sucs., 1901. Otras eds., Buenos Aires : Espasa-Calpe, 1940, 1943, 1950, "Col. Austral", 108; México : Edit. Nacional, 1951, 1959; Edit. Novaro-México, 1958.

Homenaje a Ignacio M. Altamirano. México : Imp. Univ., 1935.

La literatura nacional. Ed. de José Luis Martínez. 3 vols. México : Porrúa, 1949.

NACCI, Chris N. *Ignacio Manuel Altamirano.* New York: Twayne, 1970.

La Navidad (en las montañas). En el *Álbum de Navidad.* México : Imp. de I. Escalante y Cía., 1871, pp. 199–296. Otras eds., París : Biblio. de Autores de América, 1891; México: José Porrúa e Hijos, 1943; México: W. M. Jackson, ed. especial para el Círculo Literario, con un Pról. de José Vasconcelos, 1948.

Navidad en las montañas y otros cuentos. México : Eds. Nova-Mex, 1957, 1963.

Obras literarias completas. Ed. de Salvador Reyes Nevares. México : Eds. Oasis, (1959).

Paisaje y leyendas, tradiciones y costumbres de México, 1a. serie. México : Imp. y Lit. Española, 1884. Otra ed., La Habana : La Unión Constitucional, 1892, 2a. serie, ed. de Ralph E. Warner. México : Antigua Lib. Robredo, 1949.

3 novelas cortas. Ed. de Carlos González Peña. México : Sec. de Educ. Púb., 1944.

VALLE, Rafael Heliodoro. *Bibliografía de Manuel Ignacio* (sic) *Altamirano.* México : DAPP, 1939.

WARNER, Ralph E. *Bibliografía de Ignacio Manuel Altamirano.* México : Imp. Univ., 1955. (Supera a la anterior.)

RICARDO PALMA

TEXTOS

Antología. Ed. de Edmundo Cornejo U. Lima : Hora del Hombre, 1948.

Armonías; libro de un desterrado. París, 1912.

Bolívar y las tradiciones peruanas. Madrid : Compañía Iberoamericana de Pub., 1930.

Cartas inéditas Ed. de Rubén Vargas Uguarte. Lima : C. Milla Batres, 1964.

Don Ricardo Palma y sus tradiciones. Ed. de Max H. Miñano G. México : Sec. de Educ. Púb., 1945.

Flor de tradiciones. Ed. de G. W. Umphrey y Carlos García Prada. México : Edit. Cultura, 1943.

Las mejores tradiciones peruanas. Barcelona : Maucci, 1917(?).

Mis últimas tradiciones peruanas y cachivachería. Barcelona : Maucci, 1906.

Poesías completas. Barcelona, 1911.

The Knights of the Cape . . . Trad. de Harriet de Onís. New York : Knopf, 1945.

Tradiciones peruanas. 4 vols. Barcelona : Montaner y Simón, 1893–1896. Otras eds., 4 vols., Madrid, 1921; 6 vols., Madrid : Calpe, 1924; Chicago : B. H. Sanborn, 1936, ed. de G. W. Umphrey; Buenos Aires : Espasa-Calpe, 1940; varias eds. hasta 1968, "Col. Austral," 1a. sel., vol. 52; 2a. sel., vol. 132; 3a sel., vol. 309; Buenos Aires : W. M. Jackson, ed. de Raúl Porras Barrenechea, 2a. ed., 1946.

Tradiciones peruanas completas. Ed. de Edith Palma. 2a. ed. Madrid : Aguilar, 1953. 5a. ed., 1964.

ESTUDIOS

ARORA, Shirley L. *Proverbial Comparisons in Ricardo Palma's "Tradiciones peruanas".* Berkeley : Univ. of Cal. Press, 1966.

ESCOBAR, Alberto. *Tensión, lenguaje y estructura.* Lima : Univ. Nac. de San Marcos, 1962. 55 pp.

FELIÚ CRUZ, Guillermo. *En torno a Ricardo Palma.* Santiago : Prensas de la Univ. de Chile, 1933.

MARTINENGO, Alessandro. *Lo stile di Ricardo Palma.* Padova : Liviana Editrice, 1962.

MIRÓ, César. *Don Ricardo Palma, el patriarca de las tradiciones.* Buenos Aires : Losada, 1953.

OVIEDO, José Miguel C. S., *Genio y figura de Ricardo Palma.* Buenos Aires : EUDEBA, 1965.

PORRAS BARRENECHEA, Raúl. *Tres ensayos sobre Ricardo Palma.* Lima : Lib. Mejía Baca, 1954. 59 pp.

SÁNCHEZ, Luis Alberto. *Don Ricardo Palma y Lima.* Lima : Imp. Torres Aguirre, 1927.

4. EL ENSAYO

TEXTOS Y ESTUDIOS

PRIETO, Adolfo. "El ensayo (argentino) en la época romántica", *Capítulo,* 13, Buenos Aires : Centro Editor de América Latina.

RIPOLL, Carlos. *Conciencia intelectual de América; antología del ensayo hispano-americano.* New York : Las Américas, 1966.

VITIER, Medardo. *Del ensayo americano.* México : Fondo de Cult. Econ., 1945.

JUAN MONTALVO

TEXTOS Y ESTUDIOS

ANDERSON-IMBERT, Enrique. *El arte de la prosa en Juan Montalvo.* México : El Colegio de México, 1948.

Capítulos que se la olvidaron a Cervantes. Besanzón, 1895. Otras eds., Barcelona, 1898; París, 1921; Buenos Aires, 1944, ed. de Angel Rosenblat.

Catilinarias. Panamá, 1880. Otras eds., Panamá, 1882; Guayaquil, 1894, 6 vols.; Quito, 1906; París : Garnier, 1925, Pról. de Unamuno, 2 vols., con el título *Las catilinarias.*

El Cosmopolita. Quito, 1866–1869. Otras eds., Quito, 1894; París, 1927, 2 tomos; Ambato, 1945.

El Espectador. París, tomo I, 1886; tomo II, 1887; tomo III, 1888. Otras eds., Quito, 3 vols., 1887–1900; París, 1927.

El Regenador. Quito, 1876; París, 1929.

Geometría moral. Con Carta-Pról. de Juan Valera. Madrid, 1902.
Juan Montalvo. Estudio y sel. de Gonzalo Zaldumbide. Puebla, México, 1959 ; Quito : J. M. Cajica Jr., 1960.
Naranjo, Plutarco. *Juan Montalvo: estudio bibliográfico.* 2 vols. Quito : Casa de la Cult. Ecuatoriana, 1966.
Obras escogidas. Ed. de Julio E. Moreno. Quito : Casa de la Cult. Ecuatoriana, 1948.
Páginas escogidas. Ed. de Arturo Giménez Pastor. Buenos Aires : Estrada, 1941.
Reyes, Oscar Efrén. *Vida de Juan Montalvo.* Quito : Edición del Grupo América, 1935. 2a. ed., 1943.
Rolando, Carlos A. *Don Juan Montalvo, 1832–1932.* Guayaquil, 1932.
Siete tratados. 2 vols. Besanzón, 1882. Otras eds., París : Garnier, 1923, con Pról. de Rufino Blanco Fombona; otra ed. 1930; Ambato, 1943, 3 vols. en 2; Buenos Aires, 1944; México : Sec. de Educ. Púb., 1947, con Pról. de Antonio Acevedo Escobedo.

EUGENIO MARÍA DE HOSTOS

Textos y Estudios

Antología. Ed. de Pedro Henríquez Ureña. Madrid : Imp. . . . Juan Bravo, 1952.
Balseiro, José Agustín. *Eugenio María de Hostos. Hispanic America's Public Servant.* Coral Gables : Univ. of Miami, 1946.
Bosch, Juan. *Hostos, el sembrador.* La Habana : Trópico, 1939.
Essais. Trad. al francés de Max Daireaux. París : Inst. International de Coopération Intellectuelle, 1936.
Moral social. Santo Domingo, 1888. Otras eds., París, 1905(?); Madrid, 1920; Buenos Aires : Losada, 1939, ed. de Pedro Henríquez Ureña; Buenos Aires : W. M. Jackson, 2a. ed., (1946).
Hostos. Ed. de Pedro de Alba. México : Eds. de la Sec. de Educ. Púb., 1944.
Hostos, Adolfo de. *Tras la huella de Hostos.* Río Piedras : Edit. Univ. de Puerto Rico, 1966.
Hostos, Eugenio Carlos de. *Hostos, hispanoamericanista; colección de ensayos . . .* Madrid : Imp. . . . Juan Bravo, 1952.
——. *Eugenio María de Hostos, Promoter of Pan Americanism. A collection of Writings and a Bibliography.* Madrid : Imp. . . . Juan Bravo, 1953.
Meditando . . . París : Soc. de Eds. Literarias y Artísticas, 1909.
Obras completas. 20 vols. La Habana : Cultural, 1939. (Vol. XXI, París, 1954.)
Páginas escogidas. Ed. de José D. Forgione. Buenos Aires : A. Estrada, 1952.
Pedreira, Antonio S. *Hostos, ciudadano de América.* Madrid : Espasa-Calpe, 1932.

5. EL TEATRO

TEXTOS Y ESTUDIOS

BOSCH, Mariano G. *Historia de los orígenes del teatro nacional argentino y la época de Pablo Podestá.* Buenos Aires : Talleres Gráficos de L. J. Rosso, 1929.

DURÁN CERDA, Julio. *Panorama del teatro chileno (1842-1959); estudio crítico y antología.* Santiago : Edit. del Pacífico, 1959. ("Como en Santiago", de Barros Grez, pp. 115-165.)

LEVY, Matilde. *El extranjero en el teatro primitivo de Buenos Aires; antecedentes hasta 1880.* Buenos Aires : Univ. de Buenos Aires, 1962, 52 pp.

PLA, Josefina. *El teatro en el Paraguay; de la fundación a 1870.* Asunción : Escuela Selesiana, 1967.

RELA, Walter. "Una centuria de repertorio dramático ríoplatense (1810-1910)", *Antología de la literatura criolla y gauchesca,* pp. 421-435. ("Juan Moreira" pp. 437-448.)

REYES DE LA MAZA, Luis. *El teatro en México durante el Segundo Imperio (1862-1867).* México : UNAM, 1959.

——. *El teatro en México en la época de Juárez (1868-1872).* México : UNAM, 1961.

——. *El teatro en México con Lerdo y Díaz (1873-1879).* México: UNAM, 1963.

VIII

Realismo, Naturalismo y Modernismo (1888-1910)

Durante el período que va de 1888 a 1910, período caracterizado en la historia por la estabilidad política (que no había existido antes) y por el predominio de los gobiernos autocráticos, aparecen en el desarrollo de la literatura hispanoamericana dos movimientos independientes entre sí. Los realistas y naturalistas cultivan la narrativa, el teatro y el ensayo y son, en cuanto a las ideas, positivistas. Los modernistas, que dan preferencia a la poesía pero sin ignorar los otros géneros, viven en un mundo aparte. Son, excepto en el caso de Martí, indiferentes en cuanto a la política y la filosofía social. Hablaremos primero de los realistas.

A. REALISMO Y NATURALISMO

I. LA NARRATIVA REALISTA

Del costumbrismo de la etapa anterior al realismo descriptivo de las últimas décadas del diecinueve y primera del veinte hay una corta distancia. Los realistas, en vez de interesarse en describir tipos y costumbres regionales dan preferencia a los problemas sociales del hombre medio, en torno a los cuales gira la narrativa. La motivación deja de ser el amor; el amor es una pasión más, entre otras. La pasión por el dinero, por el bienestar personal, por el éxito en el mundo de los negocios es lo que motiva a los personajes. En la técnica y el estilo los realistas siguen muy de cerca a los españoles—Alarcón, Pereda, Galdós—pero sin olvidarse ni de los franceses—Balzac, Maupassant—ni de los costumbristas hispanoamericanos. En algunos narradores de esta escuela no desaparecen por completo las actitudes de los románticos. Así pues, existe una narrativa que es una amalgama de elementos de ambas estéticas. Podemos encontrar novelas o cuentos realistas (en las descripciones del ambiente) pero estructurados en torno a un tema romántico; o la expresión de temas románticos a través del uso de motivos realistas.

Entre los principales narradores realistas destacan los mexicanos Emilio Rabasa, José López Portillo y Rojas, Rafael Delgado y Ángel de Campo; el colombiano Tomás Carrasquilla; la peruana Clorinda Matto de Turner; el uruguayo Eduardo Acevedo Díaz; y los argentinos Martiniano Leguizamón (1858–1935) y Carlos María Ocantos (1860–1949).

RAFAEL DELGADO (1853–1914) representa en México la transición del romanticismo al realismo. Sus mejores novelas (*La Calandria*, 1891; *Los parientes ricos*, 1904) presentan personajes y ambientes realistas pero conflictos sentimentales. Esto es el resultado de considerar el realismo, dice, como el "método de escribir dando la visión de la verdadera vida, con ayuda de la observación moral y de la observación plástica". El suyo es, por lo tanto, un realismo idealista y no naturalista. Lo mismo sucede con los cuentos de ÁNGEL DE CAMPO, alias "Micrós", (1868–1908), recogidos de los periódicos en los libros *Cosas vistas* (1894) y *Cartones* (1897). En sus mejores cuentos ("El Pinto", "Notas de cartera", "El niño de los anteojos azules") vemos la realidad a través de un enfoque sentimental. No así en JOSÉ LÓPEZ PORTILLO Y ROJAS (1850–1923) ni en EMILIO RABASA (1856–1930), ambos discípulos de los españoles Pereda y Galdós. El primero, en *La parcela* (1898), pinta la vida campesina y el conflicto entre familias patriarcales, que pelean por un pedazo de tierra. El desenlace, sin embargo, no es pesimista, ya que la amistad entre las dos familias es restablecida como resultado del acto de buena voluntad de parte de uno de los hacendados. A López Portillo y Rojas le falta el humor y el tono ligero que encontramos en Rabasa, quien nos hace pensar en Blest Gana. En su mejores novelas (*La bola*, 1887; *La gran ciencia*, 1887; *El cuarto poder*, 1888; *Moneda falsa*, 1888, publicadas bajo el seudónimo "Sancho Polo") encontramos una pintura de la sociedad provinciana de la época hecha con sentido satírico. Se critica, en primer término, a los políticos de campanario, a los periodistas (el cuarto Poder) y a todo aquél que ya tiene sus intereses creados.

La obra narrativa del colombiano TOMÁS CARRASQUILLA (1858–1940) es una síntesis de tres corrientes : el costumbrismo, el realismo y el naturalismo. En novelas como *Frutos de mi tierra* (1896) predomina la técnica costumbrista, ya que la obra, considerada como la mejor de Carrasquilla, tiene una estructura abierta formada por la yuxtaposición de cuadros descriptivos de tipos y costumbres unificados por la presencia del protagonista, Agustín. Mas el autor no se ciñe, como en esta primera obra, a describir las clases bajas de la sociedad. En *Grandeza* (1910) el ambiente es el de la sociedad acomodada de Medellín, y en *La marquesa de Yolombó* (1928) reconstruye la sociedad colombiana, antioqueña mejor dicho, de fines de la colonia. En la tardía obra *Hace tiempos* (1935-1936), compuesta de tres relatos, predominan los recuerdos personales y datos para la historia de su tierra natal.

De diferente naturaleza es la narrativa de la peruana CLORINDA MATTO DE TURNER (1854-1909), recordada por la novela *Aves sin nido* (1889). Se considera como la primera de índole indigenista por demostrar preocupación por los problemas sociales de ese olvidado sector de la sociedad hispanoamericana. Entrelazada a la actitud social encontramos una truculenta fábula y un tema romántico (el amor imposible). Menos mérito tienen sus "novelas peruanas" posteriores, *Índole* (1891) y *Herencia* (1895).

2. LA NARRATIVA NATURALISTA

El naturalismo hispanoamericano nunca llega a los extremos del francés; es más bien un compromiso entre el realismo, el costumbrismo y el naturalismo. Los hispanoamericanos, y lo mismo podría decirse de los españoles, no dan tanta importancia al rígido determinismo de los franceses. En vez de pintar ambientes sórdidos y crear personajes destinados a un inexorable y trágico fin, se conforman con denunciar las injusticias cometidas contra ciertas clases sociales. En las novelas y los cuentos de los naturalistas hispanoamericanos hay más de "caso" social que de "caso clínico" a la manera de Zola. En la técnica, sin embargo, los naturalistas superan a los realistas y a los costumbristas. La novela tiene ahora una estructura precisa, personajes bien caracterizados y descripciones ambientales bien integradas en la trama. Eso es lo que encontramos en las mejores novelas y los mejores cuentos de Acevedo Díaz, Cambaceres, Zeno Gandía, Gamboa, Orrego Luco, Reyles, Lillo, Viana, Payró y Gálvez.

El mejor representante del naturalismo mexicano es FEDERICO GAMBOA (1864-1936), quien inicia su carrera literaria con la serie de esbozos recogidos bajo el título *Del natural* (1888). Mas son sus novelas (*Suprema ley*, 1896; *Metamorfosis*, 1896; *Santa*, 1903; *Reconquista*, 1907; *La llaga*,

1910) las que han mantenido viva su memoria. *Santa*, la más conocida, trata el problema de la prostitución, como lo había hecho Zola en *Nana* (1880). Le quita fuerza a la novela de Gamboa la mezcla de motivos naturalistas y románticos, entre los últimos el personaje ciego enamorado de Santa. Tampoco encaja bien el torero español con su jerga andaluza. Mas el personaje central, Santa, está bien captado y respira vida. En *La llaga* Gamboa ataca el problema de las prisiones. La primera parte de la novela se desarrolla en San Juan de Ulúa y es allí donde el novelista se supera pintando cuadros naturalistas inolvidables. La segunda parte, en la ciudad de México, tiene menos efecto. "Desgraciadamente" ha apuntado un crítico anónimo, "Gamboa no tuvo el rigor constructivo de los grandes novelistas franceses, y ése es su principal defecto; pero si la trama es débil, el relato es bueno y, especialmente en *Santa* y *La llaga*, accesible e interesante para el gran público, lo que explica el éxito del autor".

En la región del Río de la Plata el naturalismo se manifiesta tanto en la novela como en el cuento. Entre los novelistas encontramos a Acevedo Díaz y a Reyles; entre los cuentistas a Viana y a Payró, si bien éstos también cultivaron la novela. EDUARDO ACEVEDO DÍAZ (Uruguay, 1851–1921) es el introductor del naturalismo en su país, al que le dio expresión a través de ambientes, personajes y asuntos gauchescos. Novelas gauchescas son, en verdad, *Ismael* (1888), *Nativa* (1890), *Grito de gloria* (1893) y *Soledad* (1894). Como en el caso de Gamboa, en Acevedo Díaz todavía encontramos algunos elementos románticos. Si en *Ismael* trata de la vida de un personaje romántico, gaucho matrero, en *Nativa* sitúa la acción durante la época de la Independencia, lo que le prohibe presentar escenas naturalistas. También histórica es *Grito de gloria*, pero se entretejen escenas de amor romántico, amor imposible de realizarse. En *Soledad*, en cambio, ya predomina el naturalismo, tanto en la caracterización de los personajes como en la pintura del ambiente. Es ésta, sin duda, su mejor obra. La lucha entre Pablo, el novio de Soledad, y Pintos, el estanciero con quien quieren casar a Soledad, es cruenta y está pintada en términos violentos, bárbaros. El desenlace no es optimista sino trágico.

El caso de otro novelista uruguayo, CARLOS REYLES (1868–1968) es excepcional en que sintetiza las corrientes narrativas predominantes durante la época : la naturalista y la modernista. Sus novelas son, en cuanto a los ambientes y los asuntos, naturalistas; en cuanto al estilo, modernistas. En algunas (*Por la vida*, 1888; *Beba*, 1894; *La raza de Caín*, 1900) el naturalismo predomina; en otras (*El embrujo de Sevilla*, 1922), el modernismo; y todavía en otras (*El terruño*, 1916; *El gaucho Florido*,

1932) el criollismo. Pero todas se distinguen por lo bien caracterizado de los personajes, lo intenso de los conflictos y el buen desarrollo de la fábula. Reyles, como ya han observado Arturo Torres Ríoseco y Fernando Alegría, trabajaba con gran cuidado la estructura de sus novelas. "Disponía los elementos de sus relatos", dice Alegría, "como un arquitecto proyecta desde la *maquette* los volúmenes que cobrarán peso en la obra final".

Javier de Viana (Uruguay, 1868-1926), discípulo de Maupassant y Zola, aplicó la técnica naturalista a temas criollos en cuentos recogidos en los volúmenes *Campo* (1896), *Gurí* (1901), *Macachines* (1910), *Leña seca* (1911), *Yuyos* (1912), etc. Los personajes de Viana son campesinos (gauchos) brutalizados por el hostil ambiente rural. Algunos no están, no viven, muy por encima de los animales. En cada uno de los cuentos presenta un problema psicológico en torno a esa vida brutalizada. Los gauchos que encontramos en sus páginas son trágicos, seres atrapados por las circunstancias y sin salida alguna; los ambientes son hostiles, adversos, indomables, a los cuales los hombres no logran sobreponerse. Y si el ambiente no es el enemigo, entonces lo es el extranjero, que en esa sociedad de transición que ha captado Viana triunfa sobre el gaucho menos experto en las nuevas técnicas industriales y agrarias.

Otro discípulo de Zola, el argentino Roberto J. Payró (1867-1928), publicó novelas (*El casamiento de Laucha*, 1906; *Divertidas aventuras del nieto de Juan Moreira*, 1910); cuentos (*Pago Chico*, 1908; *Violines y toneles*, 1908; póstumos : *Nuevos cuentos de Pago Chico*, 1929; *Cuentos de otro barrio*, 1931, *Veinte cuentos*, 1943, etc.); crónicas noveladas (*El falso inca*, 1905; *El capitán Vergara*, 1925; *El mar dulce*, 1949); sainetes (*Mientraiga*, 1925) y comedias (*Sobre las ruinas*, 1904; *Marco Severi*, 1905; *El triunfo de los otros*, 1907; *Quiero vivir conmigo*, 1923). Pero son sus cuentos y novelas los que han mantenido vivo su nombre y los que la crítica ha revalorado. Lo esencial en Payró, que no encontramos en otros naturalistas, es su actitud picaresca ante la vida. "Novelista ejemplar" ha llamado Anderson-Imbert a Payró. Ejemplar porque en su narrativa encuentra armonía entre tono y técnica, entre forma y contenido.

El cuentista chileno Baldomero Lillo (1867-1923) es tal vez el único escritor de este grupo que no cultivó la novela. Mas sus cuentos son de primera calidad. Su primer libro, *Sub terra* (1904), le dio fama dentro y fuera del país. Allí aparecen cuentos tan conocidos como "La compuerta número 12", drama de protesta contra el uso de los niños en los agobiadores trabajos en las minas; "El chiflón del diablo", su mejor cuento, donde capta con gran verismo las pésimas condiciones bajo las cuales los mineros chilenos tenían que ganarse el pan. La misma nota dramática, el mismo grito de protesta lo hallamos en "El pago", "Los inválidos", "El grisú", "El registro", etc. En otros ("Cañuela y petaca") esa nota trágica va contrapuesta a un leve humorismo, que a veces sólo sirve para hacerla resaltar. En el segundo libro, *Sub sole* (1907), encontramos un cambio, no en el estilo, ni en la actitud ante la realidad, sino en los asuntos y los ambientes. Sale de las tinieblas de la mina a la luz del sol. Pero no es una luz benigna. Las mismas injusticias que encontró bajo la tierra las ha de encontrar en los campos y pueblos chilenos. Los dos libros tienen unidad; ambas colecciones presentan un mismo tono en todos los relatos, un mismo estilo, personajes idénticos y asuntos semejantes; al mismo tiempo, se evita la monotonía. Lillo logró aunar a su protesta social una técnica y un estilo que se adaptan admirablemente a los temas y los asuntos tratados.

En la Argentina el naturalismo lo representa Eugenio Cambaceres (1843–1888), de ascendencia francesa, autor de tres novelas (*Pot-Pourri*, 1881; *Sin rumbo*, 1885 y *En la sangre*, 1895), consideradas como las primeras de esa escuela en ese país.

En Chile la narrativa naturalista la representan, además de Lillo, otros escritores. Augusto D'Halmar (1882–1950) es autor de las novelas *Juana Lucero* (1902) y *Pasión y muerte del cura Deusto* (1924), lo mismo que de la colección de cuentos *La lámpara en el molino* (1914). Tanto en sus cuentos como en sus novelas encontramos temas naturalistas, pero expresados en un estilo en el que predominan las imágenes modernistas. Luis Orrego Luco (1866–1949) dejó dos novelas naturalistas (*Un idilio nuevo*, 1898; *Casa grande*, 1908), lo mismo que una poco meritoria novela histórica. Joaquín Edwards Bello (1887) publicó varias novelas (*Lo inútil*, 1910; *El roto*, 1920, etc.); una colección de *Cuentos de todos colores* (1912); un volumen de *Crónicas* (1924), y algunos ensayos. De toda su obra perdura *El roto*, tanto por la visión objetiva de la realidad que nos da (lo que no hace en sus otras novelas), como por la visión descarnada que presenta de los bajos mundos de la sociedad. Para completar el cuadro de la narrativa naturalista mencionaremos al puertorriqueño Manuel Zeno Gandía (1855–1930), el autor de las "Crónicas de un mundo enfermo" (*La charca*, 1894; *Garduña*, 1896; *Redentores*, 1922; *El negocio*, 1922) y al argentino Manuel Gálvez (1882–1962), quien alcanzó gran fama durante los primeros decenios del siglo con novelas como *El solar de la raza* (1911), *La maestra normal* (1914), *La sombra del convento* (1917) y *Nacha Regules* (1919). Hoy su fama ha disminuido.

3. EL TEATRO

En el teatro por fin aparece durante esta época un escritor de primer orden, el uruguayo Florencio Sánchez (1875–1910), autor de piezas dramáticas de reconocido mérito. En 1903 se hace famoso con *M'hijo el dotor*, en donde ya aparece su tema favorito : el conflicto entre lo viejo y lo nuevo y las consecuencias personales y sociales que el choque implica. Desde esa fecha hasta el año de su muerte enriquece el teatro con algunos de los mejores dramas que se hayan escrito en Hispanoamérica. Entre esas piezas sobresalen, además de *M'hijo el dotor*, tanto las que se desarrollan en el campo, como *La gringa* (1904) y *Barranca abajo* (1905) (ésta considerada su obra maestra), como las que tratan problemas de la ciudad (*El desalojo*, 1906). El teatro de Florencio Sánchez se caracteriza por lo intenso de los conflictos, por la excelente caracterización, por el bien adaptado diálogo a las situaciones, por los ambientes sombríos sobre los cuales se mueven grupos sociales en transición, por los conflictos entre generaciones y en general por el tono trágico, que es la nota predominante. En *Barranca abajo*, que se desarrolla en el campo, el viejo Zoilo, representante de la vieja cultura en agonía, se ve conquistado por las nuevas fuerzas (representadas por las hijas y sus amigos políticos); fuerzas que no llega a comprender y que lo arrastran al suicidio. El conflicto entre Zoilo y sus hijas y entre los personajes y el ambiente le da al drama una intensidad no igualada en el teatro hispanoamericano anterior a Florencio Sánchez. La trágica figura de Zoilo es una de las mejores caracterizaciones en el teatro hispanoamericano.

Contemporáneo de Sánchez fue Gregorio de Laferrère (Argentina, 1867–1913), en cuyas obras encontramos también crítica social, mas no tragedia a la manera del autor de *Barranca abajo*. La actitud de Laferrère es irónica, sarcástica. De manera burlesca arremete contra las supersticiones (*Jettatore*, 1904), contra las insulsas manías sociales (*Locos de verano*, 1905), contra la maledicencia (*Bajo la garra*, 1907), contra el espiritismo (*Los invisibles*, 1911) y contra el falso orgullo de familia (*Las de Barranco*, 1908). "Toda su labor", apunta Frank Dauster, "se caracteriza por la excelencia de la construcción y el sabio manejo de recursos teatrales, así como por el humorismo satírico que suele desembocar en sarcasmo que no encubre la moraleja. Su materia dilecta es la vida cotidiana de la clase media, y dentro de esta limitación construyó una galería de tipos de la baja burguesía".

4. EL ENSAYO POSITIVISTA

A la narrativa naturalista corresponde el ensayo positivista. Las doctrinas de Comte, Mill y Spencer fueron aceptadas por los pensadores hispanoamericanos de fin de siglo, creyendo que representaban la salvación del continente, sin pensar que el positivismo es una doctrina fundamentada en la ciencia, sin cuya enseñanza no hay progreso social. Y la ciencia experimental no se enseñaba en los planteles educativos de la época, o su enseñanza estaba limitada a unas cuantas instituciones frecuentadas por los hijos de las clases dirigentes. El resultado fue la creación de una nueva aristocracia, los científicos como se les llamaba en México, pero que existieron en todos los países hispanoamericanos. Afortunadamente, los representantes del positivismo que cultivaron el ensayo literario fueron hombres de una visión más amplia, no limitada por las orejeras positivistas. Sin esa visión de la sociedad, sus ensayos hubieran sido mediocres.

Manuel González Prada (Perú, 1848–1918) representa lo mejor del positivismo hispanoamericano. Sin rechazar la literatura—como lo hizo Hostos—se expresa tanto en verso como en prosa. Con la introducción de múltiples formas poéticas se adelanta a los modernistas y a veces se le considera, por esa razón, como precursor de esa tendencia. Mas son los ensayos, recopilados en los volúmenes *Páginas libres* (1894) y *Horas de lucha* (1908), y las obras póstumas (*Bajo el oprobio*, 1933; *Anarquía*, 1936; *Nuevas páginas libres*, 1937; *Propaganda y ataque*, 1939), donde luce su talento y su dedicación al mejoramiento de las instituciones sociales con el propósito de beneficiar a las clases menesterosas y en particular al indio peruano. Su prosa es acerada, cortante y, al mismo tiempo, límpida y clara. Sus ideas penetran y dejan marca indeleble. Su influencia sobre las juventudes peruanas, y en general sobre la juventud hispanoamericana, fue no menos poderosa que la de su contemporáneo, José Enrique Rodó, si bien más en el campo de las ideas que de la estética.

En México fue donde el positivismo, que se convirtió en doctrina oficial durante el gobierno dictatorial de Porfirio Díaz, tuvo más adeptos. Muchos fueron los que escribieron ensayos, pocos los nombres que recordamos. Además de Gabino Barreda (1824–1881), introductor de la filosofía de Comte en México, y Porfirio Parra (1856–1912), su más fervoroso propagador y autor de una novela (*Pacotillas*, 1900), encontramos a Justo Sierra (1848–1912), maestro de varias generaciones de jóvenes mexicanos. Su obra primeriza apareció en los periódicos de la ciudad de México, y especialmente en *El Monitor Republicano* a partir de 1868. Allí publicó poesías, varios cuentos e innumerables crónicas y artículos de fondo. Esas poesías y cuentos (éstos recogidos en 1895 bajo el título *Cuentos románticos*) pertenecen a la escuela romántica. En cambio, en las crónicas ya vislumbramos algunas imágenes modernistas. Pronto, sin embargo, Sierra abandona la literatura para dedicarse a escribir historia, tratados políticos (*México: su evolución social*, 1900–1902; *Juárez, su obra y su tiempo*, 1904) y ensayos. Su obra, recogida en quince volúmenes, es una de las más sólidas de la época. Su amplia visión de los problemas sociales, su liberalismo y su magnetismo personal son dignos de alabanza. Sierra fue tal vez el único positivista mexicano que reconoció las fallas del sistema. En el "Discurso" pronunciado el veinte de junio de 1908 rechazó las doctrinas de Comte y alentó a las nuevas generaciones a buscar nuevos caminos.

El caso del cubano Enrique José Varona (1849-1933) sigue una trayectoria parecida a la de Sierra. Comienza siendo poeta romántico (*Odas anacreónticas*, 1868; *Poesías*, 1878; *Paisajes cubanos*, 1879) para de allí pasar al cultivo del ensayo filosófico (*Conferencias filosóficas*, tres series, 1880–1888) en donde ya aparecen las ideas positivistas francesas y las del empirismo inglés, con predominio de éstas. Durante esta época, como en el caso de Hostos, Varona creía firmemente en que la moral debía de ser el fundamento de la sociedad, ya que sin moral no puede haber progreso. Mas, como en el caso de Justo Sierra, abandona Varona el positivismo y el empirismo para aceptar una filosofía que ofrece mayor amplitud de criterio, el relativismo. En los libros *Desde mi Belvedere* (1907), *Violetas y ortigas* (1917) y *Con el eslabón* (1918), colecciones de ensayos, epigramas y aforismos brillantemente expresados, encontramos que el tono predominante es el relativismo. Por eso ha de decir, casi con angustia : "¡La verdad! No existe la verdad. Existen mi verdad, tu verdad, su verdad. Y debemos temblar, con temblor de muerte, al reconocerlo". Mas no sólo leemos estos últimos libros por las ideas, sino también por la bella expresión, por lo bien ceñido del contenido a la forma. Cada aforismo es como una joya y el conjunto como un collar artísticamente enhebrado.

B. EL MODERNISMO

En 1888 Rubén Darío publica en Chile un librito de prosa y verso bajo el título *Azul* . . . y el acontecimiento hace historia literaria. La fecha ha sido aceptada para marcar la etapa modernista en la historia de las letras hispanoamericanas, etapa que termina hacia 1910. Mas antes de que apareciera el libro de Darío ya varios poetas y prosistas habían publicado obras en las que encontramos rasgos que ya no son románticos, pero tampoco costumbristas o criollistas. Hacia 1880, como resultado de la influencia de los parnasianos y simbolistas franceses, algunos escritores hispanoamericanos comenzaron a dar expresión a nuevos asuntos y nuevos temas y a experimentar con nuevas formas, tanto en verso como en prosa. En vez de huir del galicismo, como lo habían hecho los académicos, lo injertan en sus escritos. El resultado es una nueva expresión literaria, que se caracteriza por la cuidada forma (influencia de los parnasianos), por el alarde imaginativo, por el refinamiento verbal en el que predomina la imagen cromática y la sinestesia, por los ambientes exóticos y por la cadencia musical. La finalidad de los modernistas es esencialmente estética. Lo social, lo costumbrista, lo regional no les interesa en absoluto. La prédica moral o social no tiene función en sus obras. Este interés esteticista lleva a los modernistas, por primera vez en la historia literaria de Hispanoamérica, a dar énfasis a lo universal sobre lo nacional, a lo extranjero sobre lo criollo. Así logran colocar la literatura en un plano mundial, plano que no había logrado escalar anteriormente.

1. EL CICLO DE JOSÉ MARTÍ

En la primera generación de escritores modernistas encontramos los nombres de Martí, Gutiérrez Nájera, Díaz Mirón, Del Casal y Silva. En 1882 Martí publica en Nueva York el libro de poemas *Ismaelillo*, y un año después, en México, Gutiérrez Nájera publica la colección de *Cuentos frágiles*. Con estas dos obras se inicia el movimiento modernista en Hispanoamérica, movimiento que llega a su más alta expresión con la obra de Darío. Mas fueron estos primeros modernistas quienes prepararon el terreno para que Darío pudiera cosechar sus mejores frutos.

José Martí (1853-1895) se distingue de los modernistas en que se interesó activamente en la política. Su primera obra, *El presidio político en Cuba* (1871) es el resultado de sus experiencias en la Isla de Pinos como prisionero político de España por su participación en el movimiento separatista. En Nueva York, donde vivía desterrado, publicó, como hemos dicho, el primer libro de poemas, *Ismaelillo* (1882), libro dedicado a su hijo y en el cual introduce formas poco usadas por los románticos. En las quince composiciones que lo forman predomina el tema paternal, expresado en versos de arte menor (7, 6, 7 sílabas) organizados en estrofas cortas y con estructuras internas simples. Aparecen ya los rasgos modernistas, como el cromatismo ("Tórtola blanca") y algunas imágenes exóticas; rasgos que ha de intensificar en los libros *Versos sencillos* (1891) y *Versos libres* (escritos entre 1878 y 1882, publicados en 1913). En el último los temas son la libertad, el amor, la amistad y la resignación. Pero en el espíritu son característicos de Martí, tanto por su sinceridad como por el humanismo que los impregna. Más importante que la poesía es la obra en prosa de Martí, sobre todo sus ensayos. La prosa martiana, de sentencias cortas y claras, cargadas de imágenes poéticas, de símbolos y de metáforas, servirá de modelo a los escritores hispánicos de las siguientes generaciones. Entre sus mejores ensayos se encuentran los que recogió bajo el título genérico *Nuestra América*. El interés americanista de Martí lo descubrimos en los ensayos dedicados al *Popol Vuh* y al Güegüence (ambos de 1884). Ejemplares son los ensayos "Nuestra América", "Juárez", "Cecilio Acosta", y aun aquellos sobre temas intranscendentes como el dedicado a "Centro América y las hormigas". No menos preciosa es la prosa publicada en la revista *Edad de Oro* (Nueva York, 1889). Ahí aparecen sus hermosos cuentos infantiles "La muñeca negra", "Nené traviesa" y "Bebé y el señor don Pomposo". Las obras de Martí perduran no sólo por la originalidad de pensamiento, que es constante, sino también por el estilo, que es siempre admirable.

MANUEL GUTIÉRREZ NÁJERA (1859-1895), conocido también bajo el seudónimo "El Duque Job", publicó en la ciudad de México en 1883 los *Cuentos frágiles*, anticipándose en cinco años al *Azul . . .* de Darío. Ya en esas prosas encontramos los rasgos (más que en el *Ismaelillo* de Martí) que con el tiempo serán llamados modernistas. Gran admirador de los prosistas franceses, Gutiérrez Nájera introduce en la prosa castellana inovaciones que le dan a la frase sorprendente agilidad y soltura. Pero también fue Nájera un excelente poeta. Sus mejores poesías ("Para entonces", "De blanco", "Mis enlutadas", "Mariposas") se distinguen por el ritmo musical de insospechados matices, por el cromatismo simbólico y por el tono triste, melancólico, muy fin de siglo diecinueve. En la forma experimenta con nuevas combinaciones métricas, siempre tratando de impartir al verso un suave lirismo. En la selección de las imágenes notamos que escoge aquéllas que son más sugerentes. No menos valiosa fue su actuación como fundador y director de la famosa *Revista Azul* (1894-1896), con la cual logró dar a conocer su poesía y la de los modernistas mexicanos en el resto de Hispanoamérica. Su nombre y el de la *Revista Azul* llegaron a ser sinónimos del movimiento modernista.

Menos identificado con el modernismo, pero sin duda dentro de la misma corriente, se encuentra el mexicano Salvador Díaz Mirón (1853–1928), famoso por el poema "A Gloria", que recogió en la colección *Lascas* (1901) y que tuvo singular influencia sobre los modernistas del grupo de Rubén Darío. La obsesión por la forma llevó a Díaz Mirón a componer poesías que a veces resultan frías. No pasa lo mismo con las que se encuentran en *Lascas*, como "El fantasma", "Ejemplo", "Idilio", "Música fúnebre" o "Peregrinos", en donde el contenido es tan importante como la forma. Sobre todo en "El fantasma" (tal vez su mejor poesía, aunque usa el tradicional terceto endecasílabo), logra sugerir admirablemente la presencia del Señor. La descripción de los ojos es inolvidable :

> Azules y con oro enarenados
> como las noches limpias de nublados,
> los ojos—que contemplan mis pecados.

El modernismo en Cuba, después de Martí, lo representa el poeta Julián del Casal (1863–1893), que es quizá el que más se identifica con el movimiento parnasiano francés. Sus poesías fueron primero publicadas en las revistas *La Habana Elegante* (1883–1896) y *El Fígaro* (a partir de 1886) y después recogidas en los libros *Hojas al viento* (1890), *Nieve* (1892) y *Bustos y rimas* (1893), el último aumentado con algunos artículos de crítica impresionista. Hay semejanzas, como ya han apuntado algunos críticos, entre la poesía de Casal y la de Nájera. Mas hay que subrayar que dichas semejanzas son formales, no de tonalidad ni de actitud. En la de Casal ha desaparecido todo optimismo, todo sentimentalismo. Nos referimos, por supuesto, a su poesía madura. ¡Qué diferencia entre la Duquesa Job de Nájera y la Noamí de Casal! Y en cambio, ambas poesías ("La Duquesa Job", "Neurosis") usan la misma forma (el decasílabo), el mismo ritmo, el mismo asunto (la pintura de una mujer). La mujer que pinta Nájera es una muchada de la clase media con pretensiones de griseta que goza de la vida con el espíritu de una colegiala :

> ¡Y los domingos! . . . ¡Con qué alegría
> oye en su lecho bullir el día
> y hasta las nueve quieta se está!
> ¡Cuál se acurruca la perezosa,
> bajo la colcha color de rosa,
> mientras a misa la criada va!

En cambio Noamí, que también tiene ojos verdes, es una pecadora de gustos refinados astiada de la vida :

Noamí, la pálida pecadora
de los cabellos color de aurora
y las pupilas de verde mar,
entre cojines de raso lila,
con el espíritu de Dalila,
deshoja el cáliz de un azahar.

Si la Duquesa, con apetito, toma un par de huevos y un buen beefsteak con media botella de rico vino, Noamí, en cambio, piensa en

beber en copa de ónix labrado
la roja sangre de un tigre real.

Si la poesía de Nájera es sentimental, melancólica, casi siempre personal, a veces alegre y optimista, la de Casal es impersonal, pesimista y casi siempre dolorosa.

José Asunción Silva (1865–1896) es el mejor representante del temprano modernismo en Colombia. Sus primeros versos fueron recogidos en el pequeño volumen *Poesías* (1886); mas no será hasta 1908, con la publicación en Barcelona de las *Poesías* (con Prólogo de Unamuno) cuando se revelará el verdadero significado de su obra. Como Nájera y Casal, Silva empezó escribiendo poesías románticas a la manera francesa. A partir de su regreso de Europa, donde pasó dos años (1883–1885), su personalidad sufre un cambio radical, cambio que se revela en su poesía posterior a esos años. El poeta se vuelve pesimista, tedioso, escéptico. Escépticas son buen número de sus poesías, sobre todo aquellas recogidas bajo el subtítulo "Gotas amargas". Pero Silva no es recordado por las ideas filosóficas en verso, sino por las composiciones en que da expresión a sus más hondos sentimientos en formas orgánicas que se desprenden del material poético, como en "Nocturno III", "Día de difuntos", "Crepúsculo", "La voz de las cosas", "Muertos" y alguna otra. Como prosista Silva es menos conocido. Dejó una novela frustrada, *De sobremesa*, que no se publicó completa hasta 1925, lo mismo que algunas prosas recogidas en la edición de las *Poesías* de 1908 : "El paraguas del Padre León", "Suspiros", "Carta abierta", "De sobremesa" (fragmento). Unamuno, en el Prólogo a las *Poesías* de Silva, dice con candor que no sabe bien lo que es eso de los modernistas y el modernismo. Sin embargo, hace esta aguda observación : "Y no es que la originalidad de Silva esté en sus pensamientos [aunque más tarde lo llame 'poeta metafísico'] ni en el modo de expresarlos; no está ni en su fondo ni en su forma. ¿Dónde entonces?, se me preguntará. En algo más sutil y a la vez más íntimo que una y otro, en algo que los une y acorda, en una cierta armonía que informa el fondo y ahonda la forma, en el tono, o si queréis, en el ritmo interior".

2. EL CICLO DE RUBÉN DARÍO

La segunda etapa en el desarrollo del modernismo hispanoamericano la representa la generación de Darío, generación compuesta por el nicaragüense, por Manuel Díaz Rodríguez, Luis G. Urbina, Ricardo Jaimes Freyre y Amado Nervo, en torno a quienes se reunieron otros poetas y prosistas de menor valía. La literatura hispanoamericana de esta época se enriquece con sus obras, lo mismo que con la publicación de excelentes revistas literarias artísticamente presentadas, tales como la *Revista Moderna (de México)* (1898–1911), *El Cojo Ilustrado* (1892–1915) de Bogotá, la *Revista de América* (1894) y *El Mercurio de América* (1898–1900) de Buenos Aires y la *Vida Moderna* (1900–1903) de Montevideo, entre otras.

El modernismo durante esta segunda etapa obtiene su más alto nivel artístico con la obra de Rubén Darío (Nicaragua, 1867–1916), representante por excelencia de la poesía hispánica de entre siglos. En Chile, en 1888, como ya hemos dicho, se publicó su famoso librito *Azul . . .*, obra que sintetiza los elementos dispersos ya presentes en las poesías y las prosas de los escritores del ciclo anterior. Con *Prosas profanas* (1896) Darío eleva la poesía a una altura estética insospechada en composiciones como "Era un aire suave", "Sonatina", "Blasón", "Elogio de la seguidilla", "Sinfonía en gris mayor", "Responso a Verlaine", "El reino interior", y en verdad todas la poesías que componen el libro. Es libro sin ripio. Difícil fue pensar que Darío iba a superarse en los *Cantos de vida y esperanza* (1905), pero logró hacerlo. El cambio que encontramos entre estos dos libros ejemplares no es solamente formal, sino también temático e ideológico. Las poesías de *Prosas profanas* representan la esencia del modernismo, tanto en el predominio de las imágenes exóticas (liras eolias, ebúrneos cisnes, bufones escarlatas, pavos reales, siringas agrestes, púberes canéforas) y los ambientes aristocráticos (Versalles, el Mikado, Chipre, la lejana Cólquida) como de los motivos clásicos (Término, Diana, Eros, Filomena) y los personajes idelizados (la divina Eulalia, la princesa en su jaula de mármol, Stella la hermana de Ligeia, la pagana Satiresa). En las de los *Cantos de vida y esperanza*, en cambio, la preocupación es humana, a veces al filo de lo social, como en "Salutación del optimista", en "A Roosevelt", en la "Letanía de nuestro señor don Quijote". No menos importante es el cambio psicológico que sufre el poeta. Si

antes su preocupación era el placer, la vida bohemia, la búsqueda de la
rara sensación, en una palabra el hedonismo, ahora por primera vez
mira hacia adentro, se preocupa por el destino personal y por el significado de la existencia. Eso es lo que encontramos en poesías como "Yo
soy aquél", "Lo fatal", y los tres nocturnos. Estos nocturnos (el tercero
se publicó en *El canto errante*, 1907) tienen una misma forma, un mismo
tono angustiado, una misma preocupación metafísica, la muerte. El
tercero ("Silencio de la noche, doloroso silencio") es tal vez el más
conmovedor e impresionante. En él recoge Darío sus ideas relativas a la
muerte y les da expresión en estilo desnudo, puro. Ya no quedan aquí
imágenes modernistas; sólo la noche, el silencio, el insomnio, la disección
espiritual y, al fin de todo, Ella, la muerte. Qué lejos estamos aquí de las
poesías típicamente modernistas llenas de princesas, de arlequines,
bufones, cisnes, reinos azules. El poeta nos revela, en cambio, su alma
desnuda y la encontramos atormentada, angustiada, dolorida. Ya ni
indirectamente aparecen los motivos modernistas, ni los ritmos tan
queridos. Todo es aquí pesadilla, horror, tormento. El poeta se ausculta
el corazón y lo encuentra tenebroso; se vuelve hacia el alma y la ve
temblando; se inspecciona el cráneo y encuentra en él una tormenta.
Y en fin, ya no le queda sino esperar la muerte, que ha de llegar con el
alba : la dama que Darío tan bien invoca en estos tres nocturnos, en estos
tres actos de un drama en que Ella, inexorablemente, le ha de vencer.

Las prosas de Darío—sus cuentos, sus ensayos, sus crónicas—no
son menos notables que sus poesías. Entre los libros de ensayos son
ejemplares *Los raros* (1896), *España contemporánea* (1901), *Peregrinaciones* (1901), *La caravana pasa* (1903). Entre sus cuentos, son notables
todos los de *Azul . . .*, lo mismo que otros dispersos, más tarde recogidos
por Ernesto Mejía Sánchez en *Cuentos completos* (1950). Allí aparecen
relatos tan famosos como "El pájaro azul", "El fardo", "El velo de la
Reina Mab", "El rey burgués", "El rubí", "La muerte de la emperatriz
de la China" y "La resurrección de la rosa". Todos ellos se caracterizan
por el predominio del elemento lírico en el estilo, la estructura simétrica,
el uso de un marco artístico, el mínimo de acción, los personajes aristocráticos y los ambientes exóticos. Su contribución al desarrollo del cuento
hispanoamericano es indudable. Con sus novelas, sin embargo, fue menos
afortunado.

La segunda generación modernista mexicana la representan Luis G.
Urbina (1868–1934) y Amado Nervo (1870–1919). El primero nunca
logra, en sus versos, desprenderse por completo de la visión romántica
del mundo. Si bien se inicia en 1890 con el volumen *Versos*, no es hasta

1916 cuando publica sus más logradas poesías, recogidas bajo el título *El glosario de la vida vulgar.* Como prosista se le recuerda por los *Cuentos vividos y crónicas soñadas* (1915) y por su crítica teatral. El tono predominante en su obra es la melancolía, teñida a veces de amargura. En la forma no fue innovador.

De más relieve es la obra de Amado Nervo, el mejor representante del modernismo mexicano durante esta segunda etapa. Su obra, prosa y verso, es cuantiosa. Entre sus mejores colecciones de poesías se encuentran las *Perlas negras* (1898), *La hermana agua* (1901), *El éxodo y las flores del camino* (verso y prosa, 1902), *En voz baja* (1909), *Serenidad* (1914), *Elevación* (1914), *Plenitud* (prosa poética, 1918) y *La amada inmóvil* (1920). Sus mejores prosas fueron recogidas en los volúmenes *Almas que pasan* (1906), *Ellos* (1912), *Mis filosofías* (1912) y *Cuentos misteriosos* (1921). La poesía de Nervo se distingue de la de otros modernistas en que es casi toda personal, dando preferencia a sus sentimientos religiosos, que a veces bordan en lo místico. Siente con pasión, y puede expresar también con sinceridad el tema amoroso, como lo hace en *La amada inmóvil,* en donde la angustia por la muerte de la mujer querida da a la obra un tono trascendente. Como cuentista, Nervo se adelanta a su época con sus narraciones fantásticas y cientificistas ("La última guerra", "Ellos", "Cien años de sueño", "Un sueño"). En la última, considerada por Alfonso Reyes como la mejor prosa de Nervo, el poeta recrea el ambiente toledano de la época del Greco. No menos original es "El ángel caído", en la cual trata un tema de gran fantasía con delicadeza, gracia y ternura. Pero también sabía manejar ambientes realistas, como lo hace en "Una esperanza", donde la tensión y el desenlace sorprendente constituyen la médula del relato. Sin embargo, en la mayor parte de sus cuentos predomina la nota fantástica, el ambiente exótico y el personaje irreal.

Otro narrador modernista, el venezolano MANUEL DÍAZ RODRÍGUEZ (1868-1934) es tal vez el mejor novelista dentro de este movimiento. Sus dos novelas (*Ídolos rotos*, 1901; *Sangre patricia*, 1902) y la colección de *Cuentos de color* (1899) son más que suficientes para concederle el título. En las novelas encontramos los rasgos de la narrativa modernista : el personaje aristocrático desarraigado, como en el caso de Alberto Soria, el joven escultor que vive en París (*Ídolos rotos*) ; los estados de ánimo de los personajes al borde de la neurastenia, como en el caso de Tulio, el protagonista de *Sangre patricia*; el estilo elegante, laboriosamente trabajado, poético, rítmico, cuajado de imágenes cromáticas; el escaso interés en el enredo, cuyo desarrollo es lento; el limitado diálogo, y el predominio de lo psicológico sobre lo dramático; en fin, las características de la novela poemática. Lo mismo puede decirse de sus cuentos, en los que el color da el tono a la narrativa, siempre lenta, morosa. Esto no ocurre, por excepción, en el cuento "Égloga de verano" (del libro *Peregrina o El pozo encantado*, 1922), en donde lo grotesco se impone sobre lo modernista.

También pertenece al ciclo de Rubén Darío el poeta boliviano RICARDO JAIMES FREYRE (1868-1933), autor de *Castalia bárbara* (1899), primera colección de poesías que le abrieron las puertas de los círculos modernistas y le colocaron entre sus primeros representantes. La nota distintiva de la poesía de Jaimes Freyre es la imagen nórdica (exótica para los hispanoamericanos), los ambientes bárbaros y la nota imaginativa, en poesías como "El canto del mal" ("Canta Lok en la oscura región desolada, / y hay vapores de sangre en el canto de Lok"), "Los héroes" ("Por sanguinario ardor estremecido, / hundiendo en su corcel el acicate"), "Aeternum vale", "Hoc signum" y "Las voces tristes". La nota imaginativa la encontramos en el delicado soneto "Peregrina paloma imaginaria" y en los cuartetos de "Lo fugaz". También se le recuerda por las *Leyes de la versificación castellana* (1912), uno de los primeros en la materia, y por uno que otro cuento.

3. EL CICLO DE LEOPOLDO LUGONES

Después de las innovaciones de Darío, los escritores hispanoamericanos se ven obligados a encontrar nuevos modos de expresión. Esas nuevas modalidades las encuentran Lugones, Rodó, Valencia, Tablada, Santos Chocano y Herrera y Reissig. Las variantes que descubrimos en sus obras no justifican que se les clasifique fuera de la corriente modernista, ya que no son lo suficientemente distintivas para que se les considere como pertenecientes a otro movimiento literario. A veces, sin embargo, aparecen imágenes que no son modernistas; imágenes que anuncian lo que será el postmodernismo y aun el vanguardismo.

En este grupo de escritores el de mayor relieve, sin duda alguna, es el argentino LEOPOLDO LUGONES (1874-1938), poeta y prosista de primera magnitud. Su obra literaria tiene un desarrollo proteico que va desde el romanticismo socialista de sus primeros versos hasta el criollismo de los últimos. En 1897 publica *Las montañas del oro*, libro que le hace famoso en Hispanoamérica por lo novedoso del formato, de los temas, de los ritmos y de las imágenes. Estructurada en tres ciclos y dos reposorios, la obra contiene poesías como "Metempsicosis", que causaron conmoción por lo arriesgado (para la época) de algunas de las imágenes ("Vi que mi alma con sus brazos yertos—y en su frente una luz hipnotizada—subía hacia la boca de aquel perro,—y que en sus manos y sus pies sangraban, —como rosas de luz, cuatro agujeros"). En el siguiente libro de poesías, *Los crepúsculos del jardín* (1905), Lugones abandona temporalmente los experimentos para escribir una obra más ajustada al modernismo. Las poesías aquí coleccionadas son más serenas, las formas más recogidas; aparece una serie de sonetos, "Los doce gozos", de tema erótico. También encontramos el famoso poema en quintillas octosílabas, "El solterón", que ya anuncia una nueva modalidad en la poesía de Lugones. En ella se adelanta a T. S. Eliot y su famoso poema "The Love Song of J. Alfred Prufrock", que es de 1915. En ambos poemas, en estilo irónico, se presenta a un personaje cuya característica central es la indecisión; el ambiente es el de la desintegración material, y la psicología la del hastío, el tedio, el esplín. En alguna de las poesías de la última parte de este libro, como "Emoción aldeana", de versificación irregular, Lugones anuncia ya su siguiente obra, el *Lunario sentimental* (1909). En él trasciende el modernismo con nuevas formas y da expresión a un material que va de lo grotesco a lo fantástico; material que, si bien de gran variedad, está unificado por el tema de la luna. Pero no es la luna de los románticos (el título del libro es irónico), sino más bien una luna quevedesca, una luna que es como "lenteja de un péndulo inmenso", o que "fríe cráneos sabios en luz de sol". Pero los cantos a la luna sólo sirven de pretexto para burlarse del hombre medio, de la burguesía, de la ciencia, del amor. Se adelanta Lugones en este libro a los vanguardistas en la introducción de imágenes de objetos cotidianos—considerados, entonces, como inaceptable material poético. A veces, la imagen es cubista y por lo tanto novedosa :

> La nodriza, una flaca escocesa,
> Va, enteramente isósceles, junto a la suegra obesa
>
> ("Fuegos artificiales")

Con justicia dijo Borges que la obra de los primeros vanguardistas argentinos "está prefigurada absolutamente en algunas páginas del *Lunario*. En los 'Fuegos artificiales', en 'Luna ciudadana', en 'Un trozo de selenología', en las vertiginosas definiciones del 'Himno a la luna' ".

Después del *Lunario* su autor publicó siete libros de poesía, a los cuales hay que agregar uno póstumo, los *Romances del Río Seco* (1938). En ninguno de ellos se repite. Cada libro fue una sorpresa. Los cambios de contenido, de forma, de tema, de actitud son sorprendentes. La variedad, el no repetirse, era sin duda uno de los principios estéticos de Lugones. El acento épico lo encontramos en las *Odas seculares* (1910), el tema del amor conyugal en *El libro fiel* (1912), la emoción ante la naturaleza americana en *El libro de los paisajes* (1917), el tono meditativo y la serenidad clásica en *Las horas doradas* (1922), los temas y asuntos vernáculos en el *Romancero* (1924), en los *Poemas solariegos* (1928) y en el libro póstumo. Lugones fue también excelente prosista. Cultivó el ensayo histórico (*El imperio jesuítico*, 1904), la biografía (*Historia de Sarmiento*, 1911; *Elogio de Ameghino*, 1915), la narrativa (*La guerra gaucha*, 1905; *Las fuerzas extrañas* [cuentos], 1906; *Cuentos fatales*, 1924; *El ángel de la sombra* [novela], 1926) y el ensayo (*Filosofícula*, 1924). Como narrador Lugones se da a conocer con los relatos criollos de *La guerra gaucha*, en estilo modernista, para de ahí pasar al cuento fantástico *(Las fuerzas extrañas)*, libro que contiene algunas de sus mejores prosas ("La lluvia de fuego", "Los caballos de Abdera") y terminar escribiendo cuentos de ambiente exótico, egipciaco en el caso de algunos de los *Cuentos fatales*. La obra literaria de Lugones es, sin duda, una de las más sólidas en la literatura hispanoamericana.

El único escritor de este ciclo que, como prosista, puede equipararse, y tal vez superar a Lugones es el uruguayo José Enrique Rodó (1872–1917), quien debe su fama a un pequeño libro, *Ariel* (1900), obra que marca un momento cumbre en el desarrollo del ensayo hispanoamericano. En 1895 Rodó había fundado la importante *Revista Nacional de Literatura y Ciencias Sociales*, en cuyas páginas aparecen sus primeras prosas, que todavía no son modernistas. En verdad, todavía para 1898 Rodó era antimodernista. Ese año escribió que el modernisno "nos lleva a una inmoderada avidez de la sensación desconocida, de la impresión nunca gustada, de lo artificial en el sentimiento y en la forma". Y en cambio, un año más tarde exclamaba : "Yo soy un modernista también; yo pertenezco con toda mi alma a la gran reacción que da carácter y sentido a la evolución del pensamiento". Las palabras "la evolución del pensamiento" son palabras claves. Rodó no está pensando aquí en la evolución de las letras, sino de las ideas filosóficas. Para esos años ya se comienza a rechazar en Hispanoamérica el positivismo francés y el empirismo inglés. Para Rodó modernismo aquí es sinónimo de nuevas ideas filosóficas, no de doctrina literaria. Rodó también se distingue de los modernistas, aunque no lo haya practicado en sus escritos, por su actitud ante las relaciones entre artista y la sociedad. El artista, según él, debe de vincularse a la lucha social y debe de ayudar a la creación de una cultura. En 1909 escribió: "Creo que la tendencia que ganará terreno cada día en las letras es la que las mueve a interesarse en ideas y propósitos sociales, de alta y noble educación humana . . . Todo esto sin mengua del arte, desde luego. No concibo la obra literaria sin estilo . . . La obra a que, en mi entender, debemos aplicarnos ahora es a la de expresar artísticamente un ideal constructivo, de trascendencia social, buscando apoyo en el fondo psíquico de la raza".

Ariel es un libro fundamental en el desarrollo tanto del estilo como del pensamiento hispanoamericanos. Rodó logró conjugar su ideal en esta obra : la expresión de ideas significativas en bellas imágenes. La doctrina central del libro, dedicado a la juventud hispanoamericana, es el antimaterialismo, a la cual se le da expresión haciendo uso de dos símbolos antitéticos : Ariel representante de la belleza, el idealismo, el genio creador; y Calibán, representante de la fealdad, el materialismo, el genio de la torpeza. Completan esa doctrina las ideas sobre la personalidad integral del hombre y sobre la necesidad de establecer una minoría selecta formada por intelectuales, con el propósito de combatir la propensión niveladora de la democracia, representada por los Estados Unidos, cuyos defectos apunta Rodó. El aspecto estilístico de *Ariel*, no menos importante que el ideológico, es lo que ha hecho que la obra siga teniendo vigencia, aunque ya el grupo de arielistas que engendró haya desaparecido. El estilo de Rodó es preciso, sumamente cuidado, pero también fluido, rítmico, de movimiento cadencioso, lleno de imágenes poéticas y punteado con interesantes alegorías, apólogos y uno que otro cuentecillo. El discurso del maestro Próspero, el narrador, abre y cierra con un marco artístico sugerido por la estatua del Ariel de Shakespeare. Después de *Ariel* Rodó publica dos libros no menos significativos, los *Motivos de Proteo* (1909), y *El mirador de Próspero* (1913), ambos escritos bajo la influencia de Bergson y sus ideas en torno a la evolución creadora. Los dos perduran por el excelente estilo, la clara expresión de las ideas y la rica orquestación de los motivos artísticos.

El uruguayo JULIO HERRERA Y REISSIG (1875–1910) comenzó a publicar versos en 1891. Pero no es hasta 1900 cuando aparecen las primeras poesías modernistas salidas de su pluma, resultado de la lectura de las *Prosas profanas* de Darío. A la época de *La Revista* (1899–1900), publicación por él fundada, pertenecen *Las pascuas del tiempo* (1900) y *Los maitines de la noche* (1900–1903). Aquí aparece la influencia francesa de los simbolistas ("Solo verde-amarillo para flauta, llave de U") y el predominio de los motivos de la neurastenia y el esplín, como en los famosos sonetos "Julio" y "Neurastenia". Si bien la mayor parte de estas poesías reflejan todavía la influencia de Darío, Herrera no se queda estacionado en el modernismo del maestro. En 1903, en la revista *Vida Moderna*, comienza a publicar los sonetos simbolistas que un año más tarde ha de recoger bajo el título *Los éxtasis de la montaña*, considerado como su mejor libro, ya que es el más unificado temáticamente. En él se presenta una visión caleidoscópica del mundo bucólico. La colección, compuesta por cuarenta sonetos alejandrinos y subtitulada "Englogánimas", es una presentación simbólica de la vida y el ambiente campesinos. La predilección que Herrera sentía por las formas cerradas, el soneto y la décima, la vemos en los *Sonetos de Asia* (1902-1907), en *Los parques abandonados* (1902-1908), en los *Sonetos vascos* (1908) y en *Las clepsidras* (1909). El libro *Los peregrinos de piedra* (1909) que contiene "Los éxtasis de la montaña", "La torre de las esfinges" (en donde aparece el poema "Tertulia lunática") y "Los parques abandonados" fue el único arreglado por el autor.

La última generación modernista la representa en Colombia el escritor GUILLERMO VALENCIA (1873-1943), autor de *Ritos* (1899, 1914), *Poesías*, (1912), *Poemas* (1918) y *Catay, poemas orientales* (1929), lo mismo que de otras poesías recogidas por su amigo Baldomero Sanín Cano en *Obras poéticas completas* (1948). *Ritos*, su primero y mejor libro, contiene algunas composiciones traducidas de poetas alemanes, bajo cuya influencia escribía por aquellos años. El libro abre con los dísticos alejandrinos "Leyendo a Silva" e incluye poesías tan conocidas como "Cigüeñas blancas" y "Los camellos". De estas dos ha dicho Sanín Cano : "*Los camellos* y *Cigüeñas* son una orgía de blanco, y no sólo en los colores, sino también en las sensaciones de tacto, en los sonidos y perfumes su sensibilidad parece limitada a lo exquisitamente atenuado. El silencio, la sombra, el recuerdo, los ecos mudos frecuentan su poesía como una antigua mansión abandonada".

El modernismo en el Perú, que había sido iniciado por González Prada (en su poesía), culmina con JOSÉ SANTOS CHOCANO (1875-1934). Es autor de varios libros en verso y prosa entre los que destaca *Alma América* (1906), colección de poemas en diversos metros y estrofas sobre temas americanos. Sus versos, a veces ampulosos, a veces delirantes, resonaron en todos los países del continente. Las "Tres notas de nuestra alma indígena", "La magnolia", "Los caballos de los conquistadores", "La visión del cóndor", "La canción del camino", son poesías en las que Chocano abandona las imágenes exóticas de los modernistas para dar expresión a temas, asuntos, motivos, símbolos y mitos americanos. "En *Alma América*", dice Luis Alberto Sánchez, "Chocano deja fluir su imaginación como en ninguna otra de sus obras".

Otro modernista mexicano de la generación de Nervo y de la *Revista Moderna* fue JOSÉ JUAN TABLADA (1871-1945), el poeta que más influencia ha tenido sobre los escritores de épocas posteriores, y especialmente sobre los vanguardistas y surrealistas. Su obra poética fue recogida en los libros *El florilegio* (1899), *Un día* (1919), *El jarro de flores* (1922) y *La feria* (1928). Su poesía se distingue por la imagen original, por el interés en la forma sintética y por la persistencia en dar expresión a temas exóticos. El viaje que hizo al Japón en 1900 le despertó la curiosidad por la diminuta poesía que los japoneses llaman haikai; poesía estructurada en tres versos con un número total de diecisiete sílabas. Los haikai de Tablada son verdaderas creaciones poéticas y fueron imitadas por otros escritores, tanto en México como en el resto de Hispanoamérica. De Tablada dijo Xavier Villaurrutia : "Es, entre todos nuestros artistas, el más inquieto, el maestro de las literaturas exóticas, el eco de todas las manifestaciones revolucionarias y europeas y, ahora, norteamericanas. Su misma inquietud, su constante renovación (renovarse es estar naciendo todos los días), ha hecho de su obra, más que una realidad, un provechoso consejo, una doctrina de inquietudes para los nuevos poetas".

BIBLIOGRAFÍA

GENERAL

BLANCO FOMBONA, Rufino. *Grandes escritores de América*. Madrid : Renacimiento, 1917.

COESTER, Alfred. *The Literary History of Spanish America*. New York : Macmillan Co., 1916. 2a. ed., 1924.

CRISPO ACOSTA, Osvaldo ("Lauxar"). *Motivos de crítica hispanoamericana*. Montevideo : Mercurio, 1914.

DARÍO, Rubén. *Cabezas*. en *Obras completas*, XXII. Madrid : Mundo Latino, 1917-1918.

GARCÍA CALDERÓN, Ventura. *Los mejores cuentos americanos*. Barcelona : Maucci, s.f.

GARCÍA GODOY, Federico. *Americanismo literario*. Madrid : América, 1917.

GOLDBERG, Isaac. *Spanish American Literature*. New York : Brentano's, 1920.

JIMÉNEZ RUEDA, Julio. *Letras mexicanas en el siglo XIX*. México : Fondo de Cult. Econ., 1944.

LAZO, Raimundo. *Historia de la literatura hispanoamericana*. Vol. II, "El siglo XIX (1780-1914). México : Porrúa, 1967.

MARTÍNEZ, José Luis. *La expresión nacional; letras mexicanas del Siglo XIX*. México : Imp. Univ., 1955.

Menéndez Pelayo, Marcelino. *Antología de poetas hispanoamericanos.* 4 vols. Madrid : Tip. de la Rev. de Archivos, 1893–1895. Otra ed., 1927–1928.
———. *Historia de la poesía hispanoamericana.* Vols. 27 y 28 de las *Obras completas.* Santander, 1948.
Picón Febres, Gonzalo. *La literatura venezolana en el siglo XIX.* Caracas : El Cojo, 1906.
Roxlo, Carlos. *Historia crítica de la literatura uruguaya.* 6 vols. Montevideo : Barreira y Ramos, 1912–1915.
Santos González, C. *Poetas y críticos de América.* París : Garnier, (1913).
Starr, Frederick. *Readings from Modern Mexican Authors.* Chicago : Open Court, 1904.
Ugarte, Manuel. *Escritores iberoamericanos de 1900.* Santiago : Orbe, 1943.
———. *La joven literatura hispanoamericana.* París, 1906.
Valera, Juan. *Cartas americanas.* Vols. 41–44 de las *Obras completas.* Madrid : Imp. Alemana, 1915–1916.

A. Realismo y Naturalismo

1 y 2. LA NARRATIVA

Estudios

Azuela, Mariano. *Cien años de novela mexicana* (1816–1916). México : Edit. Botas, 1947.
Fox, Hugh. "The Novelist as Filter : Naturalism in Latin America", *Southwest Review,* LIII (1968), 258–265.
Latcham, R. A. *Blest Gana y la novela realista.* Santiago, s.f.
Lichtblau, Myron I. *The Argentine Novel in the Nineteenth Century.* New York : Hispanic Inst., 1959.
Navarro, Joaquina. *La novela realista mexicana.* México : La Carpeta, 1955.
Read, J. L. *The Mexican Historical Novel, 1826–1910.* New York : Inst. de las Españas, 1939.
Urbistondo, Vicente. *El naturalismo en la novela chilena.* Pról. de Raúl Silva Castro. Santiago : Edit. Bello, 1966.
Warner, Ralph E. *Historia de la novela mexicana en el siglo XIX.* México : Antigua Lib. Robredo, 1953.

RAFAEL DELGADO

Textos y Estudios

Angelina. Orizaba : Tip. Católica de Pablo Franch, 1893.
Cuentos y notas. México : Imp. de V. Agüeros, 1902; México : Porrúa, 1953.

Dic. de escritores mexicanos. México : UNAM, 1967, pp. 95-96. (Amplia bibliografía.)

La Calandria, en la *Revista Nacional de Letras y Ciencias,* III, 1890, 2a. ed. Pról. Francisco Sosa. Orizaba : Tip. Católica de Pablo Franch, 1891.

Los parientes ricos, en el *Semanario Literario Ilustrado,* 1901-1902. Otra ed., México : Porrúa, 1944.

Obras completas. 5 vols. Jalapa : Univ. Veracruzana, 1953.

ÁNGEL DE CAMPO ("MICRÓS")

Textos y Estudios

Cartones. México : Imp. de la Lib. Madrileña, 1897.

Cosas vistas. México : Tip. de El Nacional, 1894.

Dic. de escritores mexicanos. México : UNAM, 1967, pp. 54-55.

La rumba. Ed. de Elizabeth H. Miller. México, 1951.

Ocios y apuntes. México : Imp. de Ignacio Escalante, 1890.

Olea, Héctor R. "Bio-bibliografía de Ángel de Campo (Micrós)", *Boletín Bibliográfico de la Sec. de Hacienda y Crédito Público* (15 mar., 1958).

JOSÉ LÓPEZ PORTILLO Y ROJAS

Textos y Estudios

Cuentos completos. Ed. de Emmanuel Carballo. 2 tomos. Guadalajara : Eds. del I.T.G., 1952.

Dic. de escritores mexicanos. México : UNAM, 1967, pp. 198-200.

Fuertes y débiles. México : Lib. Española, 1919.

Historias, historietas y cuentecillos. París-México : Lib. de la Vda. de Ch. Bouret, 1918.

La parcela, en *Obras.* México : Imp. V. Agüeros, 1898. Otras eds., México : Porrúa, 1945, con Pról. de Antonio Castro Leal; New York : Appleton Century, 1949, ed. de Juan B. Rael y Robert E. Luckey.

Novelas cortas, en *Obras.* 2 tomos. México : V. Agüeros, 1900, 1903.

Villaseñor y Villaseñor, Ramiro. "Bibliografía de José López Portillo y Rojas (1850-1923)", *Et Caetera,* Guadalajara, 4 (oct.-dic., 1950).

Warner, Ralph E. "Aportaciones a la bibliografía de don José López Portillo y Rojas", *Rev. Iber.,* XIII, 25 (oct., 1947), 165-198.

EMILIO RABASA

Textos y Estudios

Dic. de escritores mexicanos. México : UNAM, 1967, pp. 306-308. (Amplia bibliografía.)

El cuarto poder. México : Tip. de O. R. Spíndola, 1888.

La bola, novela por Sancho Polo. México : Tip. de Alfonso E. López, 1887, 2a. ed., Tip. de O. R. Spínola, 1888, 3a. ed., Lib. de la Vda. de Ch. Bouret, 1919, con Pról. de Enrique González Martínez.

La gran ciencia. México : Tip. de Alfonso E. López, 1887.

La guerra de tres años. México : Edit. Cultura, 1931.

Moneda falsa. México : Tip. de O. R. Spíndola, 1888.

TOMÁS CARRASQUILLA

Textos y Estudios

Cuentos de Tomás Carrasquilla. Ed. de Benigno A. Gutiérrez. Medellín : Edit. Bedout, 1956.

LEVY, Kurt L. *Vida y obras de Tomás Carrasquilla, genitor del regionalismo en la literatura hispanoamericana.* Medellín : Edit. Bedout, 1958.

Obras completas. Pról. de Federico de Onís. Madrid : Eds. y Publicaciones Españolas, 1952. Otras eds., 2 vols., Bogotá : Empresa Nac. de Pub., 1956, ed. de Eusebio Ricaute; 2 vols., Medellín : Edit. Bedout, 1958, Próls. de Roberto Jaramillo y Federico de Onís.

Seis cuentos. Ed. de Carlos García Prada. México : Studium, 1959.

CLORINDA MATTO DE TURNER

Textos y Estudios

Aves sin nido; novela peruana. Valencia : F. Sempere y Cía., s.f. (1889 ?). Otra ed., Cuzco : Univ. Nac. del Cuzco, 1948. Trad. por J. G. Hudson, *Birds without Nests.* London : Thynne, 1904.

Boreales, miniaturas y porcelanas. Buenos Aires : Imp. de J. A. Alsina, 1902.

CUADROS ESCOBEDO, Manuel E. *Paisaje i obra, mujer e historia: Clorinda Matto de Turner.* Cuzco : H. G. Rozas Sucesores, 1949.

Herencia; novela peruana. Lima : Imp. Masías, 1895.

Índole; novela peruana. Lima : Tip. y Lit. Bacigalupi y Co., 1891.

Tradiciones cuzqueñas y leyendas. Nueva ed. Pról. de José Gabriel Cosío. 2 vols. Cuzco : Lib. Imp. H. G. Rozas, 1917.

FEDERICO GAMBOA

Textos

Apariencias. Buenos Aires : J. Peuser, 1892.

Del natural; esbozos contemporáneos. Guatemala : Tip. "La Unión", 1889. Otra ed., Buenos Aires : *Rev. Nacional,* XV, 2a. serie (1892).

Impresiones y recuerdos. Buenos Aires : A. Moen, 1893.

La llaga. México : E. Gómez de la Puente. (1912 ?).

Metamorfosis. Guatemala : Tip. Nac. de la Ciudad de Guatemala, 1899.

Mi diario. 1a serie. 3 vols. Guadalajara, 1907-1920; México : A. Gómez de la
Puente, 1920. 2a serie, 1934-1938.
Novelas de Federico Gamboa. Pról. de Francisco Monterde. México : Fondo de
Cult. Econ., 1965.
Reconquista. Barcelona-México : E. Gómez de la Puente, 1908.
Santa. Barcelona : Talleres Araluce, 1903, 2a. ed. Corregida y aumentada por el
autor, 1905.
Suprema ley. México : Lib. de la Vda. de Ch. Bouret, 1896.

Estudios

Academia Mexicana. *Homenaje a don Federico Gamboa.* México : Imp. de la
Universidad, 1940.
Leal, Luis. "Federico Gamboa y la novela mexicana", *Ovaciones,* México,
Supl. 117 (30 mayo, 1965), p. 2.
Menton, Seymour. "Influencias extranjeras en la obra de Federico Gamboa",
Armas y Letras, 2a. Ep., I, 3 (jul.-sept., 1958), 35-50.
——. "Federico Gamboa : un análisis estilístico", *Humanitas,* IV, Monterrey :
Univ. de Nuevo León, 1963, 311-342.
Moore, Ernest R. "Bibliografía de obras y crítica de Federico Gamboa," *Rev.
Iber.,* II, 3 (1940), 271-279.
Niess, R. J. "Zola's *L'Œuvre* and *Reconquista* of Gamboa", *PMLA,* LXI, 2
(1946), 577-583.
——. "Federico Gamboa : the novelist as autobiographer", *Hispanic Review,*
XIII (1945), 346-351.
Rosenberg, S. L. M. "El naturalismo en México y don Federico Gamboa",
Bulletin Hispanique, XXXVI (1934), 472-487.

EDUARDO ACEVEDO DÍAZ

Textos y Estudios

El combate de la tapera y otros cuentos. Seguido de "Ideología y arte de un cuento
ejemplar", por Ángel Rama. Montevideo : Arca, 1965.
Grito de gloria. Montevideo : A. Barreiro y Ramos, 1894, 5a. ed., Minist. de
Inst. Púb., 1964, Pról. de Emir Rodríguez Monegal.
Ismael. Montevideo : C. García, 1930. Otras eds., Buenos Aires : W. M. Jackson
(1946), Pról. de Francisco Espínola; Montevideo : Minist. de Instr.
Púb., 1953, Pról. de Roberto Ibáñez.
Lanza y sable. Montevideo, 1941. Otras eds., Montevideo : C. García, 1943,
1965, con Pról. de Emir Rodríguez Monegal.
Minés. 2a. ed. Buenos Aires, 1907.
Nativa. Montevideo, 1894. Otras eds., Montevideo : C. García, 1931, 2 vols.;
Montevideo : Minist. de Instr. Púb., 1964, Pról. de Emir Rodríguez
Monegal.

RELA, Walter. *Acevedo Díaz; guía bibliográfica.* Montevideo : Edit. Delta, 1967.
RODRÍGUEZ MONEGAL, Emir. *Eduardo Acevedo Díaz; dos versiones de un tema.* Montevideo : Eds. del Río de La Plata, 1963.
Soledad; tradición del pago. Montevideo, 1894. Otra ed., Montevideo : Minist. de Inst. Púb., 1954, Pról. de F. Espínola.
Soledad y El combate de la tapera. Pról. de Alberto Lasplaces. Montevideo : C. García, 1931.

CARLOS REYLES

Textos

A batallas de amor . . . campo de pluma (novela póstuma);.Buenos Aires : Sopena, 1939.
Beba. Montevideo, 1894. Otras eds., Santiago : Ercilla, 1936; Montevideo, 1965, con Pról. de Walter Rela.
El embrujo de Sevilla. Madrid, 1922. Otras eds., Buenos Aires : Espasa-Calpe, 1944, "Col. Austral", 208; Buenos Aires : Sopena, 1945.
El gaucho florido. 1a. ed., 1932. Otras eds., Santiago : Ercilla, 1936; Buenos Aires : Espasa-Calpe, 1939, "Col. Austral", 88; 5a. ed., 1953.
El terruño. Pról. de José Enrique Rodó. Montevideo : Imp. y Casa Edit. Renacimiento, 1916; Buenos Aires : Losada, 1945. *El terruño y Primitivo.* Pról. de Ángel Rama. Montevideo, 1953.
La raza de Caín. Montevideo, 1900. Otras eds., París : Ollendorff, 19—(?); Santiago : Ercilla, con Pról. de Rodó.
Primitivo. Montevideo, s.f. (Prefacio, 1896).

Estudios

ALLEN, Martha. "La personalidad de Carlos Reyles", *Rev. Iber.*, XIII, 23 (1947), 91–117.
CRISPA ACOSTA, Osvaldo. *Carlos Reyles . . .* Montevideo : Barreiro y Cía., 1918.
GUILLOT MUÑOZ, Gervasio. *La conversación de Carlos Reyles.* Pról. de José Pedro Díaz. Montevideo : Arca, 1966.
MARTÍ, Jorge L. "Teoría y técnica novelística en *El embrujo de Sevilla*", *Hispania*, LI (1958), 239–243.
MENAFRA, Luis Alberto. *Carlos Reyles.* Montevideo : Síntesis, 1957.
MORBY, Edwin S. "Una batalla entre antiguos y modernos : Juan Valera y Carlos Reyles", *Rev. Iber.*, 7 (1941), 19–143.
VISCA, Arturo Sergio. *Tres narradores uruguayos: Reyles, Viana, Morosoli.* Montevideo : Eds. de la Banda Oriental, 1962.

JAVIER DE VIANA

TEXTOS Y ESTUDIOS

Abrojos. Montevideo : C. García, 1919, 1936.

Campo (1896). 2a. ed., Montevideo : Barreiro y Ramos, 1901. Otras eds., Madrid : Edit. América, 1918?; Montevideo : C. García, 1945; Montevideo : Eds. de la Banda Oriental, 1964.

Cardos. Montevideo : C. García, 1919.

Con divisa blanca. 2a. ed. Buenos Aires, 1919. Otra ed., Buenos Aires : V. Matera, 1921.

Crónicas de la Revolución de Quebracho. Montevideo : C. García, 1943.

Del campo y de la ciudad. Montevideo : C. García, 1921.

FREIRE, Tabaré J. *Javier de Viana.* Montevideo : Univ. de la República, 1957.

Gaucha (1899). 4a. ed., Montevideo, 1913. Otras eds., Montevideo : C. García, 1947; Montevideo, 1956, con Pról. de Arturo Sergio Visca.

Gurí y otras novelas (1901). Madrid : Edit. América, 1916, 3a. ed. rev. por el autor, Montevideo, 1920. Otra ed., Montevideo : C. García, 1946.

Leña seca. Montevideo, 1911. 5a. ed., Montevideo, 1920.

Macachines (1910). 3a. ed., Montevideo : O. M. Bertani, 1913.

ORCAJA ACUÑA, Federico. *Javier de Viana, el futurismo y Marinetti* (dos ensayos de crítica). Montevideo : La Bolsa de los Libros, 1926.

Pago de deuda; campo amarillo y otros escritos. Montevideo : C. García, 1934.

Paisanas. Montevideo : C. García, 1920.

Potros, toros y aperiases (novelas gauchas). Montevideo : C. García, 1922.

Ranchos. Montevideo : C. García, 1920.

Selección de cuentos. Ed. de Arturo Sergio Visca. 2 vols. Montevideo : Minist. de Instr. Púb., 1965.

Sobre el recado. Montevideo : C. García, 1919, 1941.

Tardes del fogón. Montevideo : C. García, 1925.

Yuyos. Montevideo, 1912.

ROBERTO J. PAYRÓ

TEXTOS Y ESTUDIOS

ANDERSON-IMBERT, Enrique. *Tres novelas de Payró, con pícaros en tres miras.* Tucumán : Univ. Nac. de Tucumán, 1942.

Chamijo (novela). Buenos Aires : Edit. Minerva, 1930.

Dic. de la literatura Latinoamericana: Argentina. 1a. parte. Washington : Unión Panamericana, 1960, pp. 156–160. (Amplia bibliografía.)

Divertidas aventuras del nieto de Juan Moreira (1910). Buenos Aires, 1911. Otras eds., Barcelona, 1917(?); con *Los tesoros del Rey Blanco*, Pról. de Guillermo de Torre, Madrid : Aguilar, 1948, "Col. Austral", 249.

El casamiento de Laucha. Buenos Aires, 1906.

El falso inca (crónica de la conquista). Buenos Aires : Compañía Sud-Americana de Billetes de Banco, 1905.

El triunfo de los otros. Comedia dramática en 3 actos. Buenos Aires, 1907.

GARCÍA, Germán. *Roberto J. Payró.* Buenos Aires : Edit. Nova, 1961.

Historias de Pago Chico. Pról. de Alberto Gerchunoff. Buenos Aires : Eds. Selectas América, 1920.

Marco Severi (comedia en tres actos). Buenos Aires, 1907.

Nuevos cuentos de Pago Chico. Buenos Aires, 1928.

Pago Chico. Barcelona : Casa Editora Mitre, 1908.

Pago Chico y otros cuentos de Pago Chico. Buenos Aires : Losada, 1946, 1958.

Roberto J. Payró (antología). Ed. de W. G. Wéyland. Buenos Aires : Eds. Culturales Argentinas, 1962.

Sobre las ruinas (1904). Buenos Aires, 19—(?). Otra ed., de C. K. Jones y Antonio Alonso, Boston : Heath, 1943.

Teatro. Buenos Aires : J. Menéndez, 1925.

Teatro completo. Estudio Prel. de Roberto F. Giusti. Buenos Aires : Librería Hachette, 1956.

Veinte cuentos. Buenos Aires : Edit. Poseidón, 1943.

Violines y toneles. Buenos Aires, 1908.

BALDOMERO LILLO

TEXTOS Y ESTUDIOS

ALEGRÍA, Fernando. Introd. a *The Devil's Pit* . . .

Antología. Ed. de Nicomedes Guzmán. Santiago : Zig-Zag, 1955.

El hallazgo y otros cuentos del mar. Ed. de José Zamudio Z. Santiago : Zig-Zag, 1956.

La compuerta No. 12 y otros cuentos. Ed. de José Santos González Vera. Buenos Aires : EUDEBA, 1964.

PROMIS OJEDA, José. "Dos evaloraciones de un tema : lo social y lo mítico en Baldomero Lillo", *Rev. del Pacífico*, IV, 4 (1967), 36–42.

Relatos populares. Ed. de José Santos Vera. Santiago : Nascimiento, 1942.

SEDWICK, Ruth, "Baldomero Lillo y Emile Zola", *Rev. Iber.*, 14 (1944) 321–328.

Sub sole. Santiago : Imp. y Encuad. Univ., 1907. Otras eds., Santiago : Nascimiento, 1931. (Varias eds. hasta 1956.)

Sub terra. Cuentos mineros. Santiago : Imp. Moderna, 1904. Otras eds., Santiago: Edit. Chilena, 1917, con Introd. de Armando Donoso; Santiago : Nascimiento, 1931. (Varias eds. hasta 1956.)

The Devil's Pit and Other Stories. Trad. de Esther S. Dillon y Ángel Flores. Washington : Unión Panamericana, 1959.

VALENZUELA, Víctor M. *Cuatro escritores chilenos: Luis Orrego Luco, Emilio Rodríguez Mendoza, Baldomero Lillo, Federico Gana.* Nueva York : Las Américas, 1961.

3. EL TEATRO

Estudios

Dauster, Frank N. *Historia del teatro hispanoamericano; siglos XIX y XX.* México : Studium, 1966. Cap. IV (Bibliografía, pp. 38–39); cap. V (Bibliografía, p. 45).

Dibarboure, José Alberto. *Proceso del teatro uruguayo, 1808–1838* . . . Montevideo : C. García y Cía., 1940.

Echagüe, Juan Pablo. *Una época del teatro argentino.* Buenos Aires, 1926.

FLORENCIO SÁNCHEZ

Textos

Barranca abajo (1906), en Willis K. Jones, *Antología del teatro hispanoamericano.* México : Studium, 1959, pp. 145–189.

El teatro del uruguayo Florencio Sánchez. Ed. de Vicente Salaverri. 3 vols. Valencia: Edit. Cervantes, 1919–1920. (El vol. 3 se publicó en Barcelona.)

En familia (1905), en José M. Monner Sans, *La gringa, Barraca abajo, En familia.* Buenos Aires : Estrada, 1946, 1952.

La gringa (1904). Ed. de John T. Lister y Ruth Richardson. New York : Knopf, 1927, 2a. ed., 1942.

Los derechos de la salud, en Jones, *Antología* . . . También en Hyme Alpern y José Martel, *Teatro hispanoamericano.* Nueva York : Odyssey Press, 1956, pp. 34–73.

M'hijo el dotor. Estrenado el 13 de agosto de 1903.

Nuestros hijos (1907). Montevideo, 1909. "Biblio. Teatro Uruguayo", 3.

Representative Plays. Trad. de W. K. Jones. Introd. de Ruth Richardson. Washington : Pan American Union, 1961.

Teatro completo. Pról. de Vicente Martínez Cuitiño. Buenos Aires : "El Ateneo", 1951.

Teatro completo de Florencio Sánchez. Veinte obras compiladas y anotadas . . . por Dardo Cúneo. Buenos Aires : Edit. Claridad, 1941, 2a. ed., 1952, 3a. ed., 1964.

Estudios

Corti, Dora. *Florencio Sánchez.* Buenos Aires : Imp. de la Universidad, 1937.

Cruz, Jorge. *Genio y figura de Florencio Sánchez.* Buenos Aires : EUDEBA, 1966.

Echagüe, Juan Pablo. "Florencio Sánchez", *Rev. Iber.,* IX, 17 (feb., 1945), 9–24.

Freire, Tabaré J. *Ubicación de Florencio Sánchez en la literatura dramática.* Montevideo : Comisión de Teatros Municipales, 1961.

García Esteban, Fernando. *Vida de Florencio Sánchez.* Santiago : Ercilla, 1939.

Giusti, Roberto F. *Florencio Sánchez, su vida y su obra.* Buenos Aires : Agencia Sud-Americana de Libros, 1920.
Imbert, Julio A. *Florencio Sánchez, vida y creación.* Buenos Aires : Edit. Schapire, 1954.
Lafforge, Jorge. *Florencio Sánchez.* Buenos Aires : Centro Editor de América Latina, 1967.
Rela, Walter. *Florencio Sánchez; guías bibliográficas.* Montevideo : Edit. Delta, 1967.
Richardson, Ruth. *Florencio Sánchez and the Argentine Theatre.* New York : Inst. de las Españas, 1933.
Shedd, Karl. "Thirty Years of Criticism in the Work of Florencio Sánchez", *Kentucky Foreign Language Quarterly*, III (1956), 29-39.
Vázquez Cey, Arturo. *Florencio Sánchez y el teatro argentino.* Buenos Aires : Juan Toia, 1929.

GREGORIO DE LAFERRERE

Textos y Estudios

Bajo la garra (1907).
Jettatore. Estrenada el 30 de mayo de 1904.
Las de Barranco (1908). Ed. de Fermín Estrella Gutiérrez.
Locos de verano (1905). Buenos Aires, 1944. "Col. Buen Aire", 54.
Los dos derechos. Estrenada el 8 de julio de 1906 bajo el título *El cuarto de hora.*
Los invisibles (1911). Con *Las de Barranco.* Buenos Aires, 1923.
Martínez Cuitiño, Vicente. "Elogio de Gregorio de Laferrere : el hombre, el comediógrafo", *Cuadernos de Cultura Teatral* Buenos Aires, 15 (1943), 69-108.
Obras escogidas. Ed. de José M. Monner Sans. Buenos Aires : Ángel Estrada y Cía., 1943. (Contiene "Locos de verano", "Las de Barranco", "Los dos derechos", "Los caramelos", y un Apéndice de juicios críticos.)

4. EL ENSAYO

Estudios

García Calderón, Francisco. "Las corrientes filosóficas en la América Latina", *Rev. Moderna*, México, XI (nov., 1908), 150-156.
Groussac, Paul. "La paradoja de las ciencias sociales", *La Biblioteca*, Buenos Aires, II (oct., 1896), 309-313.
Henríquez Ureña, Pedro. "Conferencias sobre el positivismo", *Rev. Moderna*, XII (julio, 1909), 301-310.
——. "El positivismo independiente", *Rev. Moderna*, XII (ago., 1909), 362-369.

MEAD Jr., Robert G. "La generación de 1880", en su *Breve historia del ensayo hispanoamericano*. México : Studium, 1956, cap. V.

ZEA, Leopoldo. *El positivismo en México*. México : El Colegio de México, 1943. 2a. ed., Fondo de Cult. Econ., 1968.

——. *Dos etapas del pensamiento en Hispanoamérica: del romanticismo al positivismo*. México : El Colegio de México, 1949.

MANUEL GONZÁLEZ PRADA

TEXTOS

Anarquía. Santiago : Ercilla, 1936. 4a. ed., Lima : P.T.C.M., 1948.

Antología poética. Ed. de Carlos García Prada. México : Edit. Cultura, 1940.

Bajo el oprobio. París : Tip. de L. Bellenand, 1933.

Baladas. París : L. Bellenand, 1939.

Baladas peruanas. Santiago : Ercilla, 1935.

El tonel de Diógenes, seguido de Fragmentaria y Memoranda. Pról. de Luis Alberto Sánchez, nota de Alfredo González Prada. México : Tezontle, 1945.

Exóticas. Lima, 1911. Otra ed., Lima : P.T.C.M., 1948.

Figuras y figurones. París : L. Bellenand, 1938.

Grafitos. París : L. Bellenand, 1937.

Horas de lucha (1908). 2a. ed. Callao : Tip. "Lux", 1924. Otras eds., Buenos Aires : Edit. Americalee, 1946; Lima : Fondo de Cult. Popular, 1964.

Libertarias. París : L. Bellenand, 1938.

Minúsculas (1901). 2a. ed., Lima, 1909. 4a. ed., de Luis Alberto Sánchez, Lima : P.T.C.M., 1947.

Nuevas páginas libres. Santiago : Ercilla, 1937.

Obras completas. Pról. de Luis Alberto Sánchez. 4 vols. Lima : P.T.C.M., 1946.

Páginas libres (1894). 2a. ed. Pról. de Rufino Blanco Fombona. Madrid : Soc. Española de Lib., 1915(?). Ed. definitiva . . . de Luis Alberto Sánchez, Lima : Edit. P.T.C.M., 1946. Otra ed., Lima : Páginas de Oro del Perú, 1966.

Pensamientos. Ed. de Campio Carpio. Buenos Aires : Arco Iris, 1941.

Presbiterianas. 2a. ed. Lima : Lib. e Imp. "El Inca", 1928.

Propaganda y ataque. Buenos Aires : Eds. Imán, 1939.

Prosa menuda. Buenos Aires : Edit. Imán, 1941.

Trozos de vida. París : Talleres de L. Bellenand, 1933. Otra ed., Lima : P.T.C.M., 1948, Pról. de Luis Alberto Sánchez.

ESTUDIOS

CALCAGNO, Miguel Ángel. *El pensamiento de González Prada*. Montevideo : Univ. de la República, 1958.

CHANG-RODRÍGUEZ, Eugenio. *La literatura política de González Prada, Mariátegui y Haya de la Torre*. México : Eds. De Andrea, 1957.

González Prada; vida y obra; bibliografía; antología. New York : Inst. de las Españas, 1938.

MEAD, Jr., Robert G. *González Prada: el pensador y el prosista.* New York : Inst. de las Españas, 1955.

SÁNCHEZ, Luis Alberto. *Don Manuel.* Lima : F. y E. Rosay, 1930. Otra ed., Santiago : Ercilla, 1937.

JUSTO SIERRA

TEXTOS Y ESTUDIOS

Dic. de escritores mexicanos. México : UNAM, 1967, pp. 361–364. (Amplia bibliografía).

FERRER DE MENDIOLEA, Gabriel. *Justo Sierra, el maestro de América.* México : Eds. Xóchitl, 1947.

Obras completas. Publicadas bajo la dirección de Agustín Yáñez. 15 tomos. México : UNAM, tomos. I–XIII, 1948; tomos XIV–XV, 1949.

YÁÑEZ, Agustín. *Don Justo Sierra; su vida, sus ideas, su obra.* México : UNAM, 1950. (También en *Obras completas,* I.)

ENRIQUE JOSÉ VARONA

TEXTOS Y ESTUDIOS

Con el eslabón. San José, C.R. : Convivio, 1918. Otra ed., Manzanillo, Cuba : Biblio. Martí, 1927.

Conferencias filosóficas. Lógica. La Habana : Miguel de Villa, 1880. 2a. serie, *Psicología,* La Habana : Imp. El Retiro, 1888. 3a. serie, *Moral,* La Habana: Establecimiento Tipográfico, 1888.

Conferencias sobre el fundamento de la moral. New York : Appleton, 1920.

Desde mi belvedere. La Habana : Imp. y Papelería de Rambla y Bouza, 1907. Ed. definitiva, de Francisco García Calderón, Barcelona : Maucci, 1917. Ed. Oficial, Habana : Cultural, 1938.

ENTRALGO, Elías. *Algunas facetas de Varona.* La Habana : Comisión Nacional Cubana de la UNESCO, 1965.

FERRER CANALES, José. *Imagen de Varona.* Santiago de Cuba : Univ. de Oriente, 1964. (Amplia bibliografía.)

Violetas y ortigas. Madrid : Edit. América, 1917. Ed. Oficial, Habana : Cultural, 1938.

B. El Modernismo

ESTUDIOS

ARRIETA, Rafael. *Introducción al modernismo literario.* Buenos Aires : Edit. Columba, 1956. 2a. ed., 1961.

BELLINI, Giuseppe. *La poesía modernista.* Milano : La Goliardica, s.f.

BOLLO, Sarah. *El modernismo en el Uruguay.* Montevideo, 1951.

CASTILLO, Homero (ed.). *Estudios críticos sobre el modernismo.* Madrid : Gredos, 1968. (Volumen colectivo.)

DAVISON, Ned J. *The Concept of Modernism in Hispanic Criticism.* Boulder : Pruett Press, 1966.

DÍAZ ALEJO, Ana Elena, y Ernesto Prado Velázquez. *Índice de la "Revista Azul" (1894-1896).* México : UNAM, 1968.

FEIN, John M. *Modernismo in Chilean Literature. The Second Period.* Durham, N.C. : Duke Univ. Press, 1965.

GICOVATE, Bernardo. *Conceptos fundamentales de literatura comparada; iniciación de la poesía modernista.* San Juan, P.R. : Asomante, 1962.

GONZÁLEZ, Manuel Pedro. *Notas en torno al modernismo.* México : Imp. Univ., 1958.

GULLÓN, Ricardo. *Direcciones del modernismo.* Madrid : Gredos, 1964.

HENRÍQUEZ UREÑA, Max. *Breve historia del modernismo.* México : Fondo de Cult. Econ., 1954. 2a. ed., 1962.

JAIMES FREYRE, Mireya. "La ausencia de un teatro modernista en Hispanoamérica", *Memoria* del XII Congreso del Inst. de Lit. Iberoamericana, México, 1966, pp. 149-155.

JIMÉNEZ, Juan Ramón. *El modernismo.* México : Aguilar, 1962.

LOPRETE, Carlos Alberto. *La literatura modernista en la Argentina.* Buenos Aires : Edit. Poseidón, 1955.

MARINELLO, Juan. *Sobre el modernismo; polémica y definición.* México : UNAM, 1959.

MAYA, Rafael. *Los orígenes del modernismo en Colombia.* Bogotá : Imp. Nacional, 1961.

MAZZEI, Ángel. *El modernismo en la Argentina.* Buenos Aires, 1950.

MONGUIÓ, Luis. "Sobre la caracterización del modernismo", *Rev. Iber.,* VII, 13 (nov., 1943), 69-80.

MONTERDE, Francisco. "La poesía y la prosa en la renovación modernista", *Rev. Iber.,* I, 1 (mayo, 1939), 145-151.

RAMA, Ángel. *Los poetas modernistas en el mercado económico.* Montevideo : Univ. de la República, 1967.

SALINAS, Pedro. "El cisne y el buho; apuntes para la historia de la poesía modernista", *Literatura española siglo XX.* México : Robredo, 1940, pp. 45-65.

SCHULMAN, Iván A. *Génesis del modernismo: Martí, Nájera, Silva, Casal.* México : El Colegio de México, 1966. 2a. ed., 1968.

——. *El modernismo hispanoamericano.* Buenos Aires : CEAL, 1969.

——, y M. P. González. *Martí, Darío y el modernismo.* Madrid : Gredos, 1969.

SILVA CASTRO, Raúl. *El modernismo y otros ensayos literarios.* Santiago : Nascimiento, 1965.

VALDÉS, Héctor. *Índice de la "Revista Moderna, Artes y Ciencias", 1898-1903.*
México : UNAM, 1967.
VELA, Arqueles. *Teoría literaria del modernismo.* México : Botas, 1949.

Textos

BROTHERSTON, Gordon. *Spanish American "Modernista" Poets: A Critical Anthology.* London : Pergamon Press, 1968.
CASTILLO, Homero. *Antología de poetas modernistas hispanoamericanos.* Waltham, Mass. : Blaisdell, 1966.
COESTER, Alfred. *An Anthology of the Modernista Movement in Spanish America,* Boston : Ginn and Co., 1924.
CRAIG, G. D. *The Modernista Trend in Spanish American Poetry.* Berkeley : Univ. of Calif. Press, 1934.
GARCÍA PRADA, Carlos. *Poetas modernistas hispanoamericanos.* Madrid : Cult. Hispánica, 1956.
JOHNSON, Mildred E. *Swan, Cygnet, and Owl. An Anthology of Modernist Poetry in Spanish America.* Columbia : Univ. of Missouri, 1956.
PACHECO, José Emilio. *Antología del modernismo* (mexicano) *(1884-1921).* México : UNAM, 1970.
SANTOS GONZÁLEZ, C. *Antología de poetas modernistas americanos.* Con un ensayo acerca del modernismo en América por R. Blanco Fombona. París : Garnier (1913).
SILVA CASTRO, Raúl. *Antología crítica del modernismo hispanoamericano.* Nueva York : Las Américas, 1963.
TORRES RÍOSECO, Arturo. *Antología de poetas precursores del modernismo.* Washington : Unión Panamericana, 1954. 2a. ed., Nueva York : Las Américas, 1963.

JOSÉ MARTÍ

Textos

Amistad funesta (novela). Berlín : G. de Quesada, 1911.
Antología crítica. Ed. de Susana Redondo de Feldman y Anthony Tudisco. Nueva York : Las Américas, 1968.
Antología crítica de ... Ed. de M.P. González. México : Edit. Cultura, 1960.
Antología familiar. La Habana : Inst. Civil Militar, 1941.
Archivo de José Martí. 6 vols. La Habana : Minist. de Educ., 1940-1953.
Flores del destierro. Ed. de J. Marinello. La Habana, 1929.
Granos de oro. Pensamientos seleccionados en las obras de José Martí por R.G. Argilagos. La Habana : S. E. Cuba Contemp., 1918.
Ismaelillo. Nueva York : Imprenta de Thompson & Moreau, 1882.
La edad de oro. 4 números. Nueva York, julio–octubre, 1889.
Martí. Pról. y Sel. de Mauricio Magdaleno. México : Sec. de Educ. Púb., 1942.

Nuestra América. Ed. de Pedro Henríquez Ureña. Buenos Aires : Losada, 1939.

Obras completas. 8 vols. Madrid : Atlántida, 1925–1929. 2 vols., ed. de Armando Godoy y Ventura García Calderón, París : Excélsior, 1926. 74 vols., ed. de Gonzalo de Quesada y Miranda, La Habana : Edit. Trópico, 1936–1953. 2 vols., La Habana : Edit. Lex, 1946. 27 vols., La Habana : Edit. Nacional de Cuba, 1963–1966. 5 vols., Caracas : Litho–Tip., 1964.

Obras literarias. 14 vols. La Habana, 1905–1915.

Páginas de . . . Buenos Aires : EUDEBA, 1963.

Páginas escogidas. Ed. de Max Henríquez Ureña. París : Garnier, 1923.

Páginas escogidas. Ed. de Alfonso M. Escudero. 2a. ed., ed. de Fermín Estrella Gutiérrez, Buenos Aires : Espasa–Calpe, 1954, "Col. Austral", 1163. 3a. ed., Buenos Aires : Kapelusz, 1959.

Páginas selectas (1939). Ed. de Raimundo Lida. 7a. ed., Buenos Aires : A. Estrada, 1965.

Poesías. Ed. de Juan Carlos Ghiano. Buenos Aires : Raigal, 1952.

Poesías completas. Ed. de Rafael Esténger. Madrid : Aguilar, 1953.

The America of José Martí. Selected Writings . . . Trad. de Juan de Onís. New York : Noonday Press, 1953.

Versos. Ed. de Eugenio Florit. Nueva York : Las Américas, 1962.

Versos libres. 1a. ed., 1913. La Habana : La Verónica, Imp. de M. Altolaguirre, 1939.

Versos sencillos. Nueva York : L. Weiss and Co., 1891.

Estudios

Almendros, Herminio. *Nuestro Martí.* La Habana : Edit. Nac. de Cuba, 1965.

Anderson-Imbert, Enrique. "La prosa poética de José Martí : a propósito de *Amistad funesta*", en sus *Estudios sobre escritores de América.* Buenos. Aires : Edit. Raigal, 1954, pp. 125–165.

Béguez César, José A. *Martí y el krausismo.* La Habana : Comp. Editora de Libros y Folletos, 1944.

Cue Cánovas, Agustín. *Martí, el escritor y su época.* México : Centenario, 1961.

Ghiano, Juan Carlos. *José Martí.* Buenos Aires : Centro Editor de América Latina, 1967.

González, Manuel Pedro. *José Martí, Epic Chronicler of the United States in the Eighties.* 1a. ed., 1953, 2a. ed., Havana : Center of Studies on Martí, 1961.

——. con Iván A. Schulman. *Esquema ideológico de José Martí.* México : Fondo de Cult. Econ., 1961.

Gray, Richard B. *José Martí, Cuban Patriot.* Gainsville : Univ. of Florida Press, 1962.

Iduarte, Andrés. *Martí, escritor.* México : Cuadernos Amer., 1945. 2a. ed., La Habana : Minist. de Educ., 1951.

Lizaso, Félix. *Personalidad de Martí.* La Habana : Ucar García, 1954.

MAÑACH, Jorge. *Martí, el apóstol.* Madrid : Espasa–Calpe, 1933. Trad. de C. Taylor. *Martí, Apostle of Freedom.* New York : Devin–Adair, 1950.

MARINELLO, Juan. *Once ensayos martianos.* La Habana : Com. Nacional de la UNESCO, 1964 (1965).

PERAZA SARAUSA, Fermín. *Bibliografía martiana, 1853-1955.* La Habana : Anuario Bibliográfico Cubano, 1956.

PORTUONDO, José Antonio. *Martí, crítico literario.* Washington : Pan American Union, 1953.

ROGGIANO, Alfredo A. "Poética y estilo de José Martí", *Humanitas,* Tucumán, 2 (1953), 351–378.

SCHULMAN, Iván A. *Símbolo y color en la obra de José Martí.* Madrid : Gredos, 1960.

SCHULTZ DE MANTOVANI, Fryda. *Genio y figura de José Martí.* Buenos Aires : EUDEBA, 1968.

VITIER, Medardo. *Martí, estudio integral.* La Habana : Com. Nacional Organizadora . . ., 1954.

MANUEL GUTIÉRREZ NÁJERA

TEXTOS

Cuentos color de humo. Cuentos frágiles . . . Pról. de Francisco Monterde. México : Edit. Stylo, 1942. 2a. ed., 1948.

Cuentos completos y otras narraciones. Ed. de E. K. Mapes. México : Fondo de Cult. Econ., 1958.

Cuentos, crónicas y ensayos. Ed. de Alfredo Mailefert. México : UNAM, 1940. "B.E.U.", 20.

Cuentos frágiles. México : Imp. del Comercio de E. Dublán, 1883. Otra ed., con Pról. de Henrique González Casanova. México ; Libro-Mex, 1955.

Cuentos y cuaresmas del Duque Job. Cuentos frágiles. Cuentos color de humo. Pról. de Francisco Monterde. México : Porrúa, 1963. Col. "Sepan Cuantos", no. 19.

Obras, I : Crítica literaria. Pról. de Porfirio Martínez Peñaloza y Notas de Ernesto Mejía Sánchez. México : UNAM, 1959.

Obras inéditas de Gutiérrez Nájera. Ed. de E. K. Mapes. New York : Inst. de las Españas, 1939 (en la cubierta : 1943).

Poesías. Pról. de Justo Sierra. México : Tip. de la Oficina del Timbre, 1896. Otra ed., 2 vols., París : Lib. de la Vda. de Ch. Bouret, 1897, 1898, etc.

Poesías completas. Pról. de Francisco González Guerrero. 2 vols. México : Porrúa, 1953.

Prosa. Tomo I, Pról. de Luis G. Urbina, México : Tip. de la Oficina del Timbre, 1898. Tomo II, Pról. de Amado Nervo, 1903. 2a. ed. del tomo II, 1910.

Prosa selecta. Pról. de Salvador Novo. México : W. M. Jackson, 1948.

ESTUDIOS

CARTER, Boyd G. *Manuel Gutiérrez Nájera; estudio y escritos inéditos.* México :
Eds. De Andrea, 1956.

——. *En torno a Gutiérrez Nájera y las letras mexicanas del siglo XIX.* México :
Botas, 1960.

——. *Manuel Gutiérrez Nájera; florilegio crítico conmemorativo.* México : Studium, 1966.

CROW, John A. "Dos grandes estilistas mexicanos", *Humanismo,* III, 30 (jun.,
1955), 160–173. (Nájera y Yáñez.)

Dic. de escritores mexicanos. México : UNAM, 1967, pp. 163–166. (Amplia
bibliografía.)

GÓMEZ BAÑOS, Virginia. *Bibliografía de Manuel Gutiérrez Nájera y cuatro cuentos
inéditos.* México : Imp. Arana, 1958.

GÓMEZ DEL PRADO, Carlos. *Manuel Gutiérrez Nájera; vida y obra.* México :
Studium, 1964.

GRANT, R. Patricia. "The Poetry of François Coppée and Gutiérrez Nájera",
Hispanic Review, XIII (1945), 67–71.

KOSLOFF, Alexander. "Técnica de los cuentos de Manuel Gutiérrez Nájera",
Rev. Iber., 38, 39 (1954–1955), 333–357, 65–93.

LONNÉ, Enrique Francisco. *Lo nocturnal en la poesía de Manuel Gutiérrez Nájera.*
La Plata, 1966.

MEJÍA SÁNCHEZ, Ernesto. *Exposición documental de Manuel Gutiérrez Nájera,
1859–1959.* México : UNAM, 1959.

SCHULMAN, Iván A. "Función y sentido del color en la poesía de Manuel Gutiérrez Nájera", *Rev. Hisp. Mod.,* XXIII, 1 (ene., 1957), 1–13.

SALVADOR DÍAZ MIRÓN

TEXTOS

Antología poética. Ed. de Antonio Castro Leal. México : UNAM, 1953.

Lascas. Xalapa : Tip. del Gobierno del Estado, 1901. Otra ed., Xalapa : Univ.
Veracruzana, 1955.

Poemas. Pról. de Rafael López. México : Cultura, 1918.

Poesías. Boston–Nueva York : Casa Edit. Hispano-Americana, 1895. 2a. ed.,
1900. Otras eds. París, 1900; Santiago, 1903.

Poesías completas, 1876–1928. Ed. de Antonio Castro Leal. México : Porrúa,
1941, 1954, 1947, 1952.

Prosas. Pról. de Leonardo Pasquel. México : Biblio. de Autores Veracruzanos,
1954.

Sus mejores poesías. Ed. de Heraclides D'Acosta. México : El Libro Español,
1955.

ESTUDIOS

CAFFAREL PERALTA, Pedro. *Díaz Mirón en su obra.* México : Porrúa, 1956.
CASTRO LEAL, Antonio. *La obra poética de Salvador Díaz Mirón.* México, 1953.
Dic. de escritores mexicanos. México : UNAM, 1967, pp. 99-101. (Amplia bibliografía.)
MÉNDEZ PLANCARTE, Alfonso. *Díaz Mirón, poeta y artífice.* México : Antigua Lib. Robredo, 1954.
MONTERDE, Francisco. *Díaz Mirón: el hombre, la obra.* México : Eds. De Andrea, 1956.

JULIÁN DEL CASAL

TEXTOS

Bustos y rimas. La Habana : Biblio. de La Habana Elegante, 1893.
Crónicas habaneras. Ed. de Ángel Augier. Pról. por Samuel Feijóo. Santa Clara : Univ. Central de las Villas, 1963.
Hojas al viento. La Habana : Imp. El Retiro, 1890.
Poesías completas. Ed. de Mario Cabrera Saqui. La Habana : Imp. P. Fernández y Cía., 1945.
Prosas. Ed. del Centenario. 3 vols. La Habana : Consejo Nacional de Cultura, 1963-1964.
Selected prose. Ed. de Marshall E. Nunn. University : Univ. of Alabama Press, 1949.
Selección de poesías. Introd. de Juan J. Gaeda Y Fernández. La Habana : Cultural, 1931.
Sus mejores poemas. Pról. de R. Blanco Fombona. Madrid : Edit. América, 1916.

ESTUDIOS

FIGUEROA, Esperanza. "Bibliografía de Julián del Casal", *Boletín de Bibliografía Cubana,* II (1942), 33-38.
——. "Julián del Casal y el modernismo", *Rev. Iber.,* 59 (1965), 47-69.
GICOVATE, Bernard. "Tradición y novedad en un poema de Julián del Casal", *Nueva Rev. de Fil. Hispánica,* XIV (1960), 119-125.
MONNER SANS, José María. *Julián del Casal y el modernismo hispanoamericano.* México : El Colegio de México, 1952.
PORTUONDO, José Antonio. *Angustia y evasión de Julián del Casal.* La Habana : Cultural, 1940.
SCHULMAN, Iván A. "Las estructuras paralelas en la obra de José Martí y Julián del Casal", *Rev. Iber.,* 56 (1963), 251-282.

JOSÉ ASUNCIÓN SILVA

Textos

De sobremesa. Bogotá : Edit. de Cromos, 1928(?).

El libro de versos. Bogotá : Biblio. Nacional, 1946.

Nocturno y otros poemas. Ed. de Carlos A. Loprete. Buenos Aires : EUDEBA, 1964.

Obras completas . . . Bogotá : Banco de la República, 1965.

Obras completas. Ed. de Héctor Orjuela. 2 vols. Buenos Aires : Plus Ultra, 1968(?).

Poesías. I, Iról. de Miguel de Unamuno. Barcelona : Imp. de P. Ortega, 1908, Otras eds., Barcelona : Maucci (varias eds.), s.f.; París : L. Michaud, 1913, con notas de Baldomero Sanín Cano; Santiago : Edit. Cóndor, 1923.

Poesías. Buenos Aires : Espasa-Calpe, 1957. "Col. Austral", 827.

Poesías. Iról. de Francisca Chica Salas. Buenos Aires : Estrada, 1945.

Poesías completas. Buenos Aires : Sopena, 1941.

Poesías completas, seguidas de prosas selectas. Ed. de Camilo de Brigard Silva. Madrid : Aguilar, 1952.

Poesías completas y sus mejores páginas en prosa. Iról. de Arturo Capdevila. Buenos Aires : Edit. Elevación, 1944.

Prosa de José Asunción Silva. Bogotá : Eds. Colombia, 1926.

Prosas. San José. C.R., 191-.

Prosas y versos. Ed. de Carlos García Prada. México : Cultura, 1942.

Estudios

Fogelquist, Donald F. "José Asunción Silva y Heinrich Heine", *Rev. Hisp. Mod.,* XX (1954), 282–295.

García Prada, Carlos. "Silva, José Asunción", *Dic. de la literatura latinoamericana: Colombia.* Washington : Unión Panamericana, 1959. (Amplia bibliografía.)

Gicovate, Bernardo. "Estructura y significado en la poesía de José Asunción Silva", *Rev. Iber.,* 48 (1959), 327–333.

Loveluck, Juan. "*De sobremesa,* novela desconocida del modernismo", *Rev. Iber.,* 59 (1965), 17–32.

Miramón, Alberto. *José Asunción Silva; ensayo biográfico con documentos inéditos.* Bogotá : Imp. Nacional, 1937. 2a. ed. de la Revista Bolívar, 1957.

Osiek, Betty T. *José Asunción Silva; estudio estilístico de su poesía.* México : Eds. De Andrea, 1968.

Paniagua Mayo, B. *José Asunción Silva y su poesía.* México : UNAM, 1957.

Rico, Edmundo. *La depresión melancólica en la vida, la obra y muerte de José Asunción Silva.* Tunja : Imp. Departamental, 1964.

Schwarts, R. J. "En busca de Silva", *Rev. Iber.,* 47 (1959), 65–77.

Torres Ríoseco, Arturo. "Las teorías poéticas de Poe y el caso de José Asunción Silva", *Hispanic Review*, XVIII (1950), 319-327.

RUBÉN DARÍO

Textos

Abrojos. Santiago : Imp. Cervantes, 1887.

Antología. Ed. de Jaime Torres Bodet. México : Fondo de Cult. Econ., 1967.

Antología poética. Berkeley : Univ. of Calif. Press, 1949. Ed. de A. Torres Ríoseco. Otras eds. Buenos Aires : Kapelusz, 1952, ed. de A. Marasso; Santiago : Zig-Zag, 1956, ed. de R. Silva Castro.

Autobiografía. San Salvador : Minist. de Educ., 1962.

Azul . . . Valparaíso : Imp. Excélsior, 1888. 2a. ed., Guatemala : Imp. de "La Unión", 1890. 3a. ed., Buenos Aires : Biblio. de "La Nación", 1905. Otras eds., Buenos Aires : Espasa-Calpe, 1941, "Col. Austral", 19; Madrid : Aguilar, 1951, 2a. ed.; San Salvador : Minist. de Educ. Púb., 1961; México : Porrúa, 1965; Santiago : Zig-Zag, 1967, ed. de Juan Loveluck.

Cabezas. Buenos Aires : Eds. Míminas, 1916.

"Canto a la Argentina", *La Nación: 1810-25 de mayo-1910*. Buenos Aires : "La Nación", 1910, pp. 90-92. También, *Canto a la Argentina y otros poemas*. Madrid : Biblio. Corona, 1914.

Cantos de vida y esperanza. Los cisnes y otros poemas. Madrid : Tip. de la Rev. de Archivos, Bibliotecas y Museos, 1905. 2a. ed., Barcelona-Madrid : F. Granada y Cía., 1907, 3a. ed., Barcelona : Maucci, (1915). Otras eds., Buenos Aires : Espasa-Calpe, 1939, 1943, etc., "Col. Austral", 118; Salamanca : Ayala, 1964, ed. de Antonio Oliver Belmar.

Cuentos. Buenos Aires : Espasa-Calpe, 1957. "Col. Austral", 880.

Cuentos completos. Ed. de Ernesto Mejía Sánchez. Estudio de Raimundo Lida. México : Fondo de Cult. Econ., 1950.

Cuentos y poesías. Ed. de Carlos García Prada. Madrid : Eds. Iberoamericanas, 1961.

El canto errante. Madrid : Biblio. Nueva de Escritores Españoles, M. Villavicencio, 1907. Otra ed., Buenos Aires : Espasa-Calpe, 1950, "Col. Austral", 516.

El viaje a Nicaragua e Intermezzo tropical. Madrid : Biblio. "Ateneo", 1909.

Escritos dispersos de Rubén Darío. Ed. de Pedro Luis Barcia. La Plata : Univ. Nac. de La Plata, 1968.

España contemporánea. París : Garnier Hnos., 1901, 1907, 1917.

"Historia de mis libros", *Nosotros*, Buenos Aires, X, 82 (feb., 1916). (Col. de tres arts. que se habían publicado en la misma revista, VII, 1913). También en *Colección Rubén Darío. Antología* . . . Madrid : Pueyo, 1916.

La caravana pasa. París : Garnier Hnos., 1902.

La vida de Rubén Darío escrita por él mismo. Barcelona : Maucci (1915).
Los raros. Buenos Aires : Talleres de "La Vasconia", 1896. Otra ed., Buenos Aires : Espasa-Calpe, 1952, "Col. Austral", 1119.
Obras completas. 22 vols. Madrid : Mundo Latino, 1917–1919. Ed. de Alberto Ghiraldo. Otras eds., 7 vols., Madrid : Imp. de G. Hernández y Galo Sáez, 1921–1922. Biblio. Rubén Darío Hijo; 22 vols., Madrid : Imp. de G. Hernández y Galo Sáez, 1923–1934(?), ed. de Alberto Ghiraldo y Andrés González Blanco; 5 vols., Madrid : Afrodisio Aguado, 1950–1955, ed. de M. Sanmiguel Raimúndez.
Obras escogidas. 3 vols. Madrid : Lib. de los Sucs. de Hernando, 1910. Con un estudio de Andrés González Blanco.
Obras escogidas de Rubén Darío publicadas en Chile. I. Santiago : Univ. de Chile, 1939.
Obras poéticas completas. Ed. de Alberto Ghiraldo. Madrid : Aguilar, 1932, 1941, etc. Otra ed., Buenos Aires : "El Ateneo", 1953.
Oda a Mitre. París : Imp. A. Eyméoud, 1906.
Peregrinaciones. Pról. de Justo Sierra. París : Ch. Bouret, 1901, 1910, 1915. Otra ed., Madrid : Mundo Latino, 1918.
Poemas de otoño y otros poemas. Madrid : Biblio. "Ateneo", 1910. Otras eds., Buenos Aires : Espasa-Calpe, 1942; 4a. ed., 1951, "Col. Austral", 282.
Poesía; libros poéticos completos y antología de la obra dispersa. Estudio prel. de E. Anderson-Imbert. Ed. de E. Mejía Sánchez. México : Fondo de Cult. Econ, 1952.
Poesías completas. Ed. de Alfonso Méndez Plancarte. Madrid : Aguilar, 1952, 1954, etc.
Poesías completas. Ed. de Luis Alberto Ruiz. Buenos Aires: Eds. A. Zamora, 1967.
Primeras notas. Managua : Tip. Nacional, 1888. (Es el libro "Epístolas y poemas", 1885.)
Prosas profanas y otros poemas. Buenos Aires : Imp. de Pablo E. Coni e Hijos, 1896. 2a. ed., París-México : Ch. Bouret, 1901. Otra ed., Buenos Aires : Espasa-Calpe, 1952, 4a. ed., "Col. Austral", 404.
Selected poems. Trad. de Lysander Kemp. Pról. de Octavio Paz. Austin : Univ. of Texas Press, 1965.
Tierras solares. Madrid : Leonardo Williams, Editor, 1904.

ESTUDIOS

ANDERSON-IMBERT, Enrique. *La originalidad de Rubén Darío.* Buenos Aires : Centro Editor de América Latina, 1967.
Asomante, XXIII, 2 (1967), 7–76.
BALSEIRO, José A. *Seis ensayos sobre Rubén Darío.* Madrid : Gredos, 1967.
Cuadernos Hispanoamericanos, 71 (1967), 247–637.
FIORE, Dolores A. *Rubén Darío in Search of Inspiration* ... New York : Las Américas, 1963.

FOGELQUIST, Donald F. *Rubén Darío and Juan Ramón Jiménez* . . . Coral Gables, Fla : Univ. of Miami Press, 1956.

GHIANO, Juan Carlos. *Rubén Darío* . . . La Plata : Univ. Nac. de La Plata, 1968.

GHIRALDO, Alberto. *El archivo de Rubén Darío.* Buenos Aires : Losada, 1943.

"Homenaje a Rubén Darío", *La Torre*, 55–56 (1967), 15–495.

LEDESMA, Roberto. *Genio y figura de Rubén Darío.* Buenos Aires: EUDEBA, 1964.

LOZANO, Carlos. *Rubén Darío y el modernismo en España, 1888–1920: Ensayo de bibliografía comentada.* New York : Las Américas, 1968.

MARASSO, Arturo. *Rubén Darío y su creación poética.* Buenos Aires : Imp. López, 1934. Ed. definitiva, Buenos Aires : Kapelusz, 1954.

MEJÍA SÁNCHEZ, Ernesto. *Los primeros cuentos de Rubén Darío.* México : Studium, 1951. 2a. ed., UNAM, 1962.

——. (ed.). *Estudios sobre Rubén Darío.* México : Fondo de Cult. Econ., 1968.

OLIVER BELMAR, Antonio. *Este otro Rubén Darío.* Barcelona : Edit. Aedos, 1960.

Papeles de Son Armadans, 46 (1967), 115–320.

Revista Iberoamericana, 64 (1967).

Revista Nacional de Cultura, XXVIII, 178 (1966).

SAAVEDRA MOLINA, Julio. *Bibliografía de Rubén Darío.* Santiago : Ed. de la Rev. Chilena de Hist. y Geo., 1945.

SEQUEIRA DIEGO, Manuel. *Rubén Darío criollo.* Buenos Aires : Guillermo Kraft, 1945.

SILVA CASTRO, Raúl. *Rubén Darío a los veinte años.* Madrid : Gredos, 1956.

TORRES, Edelberto. *La dramática vida de Rubén Darío.* Guatemala : Minist. de Educ. Púb., 1952. 2a. ed., México : Edit. Grijalbo, 1956.

TORRES BODET, Jaime. *Rubén Darío, abismo y cima.* México : Fondo de Cult. Econ., 1966.

TORRES RÍOSECO, Arturo. *Vida y poesía de Rubén Darío.* Buenos Aires : Emecé, 1944.

WATLAND, Charles D. *Poet-errant; a Biography of Rubén Darío.* New York : Philosophical Library, 1965.

WOODBRIDGE, Hensley C. "Rubén Darío, a Critical Bibliography", *Hispania*, L (1967), 982–985; LI (1968), 95–110.

YCAZA TIJERINO, Julio C. *Estudio de la poética de Rubén Darío.* Managua : Comisión Nacional del Centen. de Rubén Darío, 1967.

——. *Los nocturnos de Rubén Darío y otros ensayos.* Madrid : Eds. Cult. Hisp., 1964.

LUIS G. URBINA

TEXTOS Y ESTUDIOS

CASTRO LEAL, Antonio. *Luis G. Urbina (1864–1943).* México : El Colegio Nacional, 1964.

Cuentos vividos y crónicas soñadas. México : E. Gómez de la Puente, 1915.

Dic. de escritores mexicanos. México : UNAM, 1967, pp. 387–390. (Amplia bibliografía.)

Ecos teatrales. Ed. de Gerardo Sáenz. México : INBA, 1963.

El cancionero de la noche serena. Prólogos de Alfonso Reyes y Gabriel Alfaro. México, 1941.

El glosario de la vida vulgar. Pról. de Amado Nervo. Madrid : Imp. de M. García y Galo Sáez, 1916.

Poemas selectos. Apuntes de M. Toussant. México : Tip. Munguía, 1919.

Sáenz, Gerardo. *Luis G. Urbina, vida y obra.* México : Studium, 1961.

Versos. Pról. de Justo Sierra. México : Tip. "El Combate", 1890.

AMADO NERVO

Textos

Almas que pasan (cuentos). Madrid : Revista de Archivos, 1906.

Elevación. Madrid : Tip. Artística Cervantes, 1917.

El éxodo y las flores del camino. México : Oficina Impresora de Estampillas, 1902

Ellos (prosas). París : Ollendorff, 1912.

El estanque de los lotos. Buenos Aires : J. Menéndez, 1919.

En voz baja. París : Ollendorff, 1909.

Juana de Asbaje (ensayo). Madrid : Hernández, 1910.

La amada inmóvil. Madrid : Biblioteca Nueva, 1920 vol. XII de *Obras completas.* Otra ed., Buenos Aires : Espasa-Calpe, 1938.

La hermana agua. Madrid : M. G. Hernández, 1901.

Los jardines interiores. México : F. Díaz de León, 1905.

Mañana del poeta. Ed. de Alfonso Méndez Plancarte. México : Botas, 1938.

Mis filosofías (prosas). París : Ollendorff, 1912.

Obras completas. Texto al cuidado de Alfonso Reyes. 29 tomos. Madrid : Biblio. Nueva, 1920–1928.

Obras completas. 2 vols. Madrid : Aguilar, 1962. Ed. de Francisco González Guerrero (prosa) y A. Méndez Plancarte (poesía).

Perlas negras. México : Imp. de I. Escalante, 1898.

Plenitud (prosa poética). Madrid : Tip. Artística Cervantes, 1918.

Poemas. París : Ch. Bouret, 1901.

Poesías completas. Pról. de Genaro Estrada. Madrid : Espasa-Calpe, 1935. Ed. de Alfonso Méndez Plancarte, Buenos Aires : Espasa-Calpe, 1943. Otra ed., México : Edit. Nueva España, 1944.

Serenidad. Madrid : Renacimiento, 1914.

Sus mejores cuentos. Ed. de Luis Leal. Boston : Houghton Mifflin, 1951.

Estudios

Dic. de escritores mexicanos. México : UNAM, 1967, pp. 250–252. (Amplia bibliografía.)

DURÁN, Manuel. *Genio y figura de Amado Nervo*. Buenos Aires : EUDEBA, 1968.
ESTRADA, Genaro. *Bibliografía de Amado Nervo*. México : Sec. de Rel. Ext., 1925.
LEAL, Luis. "La poesía de Amado Nervo : a cuarenta años de distancia", *Hispania*, XLIII (1960), 43-47.
ORTIZ DE MONTELLANO, Bernardo. *Figura, amor y muerte de Amado Nervo*. México : Xóchitl, 1943.
REYES, Alfonso. *Tránsito de Amado Nervo*. Santiago : Ercilla, 1937.
WELLMAN, Esther T. *Amado Nervo: Mexico's Religious Poet*. New York : Inst. de las Españas, 1936.

MANUEL DÍAZ RODRÍGUEZ

TEXTOS

Camino de perfección (1907) (ensayos). París : Ollendorff, 19—. Otras eds., Caracas : Edit. Cecilio Acosta, 1942; Caracas : Eds. Nueva Cádiz, 1952 (*Camino de perfección y otros ensayos*).
Confidencias de Psiquis. Caracas, 1896.
Cuentos de color (1899). Caracas : Eds. Nueva Cádiz, 1952.
De mis romerías (1898) *y Sensaciones de viaje* (1896). Madrid : Edit. América, 1917. Caracas : Eds. Nueva Cádiz, 1951.
Ídolos rotos. París, 1901. 2a. ed., Madrid : Edit. América, 1919. 3a. ed., Caracas : Eds. Nueva Cádiz, 1955.
Manuel Díaz Rodríguez. Pról. de Rafael Angarita Arvelo. Estudio de Lowell Dunham. 2 vols. Caracas, 1964. "Col. de Clásicos Venezolanos de la Lengua", vols. 10, 11.
Peregrina o El pozo encantado. Novela de rústicos del valle de Caracas. Madrid : Edit. América, 1922. Otra ed., Caracas : Eds. Nueva Cádiz, 1952.
Sangre patricia. Caracas, 1902. 2a. ed., Madrid : Soc. Española de Librería, 1916 (con los *Cuentos de color*). 3a. ed., Caracas : Eds. Nueva Cádiz, 1952.
Sermones líricos. Caracas : "El Universal", 1918. Otra ed., Caracas : Eds. Nueva Cádiz, 1955.

ESTUDIOS

ARAUJO, Orlando. *La palabra estéril*. Maracaino : Univ. de Zulia, 1966.
DUNHAM, Lowell. *Manuel Díaz Rodríguez, vida y obra* (1949). México : Eds. De Andrea, 1959.
MONGUIÓ, Luis. "Manuel Díaz Rodríguez y el conflicto entre lo práctico y lo ideal", en sus *Estudios sobre literatura hispanoamericana y española*. México : Studium, 1958, pp. 175-189.
SALVI, Adolfo. *Apuntes para una biografía*. Caracas : Eds. Edime, 1954.

RICARDO JAIMES FREYRE

Textos

Anecdotario. Potosí : Edit. Potosí, 1953.
Castalia bárbara. Buenos Aires, 1899.
Castalia bárbara. País de sueño. País de sombra. 2a. ed. La Paz, 1918.
Castalia bárbara y otros poemas. Pról. de Leopoldo Lugones. México : Murguía, 1920.
Leyes de la versificación castellana. Buenos Aires : Imp. de Coni Hnos., 1912.
Los más bellos poemas. Pról. de Leopoldo Lugones. México : Cultura, 1920.
Los sueños son vida. Con *Castalia bárbara*. Buenos Aires, 1917. Otra ed., Madrid : Edit. América, 1918.
Poesías completas. Ed. de Eduardo Joubin Colombres. Buenos Aires : Edit. Claridad, 1944. Otra ed., con las *Leyes* . . ., Pról. de Fernando Díez de Medina, La Paz : Minist. de Educ., 1957.

Estudios

BOTELHO GONSÁLVEZ, Raúl. "Ricardo Jaimes Freyre en el modernismo americano", *Cuadernos Amer.*, 156 (1968), 238–250.
CARILLA, Emilio. *Ricardo Jaimes Freyre*. Buenos Aires : Minist. de Educ. y Just., 1962.
GUZMÁN, Augusto. "Jaimes Freyre, Ricardo", *Dic. de la literatura latinoamericana: Bolivia*. Washington : Unión Panamericana, 1958, pp. 49–52.
JAIMES FREYRE, Mireya. *Modernismo y 98 a través de Ricardo Jaimes Freyre*. Madrid : Gredos, 1969.
MONGUIÓ, Luis. "Recordando a Jaimes Freyre", *Rev. Iber.*, 15 (1944), 121–133.
TORRES RÍOSECO, Arturo. "Ricardo Jaimes Freyre", *Hispania*, XVI (1933), 389–398.

LEOPOLDO LUGONES

Textos

Antología poética. Ed. de Carlos Obligado. Madrid: Espasa-Calpe, 1941, 1942, etc.
Cuentos fatales. Buenos Aires : Edit. Babel, 1924.
El libro fiel. París: H. Piazza, 1912. 2a. ed., Casa Editora Franco-Ibero-Americana, (1922).
El libro de los paisajes. Buenos Aires : Otero y García, 1917. 2a. ed., M. Gleizer, 1926.
La guerra gaucha. Buenos Aires : Edit. A. Moen y Hnos., 1905. 2a. ed., M. Gleizer, 1926. 3a. ed., Edit. Peuser, 1946. 4a. ed., Edit. Centurión, 1947, 5a. ed., 1948, 1950. 9a. ed., Emecé, 1954.
Las fuerzas extrañas. Buenos Aires : A. Moen y Hno., 1906. 2a. ed., M. Gleizer, 1926. 3a. ed., Edit. Centurión, 1948.

Las horas doradas. Buenos Aires : Edit. Babel, 1922.

Las montañas de oro. Buenos Aires : Imp. de Jorge A. Kern, 1897. 2a. ed., con un juicio de Rubén Darío, Montevideo : La "Editorial Ríoplatense", 1919. 3a. ed., con una nota de Amilcar Mendoza, Buenos Aires : Edit. Centurión, 1947.

Los crepúsculos del jardín. Buenos Aires : Edit. A. Moen y Hnos., 1905. 2a. ed., Montevideo : Colección Poética, Arte e Idea, 1924, reimpresa 1926. 3a. ed., Buenos Aires : Edit. Babel, 1926.

Lunario sentimental. Buenos Aires : A. Moen y Hno., 1909. 2a. ed., M. Gleizer, 1926.

Obras poéticas completas. Pról. de Pedro Miguel Obligado. Madrid : Aguilar, 1948, 1952, etc.

Odas seculares. Buenos Aires : A. Moen y Hno., 1910. 2a. ed., Edit. Babel, 1923.

Poemas solariegos. Buenos Aires : Edit. Babel, 1928.

Romancero. Buenos Aires : Edit. Babel, 1924. 2a. ed., Espasa-Calpe, 1941, "Col. Austral", 232; 1941, 1943, etc.

Romances del Río Seco. Buenos Aires : Soc. de Bibliófilos Argentinos, 1938. 2a. ed., F. A. Colombo, 1938. 3a. ed., Eds. Centurión, 1948.

ESTUDIOS

ARA, Guillermo. *Leopoldo Lugones.* Buenos Aires : Edit. "La Mandrágora", 1958.

BERG, Mary G. "Para la bibliografía de Lugones", *Hisp. Rev.*, XXXVI (1968), 353–357.

BORGES, Jorge Luis, y Betina Edelberg. *Leopoldo Lugones.* Buenos Aires : Troquel, 1955.

CAMBOURS OCAMPO, Arturo. *Lugones; el escritor y su lenguaje.* Buenos Aires : Eds. Theoria, 1957.

GHIANO, Juan Carlos. *Lugones escritor; notas para un análisis estilístico.* Buenos Aires : Edit. Raigal, 1955.

IRAZUSTA, Julio. *Genio y figura de Leopoldo Lugones.* Buenos Aires : EUDEBA, 1969.

JITRIK, Noé. *Leopoldo Lugones; mito nacional.* Buenos Aires : Eds. Palestra, 1960.

MAGIS, Carlos Horacio. *La poesía de Leopoldo Lugones.* México : Eds. Ateneo, 1960.

MANGARIELO, María Esther. *Tradición y expresión poética en los 'Romances del Río Seco' de Leopoldo Lugones.* Estudio prel. de J. C. Ghiano. La Plata : Univ. Nac. de La Plata, 1966.

MONGES, Carlos H. *La poesía de Leopoldo Lugones.* México : Ateneo, 1960.

NÚÑEZ, Jorge A. *Leopoldo Lugones.* Córdoba : Univ. Nac. de Córdoba, 1957.

ROGGIANO, Alfredo A. *Bibliografía de y sobre Leopoldo Lugones.* México : Edit. Cultura, 1962. Sobretiro del No. 53 de la *Rev. Iber.* (1962), 155–213.

Soto, Luis Emilio. "Lugones, Leopoldo (1874-1938)", *Dic. de la literatura latinoamericana: Argentina*. 1a. parte. Washington : Unión Panamericana, 1960, pp. 117-124.

JOSÉ ENRIQUE RODÓ

Textos

Ariel. La vida nueva, III. Montevideo : Dornaleche y Rojas, 1900. Otras eds., Monterrey, México : Talleres Modernos de Lozano, 1908; 9a. ed., Montevideo : Librería Cervantes de J. M. Lozano; Valencia : Edit. Cervantes, 1920 (con *Liberalismo y jacobinismo*); Trad. al inglés de F. J. Stimson, Boston-New York : Houghton Mifflin Co., 1922; México : UNAM, 1942, con Pról. de M. de la Cueva; Santiago : Ercilla, 1936; Montevideo : C. García, 1936, con Pról. de Leopoldo Alas; Buenos Aires : W. M. Jackson, 1946 (con selecciones de *Motivos de Proteo*), ed. de A. Zum Felde; Montevideo : Colombino Hnos., 1947; Buenos Aires : Espasa-Calpe, 1948, "Col. Austral", 866; Cambridge : Univ. of Cambridge Press, 1967, ed. de Gordon Brotherston; México : Edit. Porrúa, 1968, ed. de Raimundo Lazo, Col. "Sepan Cuantos", no. 87.

Cinco ensayos. Madrid : Soc. Española de Librería, 1915.

El camino de Paros. Valencia : Edit. Cervantes, 1918. 3a. ed., Barcelona, 1928.

El mirador de Próspero. Montevideo : José María Serrano y Cía, 1913. Otras eds. Madrid : Edit. América, 1918, en 2 vols.; Valencia : Edit. Cervantes, 1919; Montevideo : C. García, 1939; Montevideo : Barreiro y Ramos, 1958; México : Edit. Nacional, 1962.

El pensamiento vivo de Rodó. Ed. de Emilio Oribe. Buenos Aires : Losada, 1944.

El que vendrá. La vida nueva, I. Montevideo : Dornaleche y Rojas, 1897. Otra ed., Barcelona : Edit. Cervantes, 1920.

Ensayos históricos rioplatenses. Montevideo : Imp. Nacional, 1936.

Hombres de América. Barcelona : Edit. Cervantes, 1920; Barcelona, 1924. Otras eds., Montevideo : C. García, 1939; México : Nova-Mex, 1957.

La novela nueva. La vida nueva. I. Otra ed., Montevideo : Ediciones Minerva, 1919, con "Los que callan", y "Decir las cosas bien".

Lecturas. San José, C. R. : Alsina, 1914.

Liberalismo y jacobinismo. Montevideo : El Siglo Ilustrado, 1906.

Los escritos de "La Revista Nacional de Literatura y Ciencias Sociales". Poesías dispersas. Ed. de José Pedro Segundo y Juan Antonio Zubillaga. Montevideo : Casa A. Barreiro y Ramos, 1945. (En la cubierta : *Obras completas*, I.)

Los útilmos motivos de Proteo. Montevideo : J. M. Serrano, 1932.

Motivos de Proteo. Montevideo : José María Serrano y Cía., 1909. Otras eds., Madrid : Edit. América, s.f.; Valencia : Edit. Cervantes, 1917; Buenos Aires : Edit. Albatros, 1949; Montevideo : Barreiro y Ramos, 1956,

4a. ed.; Montevideo : Biblio. Artigas, 1957, ed. de Carlos Real de Azúa, 2 vols.; México : Edit. Porrúa, 1969 (con *Nuevos motivos de Proteo*), ed. de Raimundo Lazo, Col. "Sepan Cuantos", 115.

Nuevos motivos de Proteo. Barcelona : Edit. Cervantes, 1927. Con Pról. de Vicente Clavel.

Obras completas. Ed. de José Pedro Segundo y Juan Antonio Zubillaga. 4 tomos. Montevideo : Casa A. Barreiro y Ramos, 1945-1958.

Obras completas. Ed. de Alberto José Vaccaro. Buenos Aires : Antonio Zamora, 1948, 1956.

Obras completas. Ed. de Emir Rodríguez Monegal. Madrid : Aguilar, 1957.

Obras selectas. Pról. de Arturo Marasso. Buenos Aires : El Ateneo, 1956, 1964.

Páginas de José Enrique Rodó. Ed. de Emir Rodríguez Monegal. Buenos Aires EUDEBA, 1963.

Parábolas . . . Madrid : Lectura Selecta, 1920. Otra ed., Buenos Aires : Kapelusz, 1957, ed. de José Pereira Rodríguez.

Rodó. Pról. y Sel. de Samuel Ramos. México : Sec. de Educ. Púb., 1943.

Rodó en la cátedra. Montevideo : Imp. Uruguaya, 1931.

Rubén Darío. La vida nueva, II. Montevideo : Dornaleche y Rojas, 1899.

ESTUDIOS

ALBARRÁN PUENTE, Glicerio. *El pensamiento de José Enrique Rodó.* Madrid : Eds. Cult. Hisp., 1953.

BACHELLER, Cecil C. *José Enrique Rodó: his ideas on aesthetics.* Ann Arbor, Mich. : University Microfilm, 1961. (Tesis doctoral, Univ. de Michigan.)

BOTELHO GONSÁLVEZ, Raúl. *Reflexiones sobre el cincuentenario del "Ariel" de José Enrique Rodó.* La Paz : Edit. Centenario, 1950. 30 pp.

DELGADO, Luis Humberto. *Vida de Rodó.* Lima : American Express, 1932.

DÍEZ DE MEDINA, Fernando. *Sariri; una réplica al "Ariel" de Rodó.* La Paz A. Tejerina, 1954.

GONZÁLEZ MALDONADO, Edelmira. *El arte del estilo en José Enrique Rodó (Análisis de "El camino de Paros").* San Juan, P. R. : Edit. Edil, 1968.

PEREDA, Clemente. *Rodó's Main Sources.* San Juan, P. R. : Imp. Venezuela, 1948.

PÉREZ PETIT, Víctor. *Rodó, su vida, su obra.* Montevideo : C. García, 1937.

SCARONE, Arturo. *Bibliografía de Rodó.* 2 vols. Montevideo : Imp. Nacional, 1930.

RODRÍGUEZ MONEGAL, Emir. *José Enrique Rodó en el novecientos.* Montevideo : Número, 1950.

JULIO HERRERA Y REISSIG

TEXTOS

Antología lírica. Ed. de C. Sabat Ercasty y Manuel de Castro. Santiago : Ercilla, 1939, 1942.

Ciles alucinada y otras poesías. San José, C. R. : Alsina, 1916. Con un Pról. d e
Roberto Brenes Mesén.
El Renacimiento en España. Montevideo, 1919.
El teatro de los humildes. Buenos Aires : Edit. Claridad, 1923. Ed. anterior en
Obras completas, II.
Las lunas de oro. Buenos Aires : Edit. Claridad, 1924. Con una Nota de A. Y.
(Álvaro Yunque). Ed. anterior en *Obras completas,* III.
Las pascuas del tiempo. Madrid : Edit. América, 1920. Ed. anterior en *Obras
completas,* IV.
Los éxtasis de la montaña y otros poemas escogidos. Ed. de Francisco González
Guerrero. México : Imp. Victoria, 1917. Otra ed. de *Los éxtasis* . . .,
Buenos Aires : Eds. Selectas América, 1920.
Los parques abandonados. Buenos Aires : Eds. Selectas América, 1919. Otra ed..
Buenos Aires : Edit. Claridad, 1926.
Los peregrinos de piedra. Montevideo : O. M. Bertani, 1909. Otras eds., en *Obras
completas,* I (1913); París : Garnier, 1914, con Pról. de R. Blanco Fom-
bona.
Obras completas. 5 vols. Montevideo : O. M. Bertani, 1913. (I, *Los peregrinos de
piedra;* II, *El teatro de los humildes;* III, *Las lunas de oro;* IV, *Las pascuas
del tiempo;* V, *La vida y otros poemas.*)
Ópalos. Buenos Aires : Eds. Selectas América, 1919.
Páginas escogidas. Ed. de Juan Más y Pi. Barcelona : Maucci, 1914(?).
Poesías. Ed. de Francisco Villaespesa. Madrid : Imp. Helénica, 1911.
Poesías completas. Estudio de Guillermo de Torre. Buenos Aires : Losada, 1942.
2a. ed., 1945. 3a. ed., 1958.
Poesías completas. Ed. de Roberto Bula Píriz. Madrid : Aguilar, 1951. 2a. ed.,
Poesías completas y páginas en prosa, 1961.
Prosas: crítica, cuentos, comentarios. Pról. de Vicente A. Salaverri. Montevideo :
M. García, 1918.

ESTUDIOS

BLENGIO BRITO, Raúl. *Aproximación a la poesía de Herrera.* Montevideo : La
Casa del Estudiante, 1967.
BULA PÍRIZ, Roberto. *Herrera y Reissig, vida y obra. Bibliografía. Antología.*
New York : Hispanic Inst., 1952.
BUSTAMANTE, Ernesto P. *Vida y obra de Julio Herrera y Reissig.* Buenos Aires,
1942. 34 pp.
CORREA, Gustavo. "The Poetry of Julio Herrera y Reissig and French Sym-
bolism", *PMLA,* LXVIII (1953), 935–942.
FLORES MORA, Magela. *Julio Herrera y Reissig, estudio biográfico.* Montevideo :
Edit. Letras, 1947.
GICOVATE, Bernardo. *Julio Herrera y Reissig and the Symbolists.* Berkeley : Univ.
of Calif. Press, 1957.

PHILLIPS, Allen W. "La metáfora en la obra de Julio Herrera y Reissig", *Rev. Iber.*, 31 (1950), 31–48.

SCHADE, George D. "Mythology in the Poetry of Julio Herrera y Reissig", *Hispania*, XLII (1959), 46–49.

GUILLERMO VALENCIA

TEXTOS

Anarkos. Bogotá : Tip. Prag, 1941.

Catay. Bogotá : Cromos, 1929.

Job. Bogotá : Cromos, 1927.

Obras poéticas completas. Pról. de B. Sanín Cano. Madrid : Aguilar, 1948. 2a. ed., 1952. 3a. ed., 1955.

Oraciones peregrinas. Bogotá : Negret Hnos., 1915. Otra ed., Minist. de Educ., 1952.

Poemas. Buenos Aires : Eds. Mínimas, 1918.

Poemas escogidos. Pról. de B. Sanín Cano. México : Lectura Selecta, 1920.

Poemas selectos. Ed. de Manuel Toussaint. México : Cultura, 1917.

Poesías. Bogotá : Biblio. Mundial, 1912.

Poesías y discursos. Ed. de Carlos García Prada. Madrid : Eds. Iberoamericanas, 1959.

Ritos. Bogotá : Samper Matiz, 1899. 2a. ed., London : Wertheimer, Lea, and Co., 1914, con Pról. de Baldomero Sanín Cano.

Selectísima compilación de la obra maestra . . . Cali : Plus Ultra, 1943.

Sus mejores poemas. Madrid : Edit. América, 1919. 2a. ed., 1926.

Sus mejores versos. Pról. de Rafael Maya. Bogotá : La Gran Colombia,1944.

ESTUDIOS

ACOSTA, Polo. *La poesía de Guillermo Valencia.* Barranquilla, 1965.

ECHEVERRI MEJÍA, Oscar. *Guillermo Valencia, estudio y antología.* Madrid : Comp. Bibliografía Española, 1965.

GARCÍA PRADA, Carlos, "Valencia, Guillermo", *Dic. de la literatura latinoamericana: Colombia.* Washington : Pan American Union, 1959.

KARSEN, Sonja. *Guillermo Valencia, Colombian Poet, 1873-1943.* New York : Hispanic Inst., 1951.

SCHADE, George D. "La mitología en la poesía de Guillermo Valencia", *Rev. Iber.*, 47 (1959), 91–104.

JOSÉ SANTOS CHOCANO

TEXTOS

Alma América; poemas indo-españoles. Pról. de Miguel de Unamuno. Madrid : V. Suárez, 1906. Otra ed., París : Ch. Bouret, 1924.

Antología poética. Ed. del P. Alfonso Escudero. Buenos Aires : Espasa–Calpe, 1948. "Col. Austral", 751.

Azahares. Lima : Imp. del Estado, 1896.

Cantos del Pacífico. Poesías selectas. México-París : Ch. Bouret, 1904.

Chocano: poesías. Pról. de Luis Alberto Sánchez. Lima : Univ. Nac., 1959.

El canto del siglo. Pról. de Emilio Gutiérrez de Quintanilla. Lima : Imp. La Industria, 1901.

El fin de Satanás y otros poemas. Guatemala : Tip. Nac., 1901.

En la aldea. Lima : Imp. del Estado, 1895.

¡Fiat Lux! Madrid : Edit. Pueyo, 1908. Otra ed., París : Ollendorff, 1908 (con adiciones).

Iras santas. Lima : Imp. del Estado, 1895.

Los conquistadores. Drama heroico en tres actos y en verso. Madrid : Edit. Pueyo, 1906.

Obras completas. Ed. de Luis Alberto Sánchez. México : Aguilar, 1954.

Oro de Indias. 4 vols. Santiago : Nascimiento, 1940–1941.

Páginas de oro; poesías inéditas . . . Ed. de Eduardo A. Chocano. Lima : Rimac, 1944.

Poemas de amor doliente. Santiago : Nascimiento, 1937.

Poesías. Pról. de Luis Fabio Xammar. Buenos Aires : W. M. Jackson, 1945. 2a. ed., 1946.

Poesías completas. Pról. de Manuel González Prada. 2 vols. Barcelona : Maucci, 1901, 1902, etc.

Poesías escogidas. México- París : Ch. Bouret, 1912.

Poesías escogidas. Ed. de V. García Calderón. París : Brouwer, 1938. "Biblio. de Cultura Peruana", 12.

Poesías selectas. Ed. de Ventura García Calderón. París : Edit. Lilliput, 1920(?).

Poesías selectas. Lima : Edit. La literatura Peruana, de Manuel Beltroy, 1922.

Primicias de "Oro de Indias . . ." Santiago : Imp. Siglo XX, 1934.

Selección de poesías. Montevideo : C. García, 1941.

Selva virgen. Lima : Imp. del Estado, 1898. Otra ed., París : Garnier, 1909.

Sus mejores poemas. Lima : Editora Paracas, 1962.

Sus mejores versos. Elogio de Eduardo Carranza. Bogotá : La Gran Colombia, 1941.

Estudios

Aguilar Machado, Margarita. *José Santos Chocano, sus últimos años*. Santiago : Arancibia Hnos., 1964.

Chávarri, Jorge M. "La vida y arte de José Santos Chocano", *Kentucky Foreign Language Quarterly*, III (1956), 67–75.

Sánchez, Luis Alberto. "Chocano, traductor", *Rev. Iber.*, 45 (1958), 113–120.

——. "Chocano en Centroamérica, 1920–1921", *Rev. Iber.*, 49 (1960), 59–72.

——. *Aladino, o vida y obra de José Santos Chocano*. México : Libro Mex, 1960.

JOSÉ JUAN TABLADA

Textos y Estudios

Al sol y bajo la luna. Prel. de Leopoldo Lugones (en verso). París-México : Ch. Bouret, 1918.

Antología general de . . . Ed. de Enrique González Martínez. México : Porrúa, 1920.

Del humorismo a la carcajada (prosa y verso). México : Edit. Mexicana, 1944.

Dic. de escritores mexicanos. México : UNAM, 1967, pp. 375-377. (Amplia bibliografía crítica.)

El florilegio. México : Imp. de Ignacio Escalante, 1899. 2a. ed. aum., Pról. de Jesús E. Valenzuela, París-México : Ch. Bouret, 1904.

El jarro de flores (disociaciones líricas). New York : Escritores Sindicados, 1922.

La feria (poemas mexicanos). New York : F. Mayans, (1928).

La feria de la vida (memorias). México : Eds. Botas, 1937.

Li-Pó y otros poemas (poemas ideográficos). Caracas : Imp. Bolívar, (1920).

Los mejores poemas de José Juan Tablada. Ed. de J. M. González de Mendoza. México : Edit. Surco, 1943.

Un día . . . (poemas sintéticos). Caracas : Imp. Bolívar, (1919).

IX

 Postmodernismo, Vanguardismo y Criollismo

(1910-1940)

En la primera década del siglo veinte impera en la literatura hispano-americana, como hemos visto, la corriente modernista. Pero ya durante esos años comienzan a soplar otros vientos. El libro de Rodó, que proponía mayor libertad de pensamiento y que rechazaba el materialismo para dar énfasis a la vida del espíritu, tuvo gran éxito entre los jóvenes y fue ampliamente discutido y comentado. Se notan en Hispanoamérica las influencias de William James y del filósofo francés Henri Bergson. Éste publica en 1907 *La evolución creadora*, libro que rechaza las ideas positivistas y que presenta una nueva manera de llegar al conocimiento, dando preferencia a la intuición sobre la razón. Las nuevas ideas de Sigmund Freud en la psicología y las de Albert Einstein en la física ejercen su temprana influencia, así como también las de los escritores españoles de la generación del '98. Todas estas influencias contribuyen a la revolución contra el positivismo por algunos hispanoamericanos que habían sido partidarios de esa filosofía—como en el caso de Justo Sierra— y que preparan el terreno para el cambio.

Contribuyen también ciertos acontecimientos políticos. La guerra del '98 entre los Estados Unidos y España despierta del largo sueño a muchos intelectuales hispanoamericanos. Y la Revolución mexicana, que se inicia en 1910, marca el rompimiento definitivo con el pasado. Hispanoamérica entra de plano en el siglo veinte.

A. EL POSTMODERNISMO

Con el término "postmodernismo" nos referimos al período de transición (1910-1922) entre el modernismo y el vanguardismo. Si bien corta, esta etapa en el desarrollo de la literatura hispanoamericana es de capital importancia. Durante esta época comienzan a publicar varios escritores que han de tener decidida influencia sobre las letras de los siguientes decenios. Algunos de ellos no rompen definitivamente con los modernistas; más bien, continúan en la misma tradición, como en el caso de González Martínez, Gabriela Mistral y Arévalo Martínez. Otros, como Alfonso Reyes, abandonan toda influencia modernista y crean una obra nueva, distinta, ya enteramente característica del siglo veinte. Todavía otros, como reacción a los excesos del exotismo modernista, se refugian en lo americano, sea el pasado indígena, la época colonial o el criollismo. Como resultado de la Revolución mexicana y otros movimientos sociales análogos, aparece una literatura de inspiración popular, que ha de tener un lento desarrollo pero que cuando madura ha de competir con la corriente culta que había predominado.

1. LA POESÍA

Los poetas postmodernistas se dividen en dos grupos : aquéllos que no rompen con la tradición modernista, como hemos apuntado, y los que buscan nuevos asuntos, nuevas imágenes, un nuevo estilo. En el primer grupo encontramos al mexicano Enrique González Martínez, a la chilena Gabriela Mistral, al peruano José María Eguren (1874-1942), a los argentinos Ernesto Carriego (1883-1912), Baldomero Fernández (1886-1950), Delmira Agustini (1886-1914), Enrique Banchs (1888), Rafael Alberto Arrieta (1889-1968) y Alfonsina Storni (1892-1938), a la uruguaya Juana de Ibarbouru (1895), a los colombianos Rafael Maya (1895), Porfirio Barba Jacob (1883-1942), al cubano José Manuel Poveda (1888-1926) y al venezolano Andrés Eloy Blanco (1897-1955). En el segundo grupo, entre otros, al colombiano Luis Carlos López (1883-1950) y al mexicano Ramón López Velarde.

ENRIQUE GONZÁLEZ MARTÍNEZ (México, 1871-1952) es el poeta que tiende el puente entre el modernismo y el postmodernismo. Modernista en la forma (no desdeña el soneto alejandrino), en el contenido es ya postmodernista. En el famoso soneto "Tuércele el cuello al cisne", publicado en *Los senderos ocultos* en 1911, rechaza la estética de los modernistas en cuanto al interés en lo externo, en lo exótico como finalidad, en el uso de palabras de gran sonoridad pero huecas de significado, y propone un nuevo credo poético :

> Huye de toda forma y de todo lenguaje
> que no vayan acordes con el ritmo latente
> de la vida profunda ... y adora intensamente
> la vida, y que la vida comprenda tu homenaje.
>
> Mira el sapiente buho cómo tiende las alas
> desde el Olimpo, deja el regazo de Palas
> y posa en aquel árbol el vuelo taciturno ...
>
> Él no tiene la gracia del cisne, mas su inquieta
> pupila que se clava en la sombra, interpreta
> el misterioso libro del silencio nocturno.

La substitución del cisne, símbolo de la belleza externa, por el sapiente buho, representante del elemento de misterio que en la naturaleza encontramos, fue un genial hallazgo que en sí solo bastó para poner punto final al modernismo. En la primera época, esto es, en *Preludios* (1903), *Lirismos* (1907) y *Silenter* (1909), González Martínez todavía no logra deshacerse de la herencia del modernismo, aunque sí es verdad que en esos libros ya encontramos lo que ha de constituir el rasgo predominante en su poesía : la búsqueda del significado trascendente de las cosas. De *Los senderos ocultos* (1911) en adelante, y hasta sus últimos libros, el poeta del buho pone en práctica su teoría estética. En sus mejores poemas siempre encontramos ese deseo insaciable de escudriñar en la esencia de las cosas. En "Un fantasma", del libro *El romero alucinado* (1923) logra captar la esencia de la muerte y comunicarnos el terror que se siente al saber que alguien vuelve del más allá :

> Era sin voz, como la piedra ... Pero
> había en su mirar ensimismado
> el solemne pavor del que ha mirado
> un gran enigma, y torna mensajero
> del mensaje que aguarda el orbe entero ...
>
> Y su faz y mi faz quedaron juntas,
> y me subió del corazón un loco
> afán de interrogar ... Mas, poco a poco,
> se helaron en mi boca las preguntas ...
>
> Se estremeció la tarde con un fuerte
> gemido de huracán ... Y paso a paso
> perdióse en la penumbra del ocaso
> el hombre que volvía de la muerte.

Gabriela Mistral (Chile, 1889-1957), nombre bajo el cual fue conocida Lucila Godoy Alcayaga, recibió el premio Nobel en Literatura (1945) por sus libros *Desolación* (1922), *Ternura* (1924) y *Tala* (1938). En ellos recogió lo mejor de su obra poética, que se caracteriza por la ternura con que expresa los sentimientos humanos. El tema de la maternidad, uno de los favoritos de Mistral, aparece con insistencia a través de su obra en versos de sincero y profundo sentimiento. En las canciones de cuna, en melodiosos versos perfectamente ajustados al contenido, es donde se manifiesta mejor su amor hacia los niños, amor que se desborda y da a la obra poética de Gabriela Mistral un profundo sentimiento humano:

> Cuando yo te estoy cantando,
> en la tierra acaba el mal.

Su amor se extiende a los seres inferiores:

> Cuando yo te estoy cantando,
> se me acaba la crueldad :
> ¡suaves son, como tus párpados,
> la leona y el chacal!

En uno de sus más conocidos poemas, "Meciendo", capta con una imagen cósmica el amor maternal:

> Dios Padre sus miles de mundos
> mece sin ruido.
> Sintiendo su mano en la sombra
> mezo a mi niño.

Esa cualidad humana, no desintegrada sino vista en un contexto universal, es lo que da a la poesía de Gabriela Mistral valor permanente.

Ramón López Velarde (1888-1921) representa en México—como en Colombia Luis Carlos López—la corriente nativista. Los dos libros que publicó en vida (*La sangre devota*, 1916; *Zozobra*, 1919), lo mismo que la obra póstuma (*El son del corazón*, 1932), contienen poesías aunadas por una nota común : la emoción ante lo tradicional provinciano. López Velarde supo realzar lo cotidiano al nivel poético. "La suave patria", su más famosa composición, está cuajada de imágenes provincianas expresadas con emoción:

> Y por las madrugadas del terruño,
> en calles como espejos, se vacía
> el santo olor de la panadería.
>
> . . .

Si me ahogo en tus julios, a mí baja
desde el vergel de tu peinado denso
frescura de rebozo y de tinaja.
. . .
a la intemperie, cual una sonaja :
la carreta alegórica de paja.

Esta poesía, que tiene una estructura dramática (Proemio, Primer Acto, Intermedio, Segundo Acto) es la más significativa en la poesía mexicana desde el *Primero sueño* de Sor Juana. Es significativa porque en ella el autor logra captar la esencia del ser nacional, dando expresión a través de imágenes originales, nativas, a lo que constituye el alma de México y los mexicanos. El poeta levanta lo nacional a la altura del mito. De uno de sus héroes, Cuauhtémoc, dice:

Joven abuelo : escúchame loarte
único héroe a la altura del arte.

Un acierto poético fue el haber personificado a la patria dándole forma femenina; el poeta le habla en términos que se reservan para la mujer amada :

Suave patria, vendedora de chía :
quiero raptarte en la cuaresma opaca,
sobre un garañón y con matraca,
y entre los tiros de la policía.

El estilo de López Velarde, en el cual ya no queda ningún rasgo modernista, se distingue por la original adjetivación, que es inesperada y por lo tanto deslumbrante. Nos habla de "el agua inmanente", de una "experiencia licenciosa y fúnebre", de "la tarde inválida", de una "cruel carrera logarítmica", del "cíngulo morado de los atardeceres", del "incendio sinfónico", de "párpados narcóticos", de una "gota categórica", de "noveles picos alfareros", de "atardeceres monacales", de "tristeza reaccionaria" y de "la ubérrima ubre prohibida / de la vaca, rumiante y faraónica". El tono de sus poesías es siempre hondo, sincero. Lo personal aflora en el conflicto que se trasluce entre las tentaciones del mundo y la vida espiritual, problema que permea la poesía toda de López Velarde.

2. LA NARRATIVA

Si bien los modernistas fueron esencialmente poetas, casi todos ellos escribieron cuentos y, algunos, novelas. La narrativa modernista se distingue de la de los realistas y los naturalistas por su finalidad, que es la emoción lírica y no el elemento narrativo; mas no podemos decir que lo descuidan. El cuento y la novela hispanoamericanos ganan, durante la época modernista, nuevas dimensiones : la forma artística, el ambiente exótico, el personaje refinado, el estilo lírico. En la técnica se introduce, por influencia francesa, el uso del marco artístico; en la estructura el cuento y la novela tienen menos rigidez : el desarrollo de la fábula interesa menos que el elemento lírico. Así, el narrador se ve menos dominado por los elementos causativos y tiene más libertad para intercalar pasajes líricos. A veces la obra se convierte en poema en prosa. Las mismas características formales predominan en la narrativa postmodernista. Excepto que los postmodernistas, entre quienes encontramos los nombres de Quiroga, Arévalo Martínez, Prado, Barrios y otros, no desdeñan, como lo habían hecho los modernistas, los temas y los asuntos nativos o criollos. Los postmodernistas abandonan los ambientes refinados y los motivos exóticos para volver los ojos hacia la tierra, hacia lo nativo, hacia el hombre de América. No son tampoco, como lo fueron los costumbristas y los realistas, imitadores de la narrativa española. Tratan, más bien, de crear una narrativa americana, pero sin despreciar, por supuesto, las lecciones estilísticas de los modernistas.

Horacio Quiroga (Uruguay, 1878-1937) es, sin duda alguna, el mejor representante del cuento postmodernista. Sus primeras narraciones fueron escritas bajo la influencia de los modernistas. Pronto, sin embargo, abandona esa estética para dedicarse al cultivo del cuento de contenido criollo y de técnica en la que predomina la influencia de Edgar Allan Poe. Su primera colección, *El crimen del otro* (1904), representa el fin de su primera etapa. Durante la segunda, que termina hacia 1917 con la publicación de su mejor libro, los *Cuentos de amor, de locura y de muerte*, Quiroga cae por completo bajo la influencia de Poe. De1909 a 1916 había vivido en Misiones, en contacto directo con la naturaleza y la vida primitiva, y esos ambientes los recrea artísticamente en sus mejores cuentos tales como "A la deriva", "El alambre de púas", "Los mensú", "Yaguaí", "El hijo", "El hombre muerto" y tantos otros. En ellos Quiroga crea ambientes de terror en los cuales se mueven con fatalismo inexorable personajes atormentados por las ansias de la muerte. Para aumentar el sentido de la tragedia, casi siempre presenta como motivo de la muerte un accidente insignificante, como el resbalar al cruzar un cercado, el piquete de un insecto o la mordedura de una víbora. Al mismo tiempo, la indiferencia de la naturaleza ante los sufrimientos y la muerte del hombre da al relato una nota trágica difícil de igualar. Durante su última época Quiroga cae bajo la influencia de Kipling y escribe los *Cuentos de la selva para los niños* (1918), *Anaconda* (1921), *El desierto* (1924) y *Los desterrados* (1926), siendo la última colección la menos lograda. La contribución de Quiroga al desarrollo del cuento hispanoamericano la encontramos en dos campos : en el perfeccionamiento de la técnica y en la introducción de temas, ambientes y personajes criollos. Su influencia sobre los cuentistas hispanoamericanos fue preponderante, no solamente por el ejemplo de su producción, sino también por sus artículos sobre el arte de escribir cuentos, en los que expone con precisión la técnica del género.

El otro cuentista postmodernista de relieve es el guatemalteco Rafael Arévalo Martínez (1884), quien se hizo famoso en 1915 con el cuento *El hombre que parecía un caballo*. Es significativo este relato porque en él encontramos una nueva perspectiva en la caracterización del personaje central : el señor de Aretal refleja las características físicas y psicológicas de un caballo. La invención fue feliz y la repitió, dando al personaje las características de un perro ("El trovador colombiano"), de un águila ("Duelo de águilas"), de una leona ("La signatura de la esfinge"), de un tigre ("Las fieras del trópico") y de otros animales. Así nace el cuento psicozoológico, con el cual a veces hace veladas críticas personales. Pero Arévalo Martínez nunca olvida que lo importante es la fábula (sin la cual no habría cuento) y no la crítica o la caracterización del personaje.

La novela, como ya hemos visto, la cultivaron algunos de los escritores modernistas. Las más logradas fueron las de Díaz Rodríguez (*Sangre patricia*, 1901 ; *Ídolos rotos*, 1902) primero y, ya entrado el siglo, una del argentino Enrique Larreta (1875–1961). En *La gloria de don Ramiro* (1908) Larreta recrea el ambiente de la época de Felipe II. Más que novela histórica podemos considerarla como novela arqueológica, ya que es la creación del ambiente lo que resalta y da carácter a la obra. A pesar de la tardía fecha, esta obra está encuadrada dentro del modernismo, tanto por el estilo como por el interés en la recreación de ambientes artificiales. No así las novelas de Pedro Prado y Eduardo Barrios, ya que sus obras apuntan hacia la futura narrativa y no hacia la del pasado.

Como novelista, Pedro Prado (Chile, 1886–1952) es recordado por *La reina de Rapa Nui* (1914), *Alsino* (1920) y *Un juez rural* (1924). La primera, cuyo escenario es la Isla de Pascua, interesa por la yuxtaposición que el autor hace de elementos poéticos y datos geográficos e históricos concretos. El predominio de lo imaginativo sobre lo concreto, el elemento dramático en torno al choque de dos culturas y el estilo cuajado de imágenes poéticas es lo que encontramos en esta novela, superior a las de su clase precisamente por la armonía que existe entre los diversos elementos. Seis años más tarde Prado publica su obra maestra, *Alsino*, novela poemática en la que con gran sentido artístico expresa el tema de las aspiraciones humanas. El personaje central, Alsino, quien durante su juventud sufre un accidente (se cae cuando se echa a volar y de la joroba le nacen alas), es el símbolo del hombre encadenado a quien la sociedad no permite que se eleve ni le deja realizar sus aspiraciones. El mito de Ícaro está admirablemente adaptado al ambiente local. Los cantos de Alsino durante sus vuelos y las descripciones del paisaje chileno desde una nueva perspectiva (las alturas) son motivos artísticos que enriquecen la narración. Ésta se desarrolla en torno al fracaso de Alsino, resultado de su inhabilidad para conquistar las fuerzas de la sociedad burguesa que lo ahogan, que lo mantienen atado a la tierra. Alsino es el representante de los artistas, de los hombres de refinada sensibilidad a quienes una sociedad materialista no deja volar. Como Ícaro, como Ariel, Alsino representa al ser humano superior dominado por sus inferiores.

Otro chileno, EDUARDO BARRIOS (1884–1963), contribuye al desarrollo del género con varias novelas psicológicas, entre las que destacan *El niño que enloqueció de amor* (1915) y *El hermano asno* (1922). Otras novelas de Barrios son *Un perdido* (1917), *Tamarugal* (1944), *Gran señor y raja-diablos* (1948) y *Los hombres del hombre* (1949). En *El hermano asno*, su mejor obra, Barrios presenta un ambiente reducido, el convento, en donde desarrolla un drama psicológico : el conflicto entre lo material y lo espiritual según lo viven los dos personajes centrales, fray Lázaro y fray Rufino. El tono confesional lo obtiene el autor haciendo uso de la técnica del diario. Fray Lázaro, el narrador y a través de quien vemos el mundo franciscano que los rodea, apunta en su diario las experiencias y reacciones psicológicas en torno a la vida sedentaria de sus compañeros, los frailes hermanos a quienes analiza a veces con piedad, a veces con ironía. Fray Rufino, el santo del convento y de la comunidad (más de la comunidad que del convento), es un personaje magistralmente captado en el aspecto psicológico de su carácter, al borde de lo patológico. El inesperado desenlace, el ataque de fray Rufino a María Mercedes a la sombra del templo, queda sin explicar satisfactoriamente, y es precisamente ese toque genial lo que hace que la novela haya alcanzado un lugar prominente en la narrativa hispanoamericana. Ese desenlace obliga al lector a meditar sobre el verdadero carácter de fray Rufino, sobre el valor de la vida monástica, sobre el significado de la santidad. No menos importante es la unidad temática (el triunfo de lo material sobre lo espiritual), captada a través del uso de imágenes religiosas que reflejan ya lo material, ya lo espiritual. El sostenido estilo (en voz baja) y el uso de la técnica del diario son elementos que, añadidos a los anteriores, colocan a *El hermano asno* entre las novelas más logradas de Hispanoamérica.

3. EL ENSAYO

El ensayo hispanoamericano, que había alcanzado un alto nivel artístico con Montalvo en el siglo diecinueve y con Rodó en la época modernista, florece durante el postmodernismo y da sus mejores frutos en las obras de los argentinos Alejandro Korn (1860-1936), José Ingenieros (1877-1925) y Manuel Ugarte (1878-1951); del venezolano Rufino Blanco Fombona (1874-1944); de los peruanos Francisco (1883-1953) y Ventura (1886-1959) García Calderón; del dominicano Pedro Henríquez Ureña; del uruguayo Carlos Vaz Ferreira (1873-1958) y de los mexicanos Antonio Caso (1883-1946), José Vasconcelos y Alfonso Reyes.

Pedro Henríquez Ureña (Santo Domingo, 1884-1946) contribuyó como ningún otro pensador a la renovación de las ideas estéticas en Hispanoamérica. Hombre de vasta erudición, dejó huella permanente en las letras, la crítica y las ideas hispanoamericanas. Su obra docente fue una de las más productivas en la historia de la erudición. Nadie como él supo inspirar, guiar y exhortar a los jóvenes. Como crítico se le recuerda por la obra *Las corrientes literarias en la América Hispánica* (1949), que había sido publicada primero en inglés en 1945, con la cual inició la nueva crítica hispanoamericana. Sus ensayos y estudios sobre literatura y cultura fueron recogidos en 1960 bajo el título *Obra crítica*. Allí encontramos los famosos *Seis ensayos en busca de nuestra expresión*, entre los cuales incluye el que trata de Ruiz de Alarcón. En éste analiza el aspecto mexicano de la obra del autor de *La verdad sospechosa*. No menos importante es el ensayo "El descontento y la promesa", en donde formula una teoría americanista de la literatura, tocando sobre el problema de la literatura nacional. Con este ensayo, que después había de desarrollar en el libro *Las corrientes literarias* ... Pedro Henríquez Ureña echa las bases sobre las cuales se había de levantar la crítica contemporánea de la literatura hispanoamericana, ya que no hay crítico literario que no se haya visto influido directa o indirectamente por esa obra fundamental y a la cual hay que recurrir cuando de esta materia se trata. Pedro Henríquez Ureña es el fundador de la crítica literaria hispanoamericana moderna.

Alfonso Reyes (México, 1889-1959), uno de los más grandes prosistas hispanoamericanos, se formó al lado de Pedro Henríquez Ureña, Antonio Caso y José Vasconcelos, con quienes participó en las actividades del

"Ateneo de la Juventud", asociación formada con el propósito, entre otros, de combatir el modernismo y el positivismo. En la serie de conferencias que el grupo organizó en 1910, Reyes leyó un estudio sobre el paisaje en la poesía del poeta mexicano Manuel José Othón (1858–1906). Antes Reyes había escrito poesía (*Duda*, 1905), modalidad que no ha de abandonar en toda su vida. Como poeta se le recuerda principalmente por las obras *Huellas* (1922), *Ifigenia cruel* (poema dramático, 1924), *Romances del Río de Enero* (1933), *Yerbas de tarahumara* (1934), *La vega y el soto* (1946) y *Homero en Cuernavaca* (1949). Mas es en la prosa donde mejor despliega su ingenio, y especialmente en el ensayo, forma que llegó a dominar. Además, practicó extensamente la crítica y la teoría literaria. No menos significativas son sus narraciones cortas, en las que con gran imaginación, gracia y donaire entreteje los elementos narrativos y las disquisiciones filosóficas. A través de toda su prosa, siempre cuajada de imágenes poéticas, nos deslumbra con agudas observaciones y exquisitos donaires. Su primer libro en prosa, las *Cuestiones estéticas*, aparece en 1911. Desde entonces, su crítica de las literaturas clásicas y modernas fue constante y sostenida. Durante su época madrileña (1913–1925) añade a sus intereses el de la literatura y la vida españolas. Es durante esa época cuando se da a conocer como gran ensayista con los libros *Visión de Anáhuac* (1917), *El cazador* (1921) y *El suicida* (1917). De su época de París y Sudamérica destacaremos algunos de los ensayos de *Tren de ondas* (1932), *La caída* (1932) y *Homilía por la cultura* (1938). En *Visión de Anáhuac*, uno de los más acabados ensayos de la literatura hispanoamericana, Reyes despliega su rica imaginación en las descripciones que hace de la naturaleza americana según la descubrieron los ojos de los conquistadores. En torno al tema de la emoción evocada por el paisaje, Reyes desarrolla el ensayo y llega a la conclusión de que la reacción del hombre ante la naturaleza es lo que forma, da unidad y mantiene viva una tradición cultural. Estructurado como una sinfonía y escrito en un estilo que sin ser arcaico capta el espíritu de la época, este ensayo de Reyes representa la plenitud que el género había alcanzado en Hispanoamérica. Es esta, sin duda, una obra que refleja la madurez de la literatura de los países americanos. El ensayo "La caída" surge de una observación que Reyes hizo un día de tantos en un escaparate en Madrid. Allí vio un objeto de marfil. El precioso objeto, dice Reyes, "me hacía señas desde la vitrina". La estatuilla barroca representaba la caída de Luzbel, lo que le inspira la elaboración de una ley que explica el devenir del universo. No se trata, sin embargo, de un concepto filosófico, sino más bien de una intuición poética : "Sentí, comprendí que el mito terrible de la caída de los ángeles rebeldes no era más que una figuración sentimental de la caída de la materia". Durante su última época, que transcurre en México a partir de 1939, Reyes publica sus importantes libros sobre teoría literaria : *La experiencia literaria* (1942), *El deslinde* (1944), *Tres puntos de exegética literaria* (1945). Como teórico de la literatura Reyes se coloca, con estos libros, en lugar preeminente. Sin dejarse llevar por una sola teoría, va sintetizando y elaborando la más redondeada visión del campo de las letras, visión que es al mismo tiempo la menos rígida, ya que Alfonso Reyes era un verdadero humanista.

José Vasconcelos (México, 1881–1959) participó en la serie de conferencias organizadas en 1910 por el Ateneo de la Juventud y el mismo año se unió a los revolucionarios maderistas, esto es, a los partidarios de Francisco I. Madero. Como escritor se le recuerda principalmente por sus ensayos *La raza cósmica* (1925) e *Indología* (1926) en los que expone con energía sus ideas en torno a la cultura hispanoamericana. Su libro más leído, *Ulises criollo* (1935) contiene la autobiografía del autor, compuesta de memorias en torno a su vida desde su niñez hasta el triunfo de la Revolución. Es uno de los libros más apasionados que se han escrito en México.

B. EL VANGUARDISMO

Con el término "vanguardismo" se designan varias escuelas literarias de entre guerras que tienen su origen en Europa, de donde pronto pasan a Hispanoamérica. Viene primero el futurismo de Marinetti, al que le sigue el dadaísmo de Tristán Tzara, verdadera mofa contra las formas literarias tradicionales y en general contra todo orden y sistema. Más significativo es el superrealismo de André Breton, que no es, como el dadaísmo, una simple reacción negativa. Los superrealistas trataban de desentrañar y dar expresión al mundo del subconsciente y se valían del automatismo psíquico, de los sueños y de la libre asociación de las ideas.

Casi al mismo tiempo que aparecen estas dos escuelas surge en Chile el creacionismo de Huidobro, quien a fines de 1918, en España, alienta al grupo de escritores que se dará a conocer con el nombre de ultraístas. Borges, en 1921, inicia esta tendencia en Buenos Aires y funda las revistas *Prismas* (1921–1922), *Proa* (1922–1925) y *Martín Fierro* (1924–1927). En México la primera manifestación vanguardista es la que encabeza el poeta Manuel Maples Arce (1898). El estridentismo, como se llamó esa escuela, perduró de 1922 a 1927. Además de Maples Arce encontramos asociados al grupo a los escritores Luis Quintanilla (1900), Germán List Arzubide (1898) y Arqueles Vela (1899). Su poesía refleja la influencia del futurismo italiano de Felipe Tomás Marinetti, iniciado hacia 1909 y considerado como el primer movimiento vanguardista. Ambos enaltecen los aparatos mecánicos, cantan a las masas, dan preferencia a las imágenes dinámicas, hacen uso de recursos tipográficos y ponen la palabra en libertad. No deja de haber, también, semejanza entre los estridentistas y los ultraístas argentinos. En el Prólogo al *Índice de la nueva poesía americana* (1925), antología vanguardista en la cual hay composiciones de Maples Arce y List Arzubide, los principios estéticos expuestos por Borges corresponden a los de los estridentistas, tanto en la aplicación de ciertos procedimientos sintácticos como en la importancia que se le da a la imagen y a la metáfora. Más importantes que los estridentistas, en México, fueron los escritores que se reunieron en torno a la revista *Contemporáneos* (1928–1931), entre quienes destacan los nombres de Torres Bodet, Villaurrutia, Salvador Novo (1904), José Gorostiza, Pellicer, Bernardo Ortiz de Montellano (1899–1949), Jorge Cuesta (1903–1942) y Elías Nandino (1903).

En términos generales la literatura vanguardista se distingue por la fuga hacia lo abstracto, hacia la deshumanización de la obra de arte. Los vanguardistas desconfiaban de la razón y del intelecto y se refugiaban en lo intuitivo, en el automatismo, en el sueño. Se distingue también porque rechaza el ideal clásico de la belleza. Para ellos toda palabra, todo objeto es adecuado para la poesía. No les interesan las normas tradicionales (la armonía, la unidad, el equilibrio entre las partes, etc.) que se consideraban como esenciales en la obra de arte. Los poetas vanguardistas también rechazaron el elemento musical, resultado de la métrica y la rima. La poesía, para ellos, debe de ser leída, no escuchada. La rebelión contra el lenguaje no es menos significativa. Es por eso que la palabra, en sus obras, adquiere libertad, tanto sintáctica como semántica. Lo que tiene valor para los vanguardistas es el juego libre de las imágenes, que a veces reflejan un mundo deshumanizado, irreal. Tratan no tanto de acabar con las formas tradicionales, sino de independizar la literatura del realismo tradicional. Así crean una nueva manera de expresión, una manera que refleja mejor el estado de ánimo del hombre que había sido testigo del más horrendo holocausto, la Primera Guerra Mundial.

Los escritores hispanoamericanos que mejor representan el vanguardismo (Huidobro, Villaurrutia, Neruda, Torres Bodet) escribieron, excepto en el caso de Neruda, tanto poesía como prosa. Algunos también ensayaron el teatro. Por esta razón, como en el caso de los modernistas, no nos parece justificado dividirlos en poetas, narradores, ensayistas y dramaturgos. Sin embargo, es la poesía donde mejor manifiestan sus cualidades artísticas. También hay que subrayar que algunos de estos escritores (Neruda, Borges, Vallejo) abandonaron el vanguardismo y se adhirieron a otros movimientos posteriores. Neruda y Vallejo escriben también poesía de contenido social. Borges, como se verá en el capítulo siguiente, abandona su actitud intuitiva.

Uno de los precursores de la poesía vanguardista fue el cubano MARIANO BRULL (1891-1956), colaborador de la *Revista de Avance* (1927-1930), órgano del vanguardismo en Cuba. Su primera obra poética, *La casa del silencio* (1916), todavía es postmodernista. Los *Poemas en menguante* (1928), su mejor libro, es la obra representativa de la poesía pura. Allí encontramos poesías tan famosas como "Verdehalago" :

> Verdor y verdín
> verdumbre y verdura.
> Verde, doble verde
> de col y lechuga.

A él se debe el juego verbal, "Filaflama alabe cundre", en donde aparece el término "jitanjáfora", con el cual Alfonso Reyes bautizó este género de poema o fórmula verbal :

> Filaflama alabe cundre
> ala olalúnea alífera
> alveola jitanjáfora
> liris salumba salífera.
> Olivia oleo olorife
> alalai cánfora sandra
> milingítara girófoba
> zumbra ulalindre calandra.

"Ciertamente", dice Alfonso Reyes, "este poema no se dirige a la razón [ni al sentimiento, podríamos añadir], sino más bien a la sensación y a la fantasía. Las palabras no buscan aquí un fin útil". El poema nos parece importante porque en él Brull se adelanta a lo que Huidobro haría en partes de su *Altazor*. Por lo demás, es un simple juego combinatorio de sonidos.

VICENTE HUIDOBRO (Chile, 1893-1948) es, sin duda, el mejor representante del vanguardismo en Hispanoamérica. Durante su primer período (*Ecos del alma*, 1911; *La gruta del silencio*, 1913; *Canciones en la noche*, 1913; *Las pagodas ocultas*, 1914; *Adán*, 1916) todavía es postmodernista.

En 1916, sin embargo, publica en Buenos Aires *El espejo de agua*, libro que marca la transición al vanguardismo, o mejor dicho al creacionismo. En "Arte poética" hallamos estos versos :

> Inventa mundos nuevos y cuida tu palabra;
> el adjetivo, cuando no da vida, mata.
>
> . . .
>
> Por qué cantáis la rosa, ¡oh poetas!
> hacedla florecer en el poema;
> Sólo para nosotros
> viven todas las cosas bajo el sol.
> El poeta es un pequeño Dios.

Al año siguiente, en París, donde se encontraba, publica en francés *Horizon carré*, y un año después nada menos que cuatro libros : *Tour Eiffel, Hallali, Ecuatorial* y *Poemas árticos*. En el Prólogo del primero es donde se halla la famosa frase, "Hacer un poema como la naturaleza hace un árbol". Hacia 1919, según parece, comienza a elaborar su obra maestra, *Altazor*, que no se publica hasta 1931. Este "viaje en paracaídas", como reza el subtítulo, es un *tour de force* del lenguaje. Dividido en siete cantos y un Prefacio, hábilmente se desarrolla en el poema el tema que había formulado Reyes en "La caída". Estructurado en forma de un descenso en paracaídas, por los espacios, desde los orígenes hasta la muerte, en los siete cantos (simbólicos de los siete días de la Creación), se recrean los orígenes del universo. El paracaídas es simbólico del fluir de la vida, de una nada a otra nada :

> Cae
> Cae eternamente
> Cae al fondo del infinito
> Cae al fondo del tiempo
> Cae al fondo de ti mismo. (Canto I)

El cuarto Canto puede ser considerado como la más alta expresión del creacionismo, ya que es allí donde Huidobro crea imágenes que va engarzando como perlas en un collar. Para terminar, en el último Canto, después de haber sido fulminado por la altura, presenta una verdadera jitanjáfora, no como en el caso de Brull, sino bien integrada al resto del poema. El canto sólo cobra significado después de haberse leído la poesía en su totalidad. De otro modo, ¿qué significado tendrías estos versos?

Arorasía ululacente
Semperiva
    ivarisa tarirá
Campanudio lalalí
  Auriciento auronida
Lalalí
    Io ia
i i i o
Ai a i ai a iiii o ia

No menos significativa que la poesía es la prosa de Huidobro. Escribió novelas (*La próxima*, 1934; *Sátiro*, 1938), epopeyas (*Mio Cid Campeador*, 1929), guiones cinematográficos (*Cagliostro*, 1934) y ensayos (*Pasando y pasando*, 1914; *Manifestes*, 1925; *Vientos contrarios*, 1926). En *La próxima* ya imagina (antes de que se inventara la bomba atómica) una guerra que acabará con la humanidad, la catástrofe total.

La obra poética de CESAR VALLEJO (Perú, 1892–1938) no es vanguardista en su totalidad. Su primer libro, *Los heraldos negros* (1918), puede ser clasificado como postmodernista. Pero aquí ya encontramos el germen de la temática que más tarde habrá de distinguir y dar carácter a su poesía : el tormento de la existencia, la angustia ante el mal, el dolor y la agonía humanos. En los últimos versos del poema que da el título al libro encontramos la esencia de lo que será su obra :

> Y el hombre . . . ¡Pobre . . . pobre! Vuelve los ojos como
> cuando por sobre el hombro nos llama una palmada;
> vuelve los ojos, y todo lo vivido
> se empoza, como un charco de culpa, en la mirada.
> Hay golpes en la vida tan fuertes . . . ¡yo no sé!

El segundo libro, *Trilce* (1922), contiene algunos de los mejores poemas vanguardistas. Pero el vanguardismo de Vallejo nunca sobrepasa el límite de lo racional, de lo humano. Aun en estos poemas nunca deja de expresar su congoja, su dolor, a veces también su amor. De los setenta y siete poemas que contiene el libro, tal vez dos, el XII y el XXIX, puedan ser considerados como verdaderamente vanguardistas. Y aún en estos, los motivos de significado semántico tradicional no desaparecen del todo.

XXIX

Zumba el tedio enfrascado
bajo el momento improducido y caña.

Pasa una paralela a
ingrata línea quebrada de felicidad.

Me extraña cada firmeza, junto a esa agua
que se aleja, que ríe acero, caña.
Hilo retemplado, hilo, hilo binómico,
¿por dónde romperás, nudo de guerra?
Acoraza este ecuador. Luna.

En los últimos dos libro, los *Poemas humanos* (1939) y *España, aparta de mí este cáliz* (1940), Vallejo trasciende el vanguardismo y da expresión a temas sociales, sin deshumanizar al hombre ni desfigurar la realidad. En verdad, el tono en estos poemas es siempre dolorido, angustiado, y la actitud casi siempre pesimista. Mas su gran amor a la humanidad le prohibe que pierda toda esperanza en el ser humano. A veces, como lo hace en "Masa", apunta un rayo de esperanza en la redención del hombre a través del amor :

> Al fin de la batalla,
> y muerto el combatiente, vino hacia él un hombre
> y le dijo : "¡No mueras; te amo tanto!"
> Pero el cadáver ¡ay! siguió muriendo.
>
> . . .
>
> Entonces todos los hombres de la tierra
> le rodearon; les vio el cadáver triste, emocionado :
> incorporóse lentamente,
> abrazó al primer hombre; echóse a andar . . .
>
> *(España . . .)*

Ese profundo sentido de lo humano es lo que da a la obra de Vallejo una dimensión que no encontramos en la poesía vanguardista de sus contemporáneos. Como prosista, el autor de *Trilce* es recordado por una novela de protesta social, *Tungsteno* (1931) y algunos cuentos (*Escalas* y *Fabla salvaje*, ambos títulos de 1923) en los que predomina el interés por los problemas psicológicos de los personajes. Mas fue su poesía la que le conquistó uno de los más altos puestos entre los escritores hispanoamericanos. Su influencia sobre las generaciones posteriores sobrepasa a la de otros poetas de su generación.

En México después de los estridentistas aparecen los "contemporáneos", grupo de escritores de tendencia vanguardista pero de fuerte personalidad individual que les distingue entre sí. Pocas semejanzas hay entre la obra poética de un Pellicer, un Villaurrutia, un Gorostiza. Y sin embargo, qué gran distancia media entre las obras de los "contemporáneos" y los escritores de novelas de la Revolución mexicana. Las primeras publicaciones de los "contemporáneos" aparecieron en las

revistas *Gladios* (1916), *Pegaso* (1917) y *San-Ev-Ank* (1918). En la primera colabora Pellicer y en la segunda Torres Bodet. En estas revistas
juveniles, como también en *México Moderno* (1920–1923) y en *Falange*
(1922–1923), lo que publican los futuros "contemporáneos" todavía
pertenece al postmodernismo. Pronto, sin embargo, la nueva generación
de poetas se desprende de los postmodernistas (González Martínez,
López Velarde, Reyes) y forma un grupo homogéneo, consciente de las
nuevas inquietudes estéticas de los vanguardistas. Pocos años después, al
unírseles Villaurrutia y Novo—que escribían en la revista *Ulises* (1927–
1928)—el grupo alcanza su más alto nivel. La revista *Contemporáneos*
(1928–1931) es el resultado del esfuerzo literario de este valioso conjunto
de poetas de diversa sensibilidad pero que perseguían la meta común de
crear una nueva literatura. Su interés exclusivo en problemas estéticos es
lo que los distingue de los estridentistas. Poco o nada les interesaban a los
"contemporáneos" los problemas sociales; tampoco trataban, como lo
habían hecho los ateneístas, de imponer a la juventud una disciplina
intelectual nueva. Su preocupación es personal; su interés, la creación
de la obra de arte, o la crítica de esa obra. Ése es su horizonte, que pocas
veces abandonan.

CARLOS PELLICER (México 1899) empezó escribiendo versos modernistas, bajo la influencia de Lugones y Santos Chocano. A partir de 1921, año
que publica *Colores en el mar y otros poemas*, su poesía se caracteriza por el
predominio de la nota plástica y descripciones del paisaje, sobre todo el
tropical. Es lo que encontramos en los libros *Piedra de sacrificios* (1924),
Seis, siete poemas (1924), *Hora y 20* (1927) y *Camino* (1929). Mas no son
descripciones hechas a la manera romántica o costumbrista, sino impreg-
nadas por una nueva sensibilidad. Predomina la imagen visual, rica en
matices cromáticos. Pellicer presenta la realidad como si estuviera pintando un mural. A veces la imagen cubista va matizada con un injerto
psicológico :

Me entristece la torta acabada de violar.
Y frutas deslumbrantes dignas de corbatas
propias de un *garden-party* tropical.
Granadas delirantes. Manzanas vírgenes

—holandesas naturalmente—, y van
las miradas como rayos X,
penetrantes, inexorables, en paladeo augural.

La misión de Pellicer ha sido la de pintar el paisaje; misión que, aunque él
a veces desee esquivarlo, no puede. Toda su poesía tiende al paisajismo :

Trópico, para qué me diste
las manos llenas de color.
Todo lo que yo toque
se llenará de sol.

En su última época, esto es, a partir de *Hora de junio* (1937), y especialmente en *Exágonos* (1941), *Recinto y otras imágenes* (1941), *Subordinaciones* (1949) y *Práctica de vuelo* (1956), aparece en la temática de Pellicer el amor, la soledad y, a veces, la muerte. El tono de algunas de las poesías incluidas en estas colecciones es con frecuencia religioso. Temas y tono nuevos que, por lo demás, no desplazan su interés en el paisaje, que llega a formar parte integral de su espíritu. En *Recinto* encontramos estos versos:

¡Los ojos! Por los ojos el Bien y el Mal nos llegan.
La luz del alma en ellos nos da luces que ciegan.
Ojos que nada ven, almas que nada entregan.

La evolución de su estética es lo que ha mantenido vivo el nombre de Carlos Pellicer en los anales de las letras hispanoamericanas.

Jaime Torres Bodet (México, 1902) publicó también, como Vallejo, su primer libro *(Fervor)* en 1918. Desde ese año hasta 1957, en que aparece *Sin tregua*, su producción ha sido constante y de un alto nivel estético. Entre 1922 y 1928 Torres Bodet publicó nada menos que siete colecciones de poemas y una antología. Destacan dentro de esta primera época las poesías recogidas en *Canciones* (1922) y en *Biombo* (1925), en las que se registra el deseo de crear imágenes originales estructuradas en formas sin dejo de artificio. En *Los días* (1923) encontramos los siguientes versos, que expresan las ideas estéticas del autor durante esta primera época :

Quiero un verso tranquilo como el ambiente claro
de un cuadro de provincia . . .

. . .

Y ningún artificio . . . todo fácil, ameno,
espontáneo, nacido de la eterna verdad.

A la segunda época, época de madurez, pertenecen los libros *Destierro* (1930) y *Cripta* (1937), en los que encontramos una aparentemente infructuosa búsqueda del significado del ser. En "Reloj" primero expresa su angustia

En el fondo del alma
un puntual enemigo
—de agua en el desierto

y de sol en la noche—
me está abreviando siempre
el júbilo, el quebranto;
dividiéndome el cielo
en átomos dispersos,
la eternidad en horas
y en lágrimas el llanto.

Para después hacer esta pregunta :

¿Quién es? ¿Qué oscuros triunfos
pretende en mí este avaro?

Sin embargo, la pregunta no tiene respuesta :

Pregunto . . . pero nadie
contesta a mi pregunta
sino—en el vasto acecho
de las horas sin luna—
la piqueta invisible
que remueve en nosotros
una tierra de angustia [. . .]

Durante su última época—*Sonetos* (1949), *Fronteras* (1954), *Sin tregua* (1957)—Torres Bodet da expresión al tema que más ha preocupado al hombre moderno : la búsqueda de la esencia de la realidad. Mas no es, como podría creerse, una poesía filosófica, sino humana. En algunos poemas no está muy lejos de Vallejo :

Un hombre muere en mí siempre que en Asia
o en la margen de un río
de África o de América,
o en el jardín de una ciudad europea,
una bala de hombre mata a un hombre.

Torres Bodet es además un fino prosista. Su autobiografía, *Tiempo de arena* (1955) es uno de los libros más hermosos en la literatura mexicana. Como crítico ha demostrado su perspicaz conocimiento de las letras, tanto europeas como hispanoamericanas, en sus libros *Tres inventores de realidad* (1955), *León Tolstoi, su vida y su obra* (1965) y *Rubén Darío, abismo y cima* (1966). No menos importante es su obra narrativa, de naturaleza psicológica. Ha publicado tanto novelas como relatos : *Margarita de niebla* (novela, 1927), *Nacimiento de Venus y otros relatos* (1941), etc. En 1969 vuelve a la autobiografía con *Años contra el tiempo*.

XAVIER VILLAURRUTIA (México, 1903-1950) es uno de los más originales escritores del grupo de "contemporáneos". Escribió poesía, teatro, ensayo y novela. No obstante, será siempre recordado como poeta. Y esto a pesar de que su obra poética, como resultado de su temprana muerte, es reducida; pero intensa. Desde su primer libro, *Reflejos* (1926), todavía escrito bajo la influencia de los postmodernistas, hasta el último, *Canto a la primavera y otros poemas* (1948), Villaurrutia no abandonó nunca los temas eternos : el amor, la soledad, la nostalgia, la muerte. Si es verdad que en las poesías de *Reflejos* todavía encontramos notas que nos hacen pensar en González Martínez, en Tablada, en López Velarde, en Pellicer, ya allí aparecen las características que más tarde darán a su obra un aire inconfundible : la imagen surrealista, los juegos de palabras, la inspiración onírica. Sobre todo en "Suite del insomnio" y en "Puzzle" los motivos, y especialmente el del espejo, son anuncios de lo que será su poesía posterior; en el último encontramos esta estrofa :

Cuando pisábamos su espalda
miramos hacia abajo :
Navidad en abril.
Absurdo : esa cabra, ese buey,
los hombres hongos
y el espejito roto entre la lama.

Con *Nostalgia de la muerte* (1938) Villaurrutia alcanza su más alta expresión poética. Es ahí donde hay que buscar la esencia de su poesía. El libro, compuesto de varios nocturnos, algunas "Nostalgias" y otros poemas, contiene también cinco de las diez décimas a la muerte, que en 1941 habían de ser publicadas, con otros poemas, bajo el título *Décima muerte*. Los temas del amor y la muerte predominan en estas dos obras. La muerte fue una obsesión durante los últimos años del poeta. La poesía que mejor representa el estilo de Villaurrutia es sin duda el "Nocturno en que nada se oye", ya que es aquí donde con mayor pureza aflora la esencia de su lírica. El estado de sonambulismo en que se encuentra el poeta se refleja en las imágenes donde la voz que rebota en los espejos se descompone para formar asociaciones semánticas nuevas :

Y en el juego angustioso de un espejo frente a otro
cae mi voz
y mi voz que madura
y mi voz quemadura
y mi bosque madura
y mi voz quema dura

como el hielo de vidrio
como el grito de hielo
aquí en el caracol de la oreja
el latido de un mar en el que no sé nada
en el que no se nada
porque he dejado pies y brazos en la orilla.

En *Décima muerte* el tema es la muerte como problema metafísico. La existencia de la muerte es prueba evidente de que existimos. Villaurrutia no diría, como Descartes, "pienso, por lo tanto soy", sino "muero, por lo tanto vivo". Pero es un pensamiento, pensamiento que le causa angustia : tenemos que morir para probar que existimos :

Qué prueba de la existencia
habrá mayor que la suerte
de estar viviendo sin verte
y muriendo en tu presencia.
Esta lívida conciencia
de amar a lo nunca visto
y de esperar lo imprevisto;
este caer sin llegar
es la angustia de pensar
que puesto que muero existo. ("Décima muerte", I)

Entre los renovadores del teatro mexicano destacan los nombres de Villaurrutia, Novo, Celestino Gorostiza y Rodolfo Usigli. Villaurrutia, además de haber contribuido al desarrollo del movimiento teatral con la producción de obras de autores extranjeros a quienes traducía, escribió algunas de las mejores piezas de la época : *Parece mentira* (1933), *Sea usted breve* (1934), *La hiedra* (1941), *Autos profanos* (1943), *El yerro candente* (1944). En las primeras es evidente la influencia de Pirandello, a quien Villaurrutia admiraba. En las últimas ya se nos presenta como dramaturgo original, tanto en la selección de los temas como en las estructuras de las obras y la actitud ante la vida. Lo irónico, los juegos de palabras, la actitud pirandelliana, lo ligero, desaparece para dar lugar a lo dramático, a los personajes psicológicamente bien delineados y a la eficaz estructura. Como crítico, la obra medular de Villaurrutia la encontramos en los *Textos y pretextos* (1940), colección de ensayos entre los que destaca el que dedicara a López Velarde, con quien había estudiado.

JOSÉ GOROSTIZA (México, 1901) publicó sus primeras poesías en la revista *México Moderno* en 1920. Después colaboró, con poesías, ensayos y notas críticas, en las revistas *Antena* (1924), *Sagitario* (1926), *Con-*

temporáneos (1929), *Fábula* (1934) y *Estaciones* (1958). Su primer libro de poesía—es esencialmente poeta—apareció en 1925 bajo el título *Canciones para cantar en las barcas*. Ese pequeño libro y su obra maestra, *Muerte sin fin* (1939), es todo lo que ha publicado. Pero eso es suficiente para que se le coloque entre los más grandes poetas hispanoamericanos del siglo veinte. En las *Canciones*, colección de poesías líricas, Gorostiza da expresión al tema de la naturaleza. No es, sin embargo, una pintura paisajista como la de Pellicer, sino más bien simbólica : la naturaleza como símbolo de la vida humana. En "Otoño" se encuentran estas líneas :

> Un aire frío dispersó la gente,
> ramaje de colores.
> Mañana es el primer día de otoño.
> Los senos quieren iniciar un viaje
> de golondrinas en azoro,
> y la mirada enfermará de ausencia.

Ya en algunas de las *Canciones* aparecen los temas, las imágenes y los motivos que más tarde desarrollará en forma sinfónica en *Muerte sin fin*. En "La orilla del mar" ya aparecen los motivos "agua" y "arena" y la idea de que la naturaleza es proteica :

> No es agua ni arena
> la orilla del mar.
> El agua sonora
> de espuma sencilla,
> el agua no puede
> formarse la orilla.

Poema extenso, de tema filosófico, *Muerte sin fin* está dividido en diez secciones estructuradas bajo rígido esquema intelectual, interrumpido por un pasaje lírico en la quinta parte. Pero aun este interludio está bien integrado al poema en su totalidad, tanto por el tema como por las imágenes y los motivos. El tema de *Muerte sin fin* es lo perecedero de la existencia, según se refleja en las inestables estructuras que a la materia da la forma. La visión cósmica, como la de Sor Juana en *Primero sueño* y la de Huidobro en *Altazor*, da unidad a la obra. Esa unidad formal— aunque el tema sea lo inestable de la forma—también la ha sabido lograr el poeta haciendo uso de imágenes estructuradas en torno a un motivo central que representa dos estados de la materia : el agua y el vaso, símbolos de la forma y lo formado, lo objetivo y lo subjetivo, la realidad empírica y la realidad psicológica :

No obstante—oh paradoja—constreñida
por el rigor del vaso que la aclara,
el agua toma forma. (ed. 1939)

El motivo central está hábilmente utilizado para dar unidad al tema, la muerte sin fin, o sea el cambio constante de la forma :

cuando la forma en sí, la pura forma,
se abandona al designio de su muerte
y se deja arrastrar, nubes arriba,
por ese atormentado remolino
en que los seres todos se repliegan
hacia el sopor primero,
a construir el escenario de la nada.

La muerte de la forma implica la del hombre, y por tanto la de la poesía :

cuando los seres todos se repliegan
hacia el sopor primero
y en la pira arrogante de la forma
se abrasan, consumidos por su muerte
—¡ay, ojos, dedos, labios,
etéreas llamas del atroz incendio!—
el hombre ahoga con sus manos mismas,
en un negro sabor de tierra amarga,
los himnos claros y los roncos trenos
con que cantaba la belleza . . .

El interés en la obra de Gorostiza, en vez de desaparecer, crece con los años. *Muerte sin fin* ha intrigado a los eruditos desde que se publicó.

Pablo Neruda (Chile, 1904) es el seudónimo de Neftalí Ricardo Reyes, cuya obra poética ocupa uno de los más altos puestos en la lírica hispanoamericana. Como poeta, Neruda ha evolucionado desde el postmodernismo y el vanguardismo hasta la poesía social y autobiográfica de sus últimas épocas. Su primer libro, *La canción de la fiesta* (1921), todavía es postmodernista. Con el segundo, *Crepusculario* (1923), trasciende esa tendencia y abre una nueva senda a su poesía. El año siguiente publica los *Veinte poemas de amor y una canción desesperada*, diario lírico que le hace famoso por la originalidad con que da expresión al tema del amor. El tono displicente en que canta el amor, nuevo en la expresión de este tema, fue lo que más llamó la atención cuando se publicó el libro, uno de los que más influencia han tenido sobre las generaciones posteriores. He aquí un ejemplo de ese tono nuevo, que aparece a través del libro pero que mejor se manifiesta en el "Poema 20" :

Ya no la quiero, es cierto, pero cuánto la quise.
Mi voz buscaba al viento para tocar su oído.
De otro. Será de otro. Como antes de mis besos.
Su voz, su cuerpo claro. Sus ojos infinitos.
Ya no la quiero, es cierto, pero tal vez la quiero.
Es tan corto el amor, es tan largo el olvido.

A la misma época de los *Veinte poemas* pertenece la *Tentativa del hombre infinito* (1925), uno de los aciertos de Neruda. Con esta obra el poeta rompe con su propio pasado y anuncia lo que será la poesía de su siguiente modalidad. La angustia del hombre contemporáneo, tema de la "Tentativa . . .", expresado en estilo vanguardista pero con una actitud existencialista, está captada con imágenes juxtapuestas que, como los colores en un calidoscopio, cobran significado sólo cuando las integramos mentalmente en un cuadro total :

oh los silencios campesinos claveteados de estrellas
recuerdo los ojos caían en ese pozo inverso
hacia donde ascendía la soledad de todo los ruidos espantados
el descuido de las bestias durmiento sus duros lirios
preñé entonces la altura de mariposas negras mariposa medusa.

Con *El hondero entusiasta* (1933) y las dos series de *Residencia en la tierra* (1925–1935) Neruda alcanza su más alto nivel artístico. Allí encontramos poesías tan conocidas como "Barcarola", "Enfermedades en la casa", "Sólo la muerte"—poesías herméticas que la crítica no deja de estudiar e interpretar, tanto por su complejidad imaginativa y densidad de significado como por lo trascendente de los temas en torno a la soledad, la ruina, el fracaso, la muerte y el caos. Como Vallejo, Neruda dedica un libro a la España republicana (*España en el corazón*, 1937), libro de transición de la poesía hermética de las *Residencias*—no obstante que en 1947 todavía publica una tercera serie—a la poesía social que ha de culminar con el *Canto general* (1950), en donde se encuentra una de las grandes poesías americanas, el canto "Alturas de Machu Picchu". Y todavía el poeta ha de trascender esta etapa de poesía comprometida para cantar lo cotidiano, lo que generalmente se considera como antipoético, en la serie de *Odas elementales* que comienza a publicar en 1954. Aquí el tono es menor, el estilo sencillo, el verso corto; elementos que manifiestan un deseo de ser leído por el público en general. Cada oda es un esfuerzo por engrandecer los objetos cotidianos y elevarlos a la altura del arte. ¿Quién sino Neruda se atrevería a dedicarle una "Oda a la alcachofa", o una "Oda a los calcetines", o al diccionario? Y sin embargo, a pesar de que el objeto seleccionado por el poeta es de lo más humilde, el resultado es sorprendente por la destreza artistica con que lo más despreciable se convierte en objeto poético. En cada oda Neruda vuelca su personalidad; como verdadero mago, todo lo que canta obtiene un aire poético. El resultado es una poesía seria, llena de emoción, una poesía que en manos de otro se convertiría en una farsa. He aquí un ejemplo del sentido poético de Neruda. En la "Oda al olor de la leña" una simple imagen olfativa le une al universo :

> porque aquella fragancia
> una sola
> una sola
> vez existía,
> y allí, de todo lo que vi en el mundo,
> en mi propia
> casa, de noche, junto al mar de invierno,
> allí estaba esperándome
> el olor
> de la rosa más profunda
> el corazón cortado de la tierra,
> algo
> que me invadió como una ola
> desprendida
> del tiempo
> y se perdió en mí mismo
> cuando yo abrí la puerta
> de la noche.

En su última etapa Neruda vuelve a la forma cerrada con *Cien sonetos de amor* (1959) y a la lírica personal con una nueva serie bajo el título genérico *Memorial de Isla Negra* (1964). En su último libro, *Una casa en la arena* (1967) continúa dando expresión a lo personal. Y seguirá, sin duda, escribiendo y publicando, ya que su vena de poeta parece inagotable.

C. EL CRIOLLISMO

Paralela a la corriente vanguardista se desarrolla en la literatura hispanoamericana otra tendencia, la criollista. No es nuestra intención aquí usar el término "criollismo" en la acepción racial que designa a los hijos de los españoles nacidos en América y sus características. Al aplicarlo a la literatura, más bien lo utilizamos para designar las letras que tratan de asuntos americanos, que se valen de los recursos artísticos que dan a la otra una estructura orgánica que no impone la forma desde afuera; pero, al mismo tiempo, que no rechazan los procesos de la literatura universal que puedan ser utilizados. El criollismo se manifiesta mejor en la prosa, y dentro de esta modalidad, en la narrativa. Pero también existe la poesía, el ensayo y el teatro criollos, no menos importantes que la narrativa, si bien menos estudiados como tales. Algunas de las características del criollismo que pueden ser aplicadas a todos estos géneros son las siguientes : (1) interés en lo popular frente a lo culto y lo erudito de los vanguardistas; (2) uso de asuntos, escenarios, personajes y ambientes americanos; (3) uso de imágenes, motivos y símbolos americanos; (4) uso de una mitología americana que reemplaza a la europea de los modernistas, postmodernistas y vanguardistas; (5) deseo de captar la realidad americana sin estilizarla, como lo hacen los vanguardistas; (6) uso de formas orgánicas, resultado de la búsqueda de lo nativo; (7) interés en los problemas sociales y políticos de los pueblos americanos y(8) necesidad de definir lo americano y de precisar el destino del continente.

1. LA POESÍA

La poesía criollista tiene sus antecedentes en algunas composiciones de Manuel González Prada ("El mitayo", por ejemplo) y de José Santos Chocano ("Tres notas de nuestra alma indígena"), y aún antes de ellos en los costumbristas románticos como el mexicano Guillermo Prieto (1818–1897), autor de la *Musa callejera* (1883) y el argentino Carlos Guido y Spano (1827–1918), autor de la popular "Nenia". Si bien la poesía criollista es menos cuantiosa que la novela y el cuento, tiene algunos representantes de primera categoría. Entre otros destacan los antillanos Nicolás Guillén y Luis Palés Matos, los mexicanos Carlos Gutiérrez Cruz (1897–1930) y Miguel N. Lira (1905–1961), los nicaragüenses José Coronel Urtecho (1906) y Pablo Antonio Cuadra (1912).

El primer libro del puertorriqueño LUIS PALÉS MATOS (1898–1959), *Azaleas* (1915), pertenece al período de transición entre el modernismo y el postmodernismo puertorriqueños. Hacia 1926, sin embargo, Palés Matos descubre el filón poético afroantillano popular y le da forma artística. Su fama se debe precisamente a los poemas que escribiera en torno al tema : "La danzarina negra" (1918), *Pueblo negro* (1925), *Danza negra* (1926), *Bombo* (1930), *Lagarto verde* (1937), *Mulata antilla* (1937), *Tuntún de pasa y grifería* (1937). En el último recoge sus más famosas composiciones, como "Danza negra", "Ñam-ñam", "Bombo" y

"Ñáñigo al cielo", en las que predomina el marcado (casi primitivo) ritmo, la onomatopeya y el uso de imágenes afroantillanas. La primera, la más conocida, combina con gran efecto algunos de esos elementos :

> Calabó y bambú.
> Bambú y calabó.
> El Gran Cocoroco dice : tu-cu-tú.
> La Gran Cocoroca dice : to-co-tó.
> Es el sol de hierro que arde en Tombuctú.
> Es la danza negra de Fernando Póo.
> El cerdo en el fango gruñe : pru-pru-prú.
> El sapo en la charca sueña : cro-cro-cró.
> Calabó y bambú.
> Bambú y calabó.

En "Ñam-ñam", a través de la repetición de la palabra onomatopéyica, el poeta nos hace oír, y nos permite imaginar, el acto de masticar :

> Ñam-ñam. En la carne blanca.
> los dientes negros—ñam-ñam.
> Las tijeras de la boca
> sobre los muslos—ñam-ñam.
> Van y vienen las quijadas
> con sordo ritmo—ñam-ñam.
> La feroz noche deglute
> bosques y junglas—ñam-ñam.

Los juegos con los nombres geográficos son comunes en la poesía de Palés Matos. En la "Canción festiva para ser llorada", de la misma colección, se vale de los nombres de dos islas antillanas para hacer un juego de palabras :

> Cuba—ñáñigo y bachata—
> Haití—vodú y calabaza—
> Puerto Rico—burundanga—
> Martinica y Guadalupe
> me van poniendo la casa.
> Martinica en la cocina
> y Guadalupe en la sala.
> Martinica hace la sopa
> y Guadalupe la cama.
> Buen calalú, Martinica,
> que Guadalupe me aguarda.

Partes de la "Falsa canción de Baquiné", en cambio, son verdaderas jitanjáforas :

!Ohé, nené!
!Ohé, nené!
Adombe gangá mondé,
Adombe.
Candombe del baquiné,
Candombe.

La poesía de Palés Matos, como podemos ver por los ejemplos citados, más que social, es descriptiva; más que lírica, es costumbrista. La actitud del poeta es objetiva, a veces irónica. No logra, como Guillén, captar el hondo sufrimiento que anida en el alma antillana. Generalmente se queda en lo externo, en lo geográfico, en lo folklórico.

Más profunda, más lírica, más subjetiva es la poesía afroantillana del cubano NICOLÁS GUILLÉN (1902), el autor de *Motivos de son* (1930), *Sóngoro cosongo* (1931), *West Indies Limited* (1934), *Cantos para soldados y sones para turistas* (1937) y *El son entero* (1946). Guillén sabe, como ningún otro poeta, hacer uso de mitos, símbolos e imágenes propios de la cultura afrocubana, y también darles expresión con un intuitivo sentido del ritmo. Su poesía nunca se limita a lo simplemente folklórico; más bien, sus poemas tienden hacia lo social, lo que los distingue de los de Palés Matos. En Guillén lo estético y lo social se funden en perfecta simbiosis. Su poesía nunca deja de ser poesía, nunca se convierte en simple protesta o burda propaganda. El poeta nunca se olvida de su misión artística. Pero tampoco de los problemas de los afroantillanos, que utiliza con maestría para crear su obra de arte. En *Sóngoro cosongo* hábilmente pone en juego sus conocimientos del folklore afrocubano en poesías tan conocidas como "La canción del bongó", "Rumba", "Secuestro de la mujer de Antonio" y "Velorio de Papá Montero". Pero ya aquí encontramos otras como "Llegada" en las que desaparece lo folklórico para dar cabida a lo humano universal :

Nuestro canto
es como un músculo bajo la piel del alma,
nuestro sencillo canto.

. . .

¡Eh, compañeros, aquí estamos!
Bajo el sol
nuestra piel sudorosa reflejará los rostros húmedos de los vencidos,
y en la noche, mientras los astros arden en la punta de nuestras llamas,
nuestra risa madrugará sobre los ríos y los pájaros.

Lo humano universal se ha de acentuar en su obra posterior, a partir de *West Indies, Ltd.*, sin que desaparezca del todo lo folklórico. A esta colección pertenecen poesías tan famosas como "Sensemayá" y la lorquiana "Balada del güije". La primera, de ritmo sugestivo, ritmo que tiene un efecto mágico, es un ensalmo para matar una culebra; así como el ritmo, las palabras también tienen valor mágico :

¡Mayombe—bombe—mayombé!
Sensemayá, la culebra ...
¡Mayombe—bombe—mayombé!
Sensemayá, no se muere ...
¡Mayombe—bombe—mayombé!
Sensemayá, la culebra ...
¡Mayombe—bombe—mayombé!
¡Sensemayá, se murió!

En la "Balada del güije", haciendo uso de imágenes procedentes de la cultura afrocubana, se capta admirablemente la tragedia del niño ahogado:

¡Ñeque, que se vaya el ñeque!
¡Güije, que se vaya el güije!

Las turbias aguas del río
son hondas y tienen muertos;
carapachos de tortuga,
cabezas de niños negros.

A la misma colección pertenece "Guadalupe W.I.", poesía de protesta social :

Los negros, trabajando
junto al vapor. Los árabes, vendiendo,
los franceses, paseando y descansando,
y el sol, ardiendo.

En el puerto se acuesta
el mar. El aire tuesta
las palmeras ... Yo grito ¡Guadalupe!, pero nadie contesta.
Parte el vapor, arando
las aguas impasibles con espumoso estruendo.
Allá, quedan los negros trabajando,
los árabes vendiendo,
los franceses paseando y descansando,
y el sol, ardiendo.

En su última época ha dado preferencia a la elegía, siendo las dos más importantes las que dedicara a Jacques Roumain y a Jesús Menéndez. Sus últimos títulos son *Balada* (1962), *Tengo* (1964) y *Poemas de amor* (1964). Pocos poetas hay en Hispanoamérica que hayan logrado captar la esencia de su legado ancestral con la hondura que lo ha hecho Nicolás Guillén.

EMILIO BALLAGAS (Cuba, 1908–1954) publicó a los 23 años un libro que tiene todas las características de la obra que se espera del poeta ya maduro. *Júbilo y fuga* (1931) contiene algunas de las mejores poesías de Ballagas. Se distinguen por el esfuerzo realizado para dominar el exuberante material poético y darle forma aplicando los cánones de la poesía pura. Esa exuberancia, sin embargo, se desborda poco después y, a partir de 1934, con el *Cuaderno de poesía negra*, Ballagas se identifica con la corriente de la poesía afroantillana de Palés Matos y Guillén. No es Ballagas, sin embargo, un imitador servil de esa escuela. La suya se distingue por ser una poesía que combina el tema afroantillano y la técnica de los surrealistas. En la balada "Para dormir a un negrito" utiliza el habla característica del afrocubano; pero las variantes nos hacen pensar en el juego con el lenguaje característico de los vanguardistas :

> Dórmiti mi nengre,
> dórmiti ningrito.
> Caimito y merengue,
> merengue y caimito.
> Dórmiti mi nengre,
> mi nengre bonito.
> ¡Diente de merengue,
> bemba de caimito!

En sus últimos libros, esto es, a partir de *Sabor eterno* (1939), Ballagas abandona lo afrocubano para cantar con hondura sobre temas eternos : la soledad, la angustia, la muerte. El tema de la soledad aflora en la composición "Retrato" :

> Solo
> enjuto
> en los límites del tiempo
> y presente en el plano sin espacio.
> Convaleciente
> sin ventana ni flor,
> ni vecino jarrón en qué apoyarme.

Durante su última época Ballagas abandona la extrema actitud angustiada para volver al tema religioso y, al mismo tiempo, a las formas cerradas. *Cielo en rehenes* (1951), su último libro, es una colección de sonetos en los que predomina el tono religioso, a veces místico. El soneto "De cómo Dios disfraza su ternura" abre con esta nota reminiscente de la mística del dieciséis :

Si a mi angustiosa pregunta no respondes,
yo sé que soy abeja de tu oído.
Dios silencioso, Dios desconocido,
¿por qué si más te busco, más te escondes?

La poesía de Ballagas de esta época, como la poesía de Florit, es una poesía intensa, humana, angustiada.

2. LA NARRATIVA

Los narradores vanguardistas, que son los descendientes espirituales de los postmodernistas, no lograron crear una novela significativa. Las narraciones de Huidobro, de Villaurrutia, de Torres Bodet, de Vallejo, son obras hasta cierto punto frustradas. No captan, a pesar de que están escritas en estilo refinado, la esencia del mundo que recrean. En cambio, sus contemporáneos criollistas sí logran elevar la narrativa a un nivel superior. Por primera vez en Hispanoamérica los novelistas llegan a ponerse a la altura de los poetas y los ensayistas. Las obras de Azuela, Rivera, Gallegos, Güiraldes, Icaza, Alegría, Rojas, atraen la atención de un público internacional. Por primera vez la novela hispanoamericana es capaz de dar expresión a temas y asuntos nativos, de crear ambientes y personajes americanos, usar formas originales y forjar un estilo propio. Es por eso por lo cual el nacimiento de la novela criollista marca uno de los momentos significativos en el desarrollo de la literatura hispanoamericana.

Sólo con el propósito de presentar con algún orden el amplio panorama novelístico de esta época hemos dividido la narrativa criollista en cuatro apartados : la novela de la Revolución mexicana, la novela indigenista, la novela de ambiente y el cuento. Esta clasificación no pretende ser rígida o definitiva; no tiene otro fin que el didáctico.

a. *La novela de la Revolución mexicana*

La novela de la Revolución mexicana surgió como expresión de la ruptura histórica ocurrida en 1910, año que marca la iniciación de la lucha en contra del gobierno de Porfirio Díaz. No es hasta cinco años más tarde, sin embargo, cuando aparece la primera novela en que se pinta esa lucha. Mariano Azuela (1873–1952) publica *Los de abajo* en 1915, obra con la cual crea un subgénero. Es verdad que en 1911 ya había publicado *Andrés Pérez, maderista*, que trata de la Revolución contra Díaz. Pero en esa novelita no logró captar plenamente el tema. Sin embargo, ya ahí demuestra una actitud que no ha de desaparecer en sus novelas posteriores : la desilución con los resultados de la Revolución. Ese es precisamente el tema de *Los de abajo*, novela que, aunque publicada en noviembre de 1915, no fue "descubierta" hasta 1924, en ocasión de un debate en torno a la existencia de una literatura nacional, una literatura contrapuesta a la de los vanguardistas. Desde ese año la fama de *Los de abajo* quedó asegurada. Es una de las novelas mexicanas más leídas, tanto dentro como fuera del país. Las traducciones que de ella se han hecho a las principales lenguas atestiguan sobre su importancia. Sin duda alguna, el éxito de la novela se debe al sostenido interés dramático, que no decae desde la primera escena en el jacal de Macías hasta la última, su muerte. Además, la obra marca una nueva tendencia en la novela hispanoamericana. Azuela abandona la técnica de la novela realista europea y crea una nueva forma narrativa que se distingue por la estructura, el estilo, el tema americano, el conflicto político-social y la actitud objetiva del narrador. Si bien los cuadros y escenas de que se compone la novela están presentados sin orden aparente·alguno, la personalidad del héroe, el guerrillero Demetrio Macías, les da unidad. La acción principia con su triunfo sobre los federales en el cañón de Juchipila y termina con su muerte allí mismo. La organización del material, sin embargo, no sigue un plan determinado. La novela, como la Revolución misma, no tiene plan definido. No obstante, tras ese desorden surge una armonía consonante con la naturaleza de los hechos relatados. Azuela abandona por completo las normas de la novelística europea y forja una nueva novela, genuinamente americana, admirablemente adaptada al tema. La novela toda revela el espíritu de inconformidad de su autor y sus deseos de ver un país en el cual reine un estado de mayor equidad y justicia social que en del dictador Porfirio Díaz. Azuela continuó escribiendo novelas de la Revolución (*Las moscas*, 1918; *Las tribulaciones de una familia decente*, 1918) pero no logró superar lo que había hecho en *Los de abajo*. No hay que olvidar, sin embargo, que con otras novelas, como *La Malhora* (1923), *La luciérnaga* (1932) y *Nueva burguesía* (1941) logra renovar la narrativa hispanoamericana introduciendo nuevas técnicas. La que utiliza en *La Malhora*, sin duda, es novedosa para la fecha. Allí encontramos la estructura dislocada, que se caracteriza por la superposición de varios tiempos;

las escenas fragmentarias; los vistazos retrospectivos; el desarrollo tortuoso de la trama y la caracterización incompleta. El rasgo más novedoso es el uso de escenas yuxtapuestas no unidas por nexos lógicos o motivos causales. En la estructura, esta novela puede ser considerada como precursora de la novela mexicana contemporánea.

El ejemplo de Azuela no fue imitado por otros novelistas. Habían de pasar más de diez años para que aprecieran otras novelas de la Revolución. Pero una vez que se comenzaron a publicar, el filón parecía inagotable. Entre los principales cultivadores del género se encuentran Martín Luis Guzmán, Rafael F. Muñoz, José Rubén Romero, Gregorio López y Fuentes, Cipriano Campos Alatorre (1906–1939), Mauricio Magdaleno, Xavier Icaza (1892), Francisco L. Urquizo (1891), Jorge Ferretis (1902–1962), Francisco Rojas González, José Mancisidor (1894–1956) y Nellie Campobello (1909). Nos concretaremos aquí a explorar el significado de las principales obras, las que han tenido una definitiva influencia sobre el desarrollo de la novela mexicana.

Martín Luis Guzmán (1897) ha escrito dos novelas y algunos cuentos de asunto revolucionario. En 1928, en Madrid, publicó *El águila y la serpiente*, en donde logra captar la esencia de la Revolución a través de la dramatización de episodios en los que con gran acierto y voluntad de estilo pinta los momentos culminantes en la vida de los jefes del movimiento. Guzmán, testigo ocular de los hechos, nos hace ver y sentir los acontecimientos como si los hubiéramos presenciado. El perfil que nos da de Francisco Villa es de lo más impresionante. Más tarde ha de ampliar ese retrato en sus *Memorias de Pancho Villa* (4 tomos, 1938–1940), en donde el guerrillero se pinta a sí mismo con sus propias palabras. Hasta hoy esa pintura no ha sido superada. Más que de novela, *El águila y la serpiente* tiene la estructura de una crónica, si bien sobresalen los episodios de esencia novelesca. En *La sombra del caudillo* (1929) en cambio, Guzmán elabora una verdadera novela política en la que protesta contra los asesinatos de varios personajes durante el gobierno de Obregón. Es, además, una de las novelas mexicanas más logradas en cuanto al estilo y la conjugación de tema y forma. El tema—el asesinato como expediente político—está muy bien captado a través de imágenes en las que predominan los juegos de luz y sombra. La imagen titular, la sombra, se convierte en imagen clave en la interpretación estética de la obra. Del caudillo sólo vemos su sombra, la sombra de su poder (como en *El señor presidente* de Asturias más tarde). Y sin embargo, todo lo domina, nada se mueve sin su voluntad. A pesar de esos crímenes que aquí se enjuician, Guzmán no perdió, como Azuela, la fe en la Revolución. Tanto en *El águila y la serpiente* como en *La sombra del caudillo* y las *Memorias de Pancho Villa* nos da una visión del proceso revolucionario en la que el pesimismo no es el factor que predomina. Guzmán ve la Revolución como una lucha que no ha sido en vano, que dará sus frutos.

JOSÉ RUBÉN ROMERO (1890–1952) fue el novelista que tuvo fe ciega en la Revolución y que la consideró como benéfica para el pueblo. Esa es la actitud que se desprende de sus novelas (*Desbandada*, 1934; *El pueblo inocente*, 1934; *Mi caballo, mi perro y mi rifle*, 1936), escritas en prosa robusta, colorida, llena de humanidad. Romero nunca hizo la Revolución el asunto central de sus obras; sin embargo, la Revolución es un elemento esencial en sus novelas. Las dos primeras apenas pueden ser consideradas como tales, ya que su estructura es más la de una serie de estampas unidas por la presencia del narrador y por el ambiente pueblerino. El contenido es francamente autobiográfico y el autor no hace ningún esfuerzo para encubrirlo. Ese elemento no desaparece por completo en *Mi caballo . . .*, pero tampoco ahoga el hilo ficticio y por lo tanto la obra puede ser considerada como verdadera novela. El narrador ya no es el autor sino el protagonista, Julián, que nos cuenta sus aventuras desde su adolescencia hasta que termina la lucha armada. No fueron las novelas de asunto revolucionario las que dieron fama a Romero como novelista, sino *La vida inútil de Pito Pérez* (1938), uno de los libros más originales en la literatura mexicana del siglo veinte y con el cual da nueva vida al género picaresco. Pito Pérez, antihéroe, es el prototipo del hombre moderno acosado por la sociedad, a cuyas absurdas y anacrónicas leyes y costumbres no quiere someterse. Pito se rebela, pero la sociedad se venga con el ostracismo, que Pito sobrelleva refugiándose en el humor y en lo absurdo. Si bien Romero utiliza, como Lizardi, la forma picaresca, sus actitudes ante la realidad mexicana son enteramente opuestas. Mientras que Lizardi moraliza y tiene fe en un estado utópico sin injusticias, Romero, a través de Pito Pérez, presenta una sociedad que en más de cien años no solo no ha logrado establecer esa Utopía sino que, en cambio, ha perdido algunas de sus cualidades humanitarias. "Humanidad", dice Pito Pérez en su Testamento, "yo te robé unas monedas; hice burla de ti, y mis vicios te escarnecieron. No me arrepiento, y al morir, quisiera tener fuerzas para escupirte en la faz todo mi desprecio". Con esas palabras termina la vida de Pito Pérez, uno de los personajes más humanos en la novelística mexicana.

RAFAEL F. MUÑOZ (1899) forma, con Azuela y Guzmán, el triunvirato de narradores revolucionarios. Se distingue de ellos en que nunca abandona la temática de la Revolución. Desde su primer libro de cuentos,

El feroz cabecilla (1928), hasta el último, *Fuego en el Norte* (1960), el conflicto social es lo que le da material para su obra. En esos cuentos, lo mismo que en aquellos recogidos en *El hombre malo* (1930) y *Si me han de matar mañana* (1934) predomina el realismo descriptivo y la nota dramática. Muñoz tiene habilidad para captar escenas intensamente dramáticas, que sabe pintar con objetividad. Mejor que ningún otro autor, Muñoz sabe entretejer los motivos históricos y los ficticios y producir una narración en la que no es fácil deslindar los dos elementos. Como novelista se le recuerda por las obras ¡*Vámonos con Pancho Villa!* (1931) y *Se llevaron el cañón para Bachimba* (1941). La primera trata de la revolución en el Norte, de la lucha entre villistas y federales. Las varias historias, unidas por el tema de la fidelidad al cabecilla, están vivamente relatadas. Como en *El águila y la serpiente*, las escenas, los cuadros y las historias están unidas por la reaparición de ciertos personajes (Villa, Tiburcio Maya) y por las descripciones del árido paisaje del Norte de México. La segunda, la mejor obra de Muñoz, gira en torno a la rebelión del cabecilla Pascual Orozco, en 1913, contra Madero y Villa. La acción, relatada por el joven revolucionario Alvarito, alcanza momentos épicos. Su devoción al coronel orozquista Marcos Ruiz imparte a su narración una nota lírica que se ve incrementada por las descripciones de la naturaleza. "Junto con la acción militar", observa Enrique Anderson-Imbert, "se nos da siempre la visión imaginativa del protagonista-narrador. El equilibrio entre la acción novelesca y la contemplación poética está bien realizado".

b. La novela indigenista

La novela indianista de los románticos, como hemos visto, desaparece con los realistas-naturalistas. Éstos, como también ya hemos observado, profesaban, o cuando menos no rechazaban, la filosofía positivista y el implícito darwinismo. Los partidarios de esa escuela veían al indígena con desdén, y la novela indianista, según la define Concha Meléndez, es una obra en la cual "los indios y sus tradiciones están presentados con simpatía. Esta simpatía tiene gradaciones que van desde una mera emoción exotista hasta un exaltado sentimiento de reivindicación social, pasando por matices religiosos, patrióticos o sólo pintorescos y sentimentales". Tampoco los modernistas—que apenas escriben novelas—hablan del indio. En nuestros días se han escrito novelas indianistas, o mejor dicho neoindianistas. Son obras de escaso valor estético, ya que se valen del elemento exótico y de la trama truculenta para llamar la atención. A partir de 1930, como consecuencia del interés en las culturas nativas y del deseo de propagar las ideas sociales que predominaban en el pensamiento hispanoamericano de la época, nace la novela indigenista. En ésta el indio ya no es un motivo exótico sino un ser social cuyos problemas vitales han sido ignorados por el grupo dominante. El indio pasa a ser el protagonista de la novela y deja de ser un ente idealizado. Se convierte en un hombre de carne y hueso, un ser humano, explotado por sus semejantes, que trata de sobrevivir en una sociedad que le es hostil. Esta novela surge, por supuesto, en los países donde predominan los indios : México, Perú, Bolivia, Ecuador, Guatemala. Entre los principales indigenistas encontramos a los siguientes :

Alcides Arguedas (1879-1946), boliviano, es el precursor de la novela indigenista, lo mismo que del ensayo sociológico sobre el mismo tema (*Pueblo enfermo*, 1909). Su primera novela, *Pisagua*, aparece en 1903, y le sigue *Vida criolla* en 1912. En 1919 publica su obra más famosa, *Raza de bronce*, que es la elaboración de la novela *Wata-Wara*, escrita en 1904. En torno al idilio entre Agiali y su novia Wata-Wara, Arguedas hace una descripción de las costumbres indígenas y del ambiente, el valle y el yermo. Pero no se queda en el simple costumbrismo típico del siglo diecinueve. Aparece el conflicto entre indios y patrones, éstos representados por la familia Pantoja, que trata a los indios como si fueran bestias. Los deseos carnales de Pablo conducen al punto culminante : la muerte de Wata-Wara por el patrón y sus secuaces. El desenlace no desemboca, como en *Huasipungo*, en la venganza, sino en la sumisión, resultado de los consejos del anciano Choquehuanka. El fatalismo inherente en la novela lo vemos en este parlamento de Suárez, que habla por el autor : "La miseria del indio no tiene igual en el mundo, porque es miseria de miserable, en tanto que la del ruso es sólo miseria del hombre, susceptible a veces a cambiar. La del indio no cambia nunca. Siervo nace y siervo muere".

Jorge Icaza (Ecuador, 1902) continúa la tradición de Arguedas pero intensifica la protesta. Tanto en sus cuentos (*Barro de la sierra*, 1933) como en sus novelas (*Huasipungo*, 1934; *En las calles*, 1935; *Cholos*, 1938; *Media vida deslumbrados*, 1942; *Huairapamushcas*, 1948) lo que resalta es la lucha entre el indio y sus opresores. La más representativa de sus obras—y del indigenismo en general—es *Huasipungo*, novela con mucho de documento social en donde lo artístico queda en segundo plano por falta de distancia estética. El lector no puede simpatizar con el indio, que está pintado al nivel de los animales, y menos con los personajes que representan las fuerzas sociales que lo explotan : el cacique, el señor cura, el militar. El desenlace es trágico : la muerte de los indios de la comunidad que se rebelan contra ser despojados de sus huasipungos, esto es, de sus parcelas. El mensaje de Icaza parece ser : la rebelión desorganizada, sin un plan bien meditado, es inútil. La muerte de los indios de la comunidad no acarrea beneficio alguno. En toda la novela sólo hay una nota de ternura, cuando muere la Cunshi, la mujer de Andrés. La lamentación de éste es verdaderamente desgarradora : "Ay Cunshi sha, Ay bunita sha . . . Ay Cunshi sha, Sulitu dijando, ¿nu? . . . Ay . . . Ay . . . Ay . . ."

Un año después de que Icaza publicara *Huasipungo* el mexicano GREGORIO LÓPEZ Y FUENTES (1897-1966) se adhiere al movimiento indigenista con la novela *El indio* (1935), considerada como arquetipo del género. En ella el autor supo captar la agonía del indígena agobiado por las instituciones sociales que lo rechazan como persona pero lo explotan como peón. La novela no es sólo la pintura de la aciaga vida entre los indios, sino también la recapitulación histórica del indio mexicano desde la Conquista hasta la Revolución : trescientos años de sufrimiento y vida de perros. Sin embargo, la novela puede ser leída sin necesidad de recurrir a su significado histórico implícito, ya que tiene una interesante trama argumental. *El indio* es superior a tantas otras novelas indigenistas por la actitud del autor. No trata de presentarnos a un indígena idealizado, y ni siquiera visto siempre con simpatía. La pintura es, más bien, objetiva. No se exageran las virtudes del indio ni se omiten los defectos; es el lector quien tiene que formular el juicio y sentenciar. Además de ser novela indigenista, *El indio* es una novela de masas. Los personajes no tienen nombre; el protagonista es la tribu entera, los conflictos son colectivos, las acciones unánimes. Y sin embargo, la novela no pierde su significado humano. Antes de *El indio* López y Fuentes había publicado tres novelas de la Revolución : *Campamento* (1931), *Tierra* (1932) y *¡Mi general!* (1934). La segunda es la más interesante, ya que trata del caudillo del Sur, Emiliano Zapata, héroe revolucionario que pocas veces aparece en la narrativa mexicana, aunque sí en la pintura. Después de *El indio* López y Fuentes publica dos novelas de la costa del Golfo, *Arrieros* (1937) y *Huasteca* (1939). Tras una incursión por la narración corta (*Cuentos campesinos de México*, 1940) vuelve a la novela con *Acomodaticio* (1943), de ambiente político; otra novela indigenista, *Los peregrinos inmóviles* (1944) y otra de ambiente citadino, *Entresuelo*, (1948)—en donde, como Azuela, critica a los burócratas. Luego publica una novela de ambiente rural, *Milpa, potrero y monte* (1951). Pero López y Fuentes sobresale en el manejo de la novela indigenista, en el que pocos le superan.

Otro mexicano, MAURICIO MAGDALENO (1905) contribuye al indigenismo con una poderosa novela, *El resplandor* (1937), enérgica protesta contra una sociedad que deja vivir en la miseria a una comunidad indígena. En San Andrés de la Cal, Estado de Hidalgo, la tribu otomí lucha por un pedazo, nunca alcanzado, de tierra fértil. Su destino es morir de hambre y de dolor. Como en *El indio*, la Revolución no ha beneficiado a este sector de la sociedad; al contrario, ha utilizado a esos seres indefensos para pelear las sangrientas batallas o para ganar después las elecciones. Ni el supuesto redentor indígena los protege, ya que él mismo se convierte en hacendado y los utiliza para su propio provecho. Cuando llega al pueblo un maestro sincero, ya no le creen ni le tienen confianza. La novela termina con una escena simbólica del estado de sumisión del indio y de sus deseos de vivir y perdurar : la india da a luz al hijo bastardo del gobernador. El círculo vicioso de explotación e injusticias no ha sido roto. El indio permanece inmutable, con su misma miseria, con su mismo dolor, "el enorme dolor de los hijos de San Andrés de la Cal". Otras novelas de Magdaleno sobre diversos temas son *Mapimí 37* (1927), *Campo Celis* (1935), *Concha Bretón* (1936), *Sonata* (1941), *La tierra grande* (1949) y *Cabello de elote* (1949). También ha escrito dramas de tema revolucionario, crítica literaria y ensayos.

En México el continuador de la obra de López y Fuentes y de Magdaleno es Ramón Rubín (1912), autor de novelas y cuentos indigenistas. Sus conocimientos de la vida y costumbres de los indios de México, tanto del norte como del sur, son amplios, profundos y nada librescos. Después de publicar, entre 1942 y 1948, tres libros de cuentos de ambiente rural, Rubín ensaya la novela y escribe una de sus mejores obras, *El callado dolor de los tzotziles* (1948), que marca el camino que ha de seguir en años posteriores. Después de un interludio durante el cual abandona las letras, vuelve Rubín a la novela indigenista con *El canto de la grilla* (1952), en donde dramatiza los problemas sociales de los indios coras del Estado de Nayarit. Dos años más tarde publica otra de sus buenas novelas, *La bruma lo vuelve azul*, retrato en la geografía de los indios huicholes del centro de la República. Ni en sus novelas ni en sus cuentos aparecen indios idealizados o desfigurados. Rubín ve en ellos tanto sus defectos como sus virtudes y así los pinta, buscando siempre el momento dramático en sus vidas. A veces encontramos, como en Icaza, personajes ignorantes, brutales o supersticiosos; pero también aquéllos con un tenaz apego a la vida, una gran vitalidad y un gran amor a la libertad y la tierra. La actitud del narrador es siempre desde un punto de vista objetivo, sin caer en sentimentalismos o en el paternalismo que caracteriza a muchos de los novelistas hispanoamericanos que se han ocupado del asunto. En su última novela, *El seno de la esperanza* (1964), Rubín toca el tema del mar, raro en la novelística mexicana.

En el Perú son muchos los novelistas que han escrito sobre el indio. Pero destaca el nombre de Ciro Alegría (1909-1967), el novelista hispanoamericano, de este grupo, más conocido fuera de su país. Su fama fue debida al premio que una editorial neoyorkina le otorgara a su novela *El mundo es ancho y ajeno* (1941). No es ésta, sin embargo, su primera novela. En 1935 había publicado *La serpiente de oro*, en torno a la vida de los cholos balseros del río Marañón (la serpiente de oro). En 1939 lanza *Los perros hambrientos*, en torno a la vida en las montañas del norte peruano. Si bien en *La serpiente de oro* predomina el costumbrismo, en *Los perros hambrientos* aparece la protesta social. Los perros hambrientos matan a las ovejas y por fin llegan a devorarse a sí mismos. El destino de los perros y el de los indios se entrelazan. Uno de éstos dice: "Nosotros sí que somos perros hambrientos". Estas dos obras no llamaron la atención de la crítica hasta después de que apareció su obra maestra, *El mundo es ancho y ajeno*. En esta famosa novela indigenista Alegría crea un personaje memorable, el indio Rosendo Maqui, alcalde de la comunidad indígena de Rumi. Es "un poco vegetal, un poco hombre, un poco piedra", y su filosofía es: todo se puede hablandar, menos un corazón duro—palabras que evocan la famosa poesía de González Prada, "El mitayo". Rosendo Maqui, personaje heroico, muere defendiendo a su gente, a sus tierras. La tragedia del indio peruano va puntualizada por las grandiosas descripciones del paisaje andino, hechas en prosa equilibrada que señala la distancia entre el narrador y su material. La novela, sin embargo, no es fría, ya que el autor simpatiza con los indígenas, a quienes a veces, llevado por su fervor humanitario, idealiza. Mas nunca deja, como los indianistas, que esa idealización borre el elemento social ni el tema de la injusticia, que es lo que da unidad a la obra. El estoicismo de los indios los eleva y les imparte un aire de solemnidad que no encontramos en los personajes de otros indigenistas. La diferencia entre esta novela y otras de la misma escuela la encontramos en el estilo poético que utiliza el autor, lo cual aminora el tono sociológico. Si bien la novela es una denuncia de las injusticias cometidas contra las comunidades indígenas, también es una obra de arte en la que podemos gozar de otros elementos no asociados a la indignación que nos pudieran causar las injusticias cometidas contra seres humanos.

Además de Asturias, de quien hablaremos más adelante, en Guatemala ha cultivado la novela indigenista Mario Monteforte Toledo (1911), autor de *Anaité* (escrita en 1938, publicada en 1948), *Entre la piedra y la cruz* (1948), *Donde acaban los caminos* (1953) y *Una manera de morir* (1957). En la primera, que tiene como escenario las selvas del Petén, Jorge, el joven protagonista, asqueado de los falsos valores de la llamada civilización de la ciudad, se va con los lacandones, cuyo modo de vivir le parece más sano. La segunda novela, *Entre la piedra y la cruz*, tiene como escenario la región del lago Atitlán y gira en torno al conflicto espiritual del indio Pedro Matzar, que oscila entre el cristianismo y la idolatría, entre el mundo civilizado y el mundo primitivo, entre la piedra y la cruz. El cristianismo triunfa y Pedro se casa con Margarita, proponiéndose redimir a los suyos desde adentro, con la colaboración de los ladinos. Este desenlace optimista es insólito en la novela indigenista hispanoamericana, y refleja el momento histórico en que se creía que era posible integrar al indígena a la cultura nacional. En sus dos últimas novelas Monteforte Toledo abandona el indigenismo para tratar temas nacionales de mayor amplitud y significado social y político.

c. La novela gauchesca

La novela gauchesca del Uruguay y la Argentina tiene sus orígenes durante el periodo romántico. Mas es en el siglo veinte cuando da sus mejores frutos con las obras de Lynch, Güiraldes y Amorim.

BENITO LYNCH (Argentina, 1880-1951) dedicó su vida entera al cultivo de la novela de personajes, ambientes, asuntos y temas gauchescos. La primera novela significativa que publicara, *Los caranchos de la Florida* (1916) trata del conflicto entre padre e hijo por la misma mujer, conflicto que desemboca trágicamente en la muerte de ambos. También trágico es el desenlace de *El inglés de los güesos* (1924), en donde la gauchita ingenua enamorada del frío antropólogo inglés pone fin a sus días ahorcándose. Menos trágica, más profunda es *El romance de un gaucho* (1933), novela en la que Lynch capta con veracidad la psicología de un tímido joven gaucho enamorado de una mujer casada. Como Martín Luis Guzmán en las *Memorias de Pancho Villa*, Lynch deja que el personaje narrador, el protagonista, cuente su historia en primera persona y en el habla popular, sin interrupciones en lengua culta de parte del autor. De esta manera logra darle a la novela tanto unidad estilística como profundidad psicológica.

Un novelista que supo combinar las corrientes vanguardista y criollista fue el argentino RICARDO GÜIRALDES (1886-1927), autor de una de las más significativas obras de esta época, *Don Segundo Sombra* (1926). Antes de que apareciera esta novela ya había publicado su autor una colección de narraciones (*Cuentos de muerte y de sangre*, 1915), dos novelas cortas de tono poético (*Rosaura*, 1922; *Xaimaca*, 1923) y algunos poemas. En *Xaimaca* (antiguo nombre de Jamaica) el protagonista, Marcos Galván, relata sus experiencias—en forma de diario—durante un viaje a la isla del ensueño. El estilo poético y el tono subjetivo de la narración imparten al libro una nota de veracidad psicológica, muy lejana del realismo imperante entre los criollistas. ¿Por qué, entonces, colocamos a Güiraldes en este apartado y no con los vanguardistas? Por su obra maestra, *Don Segundo Sombra*, en donde entreteje el estilo de sus obras anteriores y un material nativo, el mundo del gaucho. El resultado es una espléndida novela gauchesca, epítome del género. Don Segundo, el gaucho perfecto, se convierte en símbolo de la argentinidad. El autor cree firmemente que la psicología del argentino debe su nota distintiva a la influencia del gaucho y del medio que habita, la pampa. Al mismo tiempo, don Segundo es la encarnación de todos los gauchos de la literatura argentina y especialmente del Martín Fierro. Y sin embargo, Güiraldes no ha presentado a don Segundo siguiendo el prototipo de Hernández (el del héroe trágico) ni tampoco el de Estanislao del Campo (el del gaucho de parodia). El de Güiraldes es más bien un personaje que posee las mejores características de todos ellos. Si bien don Segundo, en su profesión de verdadero gaucho, es un resero, tiene gran fuerza, tanto física como espiritual y moral; conoce su profesión como nadie, y su actitud ante sus semejantes—y ante la vida en general—es noble y desinteresada. Para hacer resaltar el carácter, la energía física y moral y las habilidades de don Segundo, Güiraldes lo presenta a través de los ojos y la mentalidad de Fabio, el joven admirador que le sigue para aprender la noble profesión de resero. Fabio, por supuesto, idealiza a su maestro, y eso es lo que imparte a la narración un aire de irrealidad. Don Segundo, visto por Fabio, nos parece un caballero andante, un caballero que posee todas las características de esa estirpe, un caballero digno de ser admirado e imitado no sólo por Fabio sino por el pueblo argentino. Ser imitado no en su profesión de resero, sino en sus cualidades espirituales y morales, en su actitud hacia la vida, en su filosofía del vivir. Como obra de arte esta novela, tanto por el personaje central como por el estilo y la estructura, marca un hito en el desarrollo de la narrativa hispanoamericana. Después de *Don Segundo Sombra* sería imposible escribir una novela gauchesca mejor, ya que Güiraldes en su obra logró alcanzar el límite de las posibilidades del género. Los que le siguen, como en el caso de Amorim, tienen que explorar nuevos derroteros para poder superarlo.

Es precisamente el uruguayo ENRIQUE AMORIM (1900-1960) quien ha logrado escribir narraciones de ambiente campero de valor permanente.

En sus novelas (*Tangarupá*, 1925; *La carreta*, 1929; *El paisano Aguilar*, 1934; *El caballo y su sombra*, 1941), todas ellas de ambiente rural, encontramos un gaucho telúrico, pegado a la tierra y en lucha con su medio— pero decidido a triunfar y sobreponerse a pesar de los cambios en la organización social. Sin embargo, en las novelas de Amorim no es el fin lo que tiene importancia, sino la lucha épica del campesino por adaptarse y sobrevivir. Amorim conocía a fondo al hombre del campo uruguayo y fue capaz de recrearlo en sus novelas con profundidad psicológica y veracidad ambiental. El estilo ameno, directo, sin amaneramiento y con rasgos que a veces nos hacen pensar en Quiroga, le imparte a sus narraciones un valor permanente que las hace perdurar. Amorim logra trascender el regionalismo característico de la mayor parte de los criollistas y ofrecernos una obra que tiene valores universales.

d. *La novela de la selva y el llano*

La novela de la selva se inicia con la obra en inglés *Green Mansions* (1904) del anglo-argentino William Henry Hudson (1841–1922) y da sus mejores frutos con el colombiano JOSÉ EUSTASIO RIVERA (1888–1928). Es autor de varias poesías y una novela, *La vorágine* (1924), publicada con el objeto de protestar las condiciones bajo las cuales los caucheros de la selva tenían que trabajar. Si el mensaje de la novela fue pronto olvidado, no así el aspecto artístico, que es el más valioso : el estilo poético, las vívidas descripciones de la selva amazónica (en las cuales supera a Hudson), la épica lucha entre el hombre y la naturaleza y el muy hispano-americano desenlace, la conquista del personaje por su medio : "los devoró la selva". En primera persona, el protagonista, el poeta Arturo Cova, cuenta sus aventuras, primero en el llano y después en la selva, en la que se interna acompañado de Alicia, la mujer a quien ama. La novela abre con estas palabras : "Antes que me hubiera apasionado por mujer alguna, jugué mi corazón al azar y me lo ganó la violencia". Las descripciones poéticas que Cova hace del paisaje, contrastadas a las escenas de violencia, dan a la novela una estructura en contrapunto que la hace perdurable. La intensidad dramática va suavizada por el estilo poético, con el cual Rivera crea una distancia estética que nos permite contemplar las innumerables escenas tremendistas. La novela es, al mismo tiempo, un poema a la selva y una maravillosa pintura del infierno verde. Si bien las historias intercaladas debilitan su estructura, la unidad estilística, el tono uniforme y la pintura de la selva dan a la obra un valor que trasciende el de la protesta social. Rivera creó, sin duda, el arquetipo de la novela de la selva.

La primera parte de *La vorágine* se desarrolla en los llanos. En el mismo escenario actúan los personajes de Rómulo Gallegos (Venezuela, 1884-1969), el creador de *Doña Bárbara* (1929), de *Cantaclaro* (1934), de *Canaima* (1935), de *Pobre negro* (1937). En *Doña Bárbara* Gallegos lleva al punto culminante uno de los temas tradicionales en la literatura hispanoamericana, el conflicto entre la civilización y la barbarie, iniciado por Sarmiento en su *Facundo* (1845), reelaborado por Hernández en el *Martín Fierro* y trabajado por más de un criollista. En la novela de Gallegos las fuerzas en conflicto aparecen personificadas en los dos protagonistas antagónicos, Doña Bárbara y Santos Luzardo. Aparecen la barbarie de los llanos contra la luz santa de la ciudad, la fuerza bruta del cacique rural contra la ley nacional, la superstición contra la sabiduría, la vida al nivel de los animales contra la vida reflexiva del hombre educado. El optimismo de Gallegos, el fervoroso deseo de que el bien triunfe sobre el mal se manifiesta en el desenlace, en donde Doña Bárbara es tragada por los llanos y Santos queda en posesión de Altamira y los terrenos que Doña Bárbara había quitado a sus familiares. La esperanza en un futuro mejor para Venezuela se objetiva en otro personaje, Marisela, símbolo del poder de la educación sobre la naturaleza humana. Las ideas que Sarmiento había expresado en forma de ensayo sirven a Gallegos para escribir una de las novelas más significativas de su época. Si hoy la obra nos parece envejecida, de un simbolismo muy obvio, de filosofía que simplifica sobremanera los problemas de Hispanoamérica, hay que tener en cuenta los grandes cambios sufridos en la novelística durante los últimos cuarenta años. *Doña Bárbara* se seguirá leyendo como representante de una época, de un estilo, de una nación en transición, de un continente que busca una solución a sus innumerables problemas.

e. *Otras novelas de ambiente telúrico*

Numerosas son las novelas criollas de ambiente telúrico que no pertenecen, por los asuntos, los ambientes o los personajes, a las clasificaciones anterioses. Las agrupamos aquí sin intentar encasillarlas. Todas ellas, sin embargo, pertenecen a la misma corriente criollista. Destacaremos algunos ejemplos de esta profunda tendencia en la narrativa hispanoamericana.

Manuel Rojas (Chile, 1896), nacido en Buenos Aires de padres chilenos, reside en Chile desde 1924 y su obra pertenece a la literatura de ese país. Dentro del criollismo escribió algunas novelas (*Lanchas en la bahía*, 1932; *La ciudad de los Césares*, 1936; *Hijo de ladrón*, 1951) y sobre todo cuentos (*Hombres del sur*, 1926; *El delincuente*, 1929; *Travesía*, 1934; *El bonete maulino*, 1943; *El vaso de leche y sus mejores cuentos*, 1957; *El hombre de la rosa*, 1963; *Cuentos del sur* ... 1963). "El vaso de leche", cuento clásico en la historia del género hispanoamericano, es un elocuente relato en torno al tema de la dignidad humana. La obra maestra de Rojas, *Hijo de ladrón*, gira en torno a las aventuras del adolescente Aniceto Hevia, contadas por él mismo, a la manera picaresca. Este hijo de ladrón es el símbolo de la miseria en que viven ciertas clases sociales en Hispanoamérica y, al mismo tiempo, de la dignidad humana como rasgo que caracteriza al hombre de esa misma clase. El tono que predomina en la narración es de angustia, de descontento con la sociedad y la vida. Al protagonista le preocupa, en primer lugar, la búsqueda del significado de la vida, y en segundo lugar la naturaleza de la injusta organización social. Pero Aniceto es pesimista y no cree que haya soluciones fáciles para estos problemas tan humanos. Rojas, sin duda, logró darle vida a su personaje; logró que no se quedara, como muchos otros en la novela hispanoamericana, en simple portavoz de las ideas del autor. Aniceto es un personaje de carne y hueso que piensa, sufre, vacila, tiene dudas; en pocas palabras, un personaje humano, representante de los defectos y las aspiraciones del hombre. La historia de Aniceto la continúa Rojas en la segunda parte de la proyectada trilogía, *Mejor que el vino* (1958). Aquí Aniceto, como pintor de muros y apuntador de teatro, no cautiva tanto como el hijo de ladrón. La siguiente novela de Rojas, *Punta de rieles* (1960), es una crítica del modo de vivir de la clase acomodada chilena. La tercera parte de *Hijo de ladrón*, que no se ha publicado, lleva el título *La oscura vida radiante*, verso tomado del poema "Musa traviesa" de José Martí. Pero sí se publicó, en 1964, otra novela de Rojas, *Sombras contra el muro*.

Enrique Laguerre (Puerto Rico, 1906) se dio a conocer como novelista en 1935 con *La llamarada*, obra en torno a la lucha del hombre y su ambiente en el cañaveral puertorriqueño. El medio rural lo vemos a través de los ojos del protagonista, Juan Antonio Borrás, quien describe la vida miserable que llevan los jíbaros. La acción de la novela se desarrolla al ritmo del cultivo de la caña, ritmo que se refleja en el alma del protagonista, en su lucha interna por superar su actitud hacia los campesinos. Cuando el cañaveral arde, el conflicto de Juan Antonio también entra en crisis. El desenlace es optimista. Juan Antonio logra conquistar sus actitudes negativas. En sus novelas posteriores Laguerre ha explorado otros temas. En *La resaca* (1949) recrea el ambiente social y político del Puerto Rico de las últimas décadas de la dominación española; en *La ceiba en el tiesto* (1956) analiza los problemas sociales y políticos del

Puerto Rico de épocas más recientes; y en *El laberinto* (1959), su más ambiciosa novela, explora las consecuencias de la vida en la gran urbe, la desorientación del hombre moderno perdido en su laberinto. La superación de Laguerre como novelista ha sido constante. En cada nueva obra demuestra adelantos de técnica y dominio del género. Sin duda, es el mejor novelista puertorriqueño del siglo veinte.

DEMETRIO AGUILERA MALTA (Ecuador, 1909) ha escrito teatro, cuento, novela, ensayo y crítica literaria. Como novelista se hizo famoso en 1933 con *Don Goyo*, obra de ambiente rural en la que describe con fuertes pinceladas la vida del cholo. Don Goyo Quimí, el viejo cacique, es un ser dotado de poderes sobrenaturales, poderes que, sin embargo, no lo salvan de la muerte. Sus numerosos parientes y amigos lo consideran en posesión de virtudes casi mágicas. En esta novela Aguilera Malta se anticipa, en la creación de personajes telúricos, al colombiano García Márquez. Don Goyo no desentonaría en *Cien años de soledad*. En 1935 Aguilera Malta publica *Canal Zone*, novela que surgió como resultado de sus observaciones durante una estancia en Panamá. Es una obra, observa Fernando Alegría, "agudamente impresionista, que ofende a algunos panameños, pero que cala hondo de modo más intuitivo que racional, en un complejo psicológico colectivo". En su siguiente novela, *La isla virgen* (1942), vuelve Aguilera Malta a pintar el ambiente ecuatoriano, pero ahora en un mural de mayor relieve. El desenlace de la obra es, como el de *La vorágine* y *Doña Bárbara*, trágico : al patrón y a su mayordomo se los traga el manglar. Se distingue la obra de las de Rivera y Gallegos por el tono, que es de realismo mágico, y aquí también, como ya ha observado el mismo crítico chileno, Aguilera Malta se adelanta a Asturias y a Carpentier, y como ya hemos observado nosotros, a García Márquez. En los últimos años Aguilera Malta ha publicado una serie de novelas en las que se ha propuesto recrear los principales acontecimientos de la historia de Hispanoamérica. Entre otras mencionaremos aquí *La cabellera del sol* y *El Quijote del Dorado*, ambas de 1964, y *Un nuevo mar para el rey* (1965), la última en torno a la epopeya de Núñez de Balboa.

f. *El cuento*

Casi todos los novelistas que hemos incluido en este apartado sobre el criollismo han escrito cuentos. Y es difícil separar a los cuentistas de los novelistas. Sin embargo, alguno que otro ha escrito solamente narraciones cortas; otros, aunque han escrito novelas, se han distinguido como cuentistas. Entre el gran número de ellos hemos escogido a los siguientes como representantes del movimiento.

Mariano Latorre (Chile, 1886–1957), novelista, crítico y ensayista, se ha distinguido más como cuentista y como el mejor representante del criollismo en su país. Su criollismo, sin embargo, es mucho más amplio que el de sus contemporáneos, ya que abarca tanto lo campesino como lo urbano y lo marítimo. El carácter cíclico de sus cuentos—tanto ambiental como de tipos y costumbres—es lo que caracteriza sus narraciones. En el primer libro, *Cuentos del Maule* (1912), hace un estudio de su región natal, alternando las descripciones del paisaje y las de las costumbres regionales. Entre los tipos que retrata sobresale "Don Zoilo", viejo zorro que ha de aparecer en obras posteriores. Seis años más tarde publica *Cuna de cóndores* (1918), serie de relatos en los cuales pinta ambientes, tipos y costumbres de la cordillera. Si bien la pintura del paisaje predomina sobre lo humano, aparecen aquí algunos personajes bien logrados, como don Moñi el pastor, Nicomedes el bandido y don Chipo, viejo cazador de pumas. De los asuntos campesinos y de la cordillera pasa Latorre a los marinos en *Chilenos del mar* (1929), colección de cuentos entre los cuales destaca "El piloto Oyarzo". En éste dramatiza el conflicto entre el deber y el amor de un padre. El deber triunfa en el alma del padre que sacrifica al hijo para salvarle la lancha a la compañía. Del ambiente marino vuelve Latorre al campo en *Hombres y zorros* (1937), colección de relatos en los que las descripciones del paisaje están mejor integradas a la fábula. La misma tendencia observamos en *Mapu* (1942) y en sus últimos relatos donde aparecen nuevos ambientes como los de la selva austral. En la última serie, *Viento de Mallines* (1944) vuelve a la cordillera, pero más interesado en ahondar en los problemas humanos de los habitantes de esa región que en pintar costumbres o describir paisajes. La gran contribución de Latorre al desarrollo del cuento chileno, como ha observado Manuel Rojas, es la incorporación del paisaje. Sus relatos no se distinguen por el elemento dramático (con raras excepciones, como en "El piloto Oyarzo"), ni por la creación de personajes de complicada psicología. Pero sobre sus hombros se ha de levantar la nueva narrativa chilena.

Enrique López Albújar (Perú, 1872–1966), por su espíritu y estilo, sobre todo durante la primera época, pertenece al modernismo. Sin embargo, en 1920, con la publicación de los *Cuentos andinos* se define su posición dentro del criollismo. Los personajes de esos cuentos, en su mayor parte, son indígenas; los ambientes y los asuntos, nacionales. Entre los mejores relatos se encuentra "Los tres jircas", cuento etiológico que explica el origen de los tres cerros (o jircas), llamados Marabamba, Rondos y Paucarbamba. También destaca "Cómo habla la coca", significativo no tanto por las revelaciones que sufre el que usa esa droga, sino por lo que capta de la psicología de los peruanos. En otros de estos cuentos andinos predomina la violencia ("El campeón de la muerte". "Ushanam-Jampi", "Cachorro de tigre"). El tema favorito parece ser la venganza, siempre en términos violentos, inhumanos. Más que la psicología del indígena, López Albújar nos ha dado la de seres anormales. Los temas y los asuntos que trabaja servirían mejor para la elaboración de novelas, ya que en el cuento no es posible, por su brevedad, desarrollar la motivación. Por tanto, los crímenes, las venganzas, los castigos nos parecen crueles, innecesarios y salvajes. Pero a pesar de todo, el libro tiene éxito. En 1937 aparecen los *Nuevos cuentos andinos* y en 1950 López Albújar recibe el Premio Nacional por la colección de relatos *Las caridades de la señora Tordoya*, que se publica en 1955 con un estudio preliminar de José Jiménez Borja.

Salvador Salazar Arrué ("Salarrué", El Salvador, 1899), como Güiraldes, hace uso de un estilo poético para dar expresión a temas y asuntos criollos. Los *Cuentos de barro* (1933) le hacen famoso en el continente americano. Le siguen, con menos éxito, las narraciones de *Eso y más* (1940), y en 1945 los *Cuentos de cipotes*, esto es, cuentos de niños (no para niños), en los que logra captar la mentalidad infantil. Vienen después las veinte narraciones de *Trasmallo* (1954) y por fin la colección *La espada y otras narraciones* (1960). Entre sus mejores cuentos se hallan "La botija" y "Estrellemar", ambos de ambiente rural. Los personajes son campesinos caracterizados por el diálogo, que Salarrué usa con éxito. Pero sobre ese diálogo popular flota un tono poético que da a la narración un aire de realismo mágico. La crítica social en estos cuentos no es tan marcada como en la de sus contemporáneos.

Roberto Arlt (Argentina, 1900–1942) se adelanta a su época en su narrativa y su teatro, en donde pinta a la gente urbana usando su vernáculo propio. Son cuadros donde predominan las tintas fuertes y el resultado refleja la actitud pesimista del autor. La sociedad en la narrativa de Arlt es hipócrita, cruel, sin redención. En las cuatro novelas (*El juguete rabioso*, 1926; *Los siete locos*, 1929; *Los lanzallamas*, 1931; *El amor brujo*, 1932), como en el teatro (*El humillado*, 1930; *Saverio el cruel*, 1936; *La fiesta del hierro*, 1940) y en los cuentos (*El jorobadito*, 1933; *Aguafuertes porteñas*, 1933; *Nuevas aguafuertes porteñas*, 1960; *El criador de gorilas*, 1964) encontramos personajes deformados por la sociedad. Todos son o cínicos, o hipócritas o delatores; seres fracasados, resentidos, al borde de lo anormal; seres salidos del mundo de Dostoievski, o como él mismo advierte, "más parecidos a monstruos chapoteando en las tinieblas que a los luminosos ángeles de las historias antiguas". Si bien el drama *Severio el cruel* es perdurable por la agilidad con que Arlt maneja la psicología de los personajes, son los cuentos de *El jorobadito* los que más fama le han dado. De las narraciones de esta colección, la que da título al volumen es tal vez la mejor de Arlt (aunque no hay que olvidar "Noche terrible"), ya que es allí donde demuestra, mejor que en otra parte, su conocimiento de la psicología de los seres anormales que pinta. En su técnica narrativa se percibe el interés en el teatro. Predomina lo dramático. No menos importante es la contribución que Arlt hace al desarrollo de un estilo narrativo que refleja el modo de hablar de los habitantes de la gran ciudad. Arlt es, dice Zum Felde, "el primero en llevar a la novela una modalidad estilística netamente vernácula, que no es la gauchesca, sino la urbana popular y suburbana, mezclada de criollismo y extranjerismo".

FRANCISCO ROJAS GONZÁLEZ (México, 1904-1951) publicó su primera colección, *Y otros cuentos*, en 1931, fecha desde la cual no dejó de presentar, en esa forma, todos los problemas de que adolecía el México de su época. En "Guarapo", por ejemplo, pinta con tintas fuertes las injusticias cometidas contra los trabajadores en los ingenios. El macabro incidente en torno al cual se estructura el cuento—la muerte del peón en el molino —está presentado con gran fuerza emotiva, aunque sin rebasar los límites de la verosimilitud. El trabajador muerto, según el capataz, no vale más que el volumen de su cuerpo hecho guarapo. Lo macabro del incidente se ve atenuado por el marco de referencia : un padre, trabajador él mismo, cuenta el accidente a su hijo, pero sin moralización directa alguna. En "El pajareador", cuento que da título a su segunda colección (1934), Rojas González protesta contra el uso de los niños en las faenas del campo. El énfasis aquí recae no tanto sobre la pintura de la injusticia sino sobre el efecto del agotador trabajo y la ambición desmedida del padre del niño. En su último libro, *El diosero* (1952) el autor enfoca el problema del indio : sus creencias y supersticiones, su estado miserable de vida. Rojas González, que era etnólogo de profesión, supo enfocar y analizar los problemas de los indígenas de varias regiones en cuentos tan humanos como "La parábola del joven tuerto", "El diosero", "La tona" y "La cabra en dos patas". También publicó dos novelas, *La negra Angustias* (1944) y *Lola Casanova* (1947). Pero es en el cuento donde mejor se manifiesta su genio.

JOSÉ DE LA CUADRA (Ecuador, 1903-1941) colaboró con Enrique Gil Gilbert (1912), Joaquín Gallegos Lara (1911-1947), Aguilera Malta y Alfredo Pareja Díez Canseco (1908) en la famosa antología de narraciones, *Los que se van* (1930), cuyo subtítulo, "Cuentos del cholo y del montuvio" (dos razas de Ecuador), indica su naturaleza temática. Esos relatos, de crudo realismo, suscitaron acerbas críticas y provocaron reñidas controversias. De allí nació el "Grupo de Guayaquil". De la Cuadra ya había publicado varios libros. Pero los que escribe después de 1930 son los que le han dado fama como narrador original. En *Repisas* (1931) ya encontramos un cuento, "Chumbote", que marca un cambio : aparece el paisaje rural y el personaje montuvio. En adelante ha de explotar esa vena. Sus mejores cuentos en *La vuelta de la loca* (1932), *Horno* (1932) y *Guásinton* (1938) son aquellos de ambiente y personajes rurales. También en sus novelas (*Los Sangurimas*, 1934; *Sanagüin*, 1938; *Los monos enloquecidos*, 1951) crea esos ambientes, y al mismo tiempo describe la lucha del hombre y la naturaleza en la selva ecuatoriana. Las estructuras de sus novelas son novedosas, y el estilo a veces presenta aspectos vanguardistas. Como crítico se le recuerda por el libro 12 *siluetas* (1934).

Augusto Céspedes (Bolivia, 1904), uno de los mejores cuentistas de su generación, coleccionó sus narraciones en torno a la guerra del Chaco bajo el título *Sangre de mestizos* (1936). Los nueve relatos que forman el volumen tienen unidad temática y ambiental : son crónicas de guerra de intenso realismo. Céspedes logra captar la angustia del soldado en campaña en relatos como "El pozo", "El milagro", y "La coronela", en los cuales pinta los sufrimientos de los bolivianos durante esa tragedia que se llama Guerra del Chaco. En su novela *Metal del diablo* (1946) denuncia las penalidades sufridas por los trabajadores en las minas de estaño. Con Céspedes y Oscar Cerruto (Bolivia, 1907) la novela boliviana de protesta social obtiene su más alto nivel.

3. EL TEATRO

El teatro durante esta época presenta dos tendencias, la vanguardista y la nativista o social. Los vanguardistas, como ya hemos visto, imitan a los europeos, y especialmente a Pirandello. Los criollistas, en cambio, tratan de adaptar al teatro asuntos y temas criollos, como lo había hecho Florencio Sánchez durante la primera década del siglo. En México José Joaquín Gamboa (1878–1931) representa el teatro de transición del realismo al criollismo. Si bien su teatro no es todo social, las obras dentro de esta corriente son las que mejor lo representan, como *Via crusis* (1925) y *Las Revillagigedo* (1925), dramas que figuran entre lo mejor del teatro mexicano antes de que aparezcan Villaurrutia, Novo (1904), Gorostiza y Usigli.

Otro renovador del teatro mexicano es FRANCISCO MONTERDE (1894), autor de *En el remolino* (1923), drama de la Revolución mexicana; *Oro negro* (1927), en torno al problema de la explotación del petróleo; y *La careta de cristal* (1932), de ambiente pueblerino. Monterde es también reconocido como novelista (*Moctezuma, el de la silla de oro*, 1945), cuentista (*Una moneda de oro y otros cuentos*, 1965), poeta (*Itinerario contemplativo*, 1923), ensayista y crítico de la literatura.

En la región del Río de la Plata el continuador del teatro de Florencio Sánchez fue SAMUEL EICHELBAUM (Argentina, 1894), autor de dramas de indiscutible valor, entre los que destacan *El gato y su selva* (1936), *Pájaro de barro* (1940), *Un guapo del novecientos* (1940) y *Un tal Servando Gómez* (1942). En ellos Eichelbaum crea personajes trágicos de honda estirpe, como la muchacha que prefiere la pobreza en vez de la vida de molicie pero sujeta a la humillación (en *Pájaro de barro*), o el político que prefiere el castigo al fácil indulto en *Un guapo del novecientos*. Estas dos obras representan, sin duda, lo mejor del teatro de Eichelbaum y del teatro ríoplatense de la época.

En Chile la renovación del teatro fue debida a ANTONIO ACEVEDO HERNÁNDEZ (1886-1962), a GERMÁN LUCO CRUCHAGA (1894-1936) y a ARMANDO MOOCK (1894-1942), si bien el último vivió en Buenos Aires y escribió para el teatro bonaerense. Se le recuerda por obras tan populares como *La serpiente* (1920), en torno al tema tradicional de la mujer fatal; y *Rigoberto* (1935), en donde pinta con humor al marido dominado por la familia. Hernández, como Florencio Sánchez, escribió obras sombrías, pesimistas, de ambiente rural (*En el rancho*, 1913; *Árbol viejo*, 1930) y de los barrios bajos de la ciudad (*Almas perdidas*, 1917). Luco Cruchaga, en cambio, dirige sus críticas hacia la clase acomodada (*La viuda de Apablaza*, 1928).

4. EL ENSAYO

Los escritores que cultivan el ensayo durante esta época, como ocurre con los narradores y los autores dramáticos, se bifurcan en dos grupos : vanguardistas y criollistas. El ensayo vanguardista lo representan, entre otros autores, Xavier Villaurrutia y Vicente Huidobro, ya mencionados, lo mismo que el cubano JORGE MAÑACH (1898-1930). Éste fue colaborador de la *Revista de Avance* (1927-1930) y autor de valiosos ensayos, la mayor parte de ellos recogidos en libros, entre los cuales los mejores son *Indagación del choteo* (1928), *Martí, el apóstol* (1933) e *Historia y estilo* (1944). En el último, colección de cuatro ensayos, Mañach explora las relaciones entre el proceso histórico y la forma; pero no en teoría, sino aplicado al caso de Cuba. Su teoría de los agentes históricos como fundamento de la nacionalidad es original y útil en el caso de Hispanoamérica.

El ensayo criollista, de fuerte tendencia social, lo encontramos en las obras de los peruanos José Carlos Mariátegui, Víctor Raúl Haya de la Torre (1895), Luis Alberto Sánchez (1900); en las del cubano Juan Marinello (1898); en las del ecuatoriano Benjamín Carrión (1898), y en las del mexicano Samuel Ramos.

José Carlos Mariátegui (Perú, 1895–1930) es el mejor representante del ensayo de tendencia social. Como escritor Mariátegui se da a conocer en las páginas de la revista *Amauta* (1926–1930), por él fundada, y en las de los periódicos de esa época. En 1928 publica su mejor libro, los *Siete ensayos de interpretación de la realidad peruana*, libro en que se encuentran las ideas sociales y políticas que formaron el ideario de la Alianza Popular Revolucionaria Americana—famoso partido político conocido como el APRA. En los *Siete ensayos* Mariátegui plantea problemas que atañen no sólo al Perú, sino también a los otros países hispanoamericanos. Entre los más agudos se encuentran el que trata de la unidad entre los americanos ("La unidad de la América indo-española"), el que explora algunos problemas peruanos ("Esquema de la evolución económica") y el que trata del indio ("La corriente de hoy; el indigenismo"). El libro, de acuerdo con la opinión del profesor Robert G. Mead Jr., es "claro, directo" y tiene a veces "densos trozos que exigen una segunda lectura". En su prosa "trasluce el vigor de su dialéctica y la meditación que dedica a la composición de su lenguaje. Si no alcanza la cima estética de un Rodó, Mariátegui sí es muy superior a la gran mayoría de ensayistas y periodistas que escriben hoy en América".

El ensayo mexicano que no es vanguardista lo representa el filósofo Samuel Ramos (1897–1959). Es autor de un significativo librito, *El perfil del hombre y la cultura en México* (1934)—obra orgánica en la que con mano firme analiza, utilizando el método psicológico, el carácter del mexicano y la naturaleza de su cultura. Por primera vez un escritor se atreve a exponer con franqueza los complejos del mexicano. Pero eso no es todo. Fundándose en ese estudio hace un análisis del desarrollo de la cultura mexicana desde el punto de vista histórico y así va trazando sus características desde la época colonial hasta el presente. El estudio de Ramos es fundamental para comprender a los ensayistas contemporáneos como Octavio Paz, a los novelistas como Fuentes y a los dramaturgos como Usigli.

BIBLIOGRAFÍA

GENERAL

Estudios y Antologías

ALPERN, Hymen y José Martel. *Teatro hispanoamericano.* New York : Odyssey, 1956.

ATENEO DE LA JUVENTUD. *Conferencias.* México : Imp. Lacaud, 1910. 2a. ed., México : UNAM, 1962, ed. de Juan Hernández Luna.

BAJARLÍA, Juan Jacobo. *El vanguardismo poético en América y España.* Buenos Aires : Edit. Perret, 1957.

——. *La poesía de vanguardia: de Huidobro a Vallejo.* Buenos Aires, 1965.

——. *La polémica Reverdy–Huidobro.* Buenos Aires : Edit. Devenir, 1964.

BALLAGAS, Emilio (ed.). *Antología de la poesía negra hispanoamericana.* Madrid : Aguilar, 1935.

——. *Mapa de la poesía negra hispanoamericana.* Buenos Aires : Pleamar, 1946.

CASANOVAS, Martín. *Órbita de la "Revista de Avance".* La Habana, 1965.

CASTRO LEAL, Antonio. *La novela de la Revolución Mexicana.* 2 vols. México : Aguilar, vol. I, 1958, vol. II, 1960.

CORVALÁN, Octavio. *El postmodernismo.* New York : Las Américas, 1961.

——. *Modernismo y vanguardia.* New York : Las Américas, 1967.

CUESTA, Jorge. *Antología de la poesía mexicana moderna.* México : Contemporáneos, 1928. 2a. ed., 1952.

CHANG-RODRÍGUEZ, Eugenio. "La novela de la Revolución Mexicana y su clasificación", *Hispania,* XLII, 4 (1959), 527–535.

DESSAU, Albert. *Der mexikanische Revolutionsroman.* Berlin : Rütten & Loening, 1967.

DAUSTER, Frank. *Ensayos sobre poesía mexicana: asedio a los "Contemporáneos".* México : Studium, 1963.

D'SOLA, Otto. *Antología de la moderna poesía venezolana.* 2 vols. Caracas : Minist. de Educ. Nac., 1940.

ESTRADA, Genaro. *Poetas nuevos de México.* México : Porrúa, 1916.

FLORIT, Eugenio, y José Olivio Jiménez. *La poesía hispanoamericana desde el modernismo.* New York : Appleton-Century-Crofts, 1968. (Antología.)

FORSTER, Merlin H. *Los Contemporáneos, 1920–1932. Perfil de un experimento vanguardista mexicano.* México : Studium, 1964.

GONZÁLEZ LANUZA, Eduardo. *Los martinfierristas.* Buenos Aires : Minist. de Educ. y Just., 1961.

GÜIRAO, Ramón. *Órbita de la poesía afrocubana, 1928–1937.* La Habana : Úcar García, 1938.

HIDALGO, Alberto, Vicente Huidobro y Jorge Luis Borges. *Índice de la nueva poesía americana.* Buenos Aires : Pub. El Inca, 1926.

IBARRA, Héctor. *La nueva poesía argentina: ensayo crítico sobre el ultraísmo,* *1921-1929.* Buenos Aires, 1930.

JONES, William K. *Antología del teatro hispanoamericano.* México : Studium, 1958.

KERCHEVILLE, Francis M. *A Study of the Tendencies in Modern and Contemporary Poetry from the Modernist Movement to the Present Time.* Albuquerque : Univ. of New Mexico Press, 1933. 64 pp.

LABARTHE, Pedro. *Antología de poetas contemporáneos de Puerto Rico.* México : Edit. Clásica, 1946.

LINDO, Hugo. *Antología del cuento moderno centroamericano.* San Salvador : Univ. Autónoma de El Salvador, 1949.

LIST ARZUBIDE, Germán. *El movimiento estridentista.* Jalapa, Veracruz, México, (1926). 2a. ed., México : Sec. de Educ. Púb., 1967.

LIZASO, Félix. *Ensayistas contemporáneos, 1900-1920.* La Habana : Edit. Trópico, 1938. "Antologías Cubanas", 2.

LORAND DE OLAZAGASTI, Adelaida. *El indio en la narrativa guetemalteca.* San Juan, P.R. : Edit. Univ., 1968.

MAIDANIK, M. *Vanguardismo y revolución: metodología de la renovación estética.* Montevideo : Edit. Alfa, 1960.

MAÑACH, Jorge. "Vanguardismo", *Rev. de Avance*, I, 1-3 (1927).

MAPLES ARCE, Manuel. *Antología de la poesía mexicana moderna.* Roma : Poligrafía Tibernina, 1940.

MARÍA Y CAMPOS, Armando. *El teatro de género dramático en la Revolución Mexicana.* México : Inst. Nac. de Estudios Históricos de la Revolución, 1957.

MONGUIÓ, Luis. "Poetas post-modernistas mexicanos", *Rev. Hisp. Mod.*, XII, 3-4 (julio-oct., 1946), 239-266.

——. *La poesía postmodernista peruana.* Berkeley : Univ. of Calif. Press, 1954.

MONTERDE, Francisco. *Antología de poetas y prosistas modernos.* México : UNAM, 1931.

MORTON, F. Rand. *Los novelistas de la Revolución Mexicana.* México : Edit. Cultura, 1949.

Movimientos literarios de vanguardia. Memoria del Undécimo Congreso del Inst. de Lit. Iber. México : Edit. Cultura, 1965.

NOÉ, Julio. *Antología de la poesía argentina moderna (1896-1930).* 2a. ed., Buenos Aires : El Ateneo, 1932.

ONÍS, Federico. *Antología de la poesía española e hispanoamericana (1882-1932).* 2a. ed., New York : Las Américas, 1961.

PEREDA VALDÉS, Ildefonso. *Antología de la moderna poesía uruguaya.* Buenos Aires : El Ateneo, 1927.

REYES NEVARES, Salvador. "La literatura mexicana en el siglo XX, 1900-1930", *Panorama das literaturas das Américas*, IV, Angola : Municipio de Nova Lisboa, 1965, pp. 1937-1995.

RIPOLL, Carlos. *La generación del 23 en Cuba y otros apuntes sobre el vanguardismo*. New York : Las Américas, 1968.

ROSENBAUM, Sidonia Carmen. *Modern Women Poets of Spanish America*. New York : Hispanic Inst., 1945.

SALVADOR, Nélida. *Revistas argentinas de vanguardia (1920-1930)*. Buenos Aires : Univ. de Buenos Aires, 1962.

SÁNCHEZ REULET, Aníbal. *La filosofía latinoamericana contemporánea*. Washington : Pan American Union, 1949. (Antología.)

SPELL, Jefferson R. *Contemporary Spanish American Fiction*. Chapel Hill : Univ. of North Carolina Press, 1944.

TORRES BODET, Jaime. *Perspectiva de la literatura mexicana actual*. México : Contemporáneos, 1928.

TORRES RÍOSECO, Arturo. *Grandes novelistas de la América Hispana*. 2 vols. 2a. ed. Berkeley : Univ. of Calif. Press, 1949.

URBANSKI, Edmund S. "El indio en la literatura latinoamericana", *Américas*, XV, 6 (junio, 1963), 20-24.

USLAR PIETRI, Arturo, y Julián Padrón. *Antología del cuento moderno venezolano*. 2 vols. Caracas : Escuela Técnica Industrial, 1940.

VALADÉS, Edmundo, y Luis Leal. *La Revolución y las letras*. México : Inst. Nac. de Bellas Artes, 1960.

VARELA, José Luis. *Ensayos de poesía indígena en Cuba*. Madrid, 1951.

VITIER, Medardo. *Del ensayo americano*. México : Fondo de Cult. Econ., 1945.

A. El Postmodernismo

1. LA POESÍA

ENRIQUE GONZÁLEZ MARTÍNEZ

TEXTOS

El libro de la fuerza, de la bondad y del ensueño. México : Porrúa, 1917.
El nuevo Narciso y otros poemas. México : Fondo de Cult. Econ., 1952.
El romero alucinado (1920-1922). Buenos Aires : Edit. Babel, 1923. 2a. ed., con una nota crítica de Enrique Díez-Canedo, Madrid : Edit. Calleja, 1925.
La hora inútil. México : Porrúa, 1916.
La muerte del cisne. México : Porrúa, 1915.
La palabra del viento. México : Ed. de México Moderno, 1921.
Las señales furtivas (1923-1924). Pról. de Luis G. Urbina. Madrid : Calleja, 1925.
Lirismos. Mocorito, Sinaloa : Imp. "La Voz del Norte", 1907.

Los senderos ocultos. Mocorito, Sinaloa : Imp. "La Voz del Norte", 1911. 2a. ed., Pról. de Alfonso Reyes, México : Porrúa, 1915. 3a. ed., 1918. 4a. ed., París-México : Ch. Bouret, 1918.
Parábolas y otros poemas. Pról. de Amado Nervo. México : Tip. Munguía, 1918. "Cultura", VIII, 5.
Poesía (1898-1938). 3 tomos. México : Edit. Polis, tomos I y II, 1939, tomo III, 1940.
Poesías completas. México : Asoc. de Libreros y Editores de México, 1944.
Preludios. Mazatlán : Imp. y Casa Editora de Miguel Retes, 1903.
Silenter. Pról. de Sixto Osuna. Mocorito, Sinaloa : Imp. "La Voz del Norte", 1909. 2a. ed., México : Porrúa, 1916.

ESTUDIOS

BRENES, Edín. "Conversando con Enrique González Martínez" (entrevista inédita). *Kentucky Foreign Language Quarterly*, I, 2 (1954), 47-51.
BRUSHWOOD, John S. *Enrique González Martínez.* New York : Twayne Publishing Co., 1969.
Dic. de escritores mexicanos. México : UNAM, 1967, pp. 148-151. (Amplia bibliografía.)
DÍEZ CANEDO, Enrique. "Enrique González Martínez en su plenitud", *Rev. Iber.*, II, 4 (nov, 1940), 383-387.
TOPETE, José Manuel. "González Martínez y la crítica", *Rev. Iber.*, XVI, 32 (1950-1951), 255-268.
——. "El ritmo poético de González Martínez", *Rev. Iber.*, XVIII, 35 (1952), 131-139.
——. "La muerte del cisne (?)" *Hispania*, XXXVI (1953), 273-277.
——. *El mundo poético de Enrique González Martínez.* Guadalajara : Talleres Linotip. "Fénix", 1967.

GABRIELA MISTRAL

TEXTOS

Antología. 4a. ed. Santiago : Zig-Zag, 1955.
Desolación. Nueva York : Instituto de las Españas, 1922. 2a. ed., Santiago : Nascimiento, 1923. Otra ed., Santiago : Edit. del Pacífico, 1954.
Lagar. Santiago : Edit. del Pacífico, 1954. 2a. ed., 1961.
Nubes blancas. Barcelona : B. Bauzá, s.f. (1930?). (Poemas de *Desolación* y *Ternura.*)
Obras selectas. 6 vols. Santiago : Edit. del Pacífico, 1954-1959 (?).
Poemas de las madres. Santiago : Edit. del Pacífico, 1950.
Poesías completas. Madrid : Aguilar, 1958. 2a. ed., definitiva, 1962, con Estudio crítico y Biografía por Julio Saavedra Molina.

Selected poems. Trad. de Langston Hughes. Bloomington : Indiana Univ. Press, 1957.

Tala. Buenos Aires : Sur, 1938. Otra ed., Buenos Aires : Losada, 1946.

Ternura; canciones de niños. Madrid : Saturino Calleja, 1924. Otra ed., Buenos Aires : Espasa-Calpe, 1946, "Col. Austral", 503.

Estudios

ALONE (Hernán Díaz Arrieta). *Gabriela Mistral.* Santiago : Nascimiento, 1946.

ANASTASIA SOSA, Luis V. *El sentido de la vida en algunas imágenes de Gabriela Mistral.* Montevideo : Univ. de la República, 1960(?).

ARCE DE VÁZQUEZ, Margot. *Gabriela Mistral, persona y poesía.* San Juan, P.R. : Ediciones Asomante, 1957. Trad. al inglés de Helen Maslo Anderson, *The Poet and Her Work.* New York : New York Univ. Press, 1964.

FIGUEIRA, Gastón. *De la vida y la obra de Gabriela Mistral.* Montevideo, 1959.

IGLESIAS, Augusto. *Gabriela Mistral y el modernismo en Chile.* Santiago : Edit. Univ., 1949.

PINILLA, Norberto. *Bibliografía crítica sobre Gabriela Mistral.* Santiago : Eds. de la Univ. de Chile, 1940.

PRESTON, Mary C. A. *A Study of Significant Variants in the Poetry of Gabriela Mistral.* Washington : Catholic Univ. of America Press, 1964.

TAYLOR, Martin C. *Gabriela Mistral's Religious Sensibility.* Berkeley : Univ. of Calif. Press, 1968.

TORRES RÍOSECO, Arturo. *Gabriela Mistral.* Valencia : Edit. Castalia, 1962.

RAMÓN LÓPEZ VELARDE

Textos

El don de febrero y otras prosas. Ed. de Elena Molina Ortega. México : Imp. Univ., 1952.

El león y la virgen. Ed. de Xavier Villaurrutia. México : UNAM, 1942. "B. E. U.", 40.

El minutero (prosa). Precedido de poemas de José Juan Tablada y Rafael López. México : Imp. Murguía, 1933.

El son del corazón. Prols. de Djed Bórquez y Genaro Fernández Mac Gregor y Nota crítica final de Rafael Cuevas. México : Bloque de Obreros Intelectuales, 1932.

La sangre devota. México : Ed. Revista de Revistas, 1916. 2a. ed., México : R. Loera y Chávez, 1941.

La suave patria. Coment. final de Francisco Monterde. México : UNAM, 1944. (Esta poesía se publicó primero en la revista *El Maestro*, I, 3 [junio, 1921], 311-314.)

Obras completas. México : Edit. Nueva España, 1944.

Poemas escogidos. Ed. de Xavier Villaurrutia. México : Edit. Cultura, 1935. 2a. ed. aum., México : Nueva Cultura, 1940.
Poesías, cartas, documentos e iconografía. Ed. de Elena Molina Ortega. México : Imp. Univ., 1952.
Poesías completas y el minutero. Ed. de Antonio Castro Leal. México : 1953. 2a. ed. rev., 1957. 3a. ed., 1963.
Prosa política. Ed. de Elena Molina Ortega. México : Imp. Univ., 1953.
Zozobra. México : Eds. México Moderno, 1919.

ESTUDIOS

Dic. de escritores mexicanos. México : UNAM, 1967, pp. 200–203. (Amplia bibliografía.)
HOYO, Eugenio del. *Jerez, el de López Velarde.* 2a. ed. México : Gráfica Panamericana, 1956.
PAZ, Octavio. "El camino de la pasión (Ramón López Velarde)", en *Cuadrivio.* México : Joaquín Mortiz, 1965, pp. 67–130.
PHILLIPS, Allen W. *Ramón López Velarde, el poeta y el prosista.* México : Inst. Nac. de Bellas Artes, 1962. (Amplia bibliografía.)
SERNA MAYTORENA, Manuel A. "De lo poético y su exactitud en la lírica de López Velarde". Tesis doctoral inédita. Univ. de Missouri, 1968.

2. LA NARRATIVA

HORACIO QUIROGA

TEXTOS

Anaconda. Buenos Aires : Agencia Gen. de Lib. y Pub., 1921. Otras eds., Edit. Babel, 1937; Edit. Anaconda, 1942; Edit. Hemisferio, 1953; Edit. Sur, 1960, con *El salvaje y Pasado amor.*
Cuentos. 13 vols. Montevideo : Claudio García y Cía., 1937–1945. (Cada vol. con diferente título, algunos ya mencionados.)
Cuentos. Ed. de Raimundo Lazo. México : Edit. Porrúa, 1968. "Sepan Cuantos", 97.
Cuentos de amor, de locura y de muerte. Buenos Aires : Soc. Coop. Edit. Limitada "Buenos Aires", 1917. 2a. ed., 1918. Otras eds., Buenos Aires : Edit. Babel, 1925, 3a. ed.; Buenos Aires : Edit. Lautaro, 1948; Buenos Aires : Edit. Losada, 1954, 1960 (2a. ed.), 1967 (4a. ed.).
Cuentos de la selva para los niños. Buenos Aires : Soc. Coop. Edit. Limitada, 1918. Otras eds., Montevideo : Claudio García y Cía., 1935, 1937, 1940, 1943; Buenos Aires : Edit. Lautaro, 1947, 1950, 1952; Buenos Aires : Edit. Losada, 1954, 1956, etc.
Cuentos escogidos. Pról. de Guillermo de Torre. Madrid : Aguilar, 1950. 2a. ed., 1958.

Cuentos escogidos. Ed. de Jean Franco. Oxford–New York : Pergamon Press, 1968.

Diario de un viaje a París. Ed. de Emir Rodríguez Monegal. Montevideo : Número, 1950.

El crimen del otro. Buenos Aires : Imp. de Obras y Casa Editora de Emilio Spinelli, 1904. Otra ed., Buenos Aires : Edit. Hemisferio, 1953.

El desierto. Buenos Aires : Edit. Babel, 1924. Otras eds., Buenos Aires : Edit. Lautaro, 1951; Edit. Losada, 1956.

El más allá. Montevideo : Eds. de la Soc. Amigos del Libro Ríoplatense, 1935. Otras eds., Montevideo : Claudio García y Cía, 1945; Buenos Aires : Edit. Lautaro, 1952; Edit. Losada, 1954, y otras eds. hasta 1964.

El regreso de Anaconda y otros cuentos. Buenos Aires : EUDEBA, 1960.

El salvaje. Buenos Aires : Soc. Coop. Edit. Limitada "Buenos Aires", 1920. Otras eds., Edit. Babel, s.f.; Edit. Hemisferio, 1953.

Historia de un amor turbio. Buenos Aires : Editor Arnoldo Moen y Hno., 1908. Con *Las perseguidas.* Otras eds., Buenos Aires : Edit. Babel, 1923, 1930; Montevideo : Claudio García y Cía., 1943; Buenos Aires : Edit. Hemisferio, 1913.

La gallina degollada y otros cuentos. Buenos Aires : Edit. Babel, 1925. Otra ed., Madrid : Espasa-Calpe, s.f. (1925?).

Los arrecifes de coral (verso y prosa). Montevideo : Imp. El Siglo Ilustrado, 1901. Otras eds., Montevideo : Claudio García y Cía., 1943; Buenos Aires : Edit. Hemisferio, 1953.

Los desterrados. Buenos Aires : Edit. Babel, 1926. 2a. ed., 1927. Otras eds., Buenos Aires : Edit. Lautaro, 1950; Edit. Losada, 1956, y varias eds. hasta 1964.

Los mejores cuentos. Ed. de John Crow. México : Cultura, 1943.

Las perseguidas. Buenos Aires : Editor Arnoldo Moen y Hno., 1905.

Los sacrificados; cuento escénico en 4 actos. Buenos Aires : Soc. Coop. Edit. Limitada "Buenos Aires", 1920.

Pasado amor. Novela. Buenos Aires : Edit. Babel, 1929. Otras eds., Montevideo : Claudio García y Cía., 1942; Buenos Aires : Edit. Hemisferio, 1953.

Selección de cuentos. Ed. de Emir Rodríguez Monegal. 2 vols. Montevideo : Biblio. Artigas, 1966.

South American Jungle Tales. Trad. de Arthur Livingston. New York : Duffield and Co., 1922.

Estudios

Abreu Gómez, Ermilo. *Horacio Quiroga.* Bibliografía por Bernice D. Matlowsky. Washington : Unión Panamericana, 1951.

Etcheverry, José Enrique. *Horacio Quiroga y la creación artística.* Montevideo : Universidad, 1957.

Jitrik, Noé. *Horacio Quiroga; una obra de expresión y riesgo.* Cronología por Oscar Masotta y Jorge R. Lafforgue. Bibliografía por Horacio Jorge Becco. Buenos Aires : Eds. Cult. Argentina, 1959.

——. *Horacio Quiroga.* Buenos Aires : Centro Editor de América Latina, 1967.

Martínez Estrada, Ezequiel. *El hermano Quiroga.* Montevideo : Arca, 1966.

Orgambide, Pedro G. *Horacio Quiroga, el hombre y su obra.* Buenos Aires : Edit. Stilcograf, 1954.

Reck, Hanne G. *Horacio Quiroga; biografía y crítica.* México : Eds. De Andrea, 1966.

Rodríguez Monegal, Emir. *Las raíces de Horacio Quiroga.* 2a. ed. Montevideo : Edit. Alfa, 1961.

——. *El desterrado. Vida y obra de Horacio Quiroga.* Buenos Aires : Losada, 1968.

RAFAEL ARÉVALO MARTÍNEZ

Textos

Cuentos y poesías. Ed. de Carlos García Prada. Madrid : Edit. Iber., 1961.

¡Ecce Pericles! Guatemala : Tip. Nacional, 1945.

El hijo pródigo. Drama en tres actos y en verso. Guatemala, 1956.

El hombre que parecía un caballo y Las rosas de Engaddi. Guatemala : Tip. Sánchez y De Guise, 1927.

El hombre que parecía un caballo y otros cuentos. Guatemala : Edit. Univ., 1951. 8a. ed., San Salvador : Minist. de Educ., 1958.

El mundo de los maharachías. Guatemala : Unión Tip. Muñoz, Plaza y Cía., 1939.

El señor de Monitot. Guatemala : Tip. Sánchez y De Guise, 1922.

Hondura. Novela. Guatemala : Minist. de Educ., 1959.

La oficina de paz en Orolandia. Guatemala : Tip. Sánchez y De Guise, 1925. 2a. ed., condensada, Edit. Landívar, 1966.

Las noches en el Palacio de la Nunciatura. Guatemala : Tip. Sánchez y De Guise, 1927.

Los atormentados (poesía). Guatemala : R. Gutiérrez y Cía., 1914.

Los duques de Eudor. Drama en tres actos y en verso. Guatemala : Centro Editorial, 1940.

Llama y El Rubén poseído por el deus (poesías). Guatemala : Renacimiento, 1934.

Manuel Aldano (la lucha por la vida). Guatemala : Talleres Gutenberg, 1922.

Maya (poemas). Guatemala : Tip. Sánchez y De Guise, 1911.

Obras escogidas, prosa y poesía; 50 años de vida literaria. Guatemala : Edit. Univ., 1959.

Poemas, 1909-1959. Guatemala, 1958.

Poemas. Guatemala : Centro Edit. de José Pineda Ibarra, 1965.

Por un caminito así (poemas). Guatemala : Unión Tip., 1947.

35 poemas. Pról. de Santiago Argüello. México : "Rev. Iber.", 1944.
Una vida. Guatemala : Imp. Electra, 1914.
Viaje a Ipanda. Guatemala : Centro Editorial, 1939.

Estudios

BIBLIOTECA NACIONAL. *Algunos juicios de escritores guatemaltecos y extranjeros sobre la personalidad de Rafael Arévalo Martínez* . . . Guatemala : Edit. del Minist. de Educ. Púb., 1959.
LONTEEN, Joseph A. *Interpretación de una amistad intelectual y su producto literario: "El hombre que parecía un caballo".* Guatemala : Edit. Landívar, 1969.
LOPES, Albert R. "Rafael Arévalo Martínez y su ciclo de animales", *Rev. Iber.*, IV, 8 (dic., 1942), 323–331.
Rafael Arévalo Martínez. Homenaje del Instituto Guatemalteco-Americano . . . Guatemala, 1959.

PEDRO PRADO

Textos

Alsino. Santiago : Imp. Univ., 1920. Otra ed., Nascimiento, 1928. 8a. ed., 1963.
Androvar. Poema dramático. Santiago : Nascimiento, 1925.
Antología; las estancias del amor. Ed. de Raúl Silva Castro. Santiago : Edit. del Pacífico, 1949.
Camino de las horas. Santiago : Nascimiento, 1934.
County Judge. A Novel of Chile. Trad. de Lesley B. Simpson. Introd. de A. Torres Ríoseco. Berkeley : Univ. of Calif. Press, 1968.
Ensayos sobre la arquitectura y la poesía. Santiago : Imp. Univ., 1916.
La casa abandonada; parábolas i pequeños ensayos. Santiago : Imp. Univ., 1912.
La reina de Rapa Nui. Santiago : Imp. Univ., 1914. Otra ed., Nascimiento, 1938. 3a. ed., 1962.
Las copas. Buenos Aires : S. Gluster, 1921.
Los diez; el claustro; la barca. Santiago : Imp. Univ., 1915.
Los pájaros errantes. Poemas . . . Santiago : Nascimiento, 1960.
No más que una rosa. Buenos Aires : Edit. Losada, 1946.
Otoño en las dunas. Santiago : Nascimiento, 1940.
Un juez rural. Santiago : Nascimiento, 1924. 2a. ed., 1949. 3a. ed., 1957.
Viejos poemas inéditos. Santiago : Escuela Nac. de Artes Gráficas, 1949.

Estudios

Dic. de la literatura latinoamericana: Chile. Washington : Unión Panamericana, 1958, pp. 160–161. (Amplia bibliografía.)
PETERSEN, Gerald W. "The Narrative Art of Pedro Prado", Tesis doctoral inédita. Univ. of Illinois, Urbana, 1967.

SILVA CASTRO, Raúl. *Pedro Prado, 1886-1952.* Santiago : Edit. Andrés Bello, 1965.

EDUARDO BARRIOS

TEXTOS

Del natural. Iquique : Imp. de Rafael Bini, 1907.
El hermano asno. Santiago : Nascimiento, 1922, 1937. Otras eds., Buenos Aires : Imp. Contreras y Sanz, 1923; Madrid : Espasa-Calpe, 1926; Buenos Aires : Losada, 1946, 1961; Santiago : Zig-Zag, 1961.
El niño que enloqueció de amor. ¡Pobre feo! Papá y mamá. Santiago : Imp. New York, 1915. 2a. ed., Imp. Heraclio Fernández, 1915. Otras eds. (algunas sin los cuentos, o sin uno de los cuentos), Santiago : Imp. Univ., 1920; Barcelona : Edit. Cervantes, 1922; Santiago : Nascimiento, 1939, 1954, 1957; Buenos Aires : Losada, 1948, 1954, 1957.
Gran señor y rajadiablos. Buenos Aires : W. M. Jackson, 1948. Otras eds., Santiago : Nascimiento, 1949 (4a. ed.), 1950, 1952, 1955; Buenos Aires : Espasa-Calpe, 1952, "Col. Austral", 1120; Madrid : Aguilar, 1954, "Col. Cristol", 389.
La antipatía. Santiago : Zig-Zag, 1933.
Los hombres del hombre. Santiago: Nascimiento, 1950. Buenos Aires: Losada, 1957.
Obras completas. 2 vols. Santiago : Zig-Zag, 1962.
Páginas de un pobre diablo. Santiago : Nascimiento, 1923.
Tamarugal. Santiago : Nascimiento, 1944.
Teatro escogido. Pról. de Domingo Melfi Demarco. Santiago : Zig-Zag, 1947.
Un perdido. Buenos Aires : Edit. Patria, 1921. Otras eds., Madrid : Espasa-Calpe, 1926, 2 tomos; Santiago : Nascimiento, 1946, 2 tomos; Santiago : Zig-Zag, 1960.
Y la vida sigue. Buenos Aires : Tor, 1925.

ESTUDIOS

DAVIDSON, Ned. *Sobre Eduardo Barrios y otros.* Albuquerque, N.M. : Foreign Books, 1966.
Dic. de la literatura latinoamericana: Chile. Washington : Unión Panamericana, 1958, pp. 16-18. (Amplia bibliografía.)
ORLANDI, Julio y A. RAMÍREZ. *Eduardo barrios; obras, estilo, técnica.* Santiago : Edit. del Pacífico, 1960.
ROSSEL, Milton. *Un novelista psicólogo: Eduardo Barrios.* Santiago, 1940. Separata de *Atenea*, XVII, 59 (1940).
SILVA CASTRO, Raúl. "Eduardo Barrios (1884-1963)", *Rev. Iber.*, XXX, 58 (1964), 239-260.
VÁZQUEZ BIGI, Ángel M. "Los tres planos de la creación artística de Eduardo Barrios", *Rev. Iber.*, XXIX, 55 (1963), 125-137.

3. EL ENSAYO

PEDRO HENRÍQUEZ UREÑA

Textos

Antología. Ed. de Max Henríquez Ureña. Ciudad Trujillo : Lib. Dominicana, 1950.

Cuentos de la nana Lupe. México : UNAM, 1966.

El español en México, los Estados Unidos y la América Central. Buenos Aires : Inst. de Filología, 1938.

El español en Santo Domingo. Buenos Aires : Inst. de Filología, 1940.

El nacimiento de Dionisos. New York : Imp. de Las Novedades, 1916.

En la orilla; mi España. México : Eds. de México Moderno, 1922.

Ensayos críticos. La Habana : Imp. Esteban Fernández, 1905.

Estudios de versificación castellana. Buenos Aires: Inst. de Filología Hispánica, 1961.

Historia de la cultura en la América Hispánica. México : Fondo de Cult. Econ., 1948. 2a. ed., 1949. 3a. ed., 1955.

Horas de estudio. París : Ollendorff, s.f. (1910.)

La cultura y las letras coloniales en Santo Domingo. Buenos Aires : Inst. de Filología, 1936.

La versificación irregular en la poesía castellana. Madrid : Revista de Filología Española, 1920. 2a. ed., 1933.

Literary Currents in Hispanic America. Cambridge, Mass. : Harvard Univ. Press, 1945. Trad. de Joaquín Díez Canedo, *Las corrientes literarias en la América Hispánica*. México : Fondo de Cult. Econ., 1949. 2a. ed., 1954.

Obra crítica. Pról. de Jorge Luis Borges. Ed. de Emma Susana Speratti Piñero. México : Fondo de Cult. Econ., 1960.

Páginas escogidas. Pról. de Alfonso Reyes. Sel. de José Luis Martínez. México : Sec. de Educ. Púb., 1946.

Para la historia de los indigenismos. Buenos Aires : Inst. de Filología, 1938.

Plenitud de América. Ed. de Javier Fernández. Buenos Aires : Peña del Giúdice, Editores, 1952.

Plenitud de España. Buenos Aires : Losada, 1940.

Seis ensayos en busca de nuestra expresión. Buenos Aires : Babel, s.f. (1928). Otra ed., Buenos Aires : Raigal, 1952.

Selección de ensayos. Pról. de José Rodríguez Feo. La Habana : Casa de las Américas, 1966.

Sobre el problema del andalucismo dialectal en América. Buenos Aires : Inst. de Filología, 1937.

Estudios

Carilla, Emilio. *Pedro Henríquez Ureña*. Tucumán : Univ. Nac. de Tucumán, 1956.

Dic. de escritores mexicanos. México : UNAM, 1967, pp. 170-171. (Amplia bibliografía.)

"Homenaje a Pedro Henríquez Ureña", *Rev. Iber.* 41-42 (1956).

ROGGIANO, Alfredo A. *Pedro Henríquez Ureña en los Estados Unidos.* México : Edit. Cultura, 1961.

SPERATTI PIÑERO, Emma Susana. "Crono-bibliografía de Pedro Henríquez Ureña" en *Obra crítica*, pp. 753-793.

ALFONSO REYES

TEXTOS

Anecdotario. Pról. de Alicia Reyes. México : Era, 1968.

Antología. México : Fondo de Cult. Econ., 1963.

Antología de Alfonso Reyes. Ed. de José Luis Martínez. México: Costa-Amic, 1965.

Árbol de pólvora. México : Tezontle, 1953.

Calendario. Madrid : Cuadernos Literarios, 1924. 2a. ed., *Calendario y Tren de ondas*, México : Tezontle, 1945.

Cartones de Madrid (1914-1917). México : Cultura, 1917.

Cuestiones estéticas. París : Ollendorff, 1910-1911.

Cuestiones gongorinas. Madrid : Espasa-Calpe, 1927.

El cazador. Madrid : Biblio. Nueva, 1921. 2a. ed., México : Tezontle, 1954.

El deslinde. México : El Colegio de México, 1944.

El plano oblicuo. Madrid : Tip. Europa, 1920.

El suicida. Madrid : Col. Cervantes, 1917. 2a. ed., México : Tezontle, 1954.

El testimonio de Juan Peña. Río de Janeiro : Villas Boas, 1930.

La caída. Río de Janeiro : Villas Boas, 1933.

La experiencia literaria. Buenos Aires : Losada, 1942. 2a. ed., 1952.

Las vísperas de España. Buenos Aires : Sur, 1937.

La X en la frente. México : Porrúa y Obregón, 1952.

Los siete sobre Deva. México : Tezontle, 1942.

Obras completas. 19 tomos (en vías de publicación, por Ernesto Mejía Sánchez). México : Fondo de Cult. Econ., 1955-1969.

Obra poética (1906-1952). México : Fondo de Cult. Econ., 1952.

Pasado inmediato y otros ensayos. México : El Colegio de México, 1941.

Quince presencias. México : Obregón, 1955.

Simpatías y diferencias. 5 vols. Madrid : E. Teodoro, 1921-1926. 2a. ed., México : Porrúa, 1945, 2 vols.

Tres puntos de exegética literaria. México : El Colegio de México, 1945.

Última Tule. México : Imp. Univ., 1942.

Verdad y mentira. Madrid : Aguilar, 1950.

Visión de Anáhuac. San José, C.R. : El Convivio, 1917. 2a. ed., Madrid : Índice, 1923. 3a. ed. en *Dos o tres mundos*, México : Letras de México, 1944. 4a. ed., El Colegio de México, 1953.

ESTUDIOS

Dic. de escritores mexicanos. México : UNAM, 1967, pp. 318–322. (Amplia bibliografía.)

DÜRING, Ingerman. *Alfonso Reyes humanista.* Madrid : Ínsula, 1955.

——, y Rafael GUTIÉRREZ GIRARDOT. *Dos estudios sobre Alfonso Reyes.* Madrid : Ínsula, 1962.

El Colegio de México a Alfonso Reyes. México : El Colegio Nacional, 1956.

GARRIDO, Luis. *Alfonso Reyes.* México : Imp. Univ., 1954.

"Homenaje a Alfonso Reyes (1889–1959)", *Rev. Iber.*, XXXI, 59 (ene.–jun., 1965), 83–122.

Libro jubilar de Alfonso Reyes. México : Dir. Gen. de Difusión Cult., 1956.

MEJÍA SÁNCHEZ, Ernesto. *La vida en la obra de Alfonso Reyes.* México : Sec. de Educ. Púb., 1966.

OLGUÍN, Manuel. *Alfonso Reyes, ensayista.* México : Studium, 1956.

Páginas sobre Alfonso Reyes. 2 vols. Monterrey : Univ. de Nuevo León, 1955, 1957.

RANGEL GUERRA, Alfonso (ed.). *Catálogo de índices de los libros de Alfonso Reyes.* Monterrey : Univ. de Nuevo León, 1955.

ROBB, James W. *El estilo de Alfonso Reyes.* México : Fondo de Cult. Econ., 1965.

JOSÉ VASCONCELOS

TEXTOS

Bolivarismo y monroismo. Santiago : Ercilla, 1934, 1935.

Breve historia de México. México : Botas, 1937. (Varias eds. hasta 1956.)

El monismo estético. México : Edit. Cultura, 1918.

Estética. México : Botas, 1935. 3a. ed., 1945.

Estudios indostánicos. México : Eds. México Moderno, 1920.

Ética. Madrid : Aguilar, 1932. Otra ed., México : Botas, 1935, 1939.

Indología. París : Agencia Mundial de Lib., s.f. (1926). 2a. ed., Barcelona, 1927.

La raza cósmica. Barcelona, 1925. Otras eds., París : Agencia Mundial de Lib., s.f. (1926); México : Espasa-Calpe, 1948, "Col. Austral", 802.

La sonata mágica. Cuentos y relatos. Madrid : Pueyo, 1933.

Obras completas. 4 vols. México : Libreros Mexicanos Unidos, 1957-1961.

Páginas escogidas. Ed. de Antonio Castro Leal. México : Botas, 1940.

Pitágoras, una teoría del ritmo. La Habana, 1916. 2a. ed., México : Edit. Cultura, 1921.

Tratado de metafísica. México : Eds. México Moderno, 1929.

Ulises criollo. México : Botas, 1935. 10a. ed., 1949. 11a. ed. expurgada, Edit. Jus, 1958. Ed. escolar de Ronald Hilton, Boston : D. C. Heath and Co., 1960.

Estudios

Bar-Lewaw, M., I. *José Vasconcelos; vida y obra*. México : Edit. Librera Intercontinental, 1965.
Dic. de escritores mexicanos. México : UNAM, 1967, pp. 403-404. (Amplia bibliografía.)
Haddox, John H. *Vasconcelos of Mexico. Philosopher and Prophet*. Austin : Univ. of Texas Press, 1967.

B. El Vanguardismo

MARIANO BRULL

Textos

Canto redondo. París : G.L.M., 1934.
La casa del silencio. Introd. de Pedro Henríquez Ureña. Madrid, 1916.
Poemas en menguante. París : Le Moil et Pascaly, 1928.
Poëmes. Prefacio de Paul Valéry. Trad. de Mathilde Pomés y Edmund Vandercammen. Bruselas : Les Cahiers du Journal des Poétes, 1939.
Rien que . . . (Nada más que . . .). Trad. de E. Naulet. París : P. Seghers, 1954.
Solo de rosa. La Habana : La Verónica, 1941.
Temps de peine (Tiempos en pena) Trad. de Mathilde Pomés. Schaerbeek, Bélgica : Van Doorslaer, 1950.

Estudios

Ballagas, Emilio. "La poesía de Mariano Brull", *Orto*, XXIX (1935).
Florit, Eugenio. "Emilio Ballagas y la poesía cubana de vanguardia", *Movimientos literarios de vanguardia en Iberoamérica*. Memoria del Undécimo Congreso del Inst. de Literatura Iberoamericana. Publicado por la Univ. de Texas, México : Edit. Cultura, 1965, pp. 55-63.
Homenaje al señor Embajador de Cuba . . . Montevideo : Gaceta Comercial, 1953.
Matas, Julio. "Mariano Brull y la poesía pura en Cuba", *Nueva Revista Cubana*, I (1957), 61-77.
Tello, Jaime. "Poetas contemporáneos de América : Mariano Brull", *Revista de América*, Bogotá, XI (1947), 39-43.
Valle, Rafael Heliodoro. "Diálogo con Mariano Brull", *Universidad de México*, II, 14 (1947.)

VICENTE HUIDOBRO

Textos

Adán (poema). Santiago : Imp. Univ., 1916.
Altazor (poema). Madrid : Comp. Iber. de Pub., 1931. 2a. ed., Santiago : Edit. Cruz del Sur, 1949.

Antología. Ed. de Eduardo Anguita. Santiago : Zig-Zag, 1945.

Automne régulier. 1925.

Cagliostro (novela-film, 1926). Santiago : Zig-Zag, 1934, 1942. Trad. al inglés de W. B. Wells, *The Mirror of a Mage.* Londres : Eyre & Spottiswoode, 1931. New York : Houghton Mifflin, 1931.

Canciones en la noche (poemas). Santiago : Imp. y Enc. Chile, 1913.

Ecos del alma (poemas). Santiago : Imp. y Enc. Chile, 1911.

Ecuatorial (poema). Madrid : Edit. Pueyo, 1918.

El ciudadano del olvido (poemas). Santiago : Ercilla, 1941.

El espejo de agua (poemas). Buenos Aires : Edit. Orión, 1916. 2a. ed., Madrid, 1918.

En la luna (guiñol en 4 actos y 13 cuadros). Santiago : Ercilla, 1934.

Hallali (poème de guerre). Madrid : Eds. Jesús López, 1918.

Horizon carré (poèmes). París : Edit. Paul Birault, 1917.

La gruta del silencio (poemas). Santiago : Imp. Univ., 1913.

La próxima (historia que pasó en poco tiempo más). Santiago : Eds. Walton, 1934.

Las pagodas ocultas (salmos, poemas en prosa, ensayos y parábolas). Santiago : Imp. Univ., 1914.

Manifestes. París : Eds. de la Revue Mondiale, 1925.

Mio Cid Campeador (hazaña). Madrid : Comp. Iber. de Pub., 1929. 2a. ed., Santiago : Ercilla, 1942. 3a. ed., 1949. Trad. al inglés de W. B. Wells, *Portrait of a Paladin.* Londres : Eyre & Spottiswoode, 1931. New York : H. Liverright, 1932.

Obras completas. Pról. de Braulio Arenas. 2 tomos. Santiago : Zig-Zag, 1964.

Obras poéticas selectas. Ed. de Hugo Montes. Trad. de las obras en francés por José Zañartu. Santiago : Edit. del Pacífico, 1957.

Papá o el diario de Alicia Mir (novela). Santiago : Eds. Walton, 1934.

Pasando y pasando (crónicas y comentarios). Santiago : Imp. y Enc. Chile, 1914.

Poemas árticos. Madrid : Edit. Pueyo, 1918.

Poesía y prosa: antología. Precedida del ensayo "Teoría del creacionismo" por Antonio de Undurraga y un poema de Gerardo Diego. Madrid : Aguilar, 1957. 2a. ed., 1967.

Saisons choisies. París, 1921.

Sátiro o el poder de las palabras (novela). Santiago : Zig-Zag, 1939.

Temblor de cielo (poema en prosa). Madrid : Edit. Plutarco, 1935. 2a. ed., Santiago : Edit. Cruz del Zur, 193-. Versión francesa hecha por el autor, París : L'As de Cœur, 1932(?).

Tour Eiffel (poèmes). Madrid : Imp. Pueyo, 1918.

Tout á coup. 1925.

Tres inmensas novelas (novelas cortas escritas en colaboración con Hanz Arp). Santiago : Zig-Zag, 1935.

Últimos poemas (obra póstuma). Santiago : Talleres Gráficos Ahués Hnos., 1948.

Ver y palpar (poemas). Santiago : Ercilla, 1939(?).

Vientos contrarios (apuntes biográficos, ensayos y aforismos). Santiago : Nascimiento, 1926.

ESTUDIOS

BAJARLÍA, Juan Jacobo. *La polémica Reverdy-Huidobro; origen del ultraísmo.* Pref. de Fernand Verhesen. Buenos Aires : Edit. Devenir, 1964.

BARY, David. *Huidobro o la vocación poética.* Granada : C.S.I.C., 1963.

Dic. de la literatura latinoamericana: Chile. Washington : Unión Panamericana, 1958, pp. 91–94.

FLORIT, Eugenio, y José Olivio JIMÉNEZ. "Vicente Huidobro", *La poesía hispanoamericana desde el modernismo.* New York : Appleton-Century-Crofts, 1968, pp. 252–253. Bibliografía, p. 253.

GOIC, Cedomil. *La poesía de Vicente Huidobro.* Santiago : Univ. de Chile, 1956.

CÉSAR VALLEJO

TEXTOS

Antología. Ed. de Eduardo Cornejo U. Lima : Eds. Hora del Hombre, 1948.

Antología de César Vallejo. Ed. de Xavier Abril. Buenos Aires : Claridad, 1942.

Antología poética. Pról. de Gustavo Valcárcel. Habana : Imp. Nac. de Cuba, 1962.

César Vallejo. Présentation par Americo Ferrari. Choix de textes traduits de C. Vallejo par Georgette Vallejo. París : P. Seghers, 1967.

El romanticismo en la poesía castellana. Lima : J. Mejía Baca y P. L. Villanueva, 1954.

El tungsteno. Madrid : Edit. Cenit, 1931.

Escalas (prosa). Lima : Talleres Tips. de la Penitenciaría, 1923.

España, aparta de mí este cáliz. Pról. de Juan Larrea. México : Edit. Séneca, 1940. Otra ed., Lima : Edit. Perú Nuevo, 1961 ("Poesías completas", III).

Fabla salvaje. Lima, 1923. Col. "La Novela Peruana", I, 9.

Human Poems. Trad. de Clayton Eshleman. New York : Grove Press, 1968.

La vida y quince poemas. Antología poética. Ed. de José Escobar y Eugenio Martínez Pastor. Cartagena : Balandre, 1958.

Los heraldos negros. Lima, 1918. Otras eds., Buenos Aires : Losada, 1961; Lima : Edit. Perú Nuevo, 1961 (*Obras completas*, I).

Novelas: Tungsteno. Fabla salvaje. Escalas melografiadas. Nota de Jorge Falcón. Lima : Eds. Hora del Hombre, 1948.

Novelas y cuentos completos. Lima : F. Monclova, 1967.

Poemas. Ed. de Ramiro de Casasbellas. Buenos Aires : Edit. Perrot, 1958.

Poemas completos. Pról. de Américo Ferrari y una "Aclaración . . ." por Georgette de Vallejo. Lima, 1967.

Poemas humanos (1923-1938). Notas de Luis Alberto Sánchez, Jean Cassou y Raúl Porras Barrenechea. París : Les Editions des Presses Modernes, 1939. Otra ed., Lima : Edit. Perú Nuevo, 1961 ("Poesías completas", IV).

Poesías completas, 1918-1938. Ed. de César Miró. Buenos Aires : Losada, 1949. 2a. ed., 1953.

Poesías; cuentos. Pról. de Manuel Beltroy. Lima : C.I.P., 1944.

Rusia en 1931; reflexiones al pie del Kremlin. Madrid : Edit. Ulises, 1931.

Trilce. Pról. de Antenor Orrego. Lima : Talleres Tip. de la Penitenciaría, 1922. Otras eds., Madrid : Comp. Iber. de Pub., 1930, con Pról. de José Bergamín y Salutación de Gerardo Diego; Buenos Aires : Losada, 1961; Lima : Edit. Perú Nuevo, 1961, con los Próls. de Orrego y Bergamín y la Salutación de Diego ("Poesías completas", II).

Tungsteno y Paco Yunque. Lima : J. Mejía Baca y P. L. Villanueva, 1957.

Twenty Poems of César Vallejo. Trad. de John Knoepfle, James Wright y Robert Bly. Madison, Minn. : Sixties Press, 1963.

ESTUDIOS

ABRIL, Xavier. *César Vallejo y la teoría poética.* Madrid : Taurus, 1962.

ÁNGELES CABALLERO, César Augusto. *César Vallejo, su obra.* Lima : Minerva, 1964.

Aula Vallejo. Córdoba, Argentina : Univ. Nac. de Córdoba, 1 (1961). ("Bibliografía vallejiana" por Luis Foti y otros estudios.)

CASTRO ARENAS, Mario. "Algunos rasgos estilísticos de la poesía de César Vallejo", *Cuadernos Amer.*, 160 (1968), 189-212.

César Vallejo, poeta trascendental de Hispanoamérica. Córdoba, Argentina : Univ. Nac. de Córdoba, 1963.

FLORIT, Eugenio, y José Olivio JIMÉNEZ. *La poesía hispanoamericana desde el modernismo.* New York : Appleton-Century-Crofts, 1968, pp. 283-285. (Amplia bibliografía.)

MEO ZILIO, Giovanni. *Stile e poesia in César Vallejo.* Padova, 1960.

MONGUIÓ, Luis. *César Vallejo, vida y obra.* Lima : Edit. Perú Nuevo, 1960.

Revista Iberoamericana, XXXVI, 71 (abril-junio, 1970). Número dedicado a Vallejo.

CARLOS PELLICER

TEXTOS

Camino. París : Eds. Estrella, 1929.

Colores en el mar y otros poemas. México : Edit. Cultura, 1921.

Con palabras y fuego. México : Fondo de Cult. Econ., 1963.

Exágonos. México : Nueva Voz, 1941.
Hora de junio (1929-1936). México : Eds. Hipocampo, 1937.
Hora y 20. París : Edit. París-América, 1927.
Material poético (1918-1961). México : UNAM, 1962.
Piedra de sacrificios; poema iberoamericano. Pról. de José Vasconcelos. México : Edit. Nayarit, 1924.
Práctica de vuelo. México : Fondo de Cult. Econ., 1956.
Recinto y otras imágenes. México : Tezontle, 1941.
Seis, siete poemas. México : Aztlán Edit., 1924.
Sonetos. México : Los Presentes, 1950.
Subordinaciones. México : Edit. Jus, 1949.
Teotihuacán y 13 de agosto: ruina de Tenochtitlán. México : Eds. Ecuador 0º 0′ 0″, 1965.

Estudios

CARBALLO, Emmanuel. "Carlos Pellicer (1899)", *Diecinueve protagonistas de la literatura mexicana del siglo XX* (entrevista). México : Empresas Editoriales, 1965, pp. 189-200.
DAUSTER, Frank. "Aspectos del paisaje en la poesía de Carlos Pellicer", *Estaciones*, IV, 16 (inv., 1959), 387-395.
Dic. de escritores mexicanos. México : UNAM, 1967, pp. 281-283. (Amplia bibliografía.)
LEIVA, Raúl. "La poesía de Carlos Pellicer", *Estaciones*, II, 8 (inv., 1957), 378-397.
PAZ, Octavio. "La poesía de Carlos Pellicer", *Rev. Mex. de Lit.*, 5 (1956), 486-493.
REYES, Alfonso. "La pareja sustantival", *El Nacional*, Caracas (8 jul., 1954).
USIGLI, Rodolfo. "Carlos Pellicer", *Letras de México* (16 abr., 1937).

JAIME TORRES BODET

Textos

Balzac. México : Fondo de Cult. Econ., 1959.
Biombo. México : Herrero Hnos., 1925.
Canciones. Poema-pról. de Gabriela Mistral. México : Cultura, 1922.
Contemporáneos (crítica). México : Herrero Hnos., 1928.
Destierro. Madrid : Espasa-Calpe, 1930.
El corazón delirante. Pról. de A. Torres Ríoseco. México : Porrúa, 1922.
Estrella de día (prosa narrativa). Madrid : Espasa-Calpe, 1933.
Fervor. Pról. de Enrique González Martínez. México : Ballescá, 1918.
Fronteras. México : Fondo de Cult. Econ., 1954.
La casa. México : Herrero Hnos., 1923.
La educación sentimental (prosa). Madrid : Espasa-Calpe, 1929.

238   BREVE HISTORIA DE LA LITERATURA HISPANOAMERICANA

León Tolstoi; su vida y su obra. México : Porrúa, 1965.
Los días. México : Herrero Hnos., 1923.
Maestros venecianos. México : Porrúa, 1961.
Margarita de niebla (novela). México : Edit. Cultura, 1927.
Memorias. Años contra el tiempo. México : Porrúa, 1969.
Nacimiento de Venus y otros relatos. México : Nueva Cultura, 1941.
Nuevas canciones. Poema-pról. de Gabriela Mistral. Madrid : Calleja, 1923.
Obras escogidas. México : Fondo de Cult. Econ., 1961.
Perspectiva de la literatura mexicana actual, 1915-1928. Sep. de la rev. *Contemporáneos,* México, 1928, II, 1-33.
Poemas. México : Herrero Hnos., 1924.
Poèmes. Trad. de Mathilde Pomés, George Pillement y otros. París : Gallimard, 1960.
Poesías (antología). Madrid : Espasa-Calpe, 1926.
Poesías de . . . (antología). México : Edit. Finisterre, 1965.
Poesías escogidas. México-Buenos Aires : Espasa-Calpe, 1957. "Col. Austral", 1236.
Primero de enero (prosa narrativa). Madrid : Eds. Literatura, 1935.
Proserpina rescatada (relatos). Madrid : Espasa-Calpe, 1931.
Rubén Darío: abismo y cima. México : UNAM y FCE, 1966.
Selección de poemas. Ed. de Xavier Villaurrutia. México : "Nueva Voz", 1950.
Selected Poems. Trad. de Sonja Karsen. Bloomington : Indiana Univ. Press 1964.
Sin tregua. México : Fondo de Cult. Econ., 1957.
Sombras. Relato. México : Cultura, 1937.
Sonetos. México : Gráfica Panamericana, 1949.
Tiempo de arena (autobiografía). México : Fondo de Cult. Econ., 1955.
Trébol de cuatro hojas. París : Imp. Nac. de París, 1958. 2a. ed., Xalapa : Univ. Veracruzana, 1960.
Tres inventores de la realidad (Stendhal, Dostoyevski, Galdós). México : Imp. Univ., 1955.
Versos y prosas. Ed. de Sonja Karsen. Madrid : EISA, 1966.

ESTUDIOS

DAUSTER, Frank. "La poesía de Jaime Torres Bodet", *Rev. Iber.,* XXV, 49 (1960), 73-94.
Dic. de escritores mexicanos. México : UNAM, 1967, pp. 379-382. (Amplia bibliografía.)
FORSTER, Merlin H. "Las novelas de Jaime Torres Bodet", *La Palabra y el Hombre,* 34 (abr.-jun., 1965), 207-212.
Jaime Torres Bodet en quince presencias. México : Edit. Oasis, 1965.
KARSEN, Sonja. "An Appraisal of Two Recent Books by Jaime Torres Bodet", *Books Abroad,* XLI (1967), 164-166.

XAVIER VILLAURRUTIA

TEXTOS

Autos profanos. México : Letras de México, 1943.
Canto a la primavera y otros poemas. México : Edit. Stylo, 1948.
Cartas de Villaurrutia a Novo. México : Eds. de Bellas Artes, 1966.
Dama de corazones (relato). México : Eds. de Ulises, 1928.
Décima muerte y otros poemas no coleccionados. México : Nueva Voz, 1941.
Nostalgia de la muerte. Buenos Aires : Sur, 1938. 2a. ed. aum., México : Eds. Mictlán, 1946.
Nocturnos. México : Fábula, 1931.
Obras (poesía, teatro, prosas varias, crítica). Ed. de Miguel Capistrán, Alí Chumacero y Luis Mario Schneider. México : Fondo de Cult. Econ., 1966.
Poesía y teatro completos. Ed. de Alí Chumacero. México : Fondo de Cult. Econ., 1953.
Reflejos. México : Edit. Cultura, 1926.
Textos y pretextos (prosas). México : La Casa de España en México, 1940.

ESTUDIOS

BECK, Vera F. "Xavier Villaurrutia, dramaturgo moderno", *Rev. Iber.*, XVIII (1952), 27-39.
DAUSTER, Frank. "La poesía de Xavier Villaurrutia", *Rev. Iber.*, XVIII (1953), 345-359.
——. "A Commentary on Villaurrutia's *Décima muerte*", *Kentucky Foreign Language Quarterly*, II (1955), 160-165.
Dic. de escritores mexicanos. México : UNAM, 1967, pp. 410-412. (Amplia bibliografía.)
FORSTER, Merlin H. "La fecha de nacimiento de Xavier Villaurrutia", *Rev. Iber.*, XXXIII (1967), 131-132.
LEAL, Luis. "Xavier Villaurrutia, crítico", *Estaciones*, IV, 13 (prim., 1959), 3-14.
PAZ, Octavio. "El teatro de Xavier Villaurrutia", *Sur*, XII, 105 (1943), 96-98.
SHAW, Donald L. "Pasión y verdad en el teatro de Xavier Villaurrutia", *Rev. Iber.*, XXVIII, 54 (jul-dic, 1962), 337-346.
XIRAU, Ramón. *Tres poetas de la soledad* (Gorostiza, Villaurrutia, Paz). México : Robredo, 1955.

JOSÉ GOROSTIZA

TEXTOS

Canciones para cantar en las barcas. México : Edit. Cultura, 1925.
Death Without End. Trad. de Laura Villaseñor. Austin : Univ. of Texas Press, 1969. (Bibliografía, pp. 35-39.)

Muerte sin fin. México : Eds. R. Loera y Chávez, 1939. 2a. ed., con un comentario de Octavio Paz, México : Imp. Univ., 1952.
Poesía. México : Fondo de Cult. Econ., 1964.

Estudios

Debicki, Andrew P. *La poesía de José Gorostiza.* México : Studium, 1962.
Dic. de escritores mexicanos. México : UNAM, 1967, pp. 156–158. (Amplia bibliografía.)
Rubin, Mordecai S. *Una poética moderna. "Muerte sin fin" de José Gorostiza.* Pról. de Eugenio Florit. México : UNAM, 1966.

PABLO NERUDA

Textos

Anillos (en col. con Tomás Lago). Santiago : Nascimiento, 1926.
Bestiary. Trad. de Elsa Neuberger. New York : Harcourt, Brace, 1965.
Canciones de gesta. La Habana : Imp. Nac. de Cuba, 1960.
Canto general. México, 1950 (ed. privada del Comité Auspiciador). Otras eds., México : Eds. Océano, 1950, 1952; Buenos Aires : Losada, 1955, 1963.
Cantos ceremoniales. Buenos Aires : Losada, 1961.
Cien sonetos de amor. Santiago, 1959 (ed. del autor). 2a. ed., Buenos Aires : Losada, 1960.
Crepusculario. Poemas (1919). Santiago : Edit. Claridad, 1923. Otras eds., Santiago : Nascimiento, 1950, 6a. ed.; Buenos Aires : Losada, 1961.
Discursos. Con Nicanor Parra. Santiago : Nascimiento, 1962.
Elementary Odes. Trad. de Carlos Lozano. Introd. de Fernando Alegría. New York : Las Américas, 1961.
El habitante y su esperanza. Santiago : Nascimiento, 1926. Otras eds., Buenos Aires : Losada, 1964 (2a. ed. seguida de *El hondero entusiasta* y *Tentativa del hombre infinito*).
El hondero entusiasta. Santiago : Empresa Letras, 1933.
España en el corazón. Santiago : Ercilla, 1937.
Estravagario. Buenos Aires : Losada, 1958.
Fin del mundo. Buenos Aires : Losada, 1969.
Fulgor y muerte de Joaquín Murieta, bandido chileno injusticiado en California el 23 de julio de 1853. Santiago : Zig-Zag, 1966.
La barcarola. Buenos Aires : Losada, 1967.
La canción de la fiesta. Santiago : Eds. Juventud, Federación de Estudiantes de Chile, 1921. (Folleto.)
Las piedras de Chile. Fotografías de Antonio Quintana. Buenos Aires : Losada, 1961.
Las uvas y el viento. Santiago : Nascimiento, 1954.

Los versos del capitán. Nápoli : L'Arte Tipografica, 1952. Otra ed., Buenos Aires : Losada, 1953.

Memorial de Isla Negra. 5 vols. Buenos Aires : Losada, 1964. (I, *Donde nace la lluvia;* II, *La luna en el laberinto;* III, *El fuego cruel;* IV, *El cazador de raíces;* V, *Sonata crítica.*)

Navegaciones y regresos (cuarto libro de las odas). Buenos Aires, 1959.

Nuevas odas elementales. Buenos Aires : Losada, 1956. Otra ed., 1964.

Odas elementales. Buenos Aires : Losada, 1954. Otra ed., 1958.

Obra poética. Ed. de Juvencio Valle. 10 vols. Santiago : Cruz del Sur, 1947-1948.

Obras completas. Buenos Aires : Losada, 1957. 2a. ed. aum., 1962, con una Bibliografía por Jorge Sanhueza.

Poesía política; discursos políticos. Ed. de Margarita Aguirre. 2 vols. Santiago : Edit. Austral, 1953.

Poesías completas. Buenos Aires : Losada, 1951.

Plenos poderes. Buenos Aires : Losada, 1962.

Regresó la sirena. Santiago : Nascimiento, 1954. Eds. del "Centro de Amigos de Polonia".

Residence on Earth, and Other Poems. Trad. de Ángel Flores. Norfolk, Conn. : New Directions, 1946.

Residencia en la tierra (1925-1931). Santiago : Nascimiento, 1933.

Residencia en la tierra (1925-1935). 2 vols. Madrid : Cruz y Raya, 1935. Otra ed., Santiago : Ercilla, 1939.

Selección. Ed. de Arturo Aldunate. Santiago : Nascimiento, 1943. 2a. ed. aum., 1949.

Selected poems. Trad. de Ben Belitt. Introd. de Luis Monguió. New York : Grove Press, 1963.

Tentativa del hombre infinito. Santiago : Nascimiento, 1926.

Tercera residencia (1935-1945). Buenos Aires : Losada, 1947.

Tercer libro de odas. Buenos Aires : Losada, 1957.

Todo el amor. Buenos Aires : Losada, 1964.

Una casa en la arena. Fotografías de Sergio Larrain (Magnum). Barcelona : Edit. Lumen, 1966.

Veinte poemas de amor y una canción desesperada. Santiago : Nascimiento, 1924. Otras eds., Buenos Aires : Edit. Tor, 1938; Buenos Aires : Losada, 1953.

Viajes. Santiago : Nascimiento, 1955.

We Are Many. Trad. de Alastair Reid. 2a. ed. London : Cape Goliad Press Ltd., 1968.

Estudios

Aguirre, Margarita. *Genio y figura de Pablo Neruda.* Buenos Aires : EUDEBA, 1964.

Alazraki, Jaime. *Poética y poesía de Pablo Neruda.* New York : Las Américas, 1965. (Amplia bibliografía.)

ALONSO, Amado. *Poesía y estilo de Pablo Neruda.* Buenos Aires : Losada, 1940. 2a. ed. aum., Buenos Aires : Sudamericana, 1951. 3a. ed., 1966.

Dic. de la literatura latinoamericana: Chile. Washington : Unión Panamericana, 1958, pp. 144–146. (Bibliografía.)

LELLIS, Mario Jorge de. *Pablo Neruda.* Buenos Aires : La Mandrágora, 1957. 2a. ed., 1959.

MARCENAC, Jean. *Pablo Neruda; une étude par* . . . París : Pierre Seghers Editeur, 1963.

MONGUIÓ, Luis. "Introducción a la poesía de Pablo Neruda", *Atenea,* 401 (jul.–sept., 1963), 65–80.

RODRÍGUEZ MONEGAL, Emir. *El viajero inmóvil: introducción a Pablo Neruda.* Buenos Aires : Losada, 1966. (Bibliografía.)

SALAMA, Roberto. *Para una crítica de Pablo Neruda.* Buenos Aires : Edit. Cartago, 1957.

SILVA CASTRO, Raúl. *Pablo Neruda.* Santiago : Edit. Univ., 1964.

SHUR, Leonid Avelévich. *Pablo Neruda.* Moscow, 1960.

C. El Criollismo

1. LA POESÍA

LUIS PALÉS MATOS

TEXTOS Y ESTUDIOS

Azaleas. Guayama, P.R., 1915.

BLANCO, Tomás. *Sobre Palés Matos.* San Juan : Biblio. de Autores Puertorriqueños, 1950.

ENGUÍDANOS, Miguel. *La poesía de Luis Palés Matos.* Río Piedras : Eds. de la Univ. de Puerto Rico, 1961.

FLORIT, Eugenio, y José Olivio JIMÉNEZ. *La poesía hispanoamericana desde el modernismo.* New York : Appleton-Century-Crofts, 1968, pp. 314–315. (Amplia bibliografía crítica.)

Poesía 1915–1956. Introd. de Federico de Onís. San Juan: Univ. de Puerto Rico, 1957. 2a. ed., 1964

Tuntún de pasa y grifería; poemas afroantillanos. Pról. de Ángel Balbuena Prat. San Juan : Biblio. de Autores Puertorriqueños, 1937. 2a. ed., con Pról de Jaime Benítez, 1950.

NICOLÁS GUILLÉN

TEXTOS

Antología mayor: El son entero y otros poemas. Pról. de Ángel Augier. La Habana : Eds. Unión, 1964.

Balada. La Habana, 1962.

Cantos para soldados y sones para turistas. Pról. de Juan Marinello. México : Edit. Masas, 1937.

Cuba libre, poems. Trad. de Langston Hughes y B. F. Carruthers. Los Ángeles, Calif. : Anderson and Ritchie, 1948.

Chansons cubaines et autres poèmes. Trad. de Claude Couffon. París : P. Seghers, 1955.

Elegía a Jacques Roumain en el cielo de Haití. La Habana, 1948.

Elegía a Jesús Méndez. La Habana : Página, 1951.

El son entero, suma poética, 1929-1946. Con una Carta de Miguel de Unamuno. Buenos Aires : Pleamar, 1947.

España; poema en cuatro angustias y una esperanza. Valencia, España, 1937. Otras eds., La Habana, 1937; México : México Nuevo, 1937.

La paloma de vuelo popular; elegías. Buenos Aires : Losada, 1958.

Motivos de son. La Habana : Rambla y Bouza, 1930.

Nicolás Guillén. Presentación y trad. de Claude Couffon. París : P. Seghers, 1964.

Poema de amor. Pról. de Ángel Augier. La Habana, 1964.

Prosa de prisa; crónicas. Santa Clara, Cuba : Univ. Central de las Villas, 1962. 2a. ed., Buenos Aires : Edit. Hernández, 1968.

Sóngoro Cosongo. La Habana : Imp. Ucar, García y Cía., 1931. 2a. ed., *Sóngoro Cosongo y otros poemas,* con una Carta de Miguel de Unamuno, La Habana : La Verónica, 1942. 3a. ed., seguida de *Motivos de son, West Indies Ltd., España . . .,* Buenos Aires : Losada, 1952, 1957.

Tengo. Pról. de J. A. Portuondo. Santa Clara, Cuba : Univ. Central de las Villas, 1964.

West Indies Ltd. La Habana : Ucar, García y Cía., 1934.

Estudios

Augier, Ángel. *Nicolás Guillén; notas para un estudio biográfico crítico.* 2 vols. Santa Clara, Cuba : Univ. Central de las Villas, I, 1962; II, 1964.

Biblioteca Nacional "José Martí". Número Homenaje. La Habana, 1962. (Amplia bibliografía.)

Florit, Eugenio, y José Olivio Jiménez. *La poesía hispanoamericana desde el modernismo.* New York : Appleton-Century-Crofts, 1968, pp. 367-368. (Amplia bibliografía crítica.)

Levidova, I. M. *Nicolás Guillén.* Moscow, 1956.

Martínez Estrada, Ezequiel. *La poesía afrocubana de Nicolás Guillén.* Montevideo : Arca, 1966.

Shur, Leonid Avelévich. *Nicolás Guillén.* Moscow, 1954. 2a. ed. ampliada, 1964. (Amplia bibliografía.)

EMILIO BALLAGAS

Textos y Estudios

Cuaderno de poesía negra. La Habana-Santa Clara : Imp. "La Nueva", 1934.
Décimas por el júbilo martiano en el centenario del apóstol José Martí. La Habana, 1953.
Elegía sin nombre. La Habana, 1934.
Florit, Eugenio, y José Olivio Jiménez. *La poesía hispanoamericana desde el modernismo.* New York : Appleton-Century-Crofts, 1968, pp. 424-425. (Amplia bibliografía crítica.)
Júbilo y fuga. Introd. de Juan Marinello. La Habana : La Cooperativa, 1931. 2a. ed., Madrid : Eds. Héroe, 1939.
La herencia viva de Tagore (prosa). La Habana : Eds. Clavileño, 1941.
Nocturno y elegía. La Habana, 1938.
Nuestra Señora del Mar. La Habana : Entrega de Fray Junípero, 1943.
Obra poética de ... Ensayo prel. de Cintio Vitier. La Habana : Ucar, García y Cía., 1955. (Ed. póstuma.)
Órbita de Emilio Ballagas (poesía y prosa). Pról. de Ángel Augier. Notas de Rosario Antuña. La Habana : Eds. Unión, 1965.
Rice, Argyll Pryor. *Emilio Ballagas, poeta y poesía.* México : Eds. De Andrea, 1966. (Amplia bibliografía.)
Sabor eterno. La Habana : Ucar, García y Cía., 1939.

2. LA NARRATIVA

a. *La novela de la Revolución mexicana*

MARIANO AZUELA

Textos

Andrés Pérez, maderista. México : Imp. de Blanco y Botas, 1911.
Avanzada. México : Eds. Botas, 1940.
Cien años de novela mexicana. México : Eds. Botas, 1947.
El camarada Pantoja. México : Eds. Botas, 1937.
El padre Agustín Rivera (biografía). México : Eds. Botas, 1942.
Epistolario y archivo. Recopilación, notas y apéndices de Beatrice Berler. México : UNAM, 1969.
Esa sangre. México : Fondo de Cult. Econ., 1956.
La luciérnaga. Madrid : Espasa-Calpe, 1932. 2a. ed., México : Novaro, 1955.
La maldición. México : Fondo de Cult. Econ., 1955.
La Malhora. México : Imp. y Encuad. de Rosendo Terrazas, 1923. Otra ed., con *El desquite*, México : Botas, 1941.
La marchanta. México : Sec. de Educ. Púb., 1944.
La mujer domada. México : El Colegio de México, 1946.

Las moscas. México : Tip. de A. Carranza e Hijos, 1918. (Con *Domitilo quiere ser diputado* y *De cómo al fin lloró Juan Pablo.*)

Los caciques. México : Talleres Eds. de Cía. Periodística Nac., 1917.

Los de abajo. Folletín de *El Paso del Norte*, El Paso, Texas, oct.-dic., 1915. 2a. ed., El Paso, Texas : Imp. de *El Paso del Norte*, 1916. Otras eds., México : Razaster, 1920; Jalapa : Eds. del Gobierno de Veracruz, 1927; Madrid : Espasa-Calpe, 1930; Santiago : Zig-Zag, 1930; New York : Crofts, 1939, con Intro. de John E. Englekirk y Notas de Lawrence B. Kiddle; México : Botas, 1939; México : Fondo de Cult. Econ., 1960.

Los fracasados. México : Tip. y Lit. de Müller Hnos., 1908.

Mala yerba. Guadalajara : Talleres de La Gaceta de Guadalajara, 1909.

Marcela. A Mexican Love Story. Trad. de *Mala yerba* por Anita Brener. Pról. de Waldo Frank. New York : Farrar and Rinehart, 1932.

María Luisa. Lagos de Moreno, Jalisco, México : Imp. López Arce, 1907.

María Luisa y otros cuentos. México : Botas, 1938.

Nueva burguesía. Buenos Aires : Club del Libro A.L.A., 1941.

Obras completas de . . . 2 vols. México : Fondo de Cult. Econ., I, 1958; II, 1960.

Pedro Moreno, el insurgente. Santiago : Ercilla, 1935.

Precursores. Santiago : Ercilla, 1935.

Regina Landa. México : Eds. Botas, 1939.

San Gabriel de Valdivias, comunidad indígena. Santiago : Ercilla, 1938.

Sendas perdidas. México : Eds. Botas, 1949.

Sin amor. México : Tip. de Müller Hnos., 1912.

Teatro: Los de abajo. El buho en la noche. Del Llano Hermanos. México : Eds. Botas, 1938.

The Underdogs. Trad. de *Los de abajo* por Enrique Munguía, Jr. New York : Brentano's, 1929.

Two Novels of Mexico: The Flies, The Bosses. Trad. de *Las moscas* y *Los caciques* por Lesley B. Simpson. Los Ángeles : Univ. of Calif. Press, 1956.

Estudios

Englekirk, John E. "Mariano Azuela : A Summing Up (1873–1952)", *Southern Atlantic Studies for Sturgis Leavitt.* Washington, D.C., 1953, pp. 127–135.

Hurtado, Alfredo. *Mariano Azuela, novelista de México.* Guadalajara : Xallixtlico, 1951.

Jones, Dewey R. *El doctor Mariano Azuela, médico y novelista.* México : UNAM, 1960.

Leal, Luis. *Mariano Azuela, vida y obra.* México : Studium, 1961. (Amplia bibliografía.)

——. *Mariano Azuela.* Buenos Aires : Centro Editor de América Latina, 1967.

——. *Mariano Azuela.* New York : Twayne Publishers, 1971.

PUPO-WALKER, C. Enrique. *"Los de abajo* y la pintura de Orozco", *Cuadernos Amer.*, 154 (1967), 236–254.

MARTÍN LUIS GUZMÁN

TEXTOS

Academia. Tradición. Independencia. Libertad. México : Cía. Gen. de Eds., 1959.

A orillas del Hudson (ensayos). México : Eds. Botas, s.f. (1920).

Crónicas de mi destierro. México : Empresas Editoriales, 1964.

El águila y la serpiente. Madrid : M. Aguilar, 1928. Otras eds., Madrid : Cía. Iber. de Publicaciones, 1928; Madrid : Espasa-Calpe, 1932; México : Anáhuac, 1941; México : Cía Gen. de Eds., 1956.

Filadelfia, paraíso de conspiradores y otras historias noveladas. México : Cía Gen. de Eds., 1960.

Islas Marías. Novela y drama (guión para una película). México : Cía. Gen. de Eds., 1959.

Kinchil. Pról. de Henrique González Casanova. México : Col. Lunes, 1946.

La querella de México (ensayos). Madrid : Imp. Clásica Española, 1915.

La sombra del caudillo. Madrid : Espasa-Calpe, 1929. Otras eds., México : Eds. Botas, 1938; México : Cía. Gen. de Eds., 1951.

Memorias de Pancho Villa. 4 tomos. México : Eds. Botas, 1938–1940. Otra ed., en 1 tomo, México : Cía. Gen. de Eds., 1951.

Mina el mozo, héroe de Navarra. Madrid : Espasa-Calpe, 1932. Otra ed., *Javier Mina, héroe de España y México*, México : Cía. Gen. de Eds., 1951.

Muertes históricas. México : Cía. Gen. de Eds., 1958.

Obras completas. 2 tomos. Pról. de Andrés Iduarte. México : Cía. Gen. de Eds., I, 1961; II, 1963.

ESTUDIOS

ABREU GÓMEZ, Ermilo. *La expresión literaria de Martín Luis Guzmán.* México : Sec. de Educ. Púb., 1968.

——. *Martín Luis Guzmán.* México : Empresas Editoriales, 1968. Col. "Un mexicano y su obra."

CARBALLO, Emmanuel. "Martín Luis Guzmán (1887)", *Diecinueve protagonistas de la literatura mexicana del siglo XX.* México : Empresas Editoriales, 1965, pp. 61–99.

Dic. de escritores mexicanos. México : UNAM, 1967, pp. 166–168. (Amplia bibliografía.)

HOUCK, Helen Phipps. "Las obras novelescas de Martín Luis Guzmán", *Rev. Iber.*, III, 5 (feb., 1941), 139–158.

LEAL, Luis. "La sombra del caudillo, roman à clef", *Modern Language Journal*, XXXVI (1952), 16–21.

JOSÉ RUBÉN ROMERO

Textos

Algunas cosillas de Pito Pérez que se me quedaron en el tintero. México : Col. Lunes, 1945.

Anticipación a la muerte. México : Edit. J. R. Romero, 1939. Otras eds., México : Imp. Aldina, 1943; México : Antigua Lib. Robredo, 1944.

Apuntes de un lugareño. Barcelona : Imp. Núñez y Cía., 1932. Otras eds., México : Edit. Porrúa, 1945; México : Populibros "La Prensa", 1955.

Breve historia de mis libros. La Habana : La Verónica, 1942.

Cuentos rurales. Tacámbaro, Michoacán : Imp. de Rafael Carrasco, 1915.

Cuentos y poemas inéditos. Ed. de William O. Cord. México : Studium, 1963.

Desbandada. México : Imp. de la Sec. de Relaciones, 1934. Otras eds., Barcelona : A. Núñez, 1936; México : Edit. Porrúa, 1946.

El pueblo inocente. México : Imp. Mundial, 1934. Otras eds., Barcelona : A. Núñez, 1936; México : Talleres Gráficos de la Nación, 1939; México : Edit. Porrúa, 1962.

La vida inútil de Pito Pérez. México : Edit. México Nuevo, 1938. Otras eds., México : Talleres Gráficos de la Nación, 1940; México : Imp. Aldina, 1943; México : Antigua Lib. Robredo, 1944; México : Edit. Porrúa, 1946; La Habana : Casa de las Américas, 1964. Trad. al inglés por William O. Cord. *The Futile Life of Pito Péres.* New York : Prentice-Hall, 1967.

Mi caballo, mi perro y mi rifle. Barcelona : A. Núñez, 1936. Otras eds., México : (Edit. J. R. Romero), 1939; México : Edit. Porrúa, 1945.

Obras completas. Pról. de Antonio Castro Leal. México : Edit. Oasis, 1957. 2a. ed., México : Edit. Porrúa, 1963.

Rosenda. México : Edit. Porrúa, 1946.

Una vez fui rico. México, 1939. Otras eds., México : Imp. Aldina, 1942; México : Antigua Lib. Robredo, 1944; México : Edit. Porrúa, 1957.

Estudios

Alba, Pedro de. *Rubén Romero y sus novelas populares.* Barcelona : A. Núñez, 1936.

Arce, David N. "José Rubén Romero, conflicto y logro de un romanticismo", *Boletín de la Biblioteca Nacional*, III, 3 (julio–sept., 1952), 23–47.

Dic. de escritores mexicanos. México : UNAM, 1967, pp. 336–338. (Amplia bibliografía.)

González y Contreras, Gilberto. *Rubén Romero, el hombre que supo ver.* La Habana : La Verónica, 1940.

Homenaje a Rubén Romero. México : Imp. Mundial, 1937.

Koons, John Frederick. *Garbo y donaire de Rubén Romero.* México : Imp Aldina, 1942.

Lafarga, Gastón. *La evolución literaria de Rubén Romero.* París : Imp. Gouvardin, 1938. 2a. ed. aum., México, 1939.

Leal, Luis. "Las primeras prosas de José Rubén Romero", *El Nacional*, 887 (29 marzo, 1964), "Rev. Mex. de Cultura", 1.

Moore, Ernest R. *Novelistas de la Revolución Mexicana: J. Rubén Romero.* La Habana : La Verónica, 1940.

Muñoz Domínguez, Inés. *José Rubén Romero, novelista.* México : UNAM, 1963.

Revista Hispánica Moderna, XII, 1–2 (ene.–abril, 1946). Número Homenaje.

Rosbach, John Bernard. *Novelas de Rubén Romero.* México : UNAM, 1960.

RAFAEL F. MUÑOZ

Textos y Estudios

Dic. de escritores mexicanos. México : UNAM, 1967, pp. 245–346. (Amplia bibliografía.)

El feroz cabecilla y otros cuentos de la Revolución en el Norte. México : Imp. de la Cámara de Diputados, 1928. 2a. ed., México : Botas, 1936.

El hombre malo. México : Ed. del Autor, s.f. (1927?). 2a. ed. *El hombre malo, Villa ataca Ciudad Juárez, La marcha nupcial.* México : Talleres Gráficos, 1930.

Fuego en el Norte. Cuentos de la Revolución. Pról. de Luis Leal. México : Libro-Mex Eds., 1960.

Jeffrey, Iris Catherine. "The Narrative Art of Rafael Felipe Muñoz", Tesis doctoral inédita. Univ. de Illinois, 1969.

Obras incompletas, dispersas o rechazadas. México : Eds. Oasis, 1967.

Pancho Villa, rayo y azote. México : Populibros "La Prensa", 1955.

Santa Anna, el que todo lo ganó y todo lo perdió (biografía). Madrid : Espasa-Calpe, 1936.

Se llevaron el cañón para Bachimba. México–Buenos Aires : Espasa-Calpe, 1941.

Si me han de matar mañana. México : Botas, 1934.

¡Vámonos con Pancho Villa! Madrid : Espasa-Calpe, 1931.

b. *La novela indigenista*

ALCIDES ARGUEDAS

Textos y Estudios

Dic. de la literatura latinoamericana: Bolivia. Washington : Unión Panamericana, 1957, pp. 5–8. (Amplia bibliografía.)

Lacosta, Francisco C. "El indigenismo literario de Alcides Arguedas", *Cultura boliviana*, Univ. Téc. de Oruro, 2 (jun., 1965), 4–5, 8.

Lijerón Alberdi, Hugo. *"Raza de bronce"*, *Hispania*, XLVI (1963), 530–533.

Obras completas. 2 vols. Pról. y Notas de Luis Alberto Sánchez. México : Aguilar, 1959–1960. (En la portada del vol. II : 1959.)

Pisagua (ensayo de novela). La Paz : Imp. Artística de Velarde, Aldazora y Cía., 1903.

Pueblo enfermo; contribución a la psicología de los pueblos hispanoamericanos. Pról. de Ramiro de Maeztu. Barcelona : Vda. de L. Tasso, 1910. Otra ed., Santiago : Ercilla, 1937.

Raza de bronce (publ. primero en La Paz, en 1904, con el título *Wata-Wara*) La Paz, 1919. Otras eds., Valencia : Biblio. Sempere, 1923; Buenos Aires : Losada, 1945, 1957.

Reina, Fausto. *Alcides Arguedas.* La Paz : Talleres Gráficos "Gutenberg", 1960.

Salamanca, Octavio. *En defensa de Bolivia; respuesta a "Pueblo enfermo".* Cochabamba : Tip. La Ilustración, 1914.

Vida criolla. La Paz : Eulogio Córdova, Editor, 1905(?). Otra ed., París : Ollendorff, 1912(?).

JORGE ICAZA

Textos

Barro de la sierra. Cuentos. Quito : Edit. Labor, 1933.

Cholos. Quito : Lit. e Imp. Romero, 1938. Otras eds., Quito : Sindicato de Escritores y Artistas, 1939; Quito : Imp. Nacional, 1940; Buenos Aires : Edit. Timón, 1946.

El chulla Romero y Flores. Quito : Casa de la Cult. Ecuatoriana, 1958. Otra ed., Buenos Aires : Losada, 1965.

En las calles. Quito : Imp. Nacional, 1935. Otras eds., Buenos Aires : Pub. Atlas, 1936; Quito : Casa de la Cult. Ecuatoriana, 1959.

Huairapamushcas. Quito : Casa de la Cult. Ecuatoriana, 1948. Otra ed., 1962.

Huasipungo. Quito : Imp. Nacional, 1934. Otras eds., Buenos Aires : Edit. Avance, 1935; Buenos Aires : Edit. Sol, 1936, con un Epílogo de Enrique S. Portugal; Quito : Tipo-Lito Romero, 1937; Buenos Aires : Eds. Laud, 1939, ed. adaptada para los niños por Juan O'Trebor; Quito : E. Viteri-Guzmán, 1940; Buenos Aires : Lautaro, 1948; Buenos Aires : Losada, 1960; Milano : Nuova Academia Editrice, 1961, ed. a cura de Giuseppe Bellini; Quito : Casa de la Cult. Ecuatoriana, 1963. Trad. al inglés de Mervyn Savill, *Huasipungo*, London : Dobson, 1962. Trad. al inglés de Bernard M. Dulsey, *The Villagers*, Carbondale : Southern Illinois Univ. Press, 1964.

Media vida deslumbrados. Quito : Edit. Quito, 1942.

Obras escogidas. Ed. de Francisco Ferrándiz Alborz. México : Aguilar, 1961.

Seis relatos. Quito : Casa de la Cult. Ecuatoriana, 1952. 2a. ed., con el título *Seis veces la muerte (seis relatos).* Buenos Aires : Alpe, 1954.

Viejos cuentos. Quito : Casa de la Cult. Ecuatoriana, 1960.

Estudios

"Icaza, Jorge (1906)", *Dic. de la literatura latinoamericana: Ecuador*. Washington : Unión Panamericana, 1962, pp. 128–132. (Amplia bibliografía.)
Couffon, Claude. "Jorge Icaza y la literatura indigenista", *Cuadernos*, París, 51 (agosto, 1961), 49–54.
Garro, Eugenio. *Jorge Icaza; vida y obra; bibliografía; antología*. New York : Hispanic Inst., 1947.
Larson, Ross F. "La evolución textual de *Huasipungo* de Jorge Icaza", *Rev. Iber.*, XXXI (1965), 209–223.
Mata, Gonzalo Humberto. *Memoria para Jorge Icaza*. Cuenca, Ecuador : Edit. Cenit, 1964.
Ojeda, Enrique. *Cuatro obras de Jorge Icaza*. Quito : Casa de la Cult. Ecuatoriana, 1961.
Ribadeneira, E. "Una ojeada a la obra novelística de Jorge Icaza", *Duquesne Hispanic Review*, II (1963), 49–53.

GREGORIO LÓPEZ Y FUENTES

Textos y Estudios

Acomodaticio. México : Botas, 1943.
Arrieros. México : Botas, 1937. Otra ed., Botas, 1944.
Campamento. Madrid : Espasa-Calpe, 1931. 2a. ed., México : Botas, 1938.
Cuentos campesinos de México. México : Edit. Cima, 1940.
Dic. de escritores mexicanos. México : UNAM, 1967, pp. 203–204. (Amplia bibliografía.)
El indio. México : Botas, 1935. Otras eds., Botas, 1937, 1945; New York : Norton, 1940, ed. de E. Herman Hespelt; México : Novaro, 1956. Trad. al inglés por Anita Brenner. Indianapolis : Bobbs-Merrill, 1937.
Entresuelo. México : Botas, 1948.
Huasteca. México : Botas, 1939.
Kattar, Jeannette. *Gregorio López y Fuentes et son roman "El indio"*. Dakar : Centre de Hautes Études Afro-Ibéro-Américaines de L'Université de Dakar, 1969.
Los peregrinos inmóviles. México : Botas, 1944.
¡Mi general! México : Botas, 1934. Otra ed., Botas, 1948.
Milpa, potrero y monte. México : Botas, 1951.
Tierra. México : Talleres de El Universal, 1932. Otras eds., Edit. México, 1933; Botas, 1946, con Pról. de Ermilo Abreu Gómez; New York : Ginn and Co., 1949, ed. de Henry A. Holmes y Walter A. Bará.

MAURICIO MAGDALENO

Textos y Estudios

Cabello de elote. México : Edit. Stylo, 1949. 2a. ed., con Pról. de Pedro Gringoire, México : Porrúa, 1966.

Campo Celis. México : MAM, Imp. Rosita, 1935.

Concha Bretón. México : Botas, 1936.

Dic. de escritores mexicanos. México : UNAM, 1967, pp. 207-208. (Amplia bibliografía.)

El ardiente verano. Cuentos. México : Fondo de Cult. Econ., 1954. 2a. ed., 1965.

El compadre Mendoza. México : Edit. México, 1934.

El resplandor. México : Eds. Botas, 1937. Otras eds., Botas, 1950; México : Espasa-Calpe, 1951, "Col. Austral", 931.

Las palabras perdidas (autobiografía). México : Fondo de Cult. Econ., 1956.

La tierra grande. México : Espasa-Calpe, 1949. "Col. Austral", 930.

Mapimí 37. México : Talleres de la Revista de Revistas, 1927.

Sonata. México : Botas, 1941.

RAMÓN RUBÍN

Textos y Estudios

Brown, Carol P. "Mayor Themes in the Works of Ramón Rubín". Tesis doctoral inédita. Univ. de Oklahoma, 1966.

Cuando el táguaro agoniza. México : Eds. Azteca, 1960.

Cuarto libro de cuentos mestizos de México. México : Pío López-Dóñez y Hno., Imps., 1950(?).

Cuentos de indios. Primer libro. Guadalajara : Eds. Altiplano, s.f. (1952?).

Cuentos de indios. Segundo libro. Guadalajara : Eds. Altiplano, 1958.

Cuentos del medio rural mexicano, I. Guadalajara : Imp. Gráfica, 1942. 2a. ed., aum., Guadalajara : "El Estudiante", 1942.

Cuentos de mestizos. Tlaxcala : Talleres Gráficos de Tlaxcala, 1955.

Cuentos mestizos de México, II. Guadalajara, 1948.

Dic. de escritories mexicanos. México : UNAM, 1967, pp. 341-342. (Amplia bibliografía.)

Diez burbujas en el mar; sarta de cuentos salobres. Guadalajara, 1949. 2a. ed. aum., *Burbujas en el mar,* Guadalajara : Eds. Creación, 1956(?).

Donde la sombra se espanta. Xalapa : Edit. Univ. Veracruzana, 1964.

El callado dolor de los tzotziles. México : Ed. del Autor, 1949.

El canto de la grilla. Guadalajara : Eds. Altiplano, 1952.

El hombre que ponía huevos. Quinto libro de cuentos mestizos. México : Edit. Azteca, 1960.

El seno de la esperanza. México : Eds. Mexicanos Unidos, 1964.

Este rifle sanitario. Guadalajara, 1948.

La bruma lo vuelve azul. México. Fondo de Cult. Econ., 1954.
La canoa perdida. Guadalajara : Eds. Altiplano, 1951.
La loca; novela criolla. Guadalajara : Talleres Linotipográficos "Vera", 1950.
Las cinco palabras. Antología de cuentos. Pról. de Luis Leal. México : Fondo de Cult. Econ., 1969.
La sombra del techincuagüe. Guadalajara : Eds. Altiplano, 1955.
Ringwald, Eleanor M. "The Life and Works of Ramón Rubín". Tesis doctoral inédita. UCLA, 1968.
Tercer libro de cuentos mestizos. Guadalajara, 1948.

CIRO ALEGRÍA

Textos y Estudios

Bonneville, Henry. "Mort et résurrection de Ciro Alegría", *Bulletin Hispanique,* 70 (1968), 122–133.
Bunte, Hans. *Ciro Alegría y su obra, dentro de la evolución literaria hispanoamericana.* Lima : J. Mejía Baca, 1961.
Dávila Andrade, César. "Ciro Alegría y su alto y ancho mundo", *Rev. Nac. de Cultura,* 180 (1967), 45–48.
Duelo de caballeros; cuentos y relatos. Lima : Populibros, 1963. Otra ed., Buenos Aires : Losada, 1965.
El mundo es ancho y ajeno. Santiago : Eds. Ercilla, 1941. Otras eds., New York : F. S. Crofts and Co., 1945, ed. de Gerald E. Wade y Walter E. Stiefel; Buenos Aires : Losada, 1961; México : Edit. Diana, 1963. Trad. al inglés de Harriet de Onís, *Broad and Alien Is the World.* New York : Farrar and Rinehart, 1941.
Escobar, Alberto. "Los mundos de Ciro Alegría", *Américas* (marzo, 1963), pp. 7–10.
La serpiente de oro. Santiago : Nascimiento, 1936. 7a. ed., 1958. Otras eds., Lima : Nuevo Mundo, 1960; Lima : Populibros, 1963. Trad. de Harriet de Onís, *The Golden Serpent.* New York : Farrar and Rinehart, 1943. Otra ed., New York : Signet, 1963.
Los perros hambrientos. Santiago : Zig-Zag, 1939. Otras eds., Santiago : Zig-Zag, 1942; Lima : Populibros, 1963.
Novelas completas. Madrid : Aguilar, 1959. 2a. ed., 1964.

MARIO MONTEFORTE TOLEDO

Textos y Estudios

Anaité. Guatemala : Edit. "El Libro de Guatemala", 1948.
Correa, Gustavo. "La novela indianista de M. Monteforte Toledo y el problema de una cultura integral en Guatemala", *Memoria del Séptimo Congreso del Inst. Intern. de Lit. Iber.* México : Studium, 1957, pp. 183–196.

Cuentos de derrota y esperanza. Xalapa : Edit. Univ. Veracruzana, 1962.
Donde acaban los caminos. Guatemala : Talleres de la Tip. Nac., 1953. 2a. ed., Santiago : Zig-Zag, 1966.
Entre la piedra y la cruz. México : Talleres de Edit. B. Costa-Amic, 1948. (En la portada : Edit. "El Libro de Guatemala", Guatemala, C.A.)
La cueva sin quietud. Cuentos. Guatemala : Edit. del Minist. de Educ. Púb., 1949.
Lipp, Solomon. "Mario Monteforte Toledo : Contemporary Guatemalan Novelist", *Hispania,* XLIV (1961), 420-427.
Llegaron del mar. Novela. México : Edit. Joaquín Mortiz, 1966.
Menton, Seymour. "Mario Monteforte Toledo y el arte de novelar", cap. VII de su *Historia crítica de la novela guatemalteca.* Guatemala : Edit. Univ., 1950, pp. 243-276.
Una manera de morir. México : Fondo de Cult. Econ., 1957.

c. *La novela gauchesca*

BENITO LYNCH

Textos

Cartas y cartas. Buenos Aires : Nuestra Novela, 1941.
Cuentos camperos. Buenos Aires : Edit. Troquel, 1964.
Cuentos criollos. Buenos Aires : Edit. Atahualpa, 1940.
Cuentos de nuestra tierra. Buenos Aires : Raigal, 1952.
De los campos porteños (cuentos). Buenos Aires : Lib. Anaconda, 1931.
El antojo de la patrona y Palo verde. Buenos Aires : Edit. Latina, 1925.
El estanciero. Buenos Aires : Talleres Gráficos Argentinos de L. J. Rosso, 1933.
El inglés de los güesos. Madrid : Calpe, 1924. Otras eds., Madrid : Espasa-Calpe, 1928; Buenos Aires : Lib. y Edit. La Facultad, Bernabé y Cía., 1940; México : El Libro Popular, 1955, con Pról. de Xavier Dacal; México : La Prensa, 1963.
El potrillo roano. Buenos Aires : Edit. Latina, 1924.
El pozo. Buenos Aires : Eds. Selectas América, 1921.
El romance de un gaucho. Buenos Aires : Lib. Anaconda, 1933. Otra ed., Buenos Aires : Kraft, 1961.
La evasión. Buenos Aires : La Novela Semanal, 1918. Otra ed., Barcelona : Edit. Cervantes, 1922.
Las mal calladas. Buenos Aires : Edit. Babel, 1923. Otra ed., Buenos Aires : Lib. Anaconda, 1933.
Locura de amor. Buenos Aires : La Novela Univ., 1921.
Los caranchos de la Florida. Buenos Aires : Biblio. de "La Nación", 1916. Otra ed., Buenos Aires : Espasa-Calpe, 1938.
Palo verde y otras novelas cortas. Buenos Aires : Espasa-Calpe, 1940.

Plata dorada. Buenos Aires: Casa Editora e Impresora de M. Rodríguez Gil, 1909.
Raquela. Pról. de Manuel Gálvez. Buenos Aires : Coop. Edit. Limitada, 1918.
Otra ed., con *La evasión* y *El antojo de la patrona,* Madrid : Espasa-Calpe, 1936.

ESTUDIOS

CAILLET-BOIS, Julio. *La novela rural de Benito Lynch.* Con una "Bibliografía de Benito Lynch" por Albertina Sonol. La Plata : Univ. Nac. de La Plata, 1960.
CÓCARO, Nicolás. *Benito Lynch: algunos aspectos de su obra, bibliografía, credo estético.* Buenos Aires : Eds. Oeste, 1954.
GARCÍA, Germán. *Benito Lynch y su mundo campero.* Bahía Blanca : Colegio Libre de Estudios Superiores, 1954.
PETIT DE MURAT, Ulises. *Genio y figura de Benito Lynch.* Buenos Aires : EUDEBA, 1968.
SALAMA, Roberto. *Benito Lynch.* Buenos Aires : La Mandrágora, 1959.

RICARDO GÜIRALDES

TEXTOS

Cuentos de muerte y de sangre; aventuras grotescas; trilogía grotesca. Buenos Aires : Lib. La Facultad, 1915. Otra ed., Madrid : Espasa-Calpe, 1933.
Don Segundo Sombra. San Antonio de Areco : Edit. Proa, 1926. Otras eds., Vol. VI de las *Obras,* Madrid : Espasa-Calpe, 1931–1933; Buenos Aires : Losada, 1950. Trad. al inglés de Harriet de Onís, New York : Farrar and Rinehart, 1935; también, London : Penguin, 1948; Ed. escolar de Ethel Plimpton y María T. Fernández, New York : Holt, Rinehart and Winston, 1966.
El cencerro de cristal (poesía). Buenos Aires : Lib La Facultad, 1915. Otra ed., Buenos Aires : Losada, 1952.
Obras completas. Pról. de F. L. Bernárdez. Apéndice y Bibliografía de Horacio Jorge Becco. Buenos Aires : Emecé, 1962.
Pampa (poemas inéditos). Buenos Aires : Ollantay, 1954.
Raucho; momentos de una juventud contemporánea. Buenos Aires : Lib. La Facultad, 1917. Otras eds., Madrid : Espasa-Calpe, 1932; Buenos Aires : Losada, 1949.
Rosaura (novela corta). San Antonio de Areco : Establecimiento Gráfico Colón, 1922. Otra ed., Buenos Aires : Losada, 1952 (aum. con *Siete cuentos*) 1a. ed. en *El cuento Ilustrado* (mayo, 1918).
Seis relatos. Buenos Aires : Edit. Proa, 1929. Otra ed., con un poema de Alfonso Reyes, Buenos Aires : Edit. Perrot, 1957.
Xaimaca. San Antonio de Areco : Establecimiento Gráfico Colón, 1923. Otra ed., Buenos Aires : Losada, 1944.

Estudios

Dic. de la literatura latinoamericana: Argentina. 1a. parte. Washington : Unión Panamericana, 1960, pp. 76–80.

Ara, Guillermo. *Ricardo Güiraldes.* Buenos Aires : Edit. La Mandrágora, 1961.

Becco, Horacio Jorge. *Don Segundo Sombra y su vocabulario.* Nueva ed. aum. Buenos Aires : Ollantay, 1952.

Bordelois, Ivonne. *Genio y figura de Ricardo Güiraldes.* Buenos Aires : EUDEBA, 1967.

Caldiz, Juan Francisco. *Lo que no se ha dicho de "Don Segundo Sombra".* La Plata : A. Domínguez, 1952.

Castagnino, Raúl H. *El análisis literario.* Buenos Aires : Edit. Nova, 1953, pp. 130–254.

Colombo, Ismael B. *Ricardo Güiraldes, el poeta de la pampa.* San Antonio de Areco : F. A. Colombo, 1952.

Collantes de Terán, Juan. *Las novelas de Ricardo Güiraldes.* Sevilla : Consejo Superior de Invest. Científicas, 1959.

Ghiano, Juan Carlos. *Ricardo Güiraldes.* Buenos Aires : Edit. Pleamar, 1966.

Kovacci, Ofelia. *La pampa a través de Ricardo Güiraldes; un intento de valoración de lo argentino.* Buenos Aires : Univ. de Buenos Aires, 1961.

Neyra, Juan Carlos. *El mito gaucho en "Don Segundo Sombra".* Bahía Blanca : Edit. Pampa Mar, 1952.

Previtalli, Giovanni. *Ricardo Güiraldes and "Don Segundo Sombra".* New York : Hispanic Institute, 1963. Trad. española, México : Studium, 1965.

Romano, Eduardo. *Análisis de "Don Segundo Sombra".* Buenos Aires : Centro Edit. de Amér. Latina, 1967.

ENRIQUE AMORIM

Textos

Amorim (cuentos). Montevideo : Edit. Coop. Pegaso, 1923.

5 poemas uruguayos. Salto : Imp. Margall, 1935.

Corral abierto. Buenos Aires : Losada, 1956.

Cuaderno salteño. Montevideo : Guía Poética Ilustrada, 1942.

Del 1 al 6 (cuentos). Montevideo : Imp. Uruguaya, 1932.

Después del temporal (cuentos). Buenos Aires : Edit. Quetzal, 1953.

Don Juan 38, pasatiempo en tres actos. Montevideo, 1959.

El asesino desvelado. Buenos Aires : Emecé, 1945. Ed. escolar, de J. Chalmers Herman y Agnes M. Brady, New York : Houghton Mifflin Co., 1952.

El caballo y su sombra. Buenos Aires : Amigos del Libro Ríoplatense, 1941. Otras eds., Buenos Aires : Losada, 1944. Trad. de Richard L. O'Connell y James G. Luján, *The Horse and His Shadow.* New York : C. Scribner's Sons, 1943.

El paisano Aguilar. Montevideo : Amigos del Libro Ríoplatense, 1934. Otras eds., Buenos Aires: Edit. Claridad, 1937; Buenos Aires: Edit. Siglo Veinte, 1946; Buenos Aires : Losada, 1958; La Habana : Casa de las Américas, 1964.

Eva Burgos. Novela. Montevideo : Edit. Alfa, 1960.

Feria de farsantes. Buenos Aires : Edit. Futuro, 1952.

Historias de amor. Santiago : Eds. Ercilla, 1938.

Horizontes y bocacalles (cuentos). Buenos Aires : Eds. El Inca, 1926.

La carreta. Buenos Aires : Edit. Claridad, 1929. Otras eds., Buenos Aires : Edit. Anaconda, 1933, con comentarios de Roberto Payró *et al.;* Buenos Aires : Lorenzo Rosso, 1937; Buenos Aires : Losada, 1953.

La desembocadura. Buenos Aires : Losada, 1958.

La edad despareja. Buenos Aires : Edit. Claridad, 1938.

La luna se hizo con agua. Buenos Aires : Edit. Claridad, 1944.

La plaza de las carretas. Buenos Aires : D. Viau, Editor, 1937.

La segunda sangre. Pausa en la selva. Buenos Aires : Edit. Conducta, 1950.

Las quitanderas. Buenos Aires : Edit. Latina, s.f.

La trampa en el pajonal (cuentos). Buenos Aires : L. J. Rosso, 1928. Otra ed., Buenos Aires : Eds. del Río de La Plata, 1963.

La victoria no viene sola. Montevideo : Bolsa de los Libros, 1952.

Los mejores cuentos. Montevideo : Acra, 1967.

Los montaraces. Buenos Aires : Edit. Goyanarte, 1957.

Los pájaros y los hombres; el mayoral; vaqueros de la cordillera. Montevideo : Galería Libertad, 1960.

Mi patria. Montevideo : Eds. Papel de Poesía, 1960.

Nueve lunas sobre Neuquén. Buenos Aires : Lautaro, 1946.

Primero de mayo (poesía). Montevideo : Imp. Adelante, 1949.

Presentación de Buenos Aires. Buenos Aires : Eds. Triángulo, 1936.

Quiero (poesía). Montevideo : Imp. Uruguaya, 1954.

Sonetos de amor en verano. Buenos Aires : Eds. Botella al Mar, 1954.

Tangarupá. Buenos Aires : Edit. Claridad, 1925.

Temas de amor. Buenos Aires : Inst. Amigos del Libro Argentino, 1960.

Todo puede suceder. Montevideo : Imp. Uruguaya, 1955.

Tráfico (cuentos). Buenos Aires : Edit. Latina, 1927.

Veinte años (poesía). Pról. de Julio Noé. Buenos Aires, 1920.

Visitas al cielo (poesía). Buenos Aires : M. Gleizer, Editor, 1929.

Estudios

Dujovne Ortiz, Alicia. *Las novelas de Enrique Amorim.* Buenos Aires : Cía. Edit. y Dist. de La Plata, 1949.

Giusti, Roberto F. "El novelista uruguayo Enrique Amorim", *Atenea,* XXXIX (abril, jun., 1962), 34–47.

Oberhelman, Hurley D. "Contemporary Uruguay as seen in Amorim's First Cycle", *Hispania,* XLVI (1963), 312–318.

Pottier, Mme. H. *Argentinismos y uruguayismos en la obra de Enrique Amorim.* Montevideo : Agón, 1958.

Rodríguez Urruty, Hugo. *Para la bibliografía de Amorim.* Montevideo : Agón, 1958.

d. *La novela de la selva y el llano*

JOSÉ EUSTASIO RIVERA

Textos y Estudios

Áñez, Jorge. *De "La vorágine" a "Doña Bárbara".* Bogotá, 1944.

Bull, William. "Nature and Anthropomorphism in *La vorágine*", *Romanic Review*, XXXIX (1948), 307–318.

Callan, Richard J. *"La vorágine:* A Touchstone of Character", *Romance Notes*, III, 1 (1961), 13–16.

Campos, Jorge. "Todavía *La vorágine*", *Ínsula*, XVIII, 205 (1963), 11.

Charric Tobar, Ricardo. *José Eustasio Rivera en la intimidad.* Bogotá : Eds. Tercer Mundo, 1963.

David, Elba R. "El pictorialismo tropical de *La vorágine* y *El viaje* de Alejandro von Humboldt", *Hispania*, XLVII (1964), 36–40.

Dic. de la literatura latinoamericana: Colombia. Washington : Unión Panamericana, 1959, pp. 97–100.

Kelin, F. V. "Introducción de *La vorágine* al ruso", *Atenea*, XXXIII (marzo, 1936), 314–325.

La vorágine. Bogotá, 1924. Otras eds., Nueva York, 1928; Buenos Aires : Espasa-Calpe, 1941, "Col. Austral", 35; Buenos Aires : Losada, 1962; Santiago : Zig-Zag, 1958, ed. de Juan Loveluck. Trad. al inglés por E. K. James, *The Vortex*, New York : Putnam, 1935.

Morales, Leonidas. *"La vorágine:* un viaje al país de los muertos", *Anales de la Universidad de Chile*, CXXIII (1965), 148–170.

Neale-Silva, Eduardo. "The Factual Basis of *La vorágine*", *PMLA*, LIV (1939), 316–331.

——. "Rivera polemista", *Rev. Iber.*, XIV, 28 (oct., 1948), 213–250.

——. *Estudios sobre José Eustasio Rivera*, I. New York : Hispanic Institute, 1951.

——. *Horizonte humano: vida de José Eustasio Rivera.* Madison : Univ. of Wisconsin Press, 1960. Impreso en México por el Fondo de Cult. Econ.

Obras completas. Medellín : Edit. Montoya, 1963.

Olivera, Otto. "El romanticismo de José Eustasio Rivera", *Rev. Iber.*, XVII, 35 (1952), 41–61.

Pereda, Hilda. *Aspectos de "La vorágine" de José Eustasio Rivera.* Con la colaboración de Daphnis Loppe, Marcela Serrallach y George Mendelson. Santiago de Cuba : Manigua, 1956.

Ramos, Oscar G. "Clemente Silva, héroe de *La vorágine*", *Boletín Cultural y Bibliográfico.* Bogotá, X (1967), 568–583.

Tierra de promisión. Bogotá, 1921. Otras eds., Bogotá : Camacho Roldán, 1933; Santiago : Ercilla, 1945.
VALBUENA BRIONES, A. "El arte de José Eustasio Rivera", *Thesaurus*, XVII (1962), 129-139.

RÓMULO GALLEGOS

TEXTOS

Canaima. Barcelona : Araluce, 1935. Otra ed., Buenos Aires : Espasa-Calpe, 1947.
Cantaclaro. Barcelona : Araluce, 1934. Otra ed., Buenos Aires : Espasa-Calpe, 1941.
Cuentos venezolanos. Buenos Aires : Espasa-Calpe, 1950. Otra ed., 1966.
Doña Bárbara. Barcelona : Araluce, 1929. Otras eds., Caracas : Edit. Elite, 1929; Buenos Aires : Espasa-Calpe, 1941; New York : Appleton-Century-Crofts, 1942, ed. de Lowell Dunham; México : Edit. Orión, 1950, con Pról. de Mariano Picón Salas; México : Fondo de Cult. Econ., 1954; México : Montobar, 1957; Caracas : Minist. de Educ., 1964. Trad. al inglés de Robert Malloy, New York : J. Cape and H. Smith, 1931.
El forastero. Caracas : Edit. Elite, 1942. Otra ed., Buenos Aires : Peuser, 1947.
El último Solar (1920). Más tarde publicado bajo el título *Reinaldo Solar.* Barcelona : Araluce, 1930. Otra ed., Caracas : Las Novedades, 1946.
La brizna de paja en el viento. La Habana : Edit. Selecta, 1952. Otras eds., Madrid : Aguilar, 1953, 1959.
La doncella (drama), y *El último patriota* (cuentos). México: Eds. Montobar, 1957.
La rebelión y otros cuentos. Caracas : Edit. del Maestro, 1946. Otra ed., Buenos Aires : Espasa-Calpe, 1950.
La trepadora. Caracas : Tip. Mercantil, 1925. Otras eds., Barcelona : Araluce, 1930; Buenos Aires : Peuser, 1946.
Los aventureros. Caracas, 1913.
Novelas escogidas. Pról. de Federico Sainz de Robles. Madrid : Aguilar, 1951.
Obras completas. La Habana : Edit. Lex, 1950. Otra ed., Madrid : Aguilar, 1958. 2a. ed., 2 vols., 1959-1962.
Obras selectas. Madrid : EDIME, 1959.
Pobre negro. Barcelona : Araluce, 1937. Otras eds., Caracas : Edit. Elite, 1937; Buenos Aires : Espasa-Calpe, 1949; Caracas : Minist. de Educ., 1959.
Sobre la misma tierra. Barcelona : Araluce, 1943. Otra ed., Buenos Aires : Espasa-Calpe, 1944.
Una posición en la vida (ensayos). México : Eds. Humanismo, 1954.

ESTUDIOS

ARAUJO, Orlando. *Lengua y creación en la obra de Rómulo Gallegos.* Buenos Aires : Edit. Nova, 1955. 2a. ed., Caracas : Eds. del Minist. de Educ., 1962.

Bellini, Giuseppe. *Il romanzo di Rómulo Gallegos*. Milano : La Goliardica, 1962.

Caron, Earl Leon. *Sociopolitical Aspects of the Novels of Rómulo Gallegos*. Coral Gables : Univ. of Florida Press, 1962.

Consalvi, Simón Alberto. *Rómulo Gallegos, el hombre y su escenario*. Caracas : Eds. de Acción Democrática, 1964.

Díaz Seijas, Pedro. *Rómulo Gallegos: realidad y símbolo*. Caracas : Centro del Libro Venezolano, 1965. Otra ed., México : B. Costa-Amic, 1967.

Dunham, Lowell. *Rómulo Gallegos, vida y obra*. México : Eds. De Andrea, 1957.

Iduarte, Andrés. *Veinte años con Rómulo Gallegos*. México : Eds. Humanismo, 1954.

Leo, Ulrich. *Rómulo Gallegos; estudio sobre el arte de novelar*. México : Eds. Humanismo, 1954.

Medina, José Ramón. *Rómulo Gallegos*. Caracas : Edit. Arte, 1966.

Morales, Ángel Luis. *La naturaleza venezolana en la obra de Rómulo Gallegos*. San Juan, P.R. : Dept. de Instr. Púb., 1969.

Ramos Calles, Raúl. *Los personajes de Rómulo Gallegos a través del psicoanálisis*. Caracas : Edit. Grafolit, 1947.

Vila Selma, José. *Rómulo Gallegos*. Sevilla : Escuela de Estudios Hispano-americanos, 1954.

e. *Otros novelistas*

MANUEL ROJAS

Textos

Antología autobiográfica. Santiago : Ercilla, 1962.
Antología de cuentos. Pról. de Enrique Espinoza. Santiago : Zig-Zag, 1957.
A pie por Chile. Santiago : Edit. Santiago, 1967.
Cuentos del sur y Diario de México. México : Era, 1963.
El árbol siempre verde; mi experiencia literaria. Santiago : Zig-Zag, 1960.
El bonete maulino. Santiago : Cruz del Sur, 1943.
El bonete maulino y otros cuentos. Santiago : Edit. Univ., 1968.
El delincuente. Santiago : Imp. Univ., 1929. Otra ed., Santiago : Zig-Zag, 1949.
El hombre de la rosa. Buenos Aires : Losada, 1963.
El vaso de leche y sus mejores cuentos. Santiago : Nascimiento, 1959.
Hijo de ladrón. Santiago : Nascimiento, 1951. Otra ed., Buenos Aires : Emecé, 1954. Trad. al inglés de Frank Gaynor, *Born Guilty*. New York : Library Publishers, 1955.
Hombres del sur. Santiago : Nascimiento, 1926. Otra ed., Santiago : Zig-Zag, 1947.
La ciudad de los Césares. Santiago : Ercilla, 1936. Otras eds., Santiago : Zig-Zag, 1958; New York : Appleton-Century, 1951.

Lanchas en la bahía. Pról. de Alone. Santiago : Zig-Zag, 1932. Otras eds., Santiago : Nascimiento, 1952. Santiago : Zig-Zag, 1961.
Mejor que el vino. Santiago : Zig-Zag, 1958.
Obras completas. Santiago : Zig-Zag, 1961.
Pasé por México un día. Santiago : Zig-Zag, 1965.
Punta de rieles (1960). 2a. ed. Santiago : Zig-Zag, 1961.
Travesía. Santiago : Nascimiento, 1934.

ESTUDIOS

ALEGRÍA, Fernando. "Manuel Rojas : transcendentalismo en la novela chilena", *Cuadernos Amer.*, XVIII, ciii (1959), 244–258.
CANNIZZO, Mary. "Manuel Rojas, Chilean Novelist and Author", *Hispania*, XLI (1958), 200–201.
Dic. de la literatura latinoamericana: Chile. Washington : Unión Panamericana, 1958, pp. 169–170.
PONTIERO, Giovanni. "The Two Versions of *Lanchas en la bahía:* Some Observations on Rojas' Approach to Style", *Bulletin of Hispanic Studies*, XLV (1968), 123–132.
SCOTT, Robert H. "The Writings of Manuel Rojas". Tesis doctoral inédita. Univ. of Kansas, 1968.
SILVA CASTRO, Raúl. "Manuel Rojas, Chilean Novelist and Essayist", *Books Abroad*, XXXVII (1963), 400–402.

ENRIQUE LAGUERRE

TEXTOS Y ESTUDIOS

CAMPOS, Jorge. "Amor a la tierra y crítica social : una novela de Enrique A. Laguerre", *Ínsula*, XVII, cxc (1962), 11. (Sobre *Cauce sin río.*)
Cauce sin río: diario de mi generación. Madrid : Nuevas Eds. Unidas, 1962.
El laberinto. Nueva York : Las Américas, 1959. Trad. al inglés de William Rose, *The Labyrinth.* New York : Las Américas, 1960.
El 30 de febrero. San Juan : Biblio. de Autores Puertorriqueños, 1943.
La ceiba en el tiesto. San Juan : Biblio. de Autores Puertorriqueños, 1956.
La llamarada. Aguadilla, P.R. : Tip. Ruiz, 1935. Otras eds., San Juan : G. Baldrich y Cía, 1939, con Pról. de Antonio S. Pedreira; San Juan : Edit. Campos, 1958.
La resaca (bionovela). San Juan : Biblio. de Autores Puertorriqueños, 1949.
La resentida (drama en tres actos). Barcelona : Eds. Rumbos, 1960.
Los dedos de la mano. México : M. Porrúa, 1951.
MORFI, Angelina. *Enrique A. Laguerre y su obra. "La resaca", cumbre de su arte de novelar.* San Juan : Inst. de Cult. Puertorriqueña, 1964.
Obras completas. 2 vols. San Juan : Inst. de Autores Puertorriqueños, I, 1962, II, 1963.

Pulso de Puerto Rico. San Juan : Biblio. de Autores Puertorriqueños, 1956.

RIVERA DE ÁLVAREZ, Josefa. "Laguerre, Enrique", *Dic. de lit. puertorriqueña.* San Juan : Ed. de La Torre, 1955, pp. 330-332.

Solar Montoya. San Juan : Biblio. de Autores Puertorriqueños, 1941.

DEMETRIO AGUILERA MALTA

TEXTOS Y ESTUDIOS

ANDREA, Pedro Frank de. "Demetrio Aguilera-Malta, bibliografía", *Boletín* No. 5 de la Comunidad Latinoamericana de Escritores, México (sept., 1969), pp. 23-58. (Amplia bibliografía crítica.)

Canal Zone. Santiago : Ercilla, 1935. Otra ed. rev., México : Eds. De Andrea, 1966.

Don Goyo. Novela americana. Madrid : Edit. Cenit, 1933. Otras eds., Quito : Eds. Antorcha, 1938; Guayaquil : Casa de la Cult. Ecuatoriana, 1955; Buenos Aires : Edit. Platina, 1958.

Dos comedias fáciles. Ed. de W. K. Mapes. Boston : Houghton Mifflin Co. 1950. ("Sangre azul" y "El pirata fantasma".)

El Quijote de El Dorado; Orellana y el Río de las Amazonas. Novela histórica. Madrid : Eds. Guadarrama, 1964.

Infierno negro. Pieza en dos actos. Xalapa : Edit. Univ. Veracruzana, 1967.

La cabellera del sol; el gran amor de Bolívar. Novela histórica. Madrid : Eds. Guadarrama, 1964. Trad. al inglés por W. K. Jones, *Manuela.* Carbondale : Southern Illinois Univ. Press, 1967.

La isla virgen (novela). Pról. de Ángel F. Rojas. Guayaquil : Vera y Cía, 1942. 2a. ed., Quito : Casa de la Cult. Ecuatoriana, 1954.

Los generales de Bolívar (ensayo). México : Sec. de Educ. Púb., 1965.

Una cruz en la Sierra Maestra. Buenos Aires : Edit. Sophos, 1960.

Un nuevo mar para el rey; Balboa, Anayansi y el Océano Pacífico. Madrid : Eds. Guadarrama, 1965.

Trilogía ecuatoriana; teatro breve. Pról. de Emmanuel Carballo. México : Eds. De Andrea, 1959.

f. *El cuento*

MARIANO LATORRE

TEXTOS Y ESTUDIOS

Algunos de sus mejores cuentos. Sel. y Pról. de Manuel Rojas. Santiago : Zig-Zag, 1957.

Cuentos del Maule. Santiago : Zig-Zag, 1912.

Cuna de Cóndores. Pról. de Eulalio Vaïsse (Omer Emeth). Estudio de Eliodoro Astorquiza. Santiago : Imp. Univ., 1918. Otra ed., Santiago : Nascimiento, 1943.

Chile, país de rincones. Buenos Aires : Espasa-Calpe, 1947. Otra ed., Santiago : Zig-Zag, 1955.

Chilenos del mar. Santiago : Imp. Univ., 1929. Otras eds., Santiago : Zig-Zag, 1954; con "Puerto mayor", 1945.

El choroy de oro. Santiago : Edit. Rapa-Nui, 1946.

Hombres en la selva. Santiago : Zig-Zag, 1933.

Hombres y zorros. Santiago : Ercilla, 1937. Otra ed., Santiago : Nascimiento, 1945.

La isla de los pájaros. Santiago : Nascimiento, 1955.

La Paquera. Novela. Santiago : Edit. Univ., 1958.

Mapu. Santiago : Edit. Orbe, 1942.

On Panta. Santiago : Ercilla, 1935. Otras eds., Santiago : Ercilla, 1941; Santiago : Zig-Zag, 1953.

Sus mejores cuentos. Santiago : Nascimiento, 1925. 3a. ed., 1962.

Ullay y otras novelas del sur. Santiago : Nascimiento, 1923. Otra ed., *Ullay*, Santiago : Nascimiento, 1943.

Viento de mallines. Santiago : Zig-Zag, 1944. 2a. ed., 1957.

Zarzulita. Relato. Santiago : Edit. Chilena, 1920. Otras eds., Santiago : Nascimiento, 1943; Buenos Aires : Edit. Rosario, 1947; Madrid : Aguilar, 1949.

Estudios

Arce, Magda. "Mariano Latorre", *Rev. Iber.*, 9 (1942), 121–130; 10 (1942), 359–381; 11 (1943), 303–334.

——. "Mariano Latorre, novelista chileno contemporáneo", *Rev. Hisp. Mod.*, IX (1943), 21–58.

Atenea. Número Homenaje, CXXIV, ccclxx (1956). (Veintitrés estudios.)

Castillo, Homero. "Tributo a Mariano Latorre", *Rev. Iber.*, XXII, 43 (1957), 83–94.

——. "Mariano Latorre, orígenes de una vocación literaria", *Cuadernos Amer.*, XIX, cix (1960), 228–237.

Dic. de la literatura latinoamericana: Chile. Washington : Unión Panamericana, 1958, pp. 107–108.

Mariano Latorre; vida y obra; bibliografía; antología. Nueva York : Hispanic Institute, 1944.

Orlani, Julio. *Mariano Latorre.* Santiago : Edit. del Pacífico, 1959.

Santana, Francisco. *Mariano Latorre.* Santiago : Edit. Bello, 1956.

Silva Castro, Raúl. "El arte del cuento en Mariano Latorre", *Symposium*, XVIII (1964), 156–162.

ENRIQUE LÓPEZ ALBÚJAR

Textos y Estudios

Arias-Larreta, Abraham. "Don Enrique López Albújar", *La Nueva Democracia*, XLI, 1 (1961), 98-101.

Cornejo Augusto, Raúl Estuardo. *López Albújar, narrador de América*. Madrid : Anaya, 1961.

Cuentos andinos. Lima : Imp. Mundial, 1920. Otras eds., Lima : Imp. Lux 1924; Lima : Mejía Baca, 1950.

De mi casona. Lima : Imp. Luz, 1924. Otra ed., Primer Festival del Libro Peruano, 1958.

El hechizo de Tomaiquichua. Lima : Edit. Peruanidad, 1943.

Frickart, Faith F. "The Short-Stories of Enrique López Albújar, and their Milieu", *Hispania*, XXVII, 4 (1944), 482-488.

Gómez Lance, Betty Rita. "El indio y la naturaleza en los cuentos de López Albújar", *Rev. Iber.*, XXV (1960), 141-145.

Las caridades de la señora de Tordoya. Lima : Mejía Vaca y Villanueva, 1955.

Los mejores cuentos. Ed. de Juan Ríos. Lima : Patronato del Libro Peruano 1957.

Matalaché. Piura, Perú : Municipio de Piura, 1928. 2a. ed., Lima : Mejía Baca y Villanueva, 1955.

Miniaturas. Lima : Imp. Gil, 1895.

Nuevos cuentos andinos. Santiago : Ercilla, 1937.

SALVADOR SALAZAR ARRUÉ

Textos y Estudios

Cañas, Salvador. "Estante de libros : Salarrué fantástico y realista", *Cultura*, 5 (sept.–oct., 1955), 139-144.

Cardona Peña, Alfredo. "A propósito de *Trasmallo:* carta pública a Salarrué", *Cultura*, San Salvador (ene.–feb., 1955), 34-39.

Cuentos de barro. San Salvador : Edit. La Montaña, 1933. Otras eds., Santiago : Nascimiento, 1943; Lima : Primera Feria del Libro Centroamericano, 1959.

Dic. de la literatura latinoamericana: América Central. Washington : Unión Panamericana, 1963, I, 82-83.

El Cristo negro (1926). San Salvador : Minist. de Cult., Dept. Edit., 1955.

El señor de la Burbuja (1927). San Salvador : Minist. de Cult., Dept. Edit., 1956.

Eso y más. Cuscatlán, A. C., Santa Anna : Edit. Ir, 1940. 2a. ed., San Salvador : Minist. de Educ., Dir. Gen. de Pub., 1962.

La espada y otras narraciones. San Salvador : Minist. de Cult., Dir. Gen. de Pub., 1960.

Orantes, Alfonso. "Salarrué en triángulo equilátero", *Guión Literario*, San Salvador, I, 7 (jul., 1956), 1.

——. Sobre *Cuentos de barro*, *Guión Literario*, VII, 83 (nov., 1962), 1, 4.

Trasmallo. San Salvador : Minist. de Cult., Dir. Gen. de Pub., 1954.

Valle, Rafael Heliodoro. "Diálogo con Salarrué", *Ars*, San Salvador, II (ene.–marzo, 1952), 18–20.

ROBERTO ARLT

Textos y Estudios

Castagnino, Raúl H. *El teatro de Roberto Arlt*. La Plata : Univ. Nacional, 1964.

El criador de gorilas. Buenos Aires : EUDEBA, 1964. 2a. ed., 1968.

El jorobadito. Buenos Aires : Losada, 1958.

Larra, Raúl. *Roberto Arlt, el torturado*. 2a. ed. Buenos Aires : Alpe, 1956.

Maldavsky, David. *La crisis en la narrativa de Roberto Arlt*. Buenos Aires : Escuela, 1969.

Mascotta, Óscar. *Sexo y traición en Roberto Arlt*. Buenos Aires : J. Álvarez, 1965.

Novelas completas y cuentos. Pról. de Mirta Arlt. 3 tomos. Buenos Aires : Fabril, 1963. (I, "El juguete rabioso" y "Los siete locos"; II, "Los lanzallamas" y "El criador de gorilas"; III, "El amor brujo" y "El jorobadito".)

Nuevas aguafuertes porteñas. Buenos Aires : Lib. Hachette, 1960.

Núñez, Ángel. *La narrativa de Roberto Arlt*. Buenos Aires : Nova, 1968.

Un relato inédito de Roberto Arlt. Buenos Aires : Tiempo Contemporáneo, 1969.

FRANCISCO ROJAS GONZÁLEZ

Textos y Estudios

Casavant, Henri A. *Francisco Rojas González*. México : UNAM, 1962.

Cuentos de ayer y de hoy. México : Edit. Arte de América, 1946.

Chirrín y La celda 18. México : Costa-Amic, 1944.

Dic. de escritores mexicanos. México : UNAM, 1967, pp. 335–336. (Amplia bibliografía.)

El diosero. México : Fondo de Cult. Econ., 1952. 5a. ed., Col. Popular, 1964.

El pajareador. México : A. del Bosque Impresor, 1934.

Historia de un frac. México : Eds. Libros Mexicanos, 1930.

La negra Angustias. Novela. México : EDIAPSA, 1944.

La última aventura de Mona Lisa. México, 1949. (Separata, 8 páginas.)

Leal, Luis. "Los cuentos de Rojas González . . .", *La Gaceta*. 76 (1960), 4.

Lola Casanova. Novela. México : EDIAPSA, 1947.

Lowe, Mary Ann. *Francisco Rojas González, novelista*. México : UNAM, 1957.

Menton, Seymour. "La negra Angustias, una Doña Bárbara mexicana", *Rev. Iber.*, XIX, 38 (abril, sept., 1954), 299–308.

Sed; pequeñas novelas. México : Edit. Juventud de Izquierda, 1937.
SOMMERS, Joseph. *Francisco Rojas González, exponente literario del nacionalismo mexicano.* Xalapa : Edit. Univ. Veracruzana, 1966.
. . . *y otros cuentos.* Pról. de Miguel Martínez Rendón. México : Eds. Libros Mexicanos, 1931.

JOSÉ DE LA CUADRA

Textos y Estudios

Dic. de la literatura latinoamericana: Ecuador. Washington : Unión Panamericana, 1962, pp. 18–20.
El amor que dormía. Guayaquil : Artes Gráficas Senefelder, 1930.
El montuvio ecuatoriano (ensayo de presentación). Buenos Aires : Edit. Imán, 1937.
Guásinton. Quito : Talleres Gráficos de Educ., 1938.
HODOUŠEK, Eduard. "La ruta artística de José de la Cuadra", *Philologica Pragensia,* VII (1964), 225–243.
Horno. Guayaquil : Tip. y Lit. de la Soc. Filantrópica de Guayas, 1932. 2a. ed., Buenos Aires : Col. América, 1940.
Los monos enloquecidos. Estudio prel. de Benjamín Carrión. Quito : Casa de la Cult. Ecuatoriana, 1951.
Los Sangurimas. Madrid : Edit. Cenit, 1934. 2a. ed., Guayaquil : Edit. Noticias, 1939.
Obras completas. Pról. de Alfredo Pareja Diezcanseco. Ed. de Jorge Enrique Adoum. Quito : Casa de la Cult. Ecuatoriana, 1958.
Repisas. Guayaquil : Artes Gráficas Senefelder, 1931.
RIBADENEIRA, Edmundo. "Intermedio con José de la Cuadra", *La moderna novela ecuatoriana.* Quito : Casa de la Cult. Ecuatoriana, 1958, pp. 99–110.
SCHWARTS, Kessel. "José de la Cuadra", *Rev. Iber.,* XXII (1957), 95–107.

AUGUSTO CÉSPEDES

Textos y Estudios

A. G. (Augusto Guzmán). "Céspedes, Augusto (1904)", *Dic. de la literatura latinoamericana: Bolivia.* Washington : Unión Panamericana, s.f. (1957).
Metal del diablo. La Paz : Eds. La Calle, 1946.
Sangre de mestizos; relatos de la guerra del Chaco. Pról. de Mariano Latorre. Santiago : Nascimiento, 1936.

3. EL TEATRO

FRANCISCO MONTERDE

Textos y Estudios

Dic. de escritores mexicanos. México : UNAM, 1967, pp. 237–239. (Amplia, bibliografía.)

Dos comedias mexicanas. Ed. de Louis G. Zelson. Lafayette, Indiana : Haywood Publishing Co., 1953. ("La que volvió a la vida" y "La careta de cristal".)

El terrible Gynt. Escenas de Ibsen. México, 1944.

En el remolino. Drama en un acto. Prol. de Pablo Gonzàlez Casanova. México : Eds. Atenea, 1924.

La careta de cristal. México : Soc. Gen. de Autores de México, 1948. "Teatro Mexicano Contemporáneo", 9. (Estrenada en 1932.)

La que volvió a la vida. Comedia en tres actos. México : Talleres Gráficos de la Nación, 1926.

Oro negro. Pieza en tres actos. Talleres Gráficos de la Nación, 1927.

Presente involuntario. México : América, Revista Antológica, 1957.

Proteo. Fábula. México : "Contemporáneos", 1931. 2a. ed., Pról. de Enrique Díez-Canedo, México : Edit. Intercontinental, 1944.

SAMUEL EICHELBAUM

Textos y Estudios

Cruz, Jorge. *Samuel Eichelbaum.* Buenos Aires : Eds. Culturales Argentinas, 1962.

Dic. de la literatura latinoamericana: Argentina. Washington : Unión Panamericana, 1961, II, 280–284. (Amplia bibliografía.)

El gato y su selva. Un guapo del 900. Pájaro de barro. Dos brasas. Pról. de Bernardo Canal-Feijóo. Buenos Aires : Edit. Sudamericana, 1952.

El viajero inmóvil. Pról. de Edmundo Guibourg. Buenos Aires–Montevideo : Soc. Amigos del Libro Ríoplatense, 1933.

En tu vida soy yo. Pieza en cinco actos breves. Buenos Aires: M. Gleizer, 1934.

La mala sed. Drama en tres actos. Pról. de José León Pagano. Buenos Aires : Eds. Selectas "América", 1920.

La quietud del pueblo. Buenos Aires, 1919.

Las aguas del mundo. Comedia. Buenos Aires : Eds. del Carro de Tespis, 1959.

Pájaro de barro. Comedia en un prólogo y tres actos. Buenos Aires : Sur, 1940. Otra ed., con "Vergüenza de querer", comedia en cuatro actos, Buenos Aires : Edit. Univ., 1965.

Tejido de madre. Nadie la conoció nunca. Buenos Aires : Eds. del Carro de Tespis, 1956.

Un guapo del 900. Pieza en tres actos divididos en seis cuadros. Buenos Aires : Talleres Gráficos "La Argentina", 1940. Otra ed., Buenos Aires : Carro de Tespis, 1961.

Un tal Servando Gómez. Vergüenza de querer. Divorcio nupcial. Buenos Aires : Eds. Conducta, 1942. Otra ed., Buenos Aires : Eds. de Losange, 1954.

ANTONIO ACEVEDO HERNÁNDEZ

TEXTOS Y ESTUDIOS

Almas perdidas. Comedia en tres actos (1917). 4a. ed., Santiago: Nascimiento, 1932.

Árbol viejo (1930). Otra ed., Santiago : Nascimiento, 1934.

Caín. Tragedia en dos actos. Santiago : Nascimiento, 1927.

Camino de flores. Santiago : Nascimiento, 1929.

Cardo negro. Comedia en tres actos. Santiago : Nascimiento, 1933.

En el rancho (1913).

La guerra a muerte. 12 vols. en 3. Santiago : Ercilla, 1936.

MONSANTO, Carlos H. "Antecedentes y determinación de la protesta social en el teatro de Antonio Acevedo Hernández". Tesis doctoral inédita. Univ. de Iowa, 1967.

Pedro Urdemalas. Novela. Santiago : Edit. Cultura, 1947.

WELLER, Hubert Paul. "La obra teatral de Antonio Acevedo Hernández". Tesis doctoral inédita. Univ. de Indiana, 1965.

ARMANDO MOOCK

TEXTOS Y ESTUDIOS

Dic. de la literatura latinoamericana: Chile. Washington : Unión Panamericana, 1958, pp. 139-142.

SILVA CASTRO, Raúl. *La dramaturgia de Armando Moock.* Santiago : Soc. de Escritores de Chile, 1964.

Teatro seleccionado. 2 vols. Santiago : Edit. Cultura, 1937.

VENTURA AGUDIEZ, Juan. "El concepto costumbrista de Armando Moock", *Rev. Hisp. Mod.,* XXIX (1963), 148-157.

——. "Armando Moock y el sainete argentino", *Duquesne Hispanic Review,* III (1964), 133-137.

4. EL ENSAYO

JORGE MAÑACH

TEXTOS Y ESTUDIOS

BAQUERO, Gastón. "Jorge Mañach", *Cuba Nueva.* Miami, I, 5 (mayo, 1962).

Examen del quijotismo. Buenos Aires : Edit. Sudamericana, 1950.

Historia y estilo. La Habana : Edit. Minerva, 1944.

Indagación del choteo. La Habana : Avance, 1928. Otra ed., La Habana : La Verónica, 1940.
Martí, el apóstol. Madrid : Espasa-Calpe, 1933.
Meléndez, Concha. "Jorge Mañach y la inquietud cubana", *Signos de Iberoamérica*. México : Imp. Manuel León Sánchez, 1936, pp. 153–167.
Riaño Jauma, Ricardo. "Jorge Mañach", *Rev. Cubana*, XX (1945), 99–111.

JOSÉ CARLOS MARIÁTEGUI

Textos y Estudios

Bazán, Armando. *Biografía de José Carlos Mariátegui*. Santiago : Zig-Zag, 1939.
Chang-Rodríguez, Eugenio. *La literatura política de González Prada, Mariátegui y Haya de la Torre*. México : Eds. De Andrea, 1957.
El alma matinal y otras estaciones del hombre de hoy. Lima : Empresa Edit. Amauta, 1950. Otra ed., 1959.
José Carlos Mariátegui. Notas de Manuel Moreno Sánchez. México : Imp. Univ., 1937.
La escena contemporánea. Lima : Edit. Minerva, 1925.
Obras completas. 19 tomos. Lima : Empresa Edit. Amauta, 1959.
Reinaga, César Augusto. *El indio y la tierra en Mariátegui*. Cuzco : Rojas, 1959.
Rouillon, Guillermo. *Bio-bibliografía de José Carlos Mariátegui*. Lima : Univ. Nac. Mayor de San Marcos, 1963.
Siete ensayos de interpretación de la realidad peruana (1928). 2a. Lima : Biblio. Amauta, 1943 (1944). Otras eds., 1952, 1959.

SAMUEL RAMOS

Textos y Estudios

El perfil del hombre y la cultura en México. México, 1934. 2a. ed. aum., México : Edit. Pedro Robredo, 1938.
Filosofía de la vida artística. México : Espasa-Calpe, 1950.
Hacia un nuevo humanismo. México : La Casa de España en México, 1940.
Hernández Luna, Juan. *Samuel Ramos; su filosofar sobre lo mexicano*. México : UNAM, 1956.
Historia de la filosofía en México. México : Imp. Univ., 1943.
Más allá de la moral de Kant. México : Cuadernos de México Nuevo, 1938.
Profile of Man and Culture in Mexico. Trad. de Peter G. Earle. Austin : Univ. of Texas Press, 1962.
Veinte años de educación en México. México : Imp. Univ., 1941.

X

 La Literatura Contemporánea

(1940-1970)

A. POSTVANGUARDISMO Y EXISTENCIALISMO

La segunda guerra mundial trae consigo un gran cambio en las ideas y las artes. El pensamiento de Sartre y los existencialistas se difunde por el mundo entero y es aceptado por los intelectuales, en su mayor parte. Al mismo tiempo, aparece la literatura del absurdo, que refleja la impotencia del artista para cambiar por la acción directa el derrotero político del mundo. Esa literatura es un intento de desviar por medio de la palabra lo que no se puede hacer por la acción. Se valen los que escriben literatura de lo absurdo, de la ironía, la sátira, la burla y la caricatura. No sólo se critica a los dirigentes, sino también al hombre medio, convertido en un autómata en el mundo moderno. Se critica al hombre que abdica su derecho a pensar y se pone a las órdenes de los políticos sin escrúpulos —a los hombres de ciencia, a los hombres de negocio, a los industriales, a los pedagogos y hasta a los propios artistas. El resultado es una literatura de protesta contra la cultura y la civilización en general, aunque hecha en términos negativos. No menos importantes son los nuevos problemas a los que se enfrenta el hombre por primera vez : el enorme incremento de la natalidad, el hambre, la pobreza, la miseria. Son problemas que se reflejan en la literatura de postguerra y que requieren nuevos modos de expresión. En el campo de las ideas, el existencialismo conduce al intelectual a la angustia, que es tal vez el tono predominante en esta literatura. Esta angustia metafísica, angustia temporal y espacial, es lo que distingue la obra de los contemporáneos.

En Hispanoamérica estos escritores pueden ser divididos en dos grupos : los que continúan las tendencias estéticas de los vanguardistas, pero modificándolas y atenuándolas, y los existencialistas, que caen bajo la influencia de Sartre y su filosofía. No trataremos aquí de separarlos; hablaremos de ellos individualmente.

1. LA POESÍA

La poesía postvanguardista refleja todas las preocupaciones anotadas como características de las letras de este período. Algunos poetas continúan las tendencias vanguardistas, pero modificándolas, acercando más su poesía a los problemas humanos, a la política, a lo social. Ese es precisamente uno de los grandes cambios de esta época. El poeta deja de sentirse excluído, como se sentían los vanguardistas, y trata de participar, de no desdeñar lo social y lo humano, y de no rechazar, como los criollistas, las formas de sus precursores. Otro grupo se entrega al existencialismo desesperado y escribe poesía angustiada, sobre temas universales : el destino del hombre, la soledad, la angustia, la civilización atómica. Un tercer grupo escribe poesía comprometida o testimonial. Son los impacientes, los que quieren cambiar la organización social, los que quieren que reine la justicia y la equidad en el mundo. Y otros se refugian en un neomisticismo que les permite sobrellevar, pero no resolver, los tremendos problemas que acosan al hombre contemporáneo. Entre los principales poetas de este período señalaremos a los siguientes, para después destacar los nombres de tres o cuatro como representativos de su época. Viene primero un grupo de poetas de transición, entre quienes hallamos a los argentinos Ricardo Molinari, Leopoldo Marechal (1900-1970) y Francisco Luis Bernárdez (1900); a la salvadoreña Claudia Lars (1899); al ecuatoriano Jorge Carrera Andrade; al colombiano Germán Pardo García; al cubano Eugenio Florit y al dominicano Manuel del Cabral (1907). Entre los poetas ya plenamente postvanguardistas se encuentran Humberto Díaz Casanueva (Chile, 1908), Herib Campos Cervera (Paraguay, 1908-1953), José Lezama Lima (Cuba, 1912), Otto de Sola (Venezuela, 1912), Eduardo Carranza (Colombia, 1913), Nicanor Parra (Chile, 1914), Octavio Paz (México, 1914) y Alí Chumacero (México, 1918).

RICARDO E. MOLINARI (Argentina, 1898) publicó su primer libro de poesías, *El imaginero*, en 1927, y dos años más tarde *El pez y la manzana*, donde todavía es ultraísta, aunque ya vemos una nota nueva : la de la soledad. A partir de *Delta* (1932), sin embargo, desaparece la preocupación vanguardista y su poesía desde entonces tiende hacia la expresión angustiada que caracteriza la literatura contemporánea. Esa nota se ha de acentuar con los años, en libros como *El desdichado* (1934), *Elegías de las altas torres* (1937), *El dejado* (1943), *El huésped y la melancolía* (1946) y *Unida noche* (1957). Su poesía se encuentra en evolución y adaptación constante. En su última época, en libros como *Un día, el tiempo, las nubes* (1964), da expresión a los temas que preocupan al hombre de nuestros días, mas no en términos abstractos, sino más bien a través de un sistema de imágenes plásticas. En cantos tan sentidos como la "Oda al viento que mece las hojas en el Sur" aparecen estos versos :

> Te vuelves a la soledad, a las profundas bahías,
> a los inmensos cielos desnudos; a ti, a unas flores. A las estrellas que permanecen
> ardiendo sobre nuestro país.

Y también :

> Ya no sé ni quiero saber nada; te siento como toda el alma.
> Algunas veces llegas hasta mis oídos igual a una larga flor de invierno,
> o un instante desaparecido de la muerte.

Y así en esta poesía, como en las otras de este volumen, encontramos esa angustia, esa búsqueda de un significado de la vida.

JORGE CARRERA ANDRADE (Ecuador, 1902), en su poesía, como en el caso de Molinari, evoluciona constantemente. Hasta 1927, como Pellicer, canta la tierra nativa y el paisaje americano. A esta época pertenecen los libros *Estanque inefable* (1922) y *La guirnalda del silencio* (1926). Un viaje a Europa le abre nuevos horizontes. Durante su segunda época abandona las formas postmodernistas y da preferencia al verso libre; la geografía universal entra a formar parte de su material poético. En *Boletines de mar y tierra* (1930) dice : "Descubrí al hombre. Entonces comprendí mi mensaje". Es ésta la época en que Carrera Andrade ensaya la imagen vanguardista. En *Noticias del cielo* (1935) cada poesía es una serie de imágenes yuxtapuestas que dan a la obra una intensidad emotiva difícil de igualar. En la poesía "Edición de la tarde", el poeta se vale de una serie de imágenes, aparentemente desarticuladas, con las cuales logra dar expresión a un aspecto de la naturaleza, el crepúsculo :

> La tarde lanza su primera edición de golondrinas
> anunciando la nueva política del tiempo,
> la escasez de las espigas de la luz,
> los navíos que salen a flote en el astillero del cielo,
> el almacén de sombras del poniente,

los motines y desórdenes del viento,
el cambio de domicilio de los pájaros,
la hora de apertura de los luceros.

Lo mejor de su producción de esta época fue recogida en *Registro del
mundo* (1940). Una vez que ha recorrido el mundo, el poeta vuelve los
ojos hacia el interior de su alma y se encuentra a sí mismo, dando de este
modo origen a una tercera época en su desarrollo poético. A esta época
pertenecen los libros publicados después de *Microgramas* (1940), entre
los cuales se encuentran *Aquí yace la espuma* (1950), *Lugar de origen*
(1951) y *Familia de la noche* (1954). Lo mejor de su poesía fue recogido en
Edades poéticas (1958). Después de ese libro se ha interesado en expresar,
como Molinari y Germán Pardo García, temas universales (*Hombre
planetario*, 1963) y, al mismo tiempo, de raigambre americano (*Floresta de
los guacamayos*, 1964; *Crónica de las Indias*, 1965).

GERMÁN PARDO GARCÍA (Colombia, 1902), uno de los más prolíficos
poetas hispanoamericanos, se dio a conocer en 1930 con el libro *Voluntad*,
donde no rompe por completo con la poesía postmodernista. Después de
su primera etapa, representada mejor por los libros *Los júbilos ilesos*
(1933) y *Los cánticos* (1935), viene un período de transición durante el
cual el poeta se desprende de los temas postmodernistas y se incorpora
al vanguardismo, mas sin llegar a los extremos característicos de esta
escuela. Típicas de esta nueva modalidad en Pardo García son las poesías
recogidas en la *Antología poética* (1944), libro que le dio a conocer en toda
la América hispana. Desde 1949 (*Poemas contemporáneos*) en adelante el
poeta amplía su visión del mundo y comienza a ensayar nuevos temas.
Denuncia, en primer lugar, la nueva barbarie (campos de concentración,
guerras absurdas), la injusticia social y la muerte innecesaria de millones
de seres humanos. En *U.Z. llama al espacio* (1954), *Eternidad del ruiseñor*
(1956), *Hay piedras como lágrimas* (1957) y *Centauro al sol* (1959), el poeta
continúa su protesta contra esta nueva barbarie, simbolizada por la
bomba atómica. Con la publicación, en 1961, de *30 años de labor del poeta
colombiano Germán Pardo García*, se rindió homenaje a este escritor,
representante de las nuevas preocupaciones universales que predominan
en la poética hispanoamericana.

EUGENIO FLORIT (Cuba, 1903), poeta y catedrático de literaturas
hispánicas, nació en Madrid, España, pero desde su infancia residió en
Cuba y su obra literaria se considera como perteneciente a la literatura
antillana. Esa obra, en la que predomina la lírica, se inicia con los *32
poemas breves* (1927), se continúa con *Trópico* (1930), *Doble acento* (1937),

Reino (1938) y *Cuatro poemas* (1940), y se cierra con *Asonante final y otros poemas* (1955) y *Hábito de esperanza* (1965). Toda la poesía de Florit, desde el primero hasta el último libro, es acendrada en la forma y rica de contenido imaginativo. Lo que ya apunta en su primer libro, la vuelta a la forma y a los grandes temas de la poesía clásica hispana, se continúa en los libros de su segundo período (1937-1955) y se acentúa en el último, el posterior a 1956, año de la *Antología poética, 1930-1956*. En su última época Florit ha alcanzado en su lírica un mayor rigor formal y mayor hondura en el contenido emocional. Su poesía no es pesimista. Al contrario, siempre encontramos en ella una nota de esperanza, una nota que nos alienta a tener fe en el destino de la humanidad. De *Hábito de esperanza* es "El caminante", en donde leemos :

> El hombre aquel, con su dolor al cuello,
> pasaba junto a mí. Yo le veía
> la ausencia, el desear, como de lejos;
>
> . . .
>
> Y vi también al hombre solitario
> — qué bien le vi cuando pasaba cerca —
> cómo, cuando a la vista de unos ojos
> cayó la piedra del dolor al suelo,
> miró la luz que parecía trémula
> de su salir al filo de la noche,
> y se alzó como un árbol en abril
> con el hábito ya de su esperanza.

Octavio Paz (México, 1914) es el autor que ha alcanzado una significación eminente, tanto por su obra poética como por sus ensayos. Es tal vez el poeta de mayor prestigio en Hispanoamérica después de Neruda. En 1963 recibió en Bélgica el Premio Internacional de Poesía. Como poeta, el desarrollo de Paz es lento. En su obra anterior a 1937 se ven algunas preocupaciones ajenas a la verdadera poesía. Pero de ese año en adelante Paz se revela como un gran poeta. *Raíz de hombre* (1937) y *Bajo tu clara sombra* (1935-1938) marcan una transición en el desarrollo poético del autor. Ha desaparecido la preocupación social y afloran los grandes temas universales. El del amor predomina durante esta época :

> Amor, bajo tu clara sombra quedo,
> desnudo de recuerdos y de sueños,
> sangre sin voz, latir sediento y mudo.

En *El arco y la lira* (1956), ensayo sobre la naturaleza de la poesía, Paz observa : "El placer poético es placer verbal y está fundado en el idioma de una época, una generación y una comunidad". Concepto que ya había puesto en práctica, sobre todo en los libros de su tercera época (1940–1950), en los cuales recoge lo mejor de su lírica (*Entre la piedra y la flor*, 1941; *A la orilla del mundo*, 1942; *Libertad bajo palabra*, 1949). El tema de la libertad es fundamental en Paz. "El poema", nos dice, "seguirá siendo una manifestación de la libertad del ser humano, una imagen del hombre que se crea a sí mismo por la palabra". En los libros de su siguiente época (1950–1962), que se inicia con *Semillas para un himno* (1954), continúa con *Piedra de sol* (1957) y *La estación violenta* (1958) y termina con *Salamandra* (1962), Paz desarrolla este tema en todos sus aspectos. Su visión poética, que se refleja en la constante búsqueda de nuevas imágenes—para Paz la imagen es el corazón de la poesía—es cósmica : trata de abarcar desde los orígenes del ser hasta los problemas universales que confrontan al hombre moderno. Su obra poética—y las mismas ideas se reflejan en sus ensayos—es un constante esfuerzo por llegar a una síntesis del pensamiento y de las ideas estéticas de nuestro tiempo. A su obra podemos aplicar una de sus imágenes favoritas : "la lira que consagra y canta al hombre y así le da un puesto en el cosmos; la flecha, que lo hace ir más allá de sí mismo y realizarse en el acto". En *La estación violenta*, en donde recoge nueve poemas escritos entre 1948 y 1957, vemos mejor que en ningún otro de sus libros esa realización poética que Paz ha hecho de sus experiencias humanas, de su dolor, de su angustia ante los problemas de la humanidad. En "El cántaro roto" se enfrenta a esos problemas según se manifiestan en su patria, vistos a través de una perspectiva en el tiempo :

> El dios-maíz, el dios-flor, el dios-agua, el dios-sangre,
>   la Virgen,
> ¿todos se han muerto, se han ido, cántaros rotos
>   al borde de la fuente cegada?
> ¿Sólo está vivo el sapo,
> sólo reluce y brilla en la noche de México el sapo verdusco,
> sólo el cacique gordo de Cempoala es inmortal?

Piedra de sol, poema de 584 endecasílabos distribuidos en estrofas irregulares, tiene una estructura que refleja el pensamiento del poeta. Es una estructura sin fin, una estructura circular, que se repite; es magia de espejos que juega con el tiempo; los últimos seis versos son idénticos a los primeros seis, lo que permite volver a leer sin terminar el ciclo—piedra de sol—calendario azteca. Para darle continuidad y movimiento circular a la forma se evitan las mayúsculas y los puntos finales. Es poesía en cons-

tante renovación, como la lírica toda de Paz. En su última época (*Viento
entero*, 1965; *Vindraban*, 1966; *Blanco*, 1967) la nota nueva es la de la
filosofía oriental (Paz permaneció en New Delhi varios años, como
embajador de México), que el poeta ha sabido integrar en su lírica, sin
dejar que suplante, ni que predomine, sobre su propia bien definida
actitud ante la realidad. Pero le da a su lírica una nota exótica desconocida
antes. Una de sus mejores poesías de esta época, "Viento entero", es la
expresión del tema "el presente es perpetuo", tema captado con imágenes
concretas, pero al mismo tiempo universales :

> Lahor
> > Río rojo barcas negras
> Entre dos tamarindos una niña descalza
> Y su mirada sin tiempo
> > Un latido idéntico
> Muerte y nacimiento
> Entre el cielo y la tierra suspendidos
> Unos cuantos álamos
> Vibrar la luz más que vaivén de hojas
> > ¿Suben o bajan?
> El presente es perpetuo.

En *Blanco*, que contiene una sola poesía impresa con tinta negra y roja y
en una larga tira, como en los códices prehispánicos, vuelve Paz al tema de
la realidad, que para él se encuentra en la palabra y no en los sentidos o el
pensamiento :

> El habla
> > Irreal
> Da realidad al silencio.

Para el poeta las palabras reflejan lo sensorial y esas palabras constituyen
la realidad :

> Flor
> ni vista ni pensada :
> > Oída,
> Aparece
> > Amarillo
> Cáliz de consonantes y vocales
> Incendiadas.

Desde 1965 Paz ha publicado más en prosa que en verso. Sus ensayos han
sido recogidos en los libros *Los signos en rotación* (1965), *Cuadrivio* (1965),
Las puertas al campo (1966), *Corriente alterna* (1967) y *Claude Lévi-*

Strauss y el nuevo festín de Esopo (1967), libros que le colocan entre los primeros ensayistas de Hispanoamérica.

NICANOR PARRA (Chile, 1914), como Paz, pertenece a la generación postvanguardista que cae bajo la influencia de la filosofía existencialista. Parra rechaza el hermetismo de los vanguardistas chilenos (Huidobro, Neruda en su primera época) y escribe una poesía en torno a los problemas del ser humano, no como ente filosófico sino como hombre de carne y hueso. Su estilo es llano, casi popular, y a veces conversacional, pero sin ser prosaico. Se distingue su poesía de la de otros existencialistas hispanoamericanos en que su actitud no es de angustia desolada. A veces aparece la nota satírica, y de cuando en cuando hasta la burlesca, pero es claro que en el fondo de su poesía yace la desilusión. En su primer libro, *Cancionero sin nombre* (1937), ya aparece esa nota, pero no con tanta insistencia como en su mejor obra, *Poemas y antipoemas* (1954), donde el tono es de escepticismo. En "Es olvido" dice :

> Nada es verdad. Aquí nada perdura :
> ni el color del cristal con que se mira.

Paralelo a ese tono encontramos otro, de origen popular. En *La cueca larga* (1958), en lenguaje que tiene sus raíces en el habla popular, Parra da expresión al espíritu del pueblo chileno. También popular es la forma, que es la de la relación, en donde el último verso de la cuarteta encadena las estrofas :

> Y la Gloria Astudillo
> por no ser menos
> se sacó los fundillos
> y el sostén-senos.
>
> El sostén-senos, sí
> Domingo Pérez
> como las lagartijas
> son las mujeres.

En el siguiente libro, *Versos de salón* (1962), vuelve Parra a los temas existenciales. El de la muerte aparece en "Discurso fúnebre", en donde el poeta se siente muy cerca de los seres desaparecidos y sufre por ellos :

> Yo me olvido del arte y de la ciencia
> por visitar sus chozas miserables
>   . . .
> Estoy viejo, no sé lo que me pasa
> ¿Por qué sueño clavado en una cruz?

Pocas son las obras de Parra, pero todas ellas intensas. La última, *Canciones rusas* (1967), colección de diecisiete poesías cortas que nada tienen que ver con Rusia (fuera de aquella en que canta la hazaña de Yuri Gagarin), se distingue por el deseo de parte del poeta de ser claro, de comunicar los sentimientos en estilo directo. Como en el caso de Paz, se vale Parra de algunos procedimientos tipográficos para mejor captar el tema, como por ejemplo el uso de versos escalonados. El tono existencial no desparece; el poeta se siente "Solo":

> Como árbol que pierde una a una sus hojas
> Fuime
>   quedando
>   solo
>   poco
>   a
>   poco.

2. LA NARRATIVA

a. *La novela psicológica*

Si bien José Ortega y Gasset pronosticó en 1925 la muerte de la novela, algunos de los más logrados ejemplos del género han sido publicados después de ese año. En 1926 aparece *Faux-monnayeurs* de Andre Gide, en 1928 *Orlando* de Virginia Wolff, en el mismo año *Point Counter Point* de Aldous Huxley y en 1929 *The Sound and the Fury* de William Faulkner. En Hispanoamérica, como ya hemos visto, algunas de las grandes novelas criollas se publican entre 1915 y 1940. La nueva novela, la novela psicológica iniciada por Proust, Joyce y los novelistas citados, aparece en estos países precisamente el año que Icaza publica *Huasipungo*, esto es, en 1935. Ese año la chilena María Luisa Bombal (1910) se da a conocer con *La última niebla*, novela que inicia una nueva corriente en la narrativa hispanoamericana. Tanto en esa obra como en *La amortajada* (1938) y en los pocos cuentos que ha publicado, como por ejemplo "El árbol", Bombal presenta problemas relacionados a la psicología de los personajes, sin preocuparse por los aspectos físicos de los mismos. Esos problemas casi siempre tienen un origen sexual, que la autora sabe expresar sutilmente. En la primera novela la protagonista, casada con un viudo que no puede olvidarse de su primera mujer y que la ignora, compensa psicológicamente su falta de amor creando un amante en su imaginación que la ayuda a escapar del mundo real. Es verdad que otro novelista chileno, Genaro Prieto (1889–1946), en *El socio* (1929) había presentado un personaje creado por el protagonista. Pero en la novela de Prieto el tema no es el problema psicológico del protagonista, como lo es en *La última niebla*, sino las especulaciones del protagonista en la bolsa. En su segunda novela Bombal desvanece aún más el mundo real haciendo uso de una original técnica, la que presenta al narrador como muerto. La protagonista, ya muerta y en espera del entierro, recrea el drama de su vida. En ambas obras los ambientes nebulosos, el estilo poético y la naturaleza introspectiva de los personajes dan a la narración un tono como de sueño, tono admirablemente adaptado a los temas que la novelista desarrolla.

El mismo año que Bombal publica su primera novela Borges se da a conocer como escritor de ficciones con la *Historia universal de la infamia*, libro del que hablaremos en otro apartado de este mismo capítulo, como hablaremos también de la novela fantástica de Bioy–Casares, *La invención de Morel*, que se publicó en 1940. Pasamos, por tanto, a hablar de aquellos novelistas que dan más importancia a lo psicológico que a lo fantástico, como lo hace María Luisa Bombal.

Eduardo Mallea (Argentina, 1903) publicó su primera obra narrativa, los *Cuentos para una inglesa deseperada*, en 1926. En este libro ya muestra, al margen de cierta inexperiencia en el arte de la ficción, algunos rasgos que, con el tiempo, se han de convertir en la nota distintiva dé su arte narrativo. Ya encontramos allí el escaso interés en la fábula, el predominio del análisis psicológico sobre el elemento descriptivo, el interés en la expresión de ideas en forma de ensayo interno, la creación de personajes refinados y la conciencia de estilo. Esos rasgos se intensifican en obras posteriores, que toman la forma de ensayos (*Historia de una pasión argentina*, 1937; *Meditación en la costa*, 1939; *El sayal y la púrpura*, 1941), relatos (*La ciudad junto al río inmóvil*, 1936; *La sala de espera*, 1953) y novelas (*Nocturno europeo*, 1935; *Fiesta en noviembre*, 1938; *La bahía de silencio*, 1940; *Todo verdor perecerá*, 1941; *Las Águilas*, 1943; *Los enemigos del alma*, 1950; *La torre*, 1951; *Chaves*, 1953; *Simbad*, 1957; *El resentimiento* [novelas cortas], 1966; *La red* [novelas cortas], 1968). En verdad, toda la obra narrativa de Mallea es un intento de representar en forma de ficción, en forma dramática, los conceptos filosóficos que le preocupan, los conceptos en torno a la argentinidad tan bien expuestos en la *Historia de una pasión argentina*, en donde se vale de una idea central, la presencia de una Argentina visible y una Argentina invisible. En *Fiesta en noviembre*, primera novela importante, Mallea entreteje dos fábulas estructuradas en contrapunto y en torno a dos personajes, el uno (la señora Rogue) frívolo, visible, y el otro (el poeta idealista), trágico, invisible. La dicotomía de la novela es muy aparente, muy *visible*, tanto en la estructura como en el estilo. Más acabada, más profunda, más compleja es *La bahía de silencio*, obra en la cual Mallea despliega sus aptitudes como narrador. Esta obra es la mejor expresión en forma narrativa que Mallea ha logrado de sus ideas filosóficas. Los personajes representan tanto a los argentinos visibles como a los invisibles. El protagonista narrador, Martín Tregua, que es también novelista, es un ser en busca del significado de la vida, y especialmente de la vida argentina, de la vida en Buenos Aires. El personaje femenino, la señora de Cárdenas, es una sombra, una idealización de la mujer argentina invisible que representa lo mejor en la sociedad bonaerense. A través de la obra encontramos largos ensayos filosóficos puestos en boca del protagonista, lo que le da un tono filosófico.

No ocurre lo mismo con la siguiente novela de Mallea, *Todo verdor perecerá*, en donde por primera vez se olvida de las ideas para escribir una verdadera obra narrativa. El personaje central, Ágata Cruz, está admirablemente captado en su estado de soledad, de esterilidad, de incapacidad para comunicarse, para vivir en compañía, ya sea del marido en el campo o del amante en la ciudad. Ágata es un símbolo impresionante del ser humano incapaz de encontrar su destino. El tema de la esterilidad, tanto material como espiritual, es lo que da unidad a la obra, que se desarrolla en dos ambientes. El tema de la inhabilidad para comunicarse aparece en otra buena novela de Mallea, *Chaves*, en donde el personaje central, Chaves, hombre reticente, vive en el fondo de su silencio, que es lo que constituye su personalidad. Como consecuencia de su mutismo se ve completamente aislado de sus compañeros y amigos. Se trasluce la idea de que las palabras no son el mejor método para que el hombre se comunique. La comunicación entre los seres humanos, dice Mallea, debe de ser espiritual. Esa idea central de la comunicación y la incomunicación es lo que da continuidad a la obra narrativa de Mallea. No menos importante que el contenido de la novelas lo es su estilo. "Es obvio", dice el crítico Myron Lichtblau, "que ninguno de los elementos del arte novelesco de Mallea determina por sí solo el valor de su creación artística; todos contribuyen al logro, integrándose el uno con el otro. Pero el peculiar estilo de Mallea contribuye de una manera muy significativa al valor de su ficción; es decir, sin las características singulares de su estilo, los demás elementos de su obra se verían bajo otra luz y con otra perspectiva. Su estilo es, pues, lo que forma su técnica narrativa y la conduce a su feliz realización".

Juan Carlos Onetti (Uruguay, 1909) se dio a conocer como novelista y cuentista hacia 1939, año que fue nombrado Secretario de Redacción de la revista *Marcha* de Montevideo. Su primera novela, *Tiempo de abrazar*, aunque fue considerada en el concurso de Farrar y Rinehart en 1939, no fue premiada (el galardón fue otrogado a una obra hoy desconocida, *Yyaris* de Diego Nollarse), y el autor no llegó a publicarla en su totalidad. El mismo año, sin embargo, Onetti publicó *El pozo*, novela que representa la renovación de la narrativa uruguaya y que marca el cambio en la trayectoria del género. Esta obra, como ha notado Emir Rodríguez Monegal, apareció un año después que *La Nausée* y *Le mur* de Sartre. "No estamos seguros", dice Rodríguez Monegal' "que Onetti conociera antes de 1945 estas primeras obras de Sartre, con quien tanto tiene en común. Y sin embargo, esta primera novela corta de Onetti se encuentra en la misma tradición de literatura negra". El protagonista de *El pozo*, el solitario Eladio Linacero, cuarentón, escribe sus memorias, en las que da énfasis al estado de aburrimiento que le causa la vida de casado, su divorcio de Cecilia y sus fantasías sexuales. La nota nueva en esta novela se halla en lo bien integrado que aparecen los motivos realistas y los oníricos, lo que da a la obra un tono de somnolencia, de tedio. Ese tono refleja el estado característico del mundo real, de la sociedad burguesa contemporánea. En la siguiente novela (*Tierra de nadie*, 1942; premio Losada para 1941) Onetti, como lo había hecho un año antes Mallea en *La bahía de silencio*, crea el ambiente cosmopolita. Si el tema de Mallea es la búsqueda del significado de la vida, el de Onetti es el de la desintegración de la sociedad en los grandes centros urbanos. Dice Rodríguez Monegal : "Lo que Onetti logró captar en 1941 mejor que Azuela en *Nueva burguesía* y que Mallea en *La bahía de silencio* es el sentido de un nuevo mundo y la naturaleza explosiva de la nueva realidad social. Un nuevo tipo de hombre se ve atrapado en sus ficciones : el hombre que es moralmente indiferente, que no tiene ningún sentido de los valores, sin ninguna responsabilidad, ni hacia el pasado ni hacia el futuro". El mismo tema, con variantes, lo ha de repetir Onetti en sus novelas posteriores, novelas de técnica perfecta y de forma bien ajustada al tema. En éstos se conjugan la rica expresión verbal y el tono ambiental de decadencia social y moral. Entre los más logrados hay que mencionar *La vida breve* (1950), *Los adioses* (1954), *Una tumba sin nombre* (1959), *La cara de la desgracia* (1960), *Juntacadáveres* (1964) y *Tan triste como ella* (1963). Lo mismo ocurre en sus cuentos, y sobre todo en *Un sueño realizado* (1951), *El infierno tan temido* (1962) y *Jacobo y el otro* (1965). Con estas obras de Onetti la novela psicológica hispanoamericana obtiene la madurez.

Agustín Yáñez (México, 1904) se inició en el arte narrativo con relatos de sabor provinciano de tono místico—*Llama de amor viva* (1923), *Pasión y convalescencia* (1943)—y reminiscencias juveniles (*Flor de juegos antiguos*, 1941), para de allí pasar a recrear, dentro de un ámbito mexicano, los grandes temas de la literatura europea en *Archipiélago de mujeres* (1943), su primera obra de importancia. Cuatro años más tarde publica *Al filo del agua*, novela que obtiene un éxito extraordinario, tanto en México como en el extranjero. Deja Yáñez, para dedicarse a la política en su estado natal de Jalisco (del cual fue gobernador) de publicar novelas hasta 1959, año en que aparece *La creación*, en donde continúa la historia de algunos de los personajes que aparecen en *Al filo del agua*, como Victoria y Gabriel. En rápida sucesión publica *Ojerosa y pintada* (1960), *Las tierras pródigas* (1960) y *Las tierras flacas* (1962), novelas en las que pinta tanto el ambiente de la ciudad de México (en la primera) como el del México rural. En *Tres cuentos* (1964) y *Los sentidos del aire* vuelve a la narración corta con la que se había iniciado. Una vez más, deja de publicar para ocupar el puesto de Secretario de Educación Pública. Mas no ha dejado de escribir. Se sabe que tiene varias novelas inéditas.

Sin duda alguna, *Al filo del agua* puede ser considerada como la obra maestra de Yáñez y como una de las mejores novelas hispanoamericanas. En ella cuajan las aspiraciones del novelista mexicano : la creación de una obra de arte que es al mismo tiempo nacional y universal, artística y social. Si la obra de Yáñez es a veces considerada como novela de la Revolución, se debe a que en ella se explica el por qué del conflicto. El novelista escoge un momento dramático no solamente en la vida de los personajes, sino en la historia de México, dándole así a su obra una dimensión nacional; el pueblo mexicano, del cual es representante el pueblo que Yáñez crea en su obra, estaba en 1909 al filo de la revolución. El desenlace es paralelo, así en las almas de los personajes como en la historia de la nación. Las causas del estallido son, según se desprende de las acciones de los personajes en la novela, el aislamiento del pueblo de las corrientes culturales, la represión sexual, la falta de libertad de pensar y el predominio de la Iglesia sobre las actividades de los personajes. En estilo denso, barroco, Yáñez relata las vidas de esas "canicas", de esas almas en pena, atormentadas, en conflicto espiritual consigo mismas, motivadas por el deseo sexual, por la usura, por la ambición de lograr una vida de mayor plenitud. Se usa con gran pericia, como lo hacen los grandes novelistas, la técnica del monólogo interior, dentro del cual hay cambios imperceptibles de primera a tercera persona; de las escenas simultáneas y de la presentación de los personajes en perspectivas múltiples. El problema del tiempo está perfectamente solucionado. En verdad, el tiempo es el elemento a través del cual se podría enfocar el estudio total de la obra. Ya el título nos hace anticipar los trascendentes hechos que han de ocurrir. Y, sin embargo, la narración es lenta, morosa, desde el presente. El epígrafe del primer capítulo, "Aquella noche", nos coloca en el presente y nos obliga a echar un vistazo retrospectivo hacia esa fatídica noche que transcurre, no en el tiempo objetivo, sino en las almas atormentadas de los personajes—don Timoteo, Leonardo, Merceditas, la tía Juanita—quienes revelan sus estados psicológicos y, a través de ellos, el estado casi morboso en que se encuentran los habitantes del pueblo; y por extensión, la República, que se hallaba en 1909 al filo del cambio más importante en su historia social y política. Yáñez en su novela ha recreado maravillosamente ese mundo que, aunque históricamente ya desaparecido, perdura en la provincia mexicana. La obra tiene la estructura de una sonata, con sus cuatro partes y sus cuatro capítulos en cada parte, y va punteada por imágenes musicales. En conclusión, se podría afirmar que *Al filo del agua* es una de las novelas hispanoamericanas más trabajadas, más acabadas, si no perfectas. El estilo y el contenido, el tono y la estructura se conjugan para formar una obra de arte rara en la narrativa contemporánea.

ERNESTO SÁBATO (Argentina, 1912) se dio a conocer como narrador en 1948 con *El túnel*, novela psicológica en la cual se mantiene un alto nivel de intensidad. Lo novedoso es que Sábato no se vale de la tradicional técnica narrativa que va revelando los hechos poco a poco para mantener alerta la atención del lector. Sábato invierte el proceso. La novela abre con el desenlace. Castel, el protagonista narrador, empieza su confesión diciendo : "Yo la maté". Con esa frase el autor inmediatamente coloca al lector en la mente del personaje y allí lo mantiene hasta el final del libro. Lo importante en la novela no es saber (como en la novela policial) quién mató a María, sino por qué la mató. Si bien la forma externa de la novela es arquetípica (el prisionero que escribe, como en el caso de Pascual Duarte, una confesión en la cárcel), la originalidad la obtiene Sábato estructurando los elementos en torno a la imagen titular. La misma imágen, el túnel, le sirve para expresar el tema, la inhabilidad del hombre para salir del túnel mental (los complejos psicológicos) que lo aprisiona. Así, Castel es un prisionero dentro de dos prisiones : las cuatro paredes de la celda y las más rígidas paredes de la mente. La naturaleza del narrador, al filo de lo esquizofrénico, añade significado a la novela, ya que el lector no puede aceptar *prima facie* todo lo que dice. No puede, tampoco, identificarse con el narrador. Sí puede, en cambio, hacer observaciones en torno a los motivos, las causas y en general la psicología del protagonista y su estado mental. Es necesario interpretar los hechos y eso da una nueva dimención a la novela. En su segunda obra narrativa, *Sobre héroes y tumbas* (1962), Sábato otra vez presenta un mundo complejo, oscuro, laberíntico, poblado de seres angustiados, a veces desquiciados : Alejandra, la epiléptica, bella pero endemoniada; el introspectivo Martín, frustrado en su amor por Alejandra; Fernando, el padre de Alejandra, víctima de su propia hija. Mucho más compleja que *El túnel*, esta novela sin embargo presenta el mismo tema, esto es, la imposibilidad humana de librarse de los complejos psicológicos. La tragedia final, el asesinato de Fernando por su hija Alejandra y la incineración de ambos en la casa solariega, es la única salida que encuentran esas mentes desquiciadas. La tercera de las cuatro partes de que consta el libro, titulada 'Informe de ciegos", sirve para dar a la novela una nueva perspectiva y complementar las vidas de los personajes. Si bien a algún crítico le ha parecido que esta parte nada añade a la narrativa, no hay duda de que ayuda a comprender el tema, ya que nos permite ver los acontecimientos desde un nuevo punto de vista. Eliminarla, ha dicho Sábato, sería como eliminar los sueños, sin los cuales no sería posible vivir. Con estas dos obras de Sábato culmina el desarrollo de la novela psicológica hispanoamericana.

b. *El realismo mágico*

El término "realismo mágico" fue usado por el crítico de arte Franz Roh para designar la producción pictórica de la época postexpresionista europea iniciada hacia 1920. En las artes plásticas el realismo mágico es una tendencia enteramente opuesta al expresionismo. No así en la literatura, aunque sí hay diferencias entre las dos escuelas. El expresionista da importancia a los elementos psicológicos o fantásticos. El mágico realista evita lo fantástico y lo sobrenatural y no explica la conducta del hombre por medio del proceso llamado análisis psicológico. Más bien, trata de captar el misterio que se oculta tras la realidad, sin cambiarla. El expresionista se evade de la realidad creando mundos irreales; el mágico realista se enfrenta a la realidad y trata de desentrañar su misterio, sin violentarla. Si bien algunos críticos usan el término realismo mágico para referirse a casi toda la narrativa hispanoamericana posterior a 1935, nosotros reservamos el término para un grupo reducido de autores, entre quienes colocamos a Asturias, Carpentier, Uslar Pietri, Rulfo, Lino Novás Calvo (Cuba, 1905), Félix Pita Rodríguez (Cuba, 1909) y uno que otro más. Y aun dentro de este reducido grupo, no todas sus obras son de realismo mágico.

ARTURO USLAR PIETRI (Venezuela, 1906) inicia su carrera literaria afiliado al vanguardismo. En 1948, sin embargo, hace esta observación : "Lo que vino a predominar en el cuento y a marcar su huella de una manera perdurable fue la consideración del hombre como misterio en medio de los datos realistas. Una adivinación poética o una negación poética de la realidad. Lo que a falta de otra palabra podría llamarse un realismo mágico". Como cuentista Uslar Pietri es recordado por las colecciones *Barrabás y otros relatos* (1928), *Red* (1936), *Treinta hombres y sus sombras* (1949) y *La lluvia y otros cuentos* (1968). Sus mejores relatos ("La lluvia", "El venado") son excelentes ejemplos del realismo mágico. No así sus novelas, que giran en torno a asuntos históricos (*Las lanzas coloradas*, 1931; *El camino de El Dorado*, 1947), o políticos (*Un retrato en la geografía*, 1962). Uslar Pietri es también un excelente ensayista y crítico literario (*Letras y hombres de Venezuela*, 1948; *Breve historia de la novela hispanoamericana*, 1952).

MIGUEL ÁNGEL ASTURIAS (Guatemala, 1899) presenta, en su obra narrativa, dos aspectos de la realidad americana : el mitológico y el social. Si bien en algunas de las novelas (*El señor presidente*, 1946; *Hombres de maíz*, 1949; *El alhajadito*, 1961; *Mulata de tal*, 1963) y en la mayor parte de las leyendas y los cuentos (*Leyendas de Guatemala*, 1930; *El espejo de Lida Sal*, 1967) predomina el elemento mitológico, en otras novelas (*Viento fuerte*, 1949; *El papa verde*, 1954; *Los ojos de los enterrados*, 1960) lo mismo que en los cuentos *Week-end en Guatemala* (1957) el realismo social es lo distintivo. Pero aun en las últimas no están ausentes del todo los temas y los motivos de la mitología americana. Las *Leyendas de Guatemala*, inspiradas en las historias del antiguo *Popol Vuh*, reflejan la realidad mágica americana. Lo mismo ocurre en *Hombres de maíz*, que representa, con *El señor presidente*, lo mejor de Asturias. En la primera, que es una novela sin conexiones, sin argumento, da expresión al mundo mágico del indio guatemalteco que tiene que luchar para defender sus tradiciones, sus creencias, su modo de vivir. Gaspar Ilom es simbólico del indio sacrificado por los dioses porque no ha sabido luchar contra el mestizo que usa el maíz para comerciar y no para alimentarse. El maíz, para el indígena americano, es sagrado. El hombre es hecho de maíz. La tierra produce ese maíz y, cuando es explotada por los que buscan ganancias, sufre y transmite ese sufrimiento al hombre a través de sus hechiceros. En *El señor presidente*, su obra maestra, Asturias entreteje las dos mitologías (la americana y la europea) para crear una verdadera obra de arte que es, a la vez, una protesta contra las dictaduras en general y una recreación de la sobrevivencia de las antiguas mitologías. El señor presidente aparece asociado al dios Tohil, el dios cultural de los antiguos mayas. A Cara de Ángel, en cambio, se le asocia a la mitología cristiana. Los dos personajes son simbólicos de la lucha entre las dos culturas. Cara de Ángel, "bello y malo como Satanás", se rebela contra el señor presidente y es castigado : es arrojado de la corte y sacrificado al dios Tohil. El propósito de Asturias, muy bien logrado, ha sido el de presentar la realidad de un país americano tal como es cuando se somete a la voluntad de un hombre. No menos importante es el estilo en que ha dado expresión al tema, que le confiere a la obra valor permanente. Después de *El señor presidente* la mejor novela de Asturias es *Mulata de tal*. La obra gira en torno a los amores de Yumí y la Mulata, pero también es el mito indígena de la luna y el sol. Así, la obra se desarrolla en dos niveles, el picaresco y el astral, el popular y el cósmico. La fábula se basa en la leyenda popular guatemalteca del pobre hombre que se hace rico vendiendo su mujer al diablo. Asturias con agilidad y maestría da verosimilitud a esta conocida historia, sin salirse de los límites de la credibilidad, a pesar del predominio de los motivos mágicos y legendarios. El haber sabido dar en sus obras expresión al mundo mágico americano le ha valido a Asturias el Premio Nobel, testimonio de que ese mundo indígena posee valores universales.

ALEJO CARPENTIER (Cuba, 1904) es el autor que más se ha preocupado por captar lo mágico americano en su obra de ficción. La primera novela *Ecue-Yamba-O*, que significa "Jesucristo, loado seas", aunque escrita en 1927 no se publicó hasta 1933. La acción se desarrolla en Cuba y gira en torno a la vida del mulato Menegildo Cue, desde su nacimiento en el ingenio azucarero hasta su muerte en La Habana. Los personajes se mueven en un mundo mágico, tanto en el campo como en la ciudad, de supersticiones, de ceremonias primitivas, de ritmos autóctonos, todo orquestado bajo una forma sinfónica de temas y contratemas. Entre 1943 y 1944 Carpentier visitó Haití y de esa experiencia vital nació la novela *El reino de este mundo* (1949), en cuyo Prólogo el autor hace atinadas observaciones sobre la naturaleza de lo real maravilloso en América. En el relato aparecen personajes históricos y ficticios. El rey Cristophe es aquí el representante del americano que traiciona lo suyo al tratar de imponer las costumbres europeas en suelo haitiano. El esclavo Ti-Noel, que tiene la función estructural de unir todos los episodios, es el representante de la vida espiritual, contrapuesta a la ultramundana de su amo. Este conflicto entre lo ultracivilizado y lo primitivo lo ha de ampliar Carpentier en su siguiente novela, *Los pasos perdidos* (1953), en la cual presenta dos mundos, el de una metrópoli moderna (¿Nueva York?) y el de las primitivas selvas amazónicas. Para unir ambos mundos se vale del protagonista, el decepcionado joven compositor de origen hispanoamericano que es enviado a la selva por el director de un museo metropolitano, en busca de un primitivo instrumento musical. En el mundo ultracivilizado el joven malgasta su talento, que ha puesto al servicio de empresas comerciales, y no es capaz de terminar la sinfonía que tiene empezada. En la selva, en cambio, logra terminar la obra. Mas el museo le obliga a volver a la metrópoli y cuando una vez más quiere definitivamente formar parte del abandonado mundo primitivo, ya no puede encontrar ese paraíso, para siempre perdido. Los personajes femeninos (Ruth, Mouche, Rosario) son simbólicos de los estados de cultura que conviven en el mundo : el ultracivilizado, el citadino primitivo y el primitivo auténtico. Los personajes masculinos secundarios (El Adelantado, El Fraile, Yannes el griego) son símbolo de civilizaciones pretéritas que se manifiestan en un eterno retorno. Esa preocupación por el tiempo reaparece en la siguiente novela, *El acoso* (1956), una de las mejor estructuradas de las obras narrativas hispanoamericanas. La vida del protagonista, el estudiante acosado; la vida del taquillero, que oscila entre las atracciones del sexo y la música; y la vida de la prostituta Estrella (el único punto de referencia fijo) forman los tres lados de un triángulo cimentado en el timepo por un motivo musical, la *Eroica*, la tercera sinfonía de Beethoven. Dentro de este marco se desarrolla, inexorablemente, como en una tragedia griega, la vida del antihéroe, el acosado.

En su última novela (*El siglo de las luces*, 1963) Carpentier una vez más recrea el conflicto entre lo europeo y lo americano. En torno a la influencia de las ideas revolucionarias francesas del siglo dieciocho en el mundo antillano, y sus consecuencias, desarrolla un tema original : la perennidad de las cosas frente a lo fugaz de la vida humana. Esa preocupación por el tiempo aparece también en los tres cuentos reunidos (con *El acoso*) bajo el título *Guerra del tiempo* (1958). En "Viaje a la semilla" el tiempo fluye hacia atrás. El viejo criado presencia la demolición de la casa de su amo, don Marcial, quien acaba de morir. Cuando los obreros se retiran, el viejo hace gestos extraños, "volteando su cayado sobre un cementerio de baldosas". Al voltearse el cayado, todo comienza a retroceder en el tiempo; don Marcial vuelve a la vida, vive hacia atrás y termina por volver a la semilla. En "El camino de Santiago", uno de los más complejos cuentos hispanoamericanos, la metamorfosis no ocurre en las cosas sino en el personaje, Juan el Romero, que pasa a ser Juan de Amberes, Juan el Estudiante y Juan el Indiano, para volver a ser Juan el Romero y comenzar de nuevo el ciclo interminable. "Semejante a la noche", el tercer cuento, se desarrolla en dos tiempos, uno en la antigüedad clásica y otro durante la conquista de América. El ciclo aquí es histórico. La toma de

Troya se repite en la conquista del Nuevo Mundo. En los tres cuentos, como en las novelas, predomina lo real maravilloso. Sin violar las leyes de la naturaleza, Carpentier logra crear un mundo que no se rige según la lógica empírica sino que es gobernado por un poder inmanente. Aunado al rico contenido ideológico encontramos en la obra narrativa de Carpentier formas perfectas, resultado del dominio de la técnica y de las ricas vivencias personales. Carpentier es también excelente ensayista. Algunos de sus mejores ensayos han sido recogidos en el libro *Tientos y diferencias* (1964).

Juan Rulfo (México, 1918) es autor de dos excelentes libros de ficción, uno de cuentos (*El llano en llamas*, 1953) y una novela (*Pedro Páramo*, 1955). En ambos recrea el mundo campesino de México, dándole énfasis a los elementos mágico realistas, los cuales expresa en un estilo de origen popular pero artísticamente elaborado. El interés en los cuentos de Rulfo no se halla en los desenlaces sino en el modo de desarrollar la fábula, en los personajes, en los ambientes y en las emociones que comunica. Predominan la narración en primera persona ("Macario", "Nos han dado la tierra", "Luvina", "Talpa"); los personajes trágicos ("El hombre", "En la madrugada", "No oyes ladrar los perros"); los ambientes desolados ("Es que somos muy pobres", "Paso del Norte"), hostiles, en donde el hombre lucha constantemente para sobrevivir. El ambiente mágico lo crea Rulfo por medio de la mezcla de motivos reales y fantásticos : las flores que se marchitan el preciso momento en que asesinan a la familia ("El hombre"), la presencia de almas en pena ("Luvina"), el viento lleno de dolor, visible cuando hay luna llena.

La misma técnica se encuentra en *Pedro Páramo*, una de las más complejas y a la vez intensas novelas hispanoamericanas. La obra tiene un marco estructural arquetípico : el hijo en busca de su padre. Difiere de la estructura arquetípica en que Juan Preciado, el narrador, busca a Pedro Páramo, su padre, para reclamarle lo que hizo con su madre, lo mismo que su herencia. La novela abre con la llegada de Juan Preciado a Comala, pueblo que encuentra muerto, lleno de murmullos, de ecos, de sombras, de almas en pena, enclavado en una región árida, sin vida animal o vegetal. El ambiente mágico y los personajes fantasmas están magistralmente creados. Rulfo, por medio de un estilo poético, logra hacer vivir a ese pueblo muerto. La transición de lo real a lo irreal, de la vida a la muerte, de este mundo al otro es casi imperceptible. Los personajes tienen características de seres vivientes, pero también de muertos. Cuando uno de ellos muere, como en el caso de Miguel Páramo, el hijo perverso de Pedro, sigue actuando, visitando a sus amigas, conversando con ellas. Esto es posible porque en la novela el tiempo no existe, no transcurre. Por eso Rulfo logró estructurar su novela en fragmentos yuxtapuestos, sin orden temporal ni espacial. En el tiempo se pasa del presente al pasado, y en el espacio de un escenario a otro, sin necesidad de transiciones retóricas formales. Los fragmentos se entrelazan sin orden aparente alguno. Después de cuidadosa lectura es posible descubrir, sin embargo, que Rulfo se ha valido de motivos retóricos con el objeto de facilitar el cambio de un mundo a otro, de un tiempo a otro, de un escenario a otro. Es verdad que Juan Preciado, el narrador, muere a media novela. Pero con él entierran a otro personaje, Dorotea, y en ese diálogo de ultratumba se nos revelan los secretos del protagonista Pedro Páramo, su codicia, su machismo, su gran amor por Susana, sus crímenes y su muerte. En torno a él se desarrolla el tema, que es el rencor. Ese rencor que hace que Pedro Páramo, cuando muere Susana, decida sentarse con los brazos cruzados y dejar que Comala muera de hambre. El rencor en él resalta con gran intensidad, ya que es el resultado de su frustración amorosa. Su amor hacia Susana, insatisfecho, le hace odiar todo lo que le rodea. Esa intensidad emocional, unida a la compleja estructura, hacen de *Pedro Páramo* una de las más logradas novelas mexicanas.

c. *Los continuadores del criollismo*

Después de 1940 son varios los autores que continúan cultivando la narrativa criollista. Pero abandonan las técnicas de los criollistas de anteriores décadas y aplican a los temas y asuntos nativos las nuevas modalidades de la narrativa internacional. Algunos escriben obras de protesta social, otros continúan la tendencia indigenista, y todavía otros entremezclan dos actitudes, la de los mágico-realistas y la de los criollistas.

Uno de los primeros novelistas hispanoamericanos en utilizar las nuevas técnicas narrativas para dar expresión a temas y asuntos sociales es el mexicano JOSÉ REVUELTAS (1914), autor de *El luto humano* (1943). Se considera ésta como la primera novela de tema social escrita con técnica moderna. Por primera vez en la narrativa mexicana un autor trata de resolver, sin abandonar lo mexicano—que se refleja en el estilo, en el tema, en el asunto, en los personajes, en el ambiente—problemas de técnica narrativa. La obra se desarrolla en un ambiente reducido, hostil, desolado. Los personajes, como en las grandes novelas hispanoamericanas, tienen que luchar contra la naturaleza : la tormenta ante la cual todos sucumben. No es, sin embargo, la lucha contra la naturaleza, que no presenta novedad alguna, el tema de la obra, sino la muerte, resultado del trágico conflicto entre los personajes. Para lograr la intensidad dramática el novelista crea un ambiente reducido : la choza de Úrsulo, donde reúne a los personajes antes de que mueran. Están frente al cadáver de Chonita, la hija de Úrsulo, al cual velan los vecinos. La tormenta y la muerte, motivos que no desaparecen a través de la narración, dan un tono de tragedia inevitable. Los personajes, con la excepción del cura, son campesinos que han experimentado los trágicos días de la Revolución, por la cual han peleado. A pesar de ello, viven en la miseria sobre una tierra inhóspita, sin nada que los motive excepto el odio mutuo y el absurdo apego a la tierra avara y yerma. Son personajes atrapados por la vida y condenados a una muerte lenta pero segura. Sus vidas pasan ante nuestros ojos en vistazos retrospectivos. Es aquí donde se introducen elementos que no están bien integrados al resto de la narrativa y que le quitan la unidad que esperamos. Al mismo tiempo, el autor, preocupado por las condiciones en que tienen que vivir sus personajes, interrumpe el relato para tomar la palabra y predicar contra las injusticias sociales y contra la iglesia, que en nada beneficia al campesino. Sin embargo, Revueltas ha creado una obra en la cual introduce novedades que en 1943 eran desconocidas en la novela mexicana. Con posterioridad ha publicado las novelas *Los días terrenales* (1949), *Los motivos de Caín* (1957) y *Los errores,* lo mismo que las excelentes colecciones de cuentos, *Dios en la tierra* (1944) y *Dormir en tierra* (1960). Su última obra es una novela corta, *El Apando* (1969).

Como representantes de la nueva novela indigenista destacaremos las obras del peruano José María Arguedas (1911–1969) y las de la mexicana Rosario Castellanos (1925). En las novelas indigenistas de las décadas anteriores (en las de López y Fuentes, Icaza y Rubín) la tribu entera tiene la función de protagonista. En las de Alegría encontramos personajes bien definidos que representan las masas indígenas. En todos ellos los personajes están vistos objetivamente, desde afuera. No así en la nueva novela indigenista. En *Los ríos profundos* (1958) de Arguedas, que es tal vez la novela más artística que se haya escrito dentro de esta modalidad, se nos ofrece el punto de vista del indígena, en este caso a través de los ojos del joven Ernesto, de catorce años. Por conducto de la mentalidad de este adolescente el lector llega a conocer íntimamente no sólo la psicología del indígena, sino también su actitud ante la naturaleza, a la cual se siente unido por un poder casi mágico. El niño, además, siente reverencia hacia todo aquello asociado a la cultura de sus antepasados. Sin abandonar por completo la protesta social que es carácterística de la novela indigenista, Arguedas con *Los ríos profundos* logró darle nueva vida a este subgénero, que parecía destinado a desaparecer. Arguedas logró rejuvenecerlo injertándole el personaje bien caracterizado, el punto de vista novedoso y el estilo poético, elementos que no encontramos en las más representativas de las novelas indigenistas.

Si en su obra Arguedas recrea el mundo incaico a través de la psicología de un adolescente, en *Balún Canán* Rosario Castellanos se vale de una niña para ver ese mundo tan lleno de poesía y dolor que es el mundo de los indígenas del Estado mexicano de Chiapas. Balún Canán (Nueve Estrellas) es el antiguo nombre de la romántica ciudad de Comitán, en donde se dramatiza la lucha entre los representantes de dos culturas todavía no integradas, a pesar del paso de varios siglos. Castellanos recrea la vida provinciana, pintando las costumbres, las tradiciones, las supersticiones, los prejuicios. Todo visto a través de la nostalgia, todo visto con los ojos frescos de la juventud que ama las cosas familiares. Pero sin caer en el sentimentalismo característico de la novela indianista. La novela no puede ser clasificada, si insistimos en una definición rigurosa, como indigenista, ya que afloran otros elementos ajenos a esa literatura. En su segunda novela, *Oficiod e tinieblas* (1962), Rosario Castellanos sí presenta la lucha entre los indígenas y sus opresores, representados aquí por el terrateniente Leonardo Cifuentes. A pesar de su derrota, el indio es el verdadero héroe de la novela, ya que nunca se olvida de su dignidad humana (como no ocurre en las novelas de Icaza), nunca pierde la esperanza de que las cosas mejoren, nunca se desespera por no poder cambiar las cosas de la noche a la mañana. Lo importante en las novelas de Castellanos es que presenta a un indio humano, inteligente, conciente de sus problemas y de que puede resolverlos sin ayuda externa. Todo ello dramatizado artísticamente, lo que da valor permanente a esta obra narrativa.

El colombiano EDUARDO CABALLERO CALDERÓN (1910) se ha valido de otro tema—la violenta naturaleza de la vida en Hispanoamérica—para escribir novelas que expresan con fuerza dramática otro aspecto del criollismo, la lucha entre partidarios de diferentes ideologías, ya políticas, ya religiosas, ya filosóficas. Eso es lo que encontramos en *Caminos subterráneos* (1936), en los tres relatos recogidos bajo el título *Tipacoque* (1940), en *El arte de vivir sin soñar* (1943) y especialmente en *El Cristo de espaldas* (1952), novela que le dio fama internacional. En ésta, que se desarrolla en una villa del interior de Colombia, el sacerdote lucha con toda su energía con el objeto de evitar las rencillas, los odios, el rencor y las venganzas que hay en el pueblo, entre conservadores y liberales. Pero es derrotado y tiene que abandonar su parroquia. Igual pesimismo encontramos en las novelas posteriores de Caballero Calderón : *Siervo sin tierra* (1954), *La penúltima hora* (1955), *Manuel Pacho* (1962). Parece que con la última se cerrara un ciclo en el desarrollo de su narrativa, ya que en *El buen salvaje* (1966) utiliza la técnica de la novela dentro de la novela para dar expresión a un tema modernista, el de los hispanoamericanos en la Ciudad Luz.

También pertenece al nuevo criollismo la obra narrativa del paraguayo Augusto Roa Bastos (1917), autor de tres colecciones de cuentos (*El trueno entre las hojas*, 1953; *El baldío*, 1966; *Moriencia*, 1969) y de la excelente novela, *Hijo de hombre* (1960). En ésta, que gira en torno a la trágica Guerra del Chaco entre Paraguay y Bolivia, Roa Bastos ha captado con hondura la naturaleza del hombre, que lucha por resolver arraigados problemas sociales y morales y que se ve aplastado por el peso de la tradición y por la miopía de los representantes de las instituciones sociales. No es *Hijo de hombre*, sin embargo, una novela de obvia protesta social. La protesta se encuentra, por supuesto, pero encubierta por motivos y símbolos artísticamente estructurados. El tono existencial aflora en la imagen titular, el cristo leproso hecho a la imagen del hombre, ser imperfecto, mutilado. En torno a ese tema Roa Bastos ha sabido organizar la historia de su país, tanto en sus aspectos sociales como en sus aspectos humanos. Pero tampoco es esta obra una novela histórica, ya que la historia sólo sirve de motivo para organizar las vidas de los personajes y para darle perspectiva y trascendencia al elemento narrativo. El resultado es una novela clásica del nuevo criollismo hispanoamericano.

d. *La narrativa fantástica*

El cultivo de la literatura fantástica en Hispanoamérica, antes de que apareciera Borges, había sido esporádico. En el siglo diecinueve el venezolano Eduardo Blanco (1838–1912) publica una colección de *Cuentos fantásticos* (1883). Entre los modernistas son Amado Nervo y Leopoldo Lugones quienes se interesan en la literatura fantástica. Entre los postmodernistas encontramos algunos escritores que no desdeñaron el género, como es el caso de Alfonso Reyes. Pero fue el chileno Alberto Edwards (1873–1932) quien más contribuyó a mantener vivo el interés en la literatura fantástica con las narraciones que publicaba en los periódicos, algunas de las cuales fueron recogidas por Manuel Rojas y publicadas bajo el título *Cuentos fantásticos* (1957). Podrían mencionarse otros autores de literatura fantástica. Todos ellos, sin embargo, se interesan primordialmente en el desarrollo del asunto, sin preocuparles la estructura, que es lo que caracteriza a la narrativa fantástica que se cultiva desde que Borges decidió abandonar temporalmente la poesía para escribir cuentos.

Jorge Luis Borges (Argentina, 1899) comenzó escribiendo poesía vanguardista (*Fervor de Buenos Aires*, 1923; *Luna de enfrente*, 1925; *Cuaderno de San Martín*, 1929), para de ahí pasar al cuento y el ensayo. Su obra de ensayista se inicia en 1925 con *Inquisiciones*, libro que ya revela la preocupación por los temas metafísicos, el deseo de dilucidar los misterios del universo, de elaborar conjeturas en torno a esos misterios y de dar preferencia a las hipótesis que trascienden lo racional. Eso es lo que encontramos en libros como *Historia de la eternidad* (1936), *Nueva refutación del tiempo* (1947) y *Otras inquisiciones* (1952). En sus últimos libros, esto es, a partir de *El hacedor* (1960), el ensayo borgiano se vuelve más poético, menos metafísico. A veces, el ensayo pasa por cuento, y algunos cuentos se confunden con los ensayos. Además, los cuentos de Borges se caracterizan por la mezcla de motivos reales y fantásticos, como podemos observar en sus mejores narraciones, recogidas en los volúmenes *Ficciones* (1944) y *El aleph* (1949). Nunca deja, sin embargo, que lo real predomine sobre lo fantástico. Eso ya lo habíamos visto en su primer libro *Historia universal de la infamia* (1935), en donde, a pesar de que los relatos, o "infamias", sean vidas de hombres reales, la estructuración es en torno a un elemento fantástico o insólito. En los cuentos posteriores se desprende por completo de los motivos históricos para quedarse con lo fantástico. A veces el cuento puede tener su origen en un dato empírico, como ocurre en "El jardín de senderos que se bifurcan". Pero aun aquí, predomina lo imaginativo y la compleja estructura, que en este caso es la de una cajita china. Si en ese cuento Borges juega con el espacio—como lo hace también en "La biblioteca de Babel" y en "El aleph"—en "El inmortal" y en "El milagro secreto" el tema es el tiempo. Ese interés en problemas metafísicos es precisamente lo que mejor caracteriza sus ficciones. En el "Epílogo" a su libro *Otras inquisiciones* dice : "Dos tendencias he descubierto, al corregir las pruebas . . . de este volumen. Una, a estimar las ideas religiosas o filosóficas por su valor estético y aun por lo que encierran de singular y de maravilloso . . . Otra, a presuponer (y a verificar) que el número de fábulas o de metáforas de que es capaz la imaginación de los hombres es limitado". He aquí el secreto de los cuentos de Borges : ideas filosóficas espresadas en formas artísticas. Sin embargo, Borges ha sabido equilibrar el contenido filosófico de la narración y la forma artística en la cual da expresión a la idea. Tan importante es el tema como el brillante estilo, la ingeniosa estructura, el interés dramático y el ambiente irreal que encontramos en sus mejores relatos. El equilibrio entre el tema filosófico y la forma artística lo obtiene por medio del desenlace patético. En otras palabras, no deja que el cuento se convierta en simple ensayo. Pero también hay equilibrio en la mezcla de lo real y lo irreal, tanto en los ambientes como en los personajes. En verdad Borges ha sabido borrar la línea que separa a esos dos mundos. Para él, el mundo que encontramos en una obra de ficción puede ser más real que nuestro propio mundo.

ADOLFO BIOY-CASARES (Argentina, 1914) ha seguido muy de cerca los pasos de Borges. La técnica es la misma : el documento en lengua extranjera que llega a manos del narrador; la nota erudita al pie de la página; la elección de empezar el relato de cierta manera aunque el número de posibilidades sea infinito. En el estilo también encontramos semejanzas, sobre todo en el uso de ciertos verbos que identificamos con Borges. Esos son los elementos que encontramos en los cuentos recogidos en los volúmenes *Caos* (1934), *Luis Greve, muerto* (1937), *La trama celeste* (1948), *Historia prodigiosa* (1956) y *Guirnalda con amores* (1959). A pesar de la excelencia de algunos de sus cuentos ("El perjurio en la nieve", "Memoria de Paulina") Bioy-Casares ha cobrado fama, y con razón, como novelista, y especialmente por su bien estructurada *Invención de Morel* (1940), novela cientificista cuyo tema es la realidad. La acción se desarrolla en una isla desierta evocada por el narrador, el anónimo prófugo. Allí encontramos dos planos de realidad sobrepuestos. El primero es, por supuesto, el del narrador. El otro es el que ha reproducido la máquina de Morel, que funciona movida por el flujo y reflujo del mar; este plano representa un mundo muerto (la máquina mata al reproducir), pero lo suficientemente real para engañar al fugitivo, quien se enamora de una de las amigas de Morel. El intercambio entre los personajes de los dos mundos le da a ambos planos una realidad equivalente. En verdad, a veces el mundo de Morel (que es una ficción dentro de otra ficción) nos parece más real que el del narrador.

No menos interesante es la novela *Plan de evasión* (1945), que también tiene por escenario una isla, aunque en este caso la acción se desarrolla en la prisión que allí se encuentra. El director de la prisión experimenta con los prisioneros y les hace creer, por medio de una operación en el nervio óptico y por medio de colores en las paredes de las celdas, que están libres. Mas no es ese el tema de la novela, sino el descubrir quién es el que ha asesinado a varios de los prisioneros. El desenlace, como la obra toda, tiene elementos satíricos. Revelarlo aquí sería impropio. El tratar de descubrir quién es el criminal antes de terminar la novela es uno de los goces estéticos que dan valor a esta obra, como ocurre en todas las buenas novelas policiales. Última obra : *Diario de la guerra del cerdo* (1969).

ENRIQUE ANDERSON-IMBERT (Argentina, 1910) empezó, hacia 1930, a publicar cuentos en *La Nación* de Buenos Aires, periódico en el cual todavía aparecen sus producciones. La colección *El mentir de las estrellas* (1940) contiene algunos de los primeros cuentos de Anderson-Imbert, entre los cuales destaca "El leve Pedro", caso de levitación narrado con honda sensibilidad y sutil humorismo. También incluye algunos relatos cortos, los "casos", que son típicos de la manera del autor. En los siguientes libros de cuentos (*Las pruebas del caos*, 1946; *El grimorio*, 1961; *El gato de Cheshire*, 1965; *La sandía y otros cuentos*, 1969), lo mismo que en las novelas (*Vigilia*, 1934; *Fuga*, 1953) Anderson reafirma su interés en la literatura fantástica, si bien de cuando en cuando da expresión a algún tema inspirado en la realidad, como en el caso de los cuentos "La muralla", "El general hace un lindo cadáver" (de *El grimorio*) y "La sandía". Pero predomina lo irreal, como vemos en tan bien estructurados relatos como "El fantasma", "El grimorio", "Tabú" y "El pacto". En la novela *Fuga* se nos revela el interés en las relaciones entre forma y tema. La estructura melódica sirve para dar expresión al tema del eterno retorno. Las experiencias del joven tucumano Miguel en Buenos Aires le inspiran a él a escribir una novela, que es *Fuga*. El eterno retorno, que es el tema de la novela de Miguel, queda comprobado el momento que Anderson-Imbert decide escribir una novela llamada *Fuga*, idéntica a la que había escrito Miguel. Así, la estructura de la obra y el tema se conjugan en armoniosa simbiosis.

Juan José Arreola (México, 1918) publica en 1949 *Varia invención*, libro en el cual recogió los cuentos y las prosas poéticas que había publicado en los periódicos y las revistas de la ciudad de México y de Guadalajara a partir de 1943. Esas obras, con las que se reveló como gran prosista y como conocedor de la técnica del cuento, nos introducen al mundo mágico de Arreola, mundo en el cual predomina la ironía, sobre todo en la caracterización de los personajes y en la actitud ante los problemas del hombre contemporáneo. Las mismas características poseen los cuentos de su mejor libro, *Confabulario* (1952), escrito en estilo, sutil, efectivo, rico en imágenes poéticas. Destacan los cuentos "El guardagujas", "Pueblerina", y "En verdad os digo". Mas todos estos relatos son significativos, tanto por lo excelente de la prosa como por lo complejo de los personajes y la profundidad de los temas desarrollados. Lo esencial de Arreola, como podemos ver en "Verdad os digo", no es la creación de ambientes o personajes fantásticos, sino la sutileza con que sabe burlarse de las instituciones e ideas más respetadas por el hombre moderno. El motivo del camello y la aguja, de origen bíblico, sirve a Arreola para burlarse de la ciencia. Con gran sentido del humor desarrolla el tema del sabio que ha descubierto el método de hacer pasar al camello por el ojo de la proverbial aguja. La originalidad del relato la encontramos en la satírica conclusión a que llega el narrador. En "Pueblerina", otro de los cuentos ejemplares en esta colección, el tema apunta hacia el bestiario, que Arreola ha de incluir en su último libro, *Confabulario total* (1962). La estructura del cuento típico de Arreola no es rígida; más bien continúa la tradición del cuento-ensayo según lo cultivaba Alfonso Reyes. En los mejores cuentos de Arreola, como en los de Reyes, predomina la observación aguda y la nota intelectual. Supera a Reyes en que añade un humor satírico que no se encuentra en el autor de "La cena", lo mismo que una actitud ante la realidad derivada directamente de Kafka y los expresionistas alemanes. Todo esto va unido a su riqueza de invención, su buen gusto literario y su alta sensibilidad poética. En su única novela, *La feria* (1963), abandona los temas, escenarios y personajes universales para enfocar las pequeñas miserias sociológicas de los provincianos. La estructura de esta novela es una de las más originales en la literatura hispanoamericana. Si bien el libro nos da a primera vista la impresión de ser una colección de prosas menudas, un estudio más a fondo revela una compleja estructura organizada en torno a la imagen titular. Aquí también, como en los cuentos, predomina la ironía, el humor verbal y dramático y la sátira de la sociedad.

3. EL ENSAYO

El ensayo durante esta época lo representan dos grupos de escritores. El primero, de quien es representativo Francisco Romero, sigue muy de cerca, como lo había hecho Samuel Ramos en México, las ideas de los pospositivistas alemanes según las exponía José Ortega y Gasset en la *Revista de Occidente*. El segundo, representado por Martínez Estrada, Zea y otros, es el que ya representa el existencialismo prevalente en Europa durante la postguerra.

FRANCISCO ROMERO (España-Argentina, 1891–1962) debe su fama como filósofo a sus estudios sobre la personalidad (*Filosofía de la persona*, 1938), en los cuales sigue muy de cerca las ideas del filósofo alemán Max Scheler; sobre la crisis de la cultura occidental (*El hombre y la cultura*, 1950; *Teoría del hombre*, 1952); y sobre problemas metafísicos (*Filosofía contemporánea*, 1941; *Filosofía de ayer y de hoy*, 1947). Este interés en la filosofía en sus aspectos más latos no impide que Romero se interese también en el destino de América y en los problemas filosóficos según los han tratado los pensadores americanos (*Sobre la filosofía en América*, 1952). El pensamiento de Romero es original y, por tanto, ha tenido influencia sobre los jóvenes que con él estudiaron. Gran parte de su éxito se debe a la claridad con que sabe exponer las más abstrusas ideas, lo mismo que a su conciencia de estilo.

Ezequiel Martínez Estrada (Argentina, 1895-1964) es el ensayista de transición entre los escritores que todavía se encontraban bajo la influencia de Ortega (Ramos, Romero) y los jóvenes existencialistas. Martínez Estrada se distingue no sólo como pensador sino también como hombre de letras. Sus obras se leen tanto por las ideas expresadas como por los elementos estéticos que contienen. Su interés en la literatura se refleja en el hecho de haber escrito poesía (*Oro y piedra*, 1918; *Nefelibal*, 1922; *Motivos del cielo*, 1924; *Argentina*, 1927; *Humoresca*, 1929), comedias (*Títeres de pies ligeros*, 1929; *Lo que no vemos morir*, 1941; *Sombras*, 1941; *Cazadores*, 1957), cuentos (*La inundación*, 1943; *Tres cuentos sin amor*, 1956), novelas cortas (*Marta Riquelme* y *Examen sin conciencia*, 1956; *Sábado de gloria* y *Juan Florido*, 1956) y crítica literaria (*Panorama de las literaturas*, 1946; *Sarmiento*, 1946). Pero es en el ensayo donde mejor expresa sus dotes de gran escritor (*Radiografía de la pampa*, 1933; *La cabeza de Goliat*, 1940; *Muerte y transfiguración de Martín Fierro*, 1948). Estos tres libros, fundamentales para el estudio de los problemas argentinos, le colocan entre los más originales pensadores de Hispanoamérica. Como a otros ensayistas, le preocupó el problema del destino de América y expresó sus ideas en torno a ese tema en *Semejanzas y diferencias entre los países de América Latina* (1962), en donde hace agudas observaciones sobre la naturaleza de la cultura hispanoamericana. La actitud de Martínez Estrada ante la realidad argentina, y en verdad ante la realidad americana, era pesimista. Pero el suyo era un pesimismo que beneficia, ya que deja ver los males que aquejan al pueblo a través de un prisma que les delimita con precisión y permite que puedan ser atacados con eficacia. Cuando esos defectos que veía Martínez Estrada en la vida y la cultura hispanoamericanas sean corregidos ¿dejaremos de leer sus obras? De ninguna manera, ya que los valores permanentes que contienen (el excelente estilo, la fuerza de expresión, la claridad para exponer las ideas, la profunda sinceridad) nos llevarán a sus páginas, como vamos a las de Sarmiento, a las de Montalvo, a las de Rodó, a las de Alfonso Reyes.

Mariano Picón Salas (1901-1965) es el más representativo ensayista venezolano de esta época. Como Bello, Picón Salas vivió en Chile, y como Bello puede ser considerado como ciudadano de América. La mayor parte de sus ensayos tratan de problemas relativos a los países americanos. Como Martínez Estrada, cultivó varios géneros, entre ellos la novela y la biografía novelada (*Pedro Claver, el santo de los esclavos*,

1950; *Los tratos de la noche*, 1955), la crítica literaria (*Formación y proceso de la literatura venezolana*, 1940) y la historia de la cultura (*De la conquista a la independencia*, 1944). Entre sus varios libros de ensayos destacan dos, *Crisis, cambio, tradición* (1956) y *Hora y deshora* (1963). En el primero hace un análisis de la crisis de nuestro tiempo, dando énfasis a los problemas hispanoamericanos. Como Rodó, Picón Salas contrasta la cultura anglosajona y la hispana. La visión que nos deja es optimista. Si bien las dos Américas tienen culturas que serán siempre diferentes, no debe de existir conflicto entre ellas, ya que se complementan. El resto del libro lo dedica a hacer un cuidadoso análisis de las artes y las letras hispanoamericanas, trazando su desarrollo sin disociarlo de las corrientes sociales y políticas. En *Hora y deshora* encontramos un análisis del conflicto entre las humanidades y las ciencias, tema hoy de actualidad. Picón Salas defiende el estudio de las humanidades, pero sin recomendar que se abandone el de las ciencias. El resto de los ensayos giran en torno a problemas americanos ("Viejos y nuevos mundos", "Todavía Sarmiento", "Viajes y lugares"). En todos ellos nos ofrece una visión optimista de la vida y la cultura en Hispanoamérica, visión que complementa la pesimista de Martínez Estrada. Otros libros de ensayos de Picón Salas son : *Buscando el camino* (1920), *Hispano-América, posición crítica* (1931), *Imágenes de Chile* (1933), *Viaje al amanecer* (1943), *Europa-América : preguntas a la esfinge de la cultura* (1947), *Comprensión de Venezuela* (1955), *Regreso de tres mundos* (1959).

GERMÁN ARCINIEGAS (1900) es el representante de los ensayistas colombianos del siglo veinte. Es él quien continúa la tradición establecida por Baldomero Sanín Cano (1861–1957), cuyos ensayos modernistas elevaron el género a un nivel antes no obtenido y establecieron una tradición, que Arciniegas ha sabido mantener con dignidad. Arciniegas es uno de los pocos ensayistas hispanoamericanos que ha dedicado todas sus energías al cultivo del género. Su producción es, por lo tanto, nutrida y, al mismo tiempo, original. Ya en sus primeros libros (*El estudiante de la mesa redonda*, 1932; *América, tierra firme*, 1937) se nota un profundo sentido americanista que da carácter a sus ensayos. En el primero nos da una visión histórica de la cultura desde el punto de vista de un estudiante. La tesis del libro es que el estudiante constituye una fuerza impulsora, renovadora de las corrientes culturales e históricas. En los trece ensayos que forman el segundo, Arciniegas hace hondas y valiosas indagaciones sobre las influencias culturales que han formado lo que hoy llamamos Hispanoamérica. No se olvida, como ocurre con otros ensayistas, de señalar la influencia de las culturas autóctonas. Y no sólo eso. Para

Arciniegas es imposible comprender lo hispanoamericano sin tener
en cuenta las influencias de las culturas indígenas, que hoy se manifiestan
a través de lo mestizo, que para el autor representa lo verdaderamente
americano. Otros libros de ensayos de Arciniegas, no menos importantes,
son : El caballero de El Dorado (1942), biografía novelada de Gonzalo
Jiménez de Quezada, el fundador de Bogotá; Los alemanes en la conquista
de América (1941), Biografía del Caribe (1945), El continente de siete
colores (1965) y otros.

Hablaremos del mexicano LEOPOLDO ZEA (1912), como representante
de los ensayistas de la generación posterior a la de Romero, Martínez
Estrada, Picón Salas y Arciniegas. La obra de Zea ya refleja nuevas preocupaciones. Sin rechazar por completo la filosofía de Ortega, Zea va más
allá, sobre todo en los ensayos que publica a partir de 1949. El perspectivismo de Ortega, según las interpretaciones de José Gaos, de quien Zea
fue discípulo, es obvio en sus primeros libros (El positivismo en México,
1943; Apogeo y decadencia del positivismo, 1944; Dos etapas del pensamiento en Hispanoamérica, 1949); mas no en los que aparecen de 1949 en
adelante, año en que organiza una serie de conferencias en torno al tema
"¿Qué es el mexicano?" A partir de esta fecha los ensayos de Zea reflejan
la influencia de los existencialistas, filosofía que él ayudó a divulgar en
México. Entre sus libros de mayor resonancia hay que mencionar La
filosofía como compromiso (1952), América como conciencia (1953), México
en la conciencia occidental (1953), La conciencia del hombre en la filosofía
(1953) y América en la conciencia de Europa (1955).

4. EL TEATRO

El teatro hispanoamericano de esta época, como la narrativa y el ensayo,
tiene sus raíces en las preocupaciones sociales y filosóficas que mantienen
al hombre en un estado de incertidumbre y desasosiego. Los representantes de este teatro son, en México, Salvador Novo (1904), Celestino
Gorostiza (1904-1967) y Rodolfo Usigli; en la argentina Juan Oscar
Ponferrada (1908) y Carlos Carlino (1910); en Cuba Juan Domingo
Arbelo (1909), y en Puerto Rico Manuel Méndez Ballester (1909).

RODOLFO USIGLI (México, 1905) es sin lugar a dudas el más representativo dramaturgo hispanoamericano de esta época. Antes de 1937, año
en que escribe El gesticulador, había presentado en los teatros de Guadalajara y la ciudad de México algunas obras en las que dramatiza problemas
sociales, como el de la disolución de la clase media (Medio tono, 1937).
De ahí pasa a dramatizar problemas psicológicos, como el del orgullo

(*La familia cena en casa*, 1942) y el de la indecisión (*La función de despedida*, 1953). En su última época Usigli ha dramatizado problemas nacionales (*Corona de sombra*, 1947; *Corona de fuego*, 1961; *Corona de luz*, 1965). En *El gesticulador* (obra publicada en 1943 pero no representada hasta 1947), sin duda su mejor drama, enfoca el problema de las falsas apariencias, cuyo símbolo es la máscara : César Rubio deja de ser profesor de historia para hacer el papel de César Rubio, general revolucionario. El hurto de la personalidad del difunto general le cuesta la vida al profesor de historia. Sin duda alguna el propósito de Usigli como dramaturgo no es solamente el de divertir, sino el de moralizar. Propósito que encontramos en el fondo de casi todos sus dramas.

B. EL DESCONTENTO Y LA PROMESA

Hacia 1955 las corrientes literarias en Hispanoamérica tomaron un nuevo curso. Los jóvenes que entonces comenzaban a publicar son hoy los que predominan en el mundo de las letras. Si bien una nueva generación, muy joven todavía para tener fisonomía propia, ya comienza a desplazar a los entronados, son ellos quienes todavía imperan. La generación de Fuentes, de Cortázar, de Murena se ve hoy suplantada por otra más reciente. Mas es de ellos de quienes nos toca hablar aquí y no de los más jóvenes, a quienes pensamos dedicar un estudio aparte.

1. LA NOVELA

Durante esta época, por primera vez, la novela desplaza en importancia a la poesía y, en verdad, a todos los géneros. Entre los novelistas se encuentran escritores que, como Fuentes y Cortázar, se han rebelado contra las dictaduras y el nacionalismo y se han comprometido con la humanidad, siendo sus ideales la libertad de expresión, la abolición del tradicionalismo en todos sus aspectos y el libre intercambio intelectual, cultural y social. Es, en fin, una generación rebelde que lucha contra las caducas instituciones que han sobrevivido en el mundo. Por primera vez, también, estos escritores luchan por ideales universales y no únicamente hispanoamericanos. Su lucha es la del hombre contra la estupidez, la tiranía y los frenos mentales que no dejan al escritor tomar una postura que sea, a la vez, universal e hispanoamericana. Para luchar contra esos conceptos se han valido del género que hoy tiene más aceptación, la novela. Mas hay que tener presente que no han convertido la novela en arma de lucha social, como lo hicieran los nacionalistas. Al contrario, han sido fieles al arte del género, en el cual han introducido renovaciones técnicas y estilísticas.

Entre los precursores de la nueva novela, desde el punto de vista de la técnica y la ubicación de la acción, hay que recordar a Leopoldo Marechal (1900-1970), cuya novela *Adán Buenosayres* (1948) introduce el ambiente metropolitano y los problemas del hombre moderno en ese laberinto. La obra, cuya creación se prolongó por dieciocho años, no dista mucho del *Ulysses* de Joyce; pero a la obra de Marechal la daña el gran número de referencias herméticas acerca de lo ocurrido a amigos y conocidos, sin significado para el lector no iniciado. Pero la salva el sentido de humor agrio, la sátira quevedesca que predomina a través del libro. Marechal se burla de la ciencia, de los intelectuales, de la llamada alta sociedad. En este sentido ya apunta hacia la novela moderna de Cortázar.

Carlos Fuentes (México, 1928) se hizo famoso en 1958 con *La región más transparente*, si bien antes ya había publicado una colección de cuentos (*Los días enmascarados*, 1954) que contiene la narración "Chac mool", que anuncia lo que será su obra futura. En *La región más transparente*, novela experimental, Fuentes trata de captar, usando una nueva técnica narrativa, el espíritu de la ciudad de México, la región más transparente del aire, metáfora usada, por supuesto, irónicamente. En escenas yuxtapuestas, a veces sin integrar, pasamos de un grupo social a otro y participamos en las actividades de sus representantes. Para poder relacionar mundos diversos (clase baja, media, alta) Fuentes se vale de un personaje, Ixca Cienfuegos, cuya función es la de estructurar la novela, que gira en torno al tema del choque entre el pasado y el presente, de la lucha entre culturas que si bien distantes en el tiempo conviven sin integrar. Desde el punto de vista de la técnica, esto es, como experimento narrativo, *La región más transparente* tiene capital importancia en el desarrollo tanto de la novela mexicana como de Fuentes, novelista. Después de publicar *Las buenas conciencias* (1959) y una novela corta, *Aura* (1962), de tema fantástico, vuelve Fuentes a la novela social con *La muerte de Artemio Cruz* (1962), en donde pinta con gran fuerza la vida de un hombre de empresa. Cruz, a las puertas de la muerte, recuerda su azarosa vida, deteniéndose en los momentos en que valiéndose de la astucia logra triunfar sobre las circunstancias. A través del personaje central Fuentes logra presentar también la historia del país, desde mediados del siglo pasado hasta el presente, dándole mayor importancia a la época de la Revolución y sus resultados. La dramática vida de Artemio Cruz y la dramática vida nacional se funden en un todo perfectamente integrado. En sus obras posteriores, esto es, en el volumen de cuentos *Cantar de ciegos* (1964) y las novelas *Zona sagrada* (1967) y *Cambio de piel* (1967), Fuentes otra vez trata de temas y asuntos nacionales, pero dándoles un sabor internacional. No hace lo mismo en la novela corta *Cumpleaños* (1969). Allí el ambiente es londinense y el tema la reencarnación. La obra, que lleva como epígrafe un verso de Octacio Paz ("Hambre de encarnación padece el tiempo"), es más parecida a *Aura* que a *La región más transparente* o *La muerte de Artemio Cruz*.

Mario Vargas Llosa (Perú, 1936), como Fuentes, publicó primero un libro de cuentos (*Los jefes*, 1958) y también como el mexicano se hizo famoso con su primera novela, *La ciudad y los perros* (1963), premiada en Barcelona. La acción de la novela se desarrolla en el Colegio Militar Leoncio Prado y en la ciudad de Lima. Si Fuentes se interesa en captar el espíritu de la ciudad entera, Vargas Llosa trata de enfocar los problemas de los habitantes de la ciudad según se reflejan en la vida de los jóvenes cadetes. La obra es un alegato en contra de la vida militar y la educación que se imparte en los planteles militares en el Perú y, por implicación, en toda la América Latina. Se denuncia no sólo la vida en el colegio militar, que más parece casa de corrección, sino a la sociedad en general. Mas no es la denuncia, como lo es en *Huasipungo* de Icaza, directa, sino indirecta; esto es, la lección se desprende de las vidas de los personajes, de las escenas, de las situaciones, sin que el novelista tome parte, sin que predique abiertamente. Lo que importa es la vida de los personajes; si reflejan la vida peruana, la vida hispanoamericana, es porque toda obra narrativa tiene que basarse en la realidad. No menos real que las situaciones lo es el lenguaje. Vargas Llosa reproduce con fidelidad el lenguaje de los cadetes (los "perros" del título), cuyo comportamiento no está muy retirado del de los animales salvajes. La fuerza es lo que impera en el colegio, en donde no se vislumbra ni la más tenue luz espiritual. La preponderancia de lo material en el mundo de la novela deja al lector en un estado deprimente.

No menos violenta, si bien mucho más artísticamente estructurada, es *La casa verde* (1968), segunda novela de Vargas Llosa, en donde crea un mundo de personajes trágicos cuyas vidas, que se relatan separadamente, se entretejen a través de sus asociaciones con personajes secundarios. A pesar de que los héroes y las heroínas (cuyas vidas las cuentan diferentes narradores), se mueven en ambientes que sólo tienen en común el ser todos peruanos; y a pesar de que las acciones ocurren en épocas distintas, el autor logra darnos un mundo coherente, bien unido. El motivo de la

casa verde, el prostíbulo que vemos construir y destruir, sirve en la
novela como punto de referencia en torno al cual se desenvuelven las
vidas de los personajes, tanto en el tiempo como en el espacio. Las diversas fuerzas sociales que han contribuido a formar lo que hoy es el Perú
están muy bien observadas. Si bien la novela nos hace pensar en *La
vorágine* y en *Doña Bárbara*, por el ambiente, en la técnica Vargas Llosa
ha utilizado las más recientes innovaciones y, por lo tanto, el resultado
es una novela que, si bien anclada en el criollismo, apunta en la forma
hacia el futuro. En su última novela en dos tomos, *Conversación en la
catedral* (1969), Vargas Llosa logra presentar, desde un punto de referencia fijo, la compleja vida política de un país hispanoamericano.

JULIO CORTÁZAR (Argentina, 1918), discípulo de los autores de narraciones fantásticas, refleja en sus cuentos y novelas las últimas tendencias
europeas y norteamericanas en el arte de la narrativa. Al mismo tiempo,
sigue muy de cerca los ejemplos de los hispanoamericanos, entre quienes
encontramos en primer lugar a Borges. Su primer libro de ficción,
Bestiario (1951), es una colección de cuentos donde ya demuestra interés
en el aspecto misterioso de la vida. Su primera novela, *Los premios* (1960)
refleja el mismo interés, pero proyectado hacia un plano más amplio. La
acción se desarrolla en alta mar, en un transatlántico que sirve de micro-
cosmo. Los personajes de ese mundo nos parecen salidos de una de las
novelas de Kafka. Lo absurdo de la acción, esto es, la inhabilidad de los
pasajeros para visitar cierta parte del barco, le da a la obra un aire de
irrealidad. La existencia de una meta inalcanzable, para la mayoría del
género humano, reaparecerá en *Rayuela* (1963), su segunda y más famosa
novela. Entre ambas había publicado otra colección de cuentos, *Las
armas secretas* (1959), libro que contiene el relato titulado "El persegui-
dor", en torno a la vida de un músico en París. Este cuento puede ser
considerado como de transición en el desarrollo de Cortázar como novelista, ya que es el primer trabajo en que abandona la creación de mundos
fantásticos para enfocar una situación real y para desarrollar la psicología
del personaje. Al mismo tiempo, el ambiente parisiense es el mismo que
aparecerá en la primera parte de *Rayuela*. Tras un interludio, durante el
cual publica otra colección de narraciones fantásticas (*Historias de
cronopios y de famas*, 1962), Cortázar vuelve al mundo de "El perse-
guidor", pero ahora en forma de novela. *Rayuela*, dividida en tres partes,
se desarrolla primero en París y después en Buenos Aires. Los dos mundos, que también aparecen en un cuento de Cortázar ("El otro cielo" de la
colección *Todos los fuegos el fuego*, 1966) se unen a través de la presencia
del personaje narrador y protagonista de la novela, Horacio Oliveira, que

va de París a Buenos Aires en busca de La Maga. No la encuentra, por supuesto, como no pueden llegar al cielo los que juegan a la rayuela. Desde el punto de vista de la estructura, la novela es sumamente compleja. Puede ser leída de dos maneras, ya sea desde el principio hasta el fin, o siguiendo el diseño que el autor ofrece en un "tablero de dirección". La tercera parte, compuesta de las notas del novelista acumuladas durante el tiempo en que escribía la novela, giran en torno a una teoría de la ficción puesta en boca de Morelli, lo que nos ayuda a integrar las dos primeras partes de la obra. El objeto de esta parte es el de obligar al lector a participar en la creación de la novela, lo mismo que el de hacerle creer que tiene participación en esa creación. Que esta participación sea un hecho depende del lector, ya que puede seguir los consejos del novelista o ignorarlos. De todos modos, el intento de hacer que el lector participe en la organización de la novela es un modo de romper la estructura narrativa tradicional. Si bien la estructura de *Rayuela* ha dado lugar a calurosos comentarios, no debemos de olvidar que la novela también representa un esfuerzo por romper la tradición estilística en la novela hispanoamericana. Esta preocupación con la lengua, esta conciencia de estilo es lo que ha dado a Cortázar el prestigio de que goza, ya que esta renovación estilística es una de las características de la nueva novela. *Rayuela* es una novela clave en el desarrollo de esta narrativa, ya que tiene una estructura novedosa, un nuevo estilo, una nueva perspectiva en cuanto a la realidad y en general un nuevo concepto de lo que debe de ser la novela. En las últimas obras, *La vuelta al día en ochenta mundos* (1967), *62. Modelo para armar* (1968) y *El último round* (1969) sigue experimentando con las formas narrativas. La segunda, que se basa en el capítulo 62 de *Rayuela*, es un intento de poner en práctica el libro que Morelli había ideado. En la última experimenta con páginas hendidas. El lector puede combinar a su gusto la parte inferior de cada página con las partes superiores de las mismas. En el contenido, sin embargo, Cortázar no logra superarse.

Gabriel García Márquez (Colombia, 1927) se dio a conocer como cuentista en la revista *Mito* de Bogotá. Su cuento "Un día después del sábado" fue premiado en 1954. Al año siguiente publicó la primera novela, *La hojarasca*, y en 1961 la novela corta *El coronel no tiene quien le escriba*. En 1962 publica dos libros, *La mala hora*, novela, y *Los funerales de mamá grande*, colección de ocho cuentos en los que recrea el ambiente de Macondo, pueblo de nombre ficticio que le ha de servir de escenario para los acontecimientos que cuenta en su última y mejor novela, *Cien años de soledad* (1967). Es ésta una de las obras más significativas en la narrativa hispanoamericana de los últimos años. En ella el autor abandona las técnicas narrativas europeas y revive el arte de contar una historia por el hecho de ser interesante y porque vale la pena contarla, sin apoyarse en complejas estructuras o la pirotécnica estilística. La novela está escrita con gusto, con la misma actitud ante la realidad y en el mismo estilo que encontramos en las primitivas crónicas de Indias. Al mismo tiempo, la novela es la historia de una familia (los Buendía), de un pueblo (Macondo), de un país (Colombia) y de un continente (Sudamérica). Los personajes poseen el mismo espíritu aventurero que distinguía a los conquistadores y exploradores, la misma fe en la vida que alentaba a los primeros colonos, la misma actitud ante lo maravilloso que encontramos en los libros de los primeros cronistas. La vida en Macondo aparece sin ser desfigurada, ni por el aparato retórico ni por el pseudo-análisis psicológico de los personajes. El resultado es una de las más frescas historias, que leemos por el placer de enterarnos de las vidas de los personajes y su destino. Con *Cien años de soledad* la novela hispanoamericana del siglo veinte cierra un círculo que se había iniciado con *Los de abajo* de Azuela.

Entre los novelistas de esta misma generación mencionaremos a los mexicanos Vicente Leñero (1933), Fernando del Paso (1935) y Salvador Elizondo (1932); al colombiano Manuel Mejía Vallejo (1923); a los cubanos Guillermo Cabrera Infante (1929) y José Lezama Lima (1910); a los chilenos Carlos Droguett (1915), Enrique Lafourcade (1927), autor de la bien lograda novela *La fiesta del Rey Acab* (1959), y José Donoso (1924); también a los uruguayos Mario Benedetti y Carlos Martínez Moreno (1917). Leñero escribió primero cuentos (*La polvareda*, 1959) y de ahí pasó a la novela. En 1961 publicó *La voz adolorida* y en 1964 *Los albañiles*, premiada en Barcelona por la editorial Seix Barral. La obra gira en torno a la muerte, en una casa de construcción, de un viejo velador degenerado. No se resuelve el crimen, aunque sí se sugieren varios presuntos criminales. Implícita se encuentra la crítica de la policía por los métodos empleados para obtener las confesiones. De interés es el estilo, a través del cual se imita el modo de hablar de la clase humilde de la ciudad de México. En sus últimas novelas (*El garabato*, 1967; *A fuerza de palabras*, 1967), Leñero enfoca problemas psicológicos de los personajes. Su última obra, *Pueblo rechazado* (1969), es un drama en torno al conflicto entre la fe y el psicoanálisis y se basa en el *affaire* Gregorio Lemercier.

Fernando del Paso en su única novela, *José Trigo* (1966), intenta captar el espíritu de la ciudad de México. Elizondo, en cambio, trata temas universales en sus dos novelas (*Farebeuf*, 1965; *El hipogeo secreto*, 1968), intentos de crear la antinovela a la manera de Sarraute y Robbe-Grillet.

La primera es la crónica de un instante y la segunda una novela dentro de una novela que el lector lee mientras el autor escribe. En *Tres tristes tigres* (1967) el cubano Cabrera Infante pinta, usando la jerga habanera, la vida nocturna de la época de Batista. A través de una técnica cinematográfica logra captar las vidas de sus personajes con veracidad. Estrella Rodríguez, cantante cuya vida la relata el fotógrafo Códac, es representativa de ese mundo nocturno habanero. La novela termina con una larga conversación entre dos personajes, Cué y Silvestre, durante una gira nocturna. La ausencia de una estructura rígida coloca a esta novela cerca de la *Rayuela* de Cortázar, pero la supera en cuanto a los experimentos con el lenguaje. La única novela de Lezama Lima (*Paradiso*, 1966) es una minuciosa crónica espiritual, intelectual y moral del protagonista, José Cemí, contada en lenguaje poético, metafórico, erudito, barroco. En verdad la novela es una suma del conocimiento humano. "En *Paradiso*", dice Mario Vargas Llosa, "toda la historia de la humanidad y la tradición cultural europea, aparece resumida, deformada hasta la caricatura, pero a la vez enriquecida poéticamente y asimilada dentro de una gran fábula narrativa americana".

Carlos Martínez Moreno es el autor de dos novelas, *El paredón* (1963), que trata de la revolución cubana, y *La otra mitad* (1966), en donde el narrador, el amante de Cora, trata de descubrir el motivo del asesinato de ésta por el marido, lo mismo que el suicidio del asesino. El tema del adulterio le sirve al autor para hacer un análisis de la moral entre la clase burguesa. Cabe mencionar aquí al novelista argentino Marco Denevi (1922), autor de una popular novela policial, *Rosaura a las diez* (1955), lo mismo que de interesantes cuentos de ambiente ya fantástico, ya psicológico (*Ceremonia secreta y otros cuentos*, 1965; *Falsificaciones*, 1966).

Mario Benedetti (Uruguay, 1920) ha publicado poesía (*La víspera indeleble*, 1945; *Sólo mientras tanto*; *Poemas de la oficina*, 1956; *Poemas del hoyporhoy*, 1961), cuentos (*El último viaje y otros cuentos*, 1951; *Montevideanos*, 1959), crítica literaria (*Letras del continente mestizo*, 1967), teatro (*Ida y vuelta*, 1963) y novela (*Quién de nosotros*, 1953; *La tregua*, 1960; *Gracias por el fuego*, 1965). Su mejor obra es sin duda la novela *La tregua*, historia del burócrata montevideano Santomé, cincuentón que teme el aburrimiento del ocio que sufrirá cuando se jubile. Un último amor con una empleada joven le abre un camino de esperanza, sólo para perderlo con la muerte de la joven. La impotencia del hombre moderno, personificado en Santomé, da a la novela de Benedetti sentido universal. Entre los novelistas chilenos de esta época destaca el nombre de José Donoso, cuya novela *Coronación* (1957) presenta, como la de

Benedetti, los problemas de un solterón (viudo en Benedetti) en decadencia. Andrés, personaje trágico, vive a la sombra de una sombra, la abuela marchita y seca que se pasa la vida en la cama, en una casa empolvada y triste como sus almas. Para escapar de la nada, Andrés cree enamorarse de Estela, la enfermera de la abuela; rechazado, se siente verdaderamente solo, aunque el acto mismo del rechazo sea una afirmación de su existencia. Como Horacio en *Rayuela,* Andrés encuentra el centro de su existencia en la locura, mundo que tiene sus propias leyes y que excluye todo lo que sea angustia y humillación. Ese deseo de encontrarle un significado a la vida es lo que da carácter a los protagonistas de las mejores novelas hispanoamericanas de esta época. Estas novelas ya han afirmado una tradición y creado así una auténtica narrativa que, sin dejar de tener las raíces en el ambiente americano, presenta seres que son universales y temas que atañen al hombre en general.

2. EL CUENTO

La mayor parte de los novelistas mencionados en el anterior apartado ha cultivado también el cuento. Mas hay algunos narradores que no han escrito novelas y que es necesario mencionar aquí. Los cuentistas de esta época siguen muy de cerca las modalidades establecidas por los novelistas. Algunos reflejan la influencia de Borges y los autores de cuentos irreales; otros tratan de dar expresión a nuevas modalidades formales y hacen uso de nuevas técnicas. En el contenido predomina el cuento de lo absurdo, el cuento irreal y el cuento que refleja el mundo irracional en que vivimos.

Augusto Monterroso (Guatemala, 1921) comenzó a escribir cuentos psicológicos en las revistas de su país. En 1959, en México, reunió trece narraciones en *Obras completas y otros cuentos,* libro que le reveló como excelente prosista. La nota característica en Monterroso es la ironía, que a veces se convierte en burla despiadada. En sus más logrados cuentos— "El eclipse", "El concierto", "Mister Taylor", "Diógenes también"— campea una actitud de sátira mordaz ante las actividades cotidianas que ocupan al hombre. En "El dinosaurio" ha estructurado todo un microcuento en una frase: "Cuando despertó, el dinosaurio todavía estaba allí". Los personajes de Monterroso son seres obsesionados por trivialidades: recitar poemas aunque sean malos; ser escritor o actriz aunque no se tenga aptitud para ello. De allí resulta que sus cuentos sean expresiones de un tema y sus variantes: lo absuro de la vida. En la estructura de sus narraciones Monterroso pasa con agilidad del microcuento a la forma abierta, no interrumpida de "Sinfonía concluida", cuento que está escrito en una sola frase larga en la que se capta admirablemente el tema, la "Sinfonía inconclusa" de Schubert. En "Obras completas" resalta la ironía con que Monterroso sabe presentar al maestro incapaz de crear que compensa su infecundidad encauzando la mente de sus discípulos hacia la investigación. En "Vaca" ya apunta la última tendencia de Monterroso, la fábula satírica, en prosa. Ejemplos suyos de este género ya han aparecido en *La oveja negra y demás fabulas* (1969).

En la Argentina el cuento ha seguido las tendencias marcadas por Borges y Cortázar. Predomina, todavía, el relato fantástico, el relato cientificista, despegado por completo de la realidad. Son relatos de tema universal, de ambiente cosmopolita y de asunto irreal. De vez en cuando aparece algún narrador que sigue la tradición criolla. Como representantes de este nuevo cuento argentino mencionaremos a DANIEL MOYANO (1930), autor de cuatro colecciones: *Artistas de variedades* (1960), *La lombriz* (1964), *El monstruo y otros relatos* (1967) y *El fuego interrumpido* (1967). En los de mayor originalidad ("Los mil días", "Una luz muy lejana"), Moyano capta con hondura la vida de los adolescentes de provincia. ABELARDO CASTILLO (1935), director de la revista *El Escarabajo de Oro*, se dio a conocer como cuentista en 1963 con *Las otras puertas*. En 1966, con los *Cuentos crueles*, Castillo reafirmó sus excelentes dotes para la narrativa. Sus mejores cuentos se caracterizan por la síntesis que presenta de motivos fantásticos y realistas. Entre sus mejores producciones hay que mencionar "Los ritos", "Patrón" y "Requiem para Marcial Palma".

En Cuba HUMBERTO ARENAL (1926) se dio a conocer como narrador en 1959 con la novela *El sol a plomo*, a la cual ha añadido dos colecciones de cuentos, *La vuelta en redondo* (1962) y *El tiempo ha descendido* (1964). "El caballero Charles", uno de sus mejores relatos, gira en torno a la patética vida de dos personajes, uno de ellos inconsciente de su tragedia. Los dos, que viven en el pasado, se unen a través del recuerdo del "caballero" Charles y el mundo habanero de hace cuarenta años. En varios de sus cuentos Arenal recrea el mundo de su niñez ("En lo alto de un hilo"), mas sus narraciones nunca podrían ser consideradas como historietas para niños.

Entre los autores jóvenes de México destaca el nombre de JOSÉ EMILIO PACHECO (1939), autor de varios libros de poesía (*Los elementos de la noche*, 1963; *El reposo del fuego*, 1966; *No me preguntes cómo pasa el tiempo*, 1969) y de narraciones (*La sangre de Medusa*, 1958; *El viento distante*, 1963). En sus cuentos predomina la amalgama de elementos reales e irreales, lo que da a sus narraciones un aire mágico, como vemos en "El viento distante", en donde la metamorfosis está admirablemente sugerida. En "Parque de diversiones", en cambio, predomina lo absurdo.

Sebastián Salazar Bondy (Perú, 1924-1965) escribió ensayos (*La poesía contemporánea del Perú*, 1946), drama, poesía (*Confidencias en alta voz*, 1960) y cuentos. *Náufragos y sobrevivientes* (1954), su primera colección de relatos, refleja ya el interés en enfocar los problemas psicológicos de los personajes. Su segunda colección de cuentos, *Pobre gente en París* (1958), es un conjunto de ocho vivencias unidas por el mismo tema, el desarraigo. Otro peruano, Julio Ramón Ribeyro (1929) ha publicado también novelas (*Crónica de San Gabriel*, 1960), dramas (*Santiago, el pajarero*, 1959) y cuentos (*Cuentos de circunstancias*, 1958; *Los gallinazos sin plumas*, 1955; *Las botellas y los hombres*, 1964; *Tres historias sublevantes*, 1964). Entre sus mejores cuentos destacan "Scorpio" y "La insignia". En el primero eleva una simple fábula—rencillas entre dos hermanos—a un plano mitológico asociando el motivo del escorpión al de la constelación del mismo nombre. El desenlace sólo se sugiere. Los personajes están bien captados—como en todos sus cuentos—por medio del monólogo interior, tanto directo como indirecto. Lo absurdo en la sociedad, como tan bien lo presenta en "La insignia", es tema favorito de Ribeyro.

3. LA POESÍA

Los poetas de esta época, como los narradores, se distinguen por su afán de rechazar la obra de sus precursores, a quienes acusan de un excesivo esteticismo; por el deseo de crear nuevas formas; y por el interés en dar expresión a temas nuevos que reflejen sus preocupaciones. Lo que les interesa no es sólo lo personal, sino también la condición humana, los problemas del hombre moderno, su angustia, su desolación ante la nada. En otras palabras, desean que la poesía vuelva a ser humana, que se deje de abstracciones y de pirotécnicas formales. La de ellos es una poesía que tiene su fundamento en la experiencia más que en la tradición, una poesía exasperada, con frecuencia teñida de pesimismo existencialista.

Ya hemos visto que varios de los narradores escriben también poesía (Lezama Lima, Benedetti, Pacheco). Otros escritores, sin embargo, sólo han cultivado la lírica. Entre éstos encontramos al uruguayo Carlos Brandy (1923), autor de poesías rítmicas de tono a veces melancólico. Su primer libro, *Rey humo* (1948) ya refleja esa nota, que se ha de exacerbar en libros posteriores (*Larga es la sombra perdida*, 1950; *La espada*, 1951; *Los viejos muros*, 1954; *Alguien entre los sueños*, 1959; *Juan Gris*, 1964).

En sus mejores poesías encontramos una perfecta sincronización entre el material poético y la forma en que se le expresa, lo que le da a la composición un atractivo encanto; lo que no prohibe que la expresión sea honda y sincera. En Chile ENRIQUE LIHN (1929), considerado por Fernando Alegría como "uno de los tres o cuatro poetas chilenos de mayor vuelo en el periodo actual", ha recogido su lírica en los tomos antológicos *Poemas de este tiempo y de otro*, 1949-1954 (1955) y *La pieza oscura*, 1955-1962 (1963). Predomina en su obra cierto tono neorromántico que le da un sello de originalidad. En la Argentina el poeta que más se ha destacado después de Borges y Molinari ha sido ALBERTO GIRRI (1919), iniciador de la nueva poesía y autor ya de una veintena de libros, entre los cuales sobresalen *Playa sola* (1946), *Línea de la vida* (1955), *Poemas elegidos* (1965), *Envíos* (1966) y *Casa de la mente* (1968). También tiene un libro de cuentos (*Un abrazo de Dios*, 1966). La poesía de Girri se distingue por los temas trascendentes, por la emoción reprimida (como en toda buena poesía) y por las hondas raíces éticas. En esa poesía hay esperanza; el mundo es redimible, pero ya no a través de caducas ideas, sino basándose en una filosofía humana, en un verdadero nuevo humanismo.

Entre los poetas centroamericanos mencionaremos a dos nicaragüenses, ERNESTO MEJÍA SÁNCHEZ (1923) y ERNESTO CARDENAL (1924). El primero, que desde 1944 reside en México, donde dicta clases sobre literatura hispanoamericana en la Facultad de Filosofía y Letras de la Universidad Nacional, obtuvo en 1950 el Premio Nacional de Poesía "Rubén Darío", en Managua, con el libro *La impureza*, que conserva inédito. Pero ya en 1947 había publicado *Ensalmos y conjuros*, y en 1950 *El retorno*. Todavía otro de sus libros de poesía, *Contemplaciones europeas* (1957) fue premiado en El Salvador en 1955. Además de ser excelente poeta—da preferencia al poema en prosa—Mejía Sánchez es un erudito investigador de la literatura. Sus estudios sobre Darío son bien conocidos. También ha dedicado largas horas al estudio y la publicación de la obra de Alfonso Reyes.

Ernesto Cardenal ha publicado poco. Sus dos primeros libros (*La ciudad deshabitada*, 1946; *El conquistador*, 1947) son de mínima extensión. Luego deja de publicar por algún tiempo. En 1957 ingresa en el monasterio trapense Our Lady of Gethsemani en Kentucky, donde se encontraba Thomas Merton. Resultado de esa experiencia fue el libro de poesías *Gethsemani, Ky.* De ellas el poeta ha dicho : "Estos poemas que más bien son apuntes de poemas, no tienen otro valor que el de ser un testimonio de la poesía indecible de esos días, que fueron los más felices y bellos de mi vida". El siguiente libro, *Hora* (1960), reeditado en 1966 bajo el título

La hora O, contiene cuatro poemas escritos entre 1954 y 1956. Tanto el dedicado a Sandino como los otros tres tratan temas políticos. Mario Benedetti considera estos poemas como "los más rigurosos y eficaces que ha dado la poesía política en América Latina". Los últimos libros de Cardenal, que recibió las órdenes sagradas en 1965, son *Salmos* (1964) y *Oración por Marilyn Monroe y otros poemas* (1965).

En Cuba la poesía de esta época la representan, entre otros, CINTIO VITIER (1921), FAYAD JAMÍS (1930) y ROBERTO FERNÁNDEZ RETAMAR (1930). Vitier es el mejor representante del grupo de escritores cubanos que se reunió en torno a la revista *Orígenes* (1944–1956). Precoz poeta (su primer libro, *Poemas*, se publicó en 1938, cuando el autor tenía apenas diecisiete años), ha enriquecido la lírica hispanoamericana con significativas obras (*Sedienta cita*, 1943; *Sustancia*, 1950; *Conjeturas*, 1953; *Canto llano*, 1956), en las que encontramos hondas preocupaciones por los problemas metafísicos que asaltan al hombre contemporáneo. En 1953 reunió sus mejores poesías en el volumen *Vísperas*. Fernández Retamar también recogió ocho de sus libros de poesía bajo el título genérico *Poesía reunida* (1966), lo que nos permite observar un desarrollo ascendente, desde las primeras obras, escritas en 1948, hasta las últimas, que son de 1965. En la poesía de Fernández Retamar encontramos un tono humano que es el resultado, como el poeta mismo dice, de la verdad de experiencia. La misma verdad de experiencia encontramos en los poemas de Jamís, quien para 1962, fecha de *Por esta libertad*, ya había publicado más de seis colecciones.

En Venezuela se han dado a conocer como poetas Rafael Cárdenas (1930), Juan Calzadilla, Ramón Palomares (1935) y José Ramón Medina (1921). Palomares ganó el Premio Municipal de Poesía en Caracas en 1965 con *Paisano*. Medina, tal vez el más importante de esta época, publicó su primer libro, *Edad de la esperanza*, en 1947 y desde ese año su producción ha sido constante y de alto nivel estético. *Texto sobre el tiempo* (1953) le valió el Premio Boscán del Instituto de Cultura Hispánica de Barcelona. Entre sus obras posteriores a ese año mencionaremos *La voz profunda* (1954), *En la reciente orilla* (1956) y *Memorias y elegías* (1960). Su poesía se distingue por la honda sinceridad, por la vehemencia con que da expresión a sus emociones y por el dominio de la forma.

En México los poetas posteriores a Octavio Paz que más se han distinguido son Sabines, Montes de Oca y Aridjis. JAIME SABINES (1925) publicó sus primeras poesías bajo el título *Horal* (1950). Le siguieron *La señal* (1951) y *Adán y Eva* (1952). Han de pasar cuatro años antes de que aparezca *Tarumba* (1956), libro que le dio a conocer a un público internacional. En la colección, serie de poesías unidas por un tema central, el poeta crea un personaje, Tarumba, al cual le relata sus experiencias personales, casi siempre teñidas por el desengaño. En 1961 aparece una antología de la obra de Sabines, cuyo título es significativo : *Poesía de la sinceridad*. Ese año también aparecen las colecciones *En mis labios te sé* y *Diario semanario y poemas en prosa*. En esta última época la voz de Sabines se vuelve más angustiada, más desesperada, y su mundo aún más anti-heroico que en *Tarumba*. Marco Antonio Montes de Oca (1932) se dio a conocer en 1953 con el libro *Ruina de la infame Babilonia* y hoy ya cuenta con más de nueve obras, aparte de las que no ha recogido todavía de los periódicos y las revistas. Entre sus más importantes libros de poesía se encuentran *Contrapunto de la fe* (1955), *Delante de la luz cantan los pájaros* (1959), *Cantos al sol que no se alcanza* (1961), *Vendimia del juglar* (1965) y *Las fuentes legendarias* (1966). En sus mejores composiciones Montes de Oca logra conjugar forma y contenido para dar expresión a vivencias personales primero y luego a temas de protesta, todo ello captado en imágenes de gran fuerza emotiva. Entre los poetas más jóvenes destaca el nombre de Homero Aridjis (1940), quien se dio a conocer como poeta en la *Revista Mexicana de Literatura* ente 1959 y 1960. En el corto plazo de cuatro años publicó cinco libros, cuatro de poesía (*Los ojos desdoblados*, 1960; *La difícil ceremonia*, 1963; *Antes del reino*, 1963; *Mirándola dormir*, 1964) y uno de prosa, *La tumba de Filidor* (relato, 1961). En torno a temas universales Aridjis ha logrado captar con originalidad el mundo circunstancial, proyectando así lo particular hacia lo general, a través de imágenes que van de lo concreto a lo abstracto. En "Mirándola dormir", por ejemplo, encontramos este verso :

Temblando entre dos cuerdas, entre el azul insólito
y la intercambiable introspección.

4. EL ENSAYO Y LA CRÍTICA

Los ensayistas de esta época, como los narradores, se preocupan por problemas universales, pero siempre en relación a lo hispanoamericano. La influencia de Martínez Estrada, de Octavio Paz, y aun de Reyes y de Borges, no ha desaparecido todavía. Los ensayistas de ahora son, en verdad, epígonos de una época. No ha surgido, hasta hoy, una nueva tendencia, una tendencia antiexistencialista, si bien entre los más jóvenes se vislumbra una orientación que es distinta de la que predominó durante la época del existencialismo.

En la Argentina entre los más destacados ensayistas posteriores a Martínez Estrada se encuentra H. A. MURENA (1923), pensador original que en brillante prosa ha expuesto sus ideas en torno al destino del continente. En *El pecado original de América* (1958), colección de seis ensayos, Murena expone esas ideas. América, para él, ha quedado fuera de la historia y, por lo tanto, vacía de espíritu : "No hay nada más viejo o avejentado que esta América integrada por razas indígenas en vías de fusión total o de extinción, y por individuos de razas no originarias de América que en América han visto tornarse inútil, caduco, senil, el espíritu que traían de sus comarcas originales". A pesar de esa pesimista visión, el autor tiene fe. El ensayo termina con estas palabras : "Las consideraciones que hemos hecho proponen, más allá del espejismo de las apariencias del presente, una duda, una posibilidad de optimismo. ¿Será así, pese a todo? La fe debe auxiliarnos. Pero también hay que reflexionar sobre ello". Murena ha publicado también poemas, cuentos (*El centro del infierno*, 1956) y novelas.

Varios de los escritores que hemos mencionado han practicado la crítica literaria. El mismo Murena, Enrique Anderson-Imbert, Martínez Estrada, Paz, Benedetti, Mejía Sánchez, José Emilio Pacheco. Otros, sin embargo, se han dedicado por completo a la crítica literaria. Entre estos destaca el nombre de EMIR RODRÍGUEZ MONEGAL (Uruguay, 1921), quien ha dedicado varios trabajos al estudio de la nueva novela. Entre sus libros principales se encuentran *El juicio de los parricidas* (1956), *Las raíces de Horacio Quiroga* (1963), *Narradores de esta América* (1964) y *Literatura uruguaya del medio siglo* (1966). Rodríguez Monegal es uno de los que más han contribuido al conocimiento de las letras hispanoamericanas. Otro destacado crítico, que también ha cultivado la poesía, la novela y el cuento es el chileno FERNANDO ALEGRÍA (1918), autor de las novelas *Camaleón* (1950) y *Caballo de copas* (1957); de las colecciones de cuentos *El poeta que se volvió gusano* (1956), *Cataclismo* (1960) *La maratón del palomo* (1969), y de los libros de crítica *La poesía chilena* (1954), *Walt Whitman en Hispanoamérica* (1954), *Breve historia de la novela hispano-americana* (1959) y *Literatura chilena del siglo XX* (1962).

Entre los jóvenes ensayistas mexicanos destaca el nombre de GABRIEL ZAID (1934), también reconocido como poeta (*Seguimiento*, 1964; *Campo nudista*, 1969). En 1967, bajo el título *La máquina de cantar*, recogió ocho ensayos y tres notas en torno a temas de estética, enfocando el problema desde el punto de vista de la creación mecánica. Otro ensayista mexicano que se ha dedicado casi exclusivamente a la crítica literaria es EMMANUEL CARBALLO (1925). Sus estudios sobre el cuento mexicano

(*Cuentistas mexicanos modernos*, 1956; *El cuento mexicano moderno*, 1964), lo mismo que sus estudios sobre Torres Bodet y otros escritores contemporáneos (19 *protagonistas de la literatura mexicana del siglo XX*, 1965) le colocan entre los críticos más conocedores del ambiente literario.

5. EL TEATRO

El teatro contemporáneo ha seguido la misma trayectoria que hemos apuntado al hablar de la narrativa. Durante la postguerra, como consecuencia de la aparición del teatro del absurdo, se da menos énfasis, en Hispanoamérica, al teatro de protesta social. Esa ampliación de perspectivas trae consigo un renacimiento del teatro. "Durante estos últimos veinte años," escribía Carlos Solórzano en 1964, "hemos visto surgir compañías teatrales, crear academias de enseñanza, multiplicarse los locales para las representaciones. Paralelamente ha aparecido una serie de autores que aspiran a crear un teatro trascendente, filosófico algunas veces, épico otras, pero siempre ambicioso, nunca banal. Un teatro que aspira a expresar la realidad de los hombres de hoy con instrumentos propios, sin enajenar la fisonomía de sus conflictos, de sus personajes ni de su idioma". Este nuevo teatro de que nos habla Solórzano se cultiva, como siempre, en los centros de larga tradición en el arte dramático. Es allí donde encontramos esos nuevos locales, esos nuevos autores, esos nuevos actores. Pero también, por primera vez, aparecen nuevos centros en los que se cultiva el teatro con entusiasmo. Ese es el caso de Puerto Rico, donde Francisco Arriví (1915) y René Marqués (1919) lograron dar gran impulso al arte dramático escribiendo obras de primera calidad.

Arriví dio al teatro puertorriqueño una orientación hacia lo universal. A partir de 1940, fecha de *Club de solteros*, escribe y presenta una serie de dramas en los que enfoca problemas que atañen al hombre en general, pero sin abandonar la ubicación nacional. En 1947 presenta "María Soledad" (publicado en 1953 bajo el título *Una sombra menos*), en torno a la tragedia del personaje titular, que se mueve en un mundo de ilusiones. En sus últimas obras abandona lo universal para enfocar problemas nacionales. En las piezas *Vegigantes* (1948) y *Medusas en la bahía* (1955) se vale de conflictos sociales y raciales para crear un teatro sumamente dramático. La primera, tal vez su mejor obra, gira en torno al problema de la influencia racial. En 1964 presentó un drama (*Coctel de don Nadie*) que marca todavía una nueva tendencia, la del teatro del absurdo. En el teatro de Marqués, en cambio, no ha desaparecido la nota social. En sus mejores composiciones (*La carreta*, 1953; *La muerte no entrará en palacio*,

1957; *Los soles truncos*, 1958) introduce problemas del hombre puertorriqueño contemporáneo, problemas casi siempre de orientación social, como lo son el desarraigo, la influencia extranjera, los conflictos raciales. En los últimos años el teatro del absurdo también ha afectado a Marqués, como es evidente en *La casa sin reloj* (1961). En un drama posterior (*Mariana o el alba*, 1964) recrea un ambiente histórico, pero sin perder por ello el impacto emotivo característico de su teatro. Marqués es también un excelente cuentista (*Otro día nuestro*, 1955; *En una ciudad llamada San Juan*, 1960). Su tema favorito como narrador es el efecto nocivo que la ciudad industrializada tiene sobre el hombre. También aparecen en sus cuentos algunos de los temas tratados en las comedias, como el de la influencia extranjera en Puerto Rico.

En la Argentina ha aparecido recientemente un grupo de autores dramáticos que han revolucionado el arte teatral. Entre los más destacados cabe mencionar a Carlos Gorostiza (1920), Carlos Maggi (1922) y Agustín Cuzzani (1924). Gorostiza se hizo famoso en 1949 con la obra *El puente*, original pieza en la cual crea la ilusión de lo complejo de la realidad repitiendo las mismas acciones en diferentes escenas, pero enfocándolas desde diferentes puntos de vista. En *El pan de la locura* (1958), una de sus mejores obras, Gorostiza enfoca un problema vital, el de las relaciones entre el hombre y la sociedad, resultado de la transición a una nueva ética fundamentada en la conciencia individual. Maggi presentó en 1958 la comedia *La trastienda*, en la cual dramatiza los problemas de una familia. Al año siguiente, en *La biblioteca*, critica con ironía a un sector más amplio de la sociedad. En la pieza siguiente, *La noche de los ángeles inciertos* (1960) continúa su acerba crítica social. Mas sin dejar, ni aquí ni en los otros dramas, que el fin moral de la obra ofusque los méritos literarios, como son la caracterización de los personajes, la verosimilitud y los diálogos. Cuzzani aborda temas de tradición literaria (*Una libra de carne*, 1954, basado en el drama de Shakespeare), de crítica social (*El centro forward murió al amanecer*, 1955) y de sátira, como en *Sempronio* (1957), "farsátira" en tres actos en donde se desarrolla el tema de la perversión de la ciencia y su encauzamiento hacia fines bélicos. "Escrita con singular maestría", dice Carlos Solórzano, "esta obra se aleja del tono épico de las otras obras del autor y profundiza en el tema del amor creativo, de validez universal, sin perder el arraigo con la Argentina, que se hace patente en los giros idiomáticos y en la directa e inmediata comunicación que los personajes entablan entre sí".

En Chile la rica tradición teatral la continúan, entre otros, Luis Alberto Heiremans (1928-1964) y Egon Wolff (1926). La mejor obra de Heiremans es sin duda *Versos de ciego* (1960), en donde recrea la historia de los Reyes Magos, pero situándola en un ambiente realista, contemporáneo. Anteriores a esa obra son *Noche de equinoccio* (1951), *La jaula en el árbol* (1957), *Moscas sobre el mármol* (1958) y *Esta señorita Trini* (1958). Posterior a *Versos de ciego* es *El abanderado* (1962), drama de inspiración popular. Entre las piezas de Wolff, todas de mérito, destaca *Los invasores* (1962), que gira en torno a la lucha de clases. Para crear la distancia estética el autor enfoca el conflicto a través de escenas de realismo mágico, esto es, de escenas que ocurren en el sueño pero que se realizan. En el desenlace se sugiere que la invasión y destrucción de la casa del industrialista Meyer por los oprimidos se convertirá en realidad. Antes de *Los invasores* Wolff había estrenado *Mansión de lechuzas* (1957), *Discípulos del miedo* (1958), *Parejas de trapo* (1959), *Niñamadre* (1960) y *Esas 49 estrellas* (1962).

En México la renovación teatral iniciada por Villaurrutia y Novo la representan durante la posguerra un brillante grupo de autores, entre quienes destacan Emilio Carballido (1925), Sergio Magaña (1924), Elena Garro (1920), Wilberto Cantón (1923), Luisa Josefina Hernández (1930), Héctor Azar (1930) y Miguel Sabido (1939). Aquí hay que agregar el nombre del guatemalteco Carlos Solórzano (1922), quien reside en México desde 1939. Desde 1954, año en que presentó la comedia ballet *Escuela de cortesanos*, Cantón ha participado activamente en el desarrollo del teatro mexicano, tanto en el INBA (Instituto Nacional de Bellas Artes) como con sus propias obras. En el *Nocturno a Rosario* (1954) recrea el idilio del poeta romántico mexicano Manuel Acuña. En *Malditos* (1958) trata de los problemas de los adolescentes en la gran urbe. En *Inolvidable* (1961) da expresión al tema de la culpabilidad y en *Nosotros somos dios* (1965), tal vez su mejor drama, el del poder humano para hacer el bien.

Carballido se dio a conocer como dramaturgo en Bellas Artes en 1950 con la comedia de ambiente provinciano *Rosalba y los Llaveros*. El mismo año presentó en el Teatro Latino la pieza breve *La zona intermedia*, que nos revela otro aspecto del dramaturgo — su interés en lo fantástico y lo poético. Entre estos dos polos giran sus obras, que se inclinan ya al neorrealismo *(La danza que sueña la tortuga*, 1955; *Felicidad*, 1957; *D.F.*, 1957; *Las estatuas de marfil*, 1960), ya a lo irreal y poético (*La zona intermedia*; *La hebra de oro*, 1956). Si bien durante los últimos años se ha dedicado a la narrativa (*La veleta oxidada*, 1956; *El norte*, 1958; *La caja vacía*, 1962; *Las visitaciones del diablo*, 1965), es en el teatro donde su genio se manifiesta mejor, como podemos ver en las cuatro excelentes piezas recogidas en *Teatro* (1960). "Medusa" es una original recreación del mito de Perseo y sin duda la mejor obra de Carballido. Luisa Josefina Hernández se ha distinguido como novelista y como autora de valiosas piezas dramáticas (*Aguardiente de caña*, 1951; *Afuera llueve*, 1952; *Los sordomudos*, 1953; *Los frutos caídos*, 1957; *Los duendes*, 1958; *Los huéspedes reales*, 1958). Excepto por *Los duendes*, donde predomina el elemento poético, su obra se caracteriza por el interés en la dramatización de conflictos familiares, aun en obras como *Los huéspedes reales*, donde recrea el tema de Electra, pero siempre ubicándolo en un ambiente contemporáneo. Su obra como novelista no es menos importante. Ha publicado *El lugar donde crece la hierba* (1959), *La plaza de Puerto Santo* (1961), *Los palacios desiertos* (1963), *La cólera secreta* (1964), *El valle que elegimos* (1965) y *La memoria de Amadís* (1966).

Héctor Azar ha cultivado la poesía y el drama. Su inteligente dirección del Teatro de la Universidad Nacional ha contribuido al renacimiento del género en México. Entre sus mejores obras se encuentran *La appassionata* (1958), farsa grotesca en un acto, y *Olimpia* (1962), drama en tres actos en torno al tema de la frustración femenina. Entre los más jóvenes dramaturgos mexicanos se halla Miguel Sabido, quien en 1968 en el Teatro Xola presentó con gran éxito la obra *Las tentaciones de María Egipciaca*, admirablemente interpretada por María Douglas. La aportación de Carlos Solórzano al teatro mexicano es considerable. El arte dramático se ha enriquecido con sus obras simbólicas, entre las que descuella *Las manos de Dios* (1957). También ha representado con gran éxito *El hechicero* (1954), *Los fantoches* (1958) y *Los falsos demonios* (1963). En *Las manos de Dios* revive una forma tradicional del teatro español, el auto sacramental, pero en contexto de la vida moderna. El resultado es un poderoso drama en torno a un delicado asunto religioso.

Para terminar mencionaremos al salvadoreño Walter Beneke (1928), quien se dio a conocer como dramaturgo en 1955 con *El paraíso de los imprudentes*. Al año siguiente presentó su mejor obra, *Funeral home*. Su teatro se distingue por la nota existencialista. En la última pieza, cuya acción se desarrolla en una funeraria típica de los Estados Unidos, la indecisión de parte de María, que acaba de perder a su esposo, prohibe que se vaya con el médico centroamericano, que se suicida. Las circunstancias no permiten que sean felices. Contrastadas a las vidas trágicas de María y Bernardo se encuentran las de los esposos dueños de la funeraria, quienes han aceptado la rutinaria vida y creen que son felices. La nota satírica la encontramos en el hecho de ser Navidad cuando ocurre la tragedia.

6. APUNTE FINAL

La literatura hispanoamericana, durante los últimos treinta años, ha pasado por un verdadero renacimiento. En nuestra sucinta vista panorámica de estos últimos años, hemos hablado de los principales autores que han contribuido a ese florecimiento de las letras; hemos escogido a aquellos que marcan tendencias bien definidas o abren nuevas perspectivas al desarrollo de esa rica literatura.

En el pasado fue la poesía el género que atrajo a los más destacados talentos (Sor Juana, Darío). Durante la primera mitad del siglo veinte, si bien la poesía sigue cultivándose y cuenta con obras de primera categoría, como lo son las de Neruda y Paz, la narrativa comienza a atraer a otros. Borges abandona la lírica para escribir cuentos. Su ejemplo, lo mismo que el de los novelistas de la tierra, alienta a los escritores que empiezan a escribir hacia 1940. El resultado es la creación de la nueva novela hispanoamericana, cuyos cultivadores (Rulfo, Fuentes, Cortázar, Vargas Llosa, García Márquez), logran franquear las fronteras nacionales y ser reconocidos y leídos en el extranjero. Por primera vez en la historia de la literatura hispanoamericana, la novela sobrepasa a la poesía en importancia.

Esta nueva literatura ya es plenamente hispanoamericana. Si los escritores anteriores al modernismo todavía imitaban a los europeos, no ocurre lo mismo a partir de Darío y sus contemporáneos. Pero es después de la Primera Guerra Mundial cuando verdaderamente la literatura hispanoamericana surge como una entidad original, de rasgos propios que la identifican como diferente de la de otras regiones.

¿Cuál será, nos preguntamos, el futuro de la literatura hispanoamericana? Podríamos decir que, en nuestro concepto, el pasado ha sido sólo un preludio. Tenemos confianza que en el futuro aparecerán nuevos escritores que continuarán la rica tradición establecida por los autores que hemos mencionado. Los jóvenes que hoy escriben, y otros que apenas comienzan a darse a conocer, lograrán dar lustre a las letras no sólo emulando a sus precursores, sino superándolos.

BIBLIOGRAFÍA
(Véase también la Bibliografía General, pp. 363-385.)

GENERAL

Estudios y Antologías

Alegría, Fernando. *Literatura chilena del siglo XX.* Santiago : Zig-Zag, 1967. (Ed. aum. de *Las fronteras del realismo.* Santiago : Zig-Zag, 1962.) ———. *La literatura chilena contemporánea.* Buenos Aires : CEAL, 1968.

Bayley, Edgar. *Poetas argentinos contemporáneos.* Buenos Aires : Eds. Poesía Buenos Aires, 1954.

Bellini, Giuseppe. *Teatro messicano del novecento.* Milan : Inst. Edit. Cisalpino, 1959.

Beneditti, Mario. *Literatura uruguaya siglo XX.* Montevideo : Alfa, 1963.

Bueno, Salvador. *Medio siglo de literatura cubana.* La Habana : Comisión Nac. Cubana de la UNESCO, 1953.

Carilla, Emilio. *Estudios de literatura argentina.* Tucumán : Univ. de Tucumán, 1961.

Cea, José Roberto. *Poetas jóvenes de El Salvador.* San Salvador : Edit. Tigre de Sol, 1960.

Cid de Pérez, Dolores. *Teatro contemporáneo cubano.* Madrid : Aguilar, 1959.

Cohen, J. M. *Writers in the New Cuba; An Anthology.* Baltimore : Penguin, 1967. ———. *Latin American Writing Today.* Baltimore : Penguin, 1967.

Couffon, Claude. *Hispanoamérica en su nueva literatura.* Versión castellana por José Corrales Egea. Santander : Artes Gráficas Hermanos Bedia, 1962.

Ferrero, Mario. *La prosa chilena del medio siglo.* Santiago, 1960.

Fuentes, Carlos. *La nueva novela hispanoamericana.* México : Joaquín Mortiz, 1969.

González Freire, Natividad. *Teatro cubano 1927-1961.* La Habana : Minist. de Rel. Ext., 1961.

Guzmán, Augusto. *Panorama de la literatura boliviana del siglo XX.* Cochabamba : Edit. "Los Amigos del Libro", 1967.

Isaacson, José y Carlos Enrique Urquía. *40 años de poesía argentina, 1920-1960.* Buenos Aires : Edit. Aldaba, 1962. (Tomo 1, 1920-1930; tomo 2, 1930-1950.)

Lafforgue, Jorge, et al. *Nueva novela latinoamericana,* I. Buenos Aires : Edit. Paidós, 1969.

Leal, Luis. *Panorama de la literatura mexicana actual.* Washington : Unión Panamericana, 1968. (Amplia bibliografía.)

Meléndez, Concha. "La literatura de ficción en Puerto Rico", *Asomante,* XX, 3 (julio-sept, 1964), 7-23.

Núñez, Estuardo. *La literatura peruana en el siglo veinte: 1900-1965.* México : Edit. Pormaca, 1965.

PAZ, Octavio. *Poesía en movimiento (México, 1915–1966).* México : Siglo XXI Eds., 1966.

REAL DE AZUA, C. *Antología del ensayo uruguayo contemporáneo.* 2 vols. Montevideo : Univ. de la Rep., 1964.

RODRÍGUEZ MONEGAL, Emir. *Literatura uruguaya del medio siglo.* Montevideo : Edit. Alfa, 1966.

SANTANA, Francisco. *La nueva generación de prosistas chilenos.* Santiago, 1949.

SAZ, Agustín del. *Nueva poesía panameña.* Madrid : Eds. Cult. Hisp., 1954.

SCHULMAN, Ivan A. *et al. Coloquio sobre la novela hispanoamericana.* México : Fondo de Cult. Econ., 1967.

SOLÓRZANO, Carlos. *Teatro latinoamericano del siglo XX.* Buenos Aires : Eds. Nueva Visión, 1961.

——. *Teatro latinoamericano en el siglo XX.* México : Pormaca, 1964.

——. *El teatro latinoamericano contemporáneo* (antología). 2 vols. México : Fondo de Cult. Econ., 1964.

Teatro peruano contemporáneo. Madrid : Aguilar, 1959.

URIBE FERRER, René. *Modernismo y poesía contemporánea.* Pról. de Rafael Maya. Medellín : Edit. La Tertulia, 1962.

WILLIAMS, Miller. *Chile: An Anthology of New Writings.* Kent, Ohio : Kent Univ. Press, 1968.

A. Postvanguardismo y existencialismo

1. LA POESÍA

RICARDO E. MOLINARI

TEXTOS Y ESTUDIOS

ARÍSTIDES, Julio. *Ricardo E. Molinari o la agonía en el tiempo.* Buenos Aires : Edit. Américalee, 1965.

Cancionero del Príncipe de Vergara. Buenos Aires, 1933. (Ed. del autor.)

Cuaderno de la madrugada. Buenos Aires, 1939. (Ed. del autor.)

Días donde la tarde es un pájaro. Buenos Aires : Emecé, 1954.

Dic. de la literatura latinoamericana: Argentina. Washington : Unión Panamericana, 1961, II, 335–338. (Amplia bibliografía.)

El alejado. Buenos Aires, 1943. 2a. ed., Buenos Aires : Edit. Albatrós, 1957.

El cielo de las alondras y las gaviotas. Buenos Aires : Emecé, 1963.

El desdichado. Buenos Aires, 1934. (Ed. del autor.)

Elegía. Buenos Aires, 1933. (Ed. del autor.)

Elegía a Garcilaso. Buenos Aires, 1939. (Ed. del autor.)

Elegías de las altas torres. Buenos Aires : Eds. de la Asoc. Cult. Ameghino, 1937.

El huésped y la melancolía, 1944–1946. Buenos Aires : Emecé, 1946.

El imaginero. Buenos Aires : Edit. Proa, 1927.

El pez y la manzana. Buenos Aires : Edit. Proa, 1929.

El tabernáculo. Buenos Aires, 1934. (Ed. del autor.)

Epístola satisfactoria. Buenos Aires, 1935. (Ed. del autor.)

Esta rosa oscura del aire (1946–1949). Buenos Aires, 1949.

Hostería de la rosa y el clavel. Buenos Aires, 1933. (Ed. del autor.)

La corona; sonetos. Buenos Aires, 1939. (Ed. del autor.)

La muerte en la llanura. Buenos Aires, 1937. (Ed. del autor.)

La tierra y el héroe. Buenos Aires, 1936. (Ed. del autor.)

Libro de la paloma. Buenos Aires, 1934. (Ed. del autor.)

Libro de las soledades del poniente. Buenos Aires, 1939. (Ed. del autor.)

Mundos de la madrugada (antología). Buenos Aires : Edit. Losada, 1943.

Nada. Buenos Aires, 1937. (Ed. del autor.)

Nunca. Madrid : Eds. Héroe, 1933.

Oda de amor. Buenos Aires, 1940. (Ed. del autor.)

Panegírico de Nuestra Señora de Luján. Buenos Aires : Edit. Proa, 1930. Otra ed., Buenos Aires : Delta, 1932.

Poemas a un ramo de la tierra purpúrea. Montevideo, 1959.

Pousa, Narciso. *Ricardo E. Molinari.* Buenos Aires : Eds. Culturales Argentinas, Minist. de Educ. y Just., 1961. (Bibliografía.)

Seis cantares de la memoria. Buenos Aires : Eds. "El Uriponte", 1941.

Sonetos a una camelia cortada. Buenos Aires, 1949. (Ed. del autor.)

Una rosa para Stefan George. Buenos Aires, 1934. (Ed. del autor.)

Una sombra antigua canta. Buenos Aires : Emecé, 1966.

Un día, el tiempo, las nubes. Buenos Aires : Sur, 1964.

Unida noche. Buenos Aires : Emecé, 1957.

JORGE CARRERA ANDRADE

TEXTOS Y ESTUDIOS

Aquí yace la espuma. París : Edit. Presencias Americanas, 1950.

Biografía para uso de los pájaros. París : Ed. Cuadernos del Hombre Nuevo, 1937.

Boletines de mar y tierra. Pról. de Gabriela Mistral. Barcelona : Edit. Cervantes, 1930.

Canto a las fortalezas, Volantes, Cuaderno del paracaidista. Dos poemas. Caracas : Eds. Destino, 1945.

Dic. de la literatura latinoamericana: Ecuador. Washington : Unión Panamericana, 1962, pp. 94–99.

Durand, René L.-F. *Jorge Carrera Andrade.* París : Edit. Seghers, 1966. (Con textos y bibliografía.)

Edades poéticas, 1922–1956. Ed. def. corr. por el autor. Quito : Casa de la Cult. Ecuatoriana, 1958. (Contiene *Noticias del cielo,* 1935.)

El alba llama a la puerta. París, 1966. (Ed. del autor.)

El estanque inefable. Quito : Univ. Central, 1922.

El tiempo manual. Madrid : Eds. Literatura, 1935.

El visitante de niebla y otros poemas. Caracas : Suma, 1945. 2a. ed., Quito : Casa de la Cult. Ecuatoriana, 1947. Trad. al inglés de G. R. Coulthard, *Visit of Mist.* London : Williams and Norgate, 1950.

Familia de la noche. París : Col. Hispanoamericana, 1954.

Floresta de guacamayos. Managua : Edit. Nicaragüense, 1964.

Guía de la joven poesía ecuatoriana. Tokio : Edit. Asia-América, 1939.

HEALD, William F. "*Soledad* in the Poetry of Jorge Carrera Andrade", *PMLA*, LXXVI (1961), 608–612.

Hombre planetario. Bogotá : Eds. Mito, 1959. Otra ed., Quito : Casa de la Cult. Ecuatoriana, 1963.

La guirnalda del silencio. Quito : Imp. Nacional, 1926.

La hora de las ventanas iluminadas. Santiago : Ercilla, 1937.

Latitudes, viajes, hombres, lecturas. Buenos Aires : Eds. Perseo, 1940.

Lugar de origen. Caracas : Suma, 1945. Otra ed., Quito : Casa de la Cult. Ecuatoriana, 1951.

Microgramas. Precedidos de un ensayo y seguidos de una selección de haikai japoneses. Tokio : Edit. Asia-América, 1940.

Mirador terrestre (ensayos sobre cultura ecuatoriana). Nueva York : Las Américas, 1943.

Mi vida en poemas. Ensayo autocrítico seguido de una selección poética. Caracas : Eds. Casa del Escritor, 1962.

Moneda del forastero. Dijon : G. Chambelland, 1958.

País secreto. Tokio, 1940. (Ed. del autor.) Trad. al inglés por Muna Lee, *Secret Country.* New York : Macmillan, 1946. (Ed. bilingüe.)

PALLEY, Julian. "Temática de Jorge Carrera Andrade", *Hispania*, XXXIX (1956), 80–83.

Poesías escogidas. Pref. de Pedro Salinas. Caracas : Suma, 1945.

Registro del mundo; antología poética, 1922–1939. Quito : Imp. de la Univ., 1940. Otra ed., México : Edit. Séneca, 1945.

Rol de la manzana; poesías (1926–1929). Pról. de Benjamín Jarnés. Madrid : Espasa-Calpe, 1935.

Sus primeros poemas. Caracas : Lírica Hispana, 1962.

GERMÁN PARDO GARCÍA

TEXTOS

Acto poético de ... Pról. de Manuel Scorza. México : Cuadernos Amer., 1953.

Akroteraz. Adorno para los Juegos Olímpicos de México. México : Talleres Gráficos Menhir, 1968.

Antología poética. Próls. de Andrés Holguín y Javier Arango Ferner. México :
    Imp. Veracruz, 1944.
Centauro al sol. México : Edit. Cultura, 1959.
Claro abismo. México : A. del Bosque, 1940.
El cosmonauta. México, 1962.
El defensor. México : Edit. Cultura, 1964.
Elegía italiana. México : Talleres Gráficos Menhir, 1966.
Eternidad del ruiseñor. México : Cuadernos Amer., 1956.
Hay piedras como lágrimas. México : Edit. Cultura, 1957.
Labios nocturnos. México : Edit. Cultura, 1965.
La cruz del sur. México : Edit. Cultura, 1960.
Las voces naturales. México, 1945.
Los ángeles de vidrio. México, 1962.
Los cánticos. México, 1935.
Los júbilos ilesos. México, 1933.
Los relámpagos. México : Edit. Cultura, 1965.
Los sonetos del convite. México, 1935.
Los sueños corpóreos. México, 1947.
Lucero sin orillas. México : Cuadernos Amer., 1952.
Mural de España. México : Edit. Cultura, 1966.
Osiris preludial. México, 1960.
Poemas. Madrid : Eds. Guadarrama, 1958.
Poemas contemporáneos. México, 1949.
Poderíos. México, 1937.
Presencia. México, 1938.
Sacrificio. México, 1943.
30 años de labor del poeta colombiano . . . 1930 a 1960. México : Edit. Cultura,
    1961.
U.Z. llama al espacio. México : Cuadernos Amer., 1954.
Voluntad. Bogotá, 1930. (Ed. del autor.)

Estudios

Arango Ferner, Javier. "Germán Pardo García o el poeta de la desolación",
    Rev. Nacional, Montevideo (sept., 1943), pp. 421–432.
Dic. de la literatura latinoamericana: Colombia. Washington : Unión Pan-
    americana, 1959, pp. 164–166.
Figueira, Gastón. "Visión lírica de Germán Pardo García", *Sustancia,* Tucumán
    (marzo–abril, 1943), pp. 328–336.
García Prada, Carlos. "Ahora . . . ¡un poeta de la soledad!" *Estudios his-
    panoamericanos.* México : El Colegio de México, 1945, pp. 205–
    217.
López Narváez, Carlos. "Germán Pardo García, poeta continental", *Espiral*
    Bogotá, VII (ago., 1957), 6.

EUGENIO FLORIT

Textos y Estudios

Antología poética, 1930-1955. Pról. de Andrés Iduarte. México, 1956.
Asonante final y otros poemas. La Habana, 1955.
Conversación con mi padre. La Habana, 1949.
Cuatro poemas. La Habana, 1940.
Doble acento. Pról. de Juan Ramón Jiménez. La Habana, 1937.
"Eugenio Florit", en Florit y Jiménez, *La poesía hispanoamericana desde el modernismo*. New York : Appleton-Century-Crofts, 1968. (Amplia bibliografía crítica.)
Hábito de esperanza. Poemas (1936-1964). Madrid : Ínsula, 1965.
Poema mío, 1920-1944. México, 1947.
Reino. La Habana, 1938.
32 poemas breves. La Habana, 1927.
Trópico. La Habana, 1930.

OCTAVIO PAZ

Textos

Agua y viento. Bogotá : Eds. Mito, 1959.
¿Águila o sol? (prosas). México : Fondo de Cult. Econ., 1951.
A la orilla del mundo. México : Agencia Edit. Mexicana, 1942.
Bajo tu clara sombra. Valencia : Eds. Héroe, 1937. 2a. ed., México, 1941.
Blanco. México : Edit. Joaquín Mortiz, 1967.
Claude Lévi-Strauss o el nuevo festín de Esopo (ensayo). México : Edit. Joaquín Mortiz, 1967.
Conjunciones y disyuntivas (ensayos). México : Edit. Joaquín Mortiz, 1969.
Corriente alterna (ensayos). México : Siglo XXI Eds., 1967.
Cuadrivio (crítica literaria). México : Edit. Joaquín Mortiz, 1965.
"Cuento de dos jardines" (poesía), *Ínsula*, XXIV, 270 (mayo, 1969), 3-4.
Dos y uno tres. Palma de Mallorca : Eds. Papeles de Son Armadans, 1961.
El arco y la lira (ensayo). México : Fondo de Cult. Econ., 1956.
El día de Udaipur. Palma de Mallorca : Papeles de Son Armadans, 1963.
El laberinto de la soledad (ensayos). México : Cuadernos Amer., 1950. 2a. ed., México : Fondo de Cult. Econ., 1959. 3a. ed., 1963. 4a. ed., 1964.
Entre la piedra y la flor. Poema. México : Nueva Voz, 1941. 2a. ed., México : Eds. Asoc. Civil Yucatán, 1956.
La estación violenta. México : Fondo de Cult. Econ., 1958.
La hija de Rapaccini (obra dramática). México, 1956.
Las peras del olmo (crítica literaria). México : Imp. Univ., 1957. 2a. ed., 1965.
Libertad bajo palabra. México : Fondo de Cult. Econ., 1949. 2a. ed., *Obra poética (1935-1958)*, 1960.
Los signos en rotación. Buenos Aires : Sur, 1965.

Luna silvestre. México : Edit. Fábula, 1933.

Magia de la risa. En col. con Alfonso Medellín Zenil. Xalapa : Edit. Univ. Veracruzana, 1962.

Marcel Duchamp o el castillo de la pureza (ensayo). México : Era, 1968.

¡No pasarán! Poemas. México : Edit. Simbad, 1936.

Piedra de sol. México : Fondo de Cult. Econ., 1957.

Puertas al campo (ensayos). México : UNAM, 1966.

Raíz del hombre. México : Edit. Simbad, 1937.

Rufino Tamayo (ensayo). México, 1959.

Salamandra. México : Edit. Joaquín Mortiz, 1962.

Selected Poems of Octavio Paz. Trad. de Muriel Rukeyser. Bloomington : Indiana Univ. Press, 1963. (Ed. bilingüe.)

Semillas para un himno. México : Fondo de Cult. Econ., 1954.

Sendas de Oku. Poesía de Matsúo Basho, trad. directa del japonés, con la colaboración de Eikichi Hayashiya. México : Imp. Univ., 1957.

Viento entero. Nueva Delhi, 1966.

Vindrabam. Madurai. Nueva Delhi, 1965.

ESTUDIOS

BELLINI, Giuseppe. "Octavio Paz : l'esperienza asiatica nella sua poesia", *Quaderni Ibero-Americani*, XXXIV (1967), 103–107.

BERNARD, Judith. "Myth and structure in Octavio Paz' *Piedra de sol*", *Symposium*, XXI (1967), 5–13.

CORTÁZAR, Julio. Sobre *Libertad bajo palabra*, *Sur*, XVII, 182 (dic., 1949), 93–95.

COUFFON, Claude. "Entrevista con Octavio Paz", *Cuadernos*, 36 (mayo-jun., 1959), 79–82.

Dic. de escritores mexicanos. México : UNAM, 1967, pp. 278-280. (Amplia bibliografía.)

DURÁN, Manuel. "La estética de Octavio Paz", *Rev. Mexicana de Lit.*, 8 (nov.-dic., 1956), 114–136.

——. "Libertad y erotismo en la poesía de Octavio Paz", *Sur*, 276 (1962), 72–77. Trad. al inglés en *Books Abroad*, XXXVII (1963), 373–377.

EMBEITA, María. "Octavio Paz : poesía y metafísica", *Ínsula*, XXIII (jul.-ago., 1968), 12–14.

FEIN, John M. "The Mirror as Image and Theme in the Poetry of Octavio Paz", *Symposium*, L, 10 (Fall, 1956), 251–270.

LEAL, Luis. "Una poesía de Octavio Paz", *Hispania*, XLVIII, 4 (1965), 841–842.

MERMALL, Thomas. "Octavio Paz : *El laberinto de la soledad* y el psicoanálisis de la historia", *Cuadernos Amer.*, CLVI (1968), 97–114.

NELKEN, Zoila. "Los avatares del tiempo en *Piedra de sol* de Octavio Paz", *Hispania*, LI (1968), 92–94.

NUGENT, Robert. "Structure and Meaning in Octavio Paz' *Piedra de sol*", *Kentucky Foreign Language Quarterly*, XIII, 3 (1966), 138-146.

PANICO, Marie J. "Motifs and Expression in Octavio Paz : An Explication of His Spoken Anthology". Tesis doctoral inédita. Univ. of Maryland, 1967.

RAMBO, Anne Marie R. "The Presence of Women in the Poetry of Octavio Paz", *Hispania*, LI (1968), 259-264.

RODRÍGUEZ MONEGAL, Emir. "Octavio Paz : crítica y poesía", *Mundo Nuevo*, 21 (marzo, 1968), 55-62.

SOUZA, Raymond D. "The World Symbol and Synthesis in Octavio Paz", *Hispania*, XLVII, 1 (marzo, 1964), 60-65.

WING, George G. "Octavio Paz : Poetry, Politics, and the Myth of the Mexican". Tesis doctoral inédita. Univ. de Calif., Berkeley, 1961.

XIRAU, Ramón. "La poesía de Octavio Paz", *Cuadernos Amer.*, X, 4 (jul.-ago., 1951), 288-298.

XIRAU, Ramón. *Tres poetas de la soledad*. México : Antigua Librería Robredo, 1955. (Gorostiza, Villaurrutia, Paz.)

———. *Octavio Paz: el sentido de la palabra*. México : Joaquín Mortiz, 1970.

NICANOR PARRA

TEXTOS Y ESTUDIOS

ALEGRÍA, Fernando. "Nicanor Parra, el antipoeta", *Cuadernos Amer.*, XIX, 3 (1960), 209-221. Recogido en *Literatura chilena del siglo XX*, Santiago : Zig-Zag, 1967, pp. 267-283. Trad. al inglés en *Odyssey*, II, ii (1962), 25-37.

BENEDETTI, Mario. "Nicanor Parra descubre y mortifica su realidad", *Letras del continente mestizo*. Montevideo, 1967, pp. 77-87.

Cancionero sin nombre. Santiago : Nascimiento, 1937.

Canciones rusas. Santiago : Edit. Univ., 1967.

La cueca larga. Santiago, 1958. Otra ed., *La cueca larga y otros poemas*, Buenos Aires, 1964.

LAGO, Tomás (ed.). *Tres poetas chilenos* (Parra, Victoriano Vicario, Oscar Castro). Santiago : Cruz del Sur, 1942.

LIHN, Enrique. "Introducción a la poesía de Nicanor Parra", *Anales de la Univ. de Chile*, cix (1951).

LINDO, Hugo. "Nicanor antipoeta", *Repertorio Amer.* (mar., 1958).

Obra gruesa. Santiago : Edit. Univ., 1969.

Poemas y antipoemas. Santiago : Nascimiento, 1954. Otra ed., 1956.

ROSSLER, Osvaldo. Reseña de *Obra gruesa*, *La Nación* (5 oct., 1969).

Versos de salón. Santiago, 1962.

WILLIAMS, Miller. "A Talk With Nicanor Parra", *Shenandoah*, XVIII, i (1966), 71-78.

2. LA NARRATIVA

a. La novela psicológica

MARÍA LUISA BOMBAL

Textos y Estudios

Allen, Martha E. "Dos estilos de novela : Marta Brunet y María Luisa Bombal", *Rev. Iber.*, XVIII, 35 (1952), 63–91.

Borges, Jorge Luis. "*La amortajada*", *Sur*, 47 (ago., 1938), 80–81.

Campbell, Margaret V. „The Vaporous World of María Luisa Bombal", *Hispania*, XLIV (1961), 415–419.

"El árbol", *Sur*, IX, 60 (sept., 1939).

Ewart, Germán. "Retratos : María Luisa Bombal", *El Mercurio* (18 feb., 1962), p. 1.

Geel, María Carolina. *Siete escritoras chilenas.* Santiago, 1957, pp. 33–43.

Goić, Cedomil. "*La última niebla:* consideraciones en torno a la estructura de la novela contemporánea", *Anales de la Univ. de Chile*, CXXI, cxxviii (1964), 59–83.

"Historia de María Griselda", *Sur*, XV, 142 (ago., 1946).

La amortajada. Buenos Aires : Sur, 1938. Otras eds., Santiago : Nascimiento, 1941, 1962. Trad. al inglés, *The Shrouded Woman.* New York : Farrar, Straus, and Company, 1948.

"Las islas nuevas", *Sur*, IX, 53 (feb., 1939).

"Las trenzas", *Saber Vivir*, Buenos Aires, I, 2 (sept., 1940).

La última niebla. Pról. de Amado Alonso. Buenos Aires : Francisco A. Colombo, 1935. Otras eds., Santiago : Nascimiento, 1941 (contiene "El árbol" y "Las islas nuevas"); Santiago : Nascimiento, 1962. Trad. al inglés, *House of Mist*, New York : Farrar, Straus and Company. Trad. al portugués de Carlos Lacerda, *Entre a vida e o sonho*, Río de Janeiro : Irmaõs Pongett, 1949.

"Mar, cielo y tierra", *Saber Vivir*, Buenos Aires, I, 1 (ago., 1940).

Seator, Lynette. "La creación del ensueño en *La última niebla*", *Armas y Letras*, VIII, 4 (dic., 1965), 38–45.

EDUARDO MALLEA

Textos

Adiós a Lugones. Buenos Aires : Talleres Gráficos Angusta, 1942.

Conocimiento y expresión de la Argentina. Buenos Aires : Sur, 1935.

Cuentos para una inglesa desesperada. Buenos Aires : Gleiser, 1926. Otra ed., Buenos Aires : Espasa-Calpe, 1944, "Col. Austral", 202.

Chaves. Buenos Aires : Losada, 1953.

El gajo de enebro. Tragedia en tres actos. Buenos Aires : Emecé, 1957.

El resentimiento. Buenos Aires : Sudamericana, 1966.

El retorno. Buenos Aires : Espasa-Calpe, 1946. (Incluye *El alejamiento.*)

El sayal y la púrpura. Buenos Aires : Losada, 1941. 2a. ed., 1947. 3a. ed., 1962.

El vínculo, Los Rembrandts, La rosa de Cernobbio. Buenos Aires : Emecé, 1946.

Fiesta en noviembre. Buenos Aires : Club del Libro, 1938. Otra ed., Buenos Aires : Losada, 1942.

Historia de una pasión argentina. Buenos Aires : Sur, 1937. Otras eds., Buenos Aires : Espasa-Calpe, 1940; Buenos Aires : Sudamericana, 1961, con Pról. de Francisco Romero.

La bahía de silencio. Buenos Aires : Sudamericana, 1940. Trad. al inglés de Stuart E. Grummon, *The Bay of Silence.* New York : Knopf, 1944.

La barca de hielo. Buenos Aires : Sudamericana, 1967.

La ciudad junto al río inmóvil. Buenos Aires : Sur, 1936. Otras eds., Buenos Aires : Anaconda, 1938; Buenos Aires : Sudamericana, 1954.

La guerra interior. Buenos Aires : Sur, 1963.

La raza humana. Buenos Aires : Losada, 1959.

La red. Buenos Aires : Sudamericana, 1968.

La representación de los aficionados; un juego. Buenos Aires : Sudamericana, 1962.

Las águilas. Buenos Aires : Sudamericana, 1943. Otras eds., 1947, 1956.

La sala de espera. Buenos Aires : Sudamericana, 1953.

Las travesías. 2 vols. Buenos Aires : Sudamericana, 1961-1962.

La torre. Buenos Aires : Sudamericana, 1951. (2a. pte. de *Las águilas.*)

La vida blanca. Buenos Aires : Sur, 1960.

Los enemigos del alma. Buenos Aires : Sudamericana, 1950.

Meditación en la costa. Buenos Aires : Imp. Mercantil, 1939.

Nocturno europeo. Buenos Aires : Sur, 1935. Otra ed., Buenos Aires : Anaconda, 1938.

Notas de un novelista. Buenos Aires : Emecé, 1954.

Obras completas. 2 vols. Pról. de Mariano Picón Salas. Buenos Aires : Emecé, 1961.

Poderío de la novela. Buenos Aires : Aguilar, 1965.

Posesión. Buenos Aires : Sudamericana, 1958. (Contiene también "Los zapatos" y "Ceilán".)

Prosa de ver y pensar. Una selección de escritos literarios a cargo de Eduardo Mallea. Buenos Aires : Emecé, 1943.

Rodeada está de sueño (Memorias poemáticas de un desconocido). Libro Primero: El alejamiento. Buenos Aires : Espasa-Calpe, 1944.

Simbad. Buenos Aires : Sudamericana, 1957.

Todo verdor perecerá. Buenos Aires : Espasa-Calpe, 1941. Otras eds., Madrid : Aguilar, 1962, con Pról. de Guillermo de Torre; London : Pergamon Press, 1967, ed. de Donald L. Shaw. Trad. al inglés de John B. Hughes, New York : Knopf, 1966.

Estudios

Becco, Horacio Jorge. *Eduardo Mallea*. Buenos Aires : Univ. de Buenos Aires, 1959.

Belloni, Manuel. "The Inner Silence of Eduardo Mallea", *Américas*, XIX (oct., 1967), 20–27.

Concha, Jaime. "Eduardo Mallea en su fase inicial", *Anales de la Univ. de Chile*, CXXIII, cxxxv (1965), 71–107.

Chapman, Arnold. "Terms of Spiritual Isolation in Eduardo Mallea", *Modern Language Forum*, XXXVI (1951), 21–27.

Dic. de la literatura latinoamericana: Argentina. Washington : Unión Panamericana, 1961, II, 319–323.

Flint, J. M. "The Expression of Isolation : Notes on Mallea's Stylistic Technique", *Bulletin of Hispanic Studies*, XCIV (1967), 203–209.

Gillessen, Herbert. *Themen, Bilder und Motive im Werk Eduardo Mallea*. Genève : Droz, 1966.

Grieben, Carlos F. *Eduardo Mallea*. Buenos Aires : Minist. de Educ. y Just., 1961.

Lewald, Ernest H. "Mallea's Theme in *La bahía de silencio*", *Hispania*, XL (1957), 176–178.

Lichtblau, Myron. *El arte estilístico de Eduardo Mallea*. Buenos Aires : J. Goyanarte, 1967.

Morsella, Astur. *Eduardo Mallea*. Buenos Aires : Edit. Mac-Co., 1957.

Percas Ponseti, Helena. "Sobre el sentido de la obra de Mallea", *Rev. Hisp. Mod.*, XXXIII (1967), 85–88.

Pinkerton, Marjorie J. "Eduardo Mallea, suplemento a una bibliografía", *Rev. Iber.*, XXX, 58 (jul.-dic., 1964), 319–323.

Polt, John H. R. *The Writings of Eduardo Mallea*. Berkeley : Univ. of Calif. Press, 1959.

Shaw, Donald L. "Narrative Technique in Mallea's *La bahía de silencio*", *Symposium*, XX (1966), 50–55.

——. "Eduardo Mallea y la novela hispanoamericana contemporánea", *Razón y Fábula*, Rev. de la Univ. de los Andes, Bogotá, VII (marzo, 1968), 19–24.

JUAN CARLOS ONETTI

Textos y Estudios

Benedetti, Mario. "Juan Carlos Onetti y la aventura del hombre", *Literatura uruguaya siglo XX*. Montevideo, 1963, pp. 77–95.

El astillero. Buenos Aires : Comp. Gen. Fabril Edit., 1961. 2a. ed., 1969.

El infierno tan temido. Montevideo : Edit. Asir, 1962.

El pozo. Montevideo : Signo, 1939. Otra ed., seguida de "Origen de un novelista y de una generación" por Ángel Rama, Montevideo : Edit. Arca, 1965.

HARSS, Luis. "Juan Carlos Onetti o la sombra en la pared", *Los nuestros*. Buenos Aires, 1966, pp. 214-251.

IRBY, James E. *La influencia de William Faulkner en cuatro narradores hispanoamericanos* (Novás Calvo, Revueltas, Rulfo, Onetti). México, 1956.

Jacobo y el otro; un sueño realizado y otros cuentos. Montevideo : Eds. de la Banda Oriental, 1965.

Juntacadáveres. Montevideo : Edit. Alfa, 1964.

La cara de la desgracia. Montevideo : Edit. Alfa, 1960.

La vida breve. Buenos Aires : Sudamericana, 1950.

Los adioses. Buenos Aires : Sur, 1954.

MERCIER, Lucien. "Juan Carlos Onetti en busca del infierno", *Marcha*. Montevideo, 1129 (19 oct., 1962).

Para esta noche. Buenos Aires : Eds. Poseidón, 1943.

Recopilación de textos sobre Juan Carlos Onetti. Recogidos por Reinaldo García Ramos. La Habana : Casa de las Américas, 1969.

RODRÍGUEZ MONEGAL, Emir. "Juan Carlos Onetti y la novela ríoplatense", *Número*. Montevideo, 13-14 (1951), 175-188.

——. "La fortuna de Onetti", *Literatura uruguaya del medio siglo*. Montevideo, 1966, pp. 221-260.

Tan triste como ella. Relatos. Montevideo : Edit. Alfa, 1963.

The Shipyard. Trad. de Rachel Caffyn. New York : Scribner's, 1968.

Tierra de nadie. Buenos Aires : Losada, 1942. Otras eds., Montevideo : Eds. de la Banda Oriental, 1965; Xalapa : Edit. Univ. Veracruzana, 1967.

Un sueño realizado y otros cuentos. Montevideo : Número, 1951.

Una tumba sin nombre. Montevideo : Marcha, 1959.

AGUSTÍN YÁÑEZ

TEXTOS

Al filo del agua. México : Edit. Porrúa, 1947. 2a. ed., con Pról. de Antonio Castro Leal, 1955. 8a. ed., 1968. Trad. al inglés, por Ethel Brinton, *The Age of the Storm*. Austin : Univ. of Texas Press, 1963. 2a. ed., 1965.

Archipiélago de mujeres. México : UNAM, 1943. 2a. ed., parcial, *Melibea, Isolda y Alda en tierras cálidas*, Buenos Aires : Espasa-Calpe, 1946, "Col. Austral," 577.

Esta es mala suerte. México : B. Costa-Amic, 1945. Col. "Lunes."

Flor de juegos antiguos. Guadalajara : Imp. de la Univ., 1941. 2a. ed., Guadalajara : Biblio. de Autores Jaliscienses, 1958. 4a. ed., México : Novaro, 1965.

La creación. México : Fondo de Cult. Econ., 1959. 2a. ed., Col. Popular, 1959. 6a. ed., 1966.

Las tierras flacas. México : Joaquín Mortiz, 1962. 2a. ed., 1964. 3a. ed., 1968.

La tierra pródiga. México : Fondo de Cult. Econ., 1960. 2a. ed., "Col. Popular", 1960.

330 BREVE HISTORIA DE LA LITERATURA HISPANOAMERICANA

Los sentidos del aire (cuentos). México : INBA, 1964.
Obras escogidas. Pról. de José Luis Martínez. México : Aguilar, 1968.
Ojerosa y pintada. México : Libro Mex, 1960.
The Lean Lands. Trad. de Ethel Brinton. Austin : Univ. of Texas Press, 1968.
Tres cuentos. México : Joaquín Mortiz, 1964. 2a. ed., 1965. 3a. ed., 1967.

ESTUDIOS

CAMPOS, Julieta. "El barroquismo interior de Yáñez", *La imagen en el espejo.* México : UNAM, 1965, pp. 159–165.
CARBALLO, Emmanuel. "Agustín Yáñez (1904)", *Diecinueve protagonistas de la literatura mexicana del siglo XX.* México : Empresas Editoriales, 1965, pp. 283–324.
——. "Agustín Yáñez", *Anales de la Univ. de Chile,* CXXIV, cxxxviii (1966) 28–77.
CORNMOLLY, Eileen M. "La centralidad del protagonista en *Al filo del agua*", *Rev. Iber.,* XXXII (1966), 275–281.
CROW, John A. "Dos grandes estilistas mexicanos", *Humanismo,* III, 30 (jun., 1955), 160–173. (Nájera y Yáñez.)
Dic. de escritores mexicanos. México : UNAM, 1967, pp. 413–417. (Amplia bibliografía.)
EZCURDIA, Manuel. "Trayectoria novelística de Agustín Yáñez", *Memoria del Sexto Congreso del Inst. Int. de Lit. Iber.* México : UNAM, 1954, pp. 235–242.
HADDAD, Elaine. "The Structure of *Al filo del agua*", *Hispania,* XLVIII, 3 (sept., 1964), 522–529.
LAGOS B., Ramona. "Tentación y penitencia en *Al filo del agua*", *Atenea,* XLV, clxvi, 419 (1968), 105–121.
LEIVA, Raúl. "El realismo en las novelas de Agustín Yáñez", *Cuadernos de Bellas Artes,* V, 8 (ago., 1964), 15–32.
MARTÍNEZ, José Luis. "Agustín Yáñez, novelista", *Cuadernos,* París, 80 (1964) 85–87.
O'NEILL, Samuel J. "Interior Monologue in *Al filo del agua*", *Hispania,* LI (1968), 447–456.
RANGEL GUERRA, Alfonso. *Agustín Yáñez.* México : Empresas Editoriales, 1969. (Estudio, antología y bibliografía.)
REYES NEVARES, Salvador. "Agustín Yáñez, novelista de lo mexicano", *Cuadernos de Bellas Artes,* V, 8 (ago., 1964), 33–38.
SCHADE, George D. "Augury in *Al filo del agua*", *Texas Studies in Literature and Language,* II (1960), 78–87.
TORAL MORENO, Alfonso. "Reflexiones en torno a *La creación* de Agustín Yáñez", *Et Caetera,* Guadalajara, VII (1961), 46–54.
TORRES BODET, Jaime. "La obra novelística de Agustín Yáñez", *Nivel,* México, 13 (25 ene., 1964), 1–2, 8.

VÁZQUEZ AMARAL, José. "Técnica novelística de Agustín Yáñez", *Cuadernos Amer.*, XVII, 2 (1958), 245-251.
——. "La novelística de Agustín Yáñez", *Cuadernos Amer.*, XXIV (feb., 1965), 218-239.

ERNESTO SÁBATO

TEXTOS

El escritor y sus fantasmas. Madrid : Aguilar, 1963.
El túnel. Buenos Aires, 1948. Otras eds., Buenos Aires : Emecé, 1951; Buenos Aires : Cía. Gen. Fabril Editora, 1961; Nueva York : Macmillan, 1965, ed. de Louis C. Pérez. Trad. al inglés de Harriet de Onís, *The Outsider.* New York, 1950.
Heterodoxia (ensayos). Buenos Aires : Emecé, 1953.
Hombres y engranajes (ensayos). Buenos Aires, 1951.
Sobre héroes y tumbas. Buenos Aires : Cía. Gen. Fabril Edit., 1961.
Tango, discusión y clave. Buenos Aires : Losada, 1965.
Tres aproximaciones a la literatura de nuestro tiempo. Santiago : Edit. Univ., 1968.
Uno y el universo. Buenos Aires, 1945. Otra ed., Buenos Aires : Sudamericana, 1948.

ESTUDIOS

CASTELLANOS, Carmelina de. *Tres nombres en la novela argentina* (Arlt, Mujica Láinez, Sábato). Santa Fe : Eds. Colmegna, 1967.
CODDOU, Marcelo. "La estructura y la problemática existencial de *El túnel* de Ernesto Sábato", *Atenea*, XLIII, clxii (1966), 141-168.
——. "La teoría del ser nacional argentino en *Sobre héroes y tumbas*", *Atenea*, XLV, clxvi (1968), 57-71.
DELLEPIANE, Ángela B. *Ernesto Sábato: el hombre y su obra.* Nueva York : Las Américas, 1968.
Dic. de la literatura latinoamericana: Argentina. Washington : Unión Panamericana, 1961, II, 368-371.
DURÁN, Manuel. "Ernesto Sábato y la literatura argentina de hoy", *La Torre*, LVII (1967), 159-166.
GARCÍA GÓMEZ, Jorge. "La estructura imaginativa de Juan Pablo Castel", *Rev. Hisp. Mod.*, XXXIII (1967), 232-240.
HOLZAPFEL, Tamara. "*Sobre héroes y tumbas*, novela del siglo", *Rev. Iber.*, XXXIV (1968), 117-121.
MEEHAN, Thomas C. "Ernesto Sábato's Sexual Metaphysics : Theme and Form in *El túnel*", *Modern Language Notes*, LXXXIII (1968), 226-252.

b. *El realismo mágico*

ARTURO USLAR PIETRI

TEXTOS Y ESTUDIOS

Barrabás y otros relatos. Caracas : Lit. y Tip. Vargas, 1928.

BAR-LEWAW, I. "Las novelas históricas de Arturo Uslar Pietri", *Annali Instituto Univ. Orientale*, Napoli, Sezione Romanza, VI, i (1964), 5–20.

CAMPOS, Jorge. "Las novelas de Uslar Pietri", *Ínsula*, XVII, clxxxviii–clxxxix (1962), 15.

Catorce cuentos venezolanos. Madrid : Revista de Occidente, 1969.

El camino de El Dorado (1947). 2a. ed. Buenos Aires : Losada, 1949.

GONZÁLEZ LÓPEZ, Emilio. "Uslar Pietri y la novela histórica venezolana", *Rev. Hisp. Mod.*, XIII (1947), 44–49.

La misa del gallo. México, 1947.

Las lanzas coloradas. Madrid : Zeus, 1931. Otras eds., Santiago : Empresas Letras, 1932; Santiago : Zig-Zag, 1940; New York : Norton, 1944, ed. de Donald D. Walsh; Caracas : Minist. de Educ. Nac. de Venezuela, 1946; Buenos Aires : Losada, 1949. Trad. al inglés de Harriet de Onís, *The Red Lances*. New York : Knopf, 1963.

Las nubes (ensayos). Caracas : Minist. de Educ., 1951. Otra ed., con Pról. de Mariano Picón Salas, Santiago : Edit. Univ., 1956.

MILIANI, Domingo. *Arturo Uslar Pietri, renovador del cuento venezolano contemporáneo*. México : UNAM, 1965.

Obras selectas. Madrid : Edime, 1953.

Red. Cuentos. Caracas : Edit. Elite, 1936.

Tiempo de contar. Cuentos. Caracas : J. López Elías, 1954. Otra ed., Madrid : Aguilar, 1954.

Treinta hombres y sus sombras. Cuentos. Buenos Aires : Losada, 1949.

Un retrato en la geografía. El laberinto de la fortuna. Buenos Aires : Losada, 1962.

VIVAS, José Luis. *La cuentística de Arturo Uslar Pietri*. Caracas : Univ. Central de Venezuela, 1963. (Bibliografía.)

MIGUEL ÁNGEL ASTURIAS

TEXTOS

Antología de . . . Pról. de P. Palomino. México : B. Costa-Amic, 1968.

El alhajadito. Buenos Aires : Goyanarte, 1961. 2a. ed., Losada, 1966.

El espejo de Lida Sal. México : Siglo XXI Editores, 1967.

El Papa verde. Buenos Aires : Losada, 1954.

El señor Presidente. México : Edit. Costa-Amic, 1946. Otras eds., Buenos Aires : Losada, 1948; La Habana : Edit. Popular de Cuba y del Caribe, s.f. (1959?). Trad. al inglés, *The President*, London : Gollancz, 1963.

Hombres de maíz. Buenos Aires : Losada, 1949.

Leyendas de Guatemala. Madrid : Eds. Oriente, 1930. Otras eds., Buenos Aires :
 Pleamar, 1948, con Carta-pról. de Paul Valéry; Buenos Aires : Losada,
 1957; Madrid : Aguilar, 1968.
Los ojos de los enterrados. Buenos Aires : Losada, 1960.
Maladrón. Novela. Buenos Aires : Losada, 1969.
Mulata de tal. Buenos Aires : Losada, 1963. Trad. al inglés de Gregory Rabassa,
 Mulata. Nueva York : Delacorte, 1967.
Obras completas. Pról. de J. M. Souvirón. 3 tomos. Madrid : Aguilar, 1968.
Obras escogidas. 3 tomos. Madrid : Aguilar, I, 1955; II, 1961; III, 1966. (El
 tomo II se publicó en México.)
Poesía; Sien de alonra. Buenos Aires : Argos, 1949.
Teatro. Buenos Aires : Losada, 1964.
Viento fuerte. Guatemala : Edit. del Minist. de Educ. Púb., 1949. 2a. ed.,
 Buenos Aires : Losada, 1950. Trad. al inglés de Gregory Rabassa,
 Strong Wind. Nueva York : Delacorte, 1969.
Week-end en Guatemala. Buenos Aires : Goyanarte, 1956. Otras eds., La
 Habana : Imp. Nac. de Cuba, 1960; Buenos Aires : Losada, 1967.

ESTUDIOS

ANDREA, Pedro F. de. "Miguel Ángel Asturias, anticipo bibliográfico", *Rev.
 Iber.*, "Homenaje a Miguel Ángel Asturias", XXXV, 67 (ene.–abr.,
 1969), 133–267.
——. *Miguel Ángel Asturias en México; ensayo bibliográfico*. México : Hojas
 Volantes de la CLE, 1969.
BELLINI, Giuseppe. *La narrativa di Miguel Ángel Asturias*. Milán : Inst. Edit.
 Cisalpino, 1966.
CASTELPOGGI, Atilio Jorge. *Miguel Ángel Asturias*. Buenos Aires : Edit. La
 Mandrágora, 1961.
FOPPA, Aliade. "Realidad e irrealidad en la obra de Miguel Ángel Asturias",
 Cuadernos Amer., CLVI (1968), 53–69.
HARSS, Luis. "Miguel Ángel Asturias o la tierra florida", *Los nuestros*. Buenos
 Aires : Sudamericana, 1966, pp. 87–127.
HIMELBLAU, Jack. "Miguel Ángel Asturias's Guatemala : Artistic Evaluation of
 a Past", *Symposium*, XXII (1968), 224–240.
LEAL, Luis. "Myth and Social Realism in Miguel Ángel Asturias", *Comparative
 Literature Studies*, V, 3 (1969), 237–247.
PILÓN, Marta. *Miguel Ángel Asturias*. Guatemala, 1968.

ALEJO CARPENTIER

TEXTOS

Ecue-Yamba-O. Madrid : Edit. España, 1933.
El acoso. Buenos Aires : Losada, 1956.

El camino de Santiago. Buenos Aires : Galerna, 1967.

El reino de este mundo. México : E.D.I.A.P.S.A., 1949. Otras eds., La Habana : Eds. Unión, 1964; Santiago : Edit. Univ., 1967; Barcelona : Seix-Barral, 1969. Trad. al inglés de Harriet de Onís, *The Kingdom of This World.* New York : Knopf, 1957.

El siglo de las luces. México : E.D.I.A.P.S.A., 1962. Trad. al inglés de John Sturrock, *Explosion in a Cathedral.* Boston : Little, Brown, 1963.

Guerra del tiempo. México : E.D.I.A.P.S.A., 1958. (Contiene *El acoso* y los cuentos "El camino de Santiago", "Viaje a la semilla" y "Semejante a la noche".)

Los pasos perdidos. México : E.D.I.A.P.S.A., 1953. Otra ed., Buenos Aires : Edit. Andina, 1969. Trad. al inglés de Harriet de Onís, *The Lost Steps.* New York : Knopf, 1956.

Tientos y diferencias (ensayos). México : UNAM, 1964. Otra ed., Montevideo : Arca, 1967.

Tres relatos: El camino de Santiago, Viaje a la semilla. Semejante a la noche. Montevideo : Eds. Tauro, 1967.

ESTUDIOS

ALEGRÍA, Fernando. "Alejo Carpentier : realismo mágico", *Humanitas*, I (1960), 345–372.

Alejo Carpentier; 45 años de trabajo intelectual. La Habana : Biblio. Nac. "José Martí", 1966.

CAMPOS, Julieta. "Realidad y fantasía de Alejo Carpentier", *La imagen en el espejo.* México : UNAM, 1965, pp. 127–134.

DONAHUE, Francis. "Alejo Carpentier : la preocupación del tiempo", *Cuadernos Hispanoamericanos*, 68 (1966), 133–151.

DUMAS, Claude. "El siglo de las luces de Alejo Carpentier, novela filosófica", *Cuadernos Amer.*, XXV, cxlvii (1966), 187–210.

HARSS, Luis. "Alejo Carpentier, o el eterno retorno", *Los nuestros.* Buenos Aires : Sudamericana, 1966, pp. 51–86.

LASTRA SALAZAR, Pedro. "Notas sobre la narrativa de Alejo Carpentier", *Anales de la Univ. de Chile*, CXX, 125 (1962), 94–101.

MÜLLER-BERGH, Klaus. "Alejo Carpentier : autor y obra en su tiempo", *Rev. Iber.*, XXXIII (1967), 9–43.

SANTANDER T., Carlos. "Lo maravilloso en la obra de Alejo Carpentier", *Atenea*, XLII, clix (1965), 99–126.

VERZASCONI, Ray. "Juan and Sisyphus in Carpentier's *El camino de Santiago*", *Hispania*, XLVIII (1965), 70–75.

WEBER, FRANCES WYERS. "*El acoso:* Alejo Carpentier's War on Time," *PMLA* LXXVIII (1963) 440–448.

JUAN RULFO

TEXTOS Y ESTUDIOS

Dic. de escritores mexicanos. México : UNAM, 1967, pp. 346-347. (Amplia bibliografía.)

El llano en llamas. México : Fondo de Cult. Econ., 1953. 4a. ed., "Col. Popular", 1959. 7a. ed., 1965. Trad. al inglés de George D. Schade, *The Burning Plain and Other Stories.* Austin : Univ. of Texas Press, 1967.

GORDON, Donald K. "Juan Rulfo, cuentista", *Cuadernos Amer.,* 155 (1967), 198-205.

HILL, Diane E. "Integración, desintegración e intensificación en los cuentos de Juan Rulfo", *Rev. Iber.,* XXXIV (1968), 331-338.

JAÉN, Didier T. "La estructura lírica de *Pedro Páramo*", *Rev. Hisp. Mod.,* XXXIII (1967), 224-231.

Pedro Páramo. México : Fondo de Cult. Econ., 1955. 5a. reimpresión, "Col. Popular", 1964. 10a. reimpresión, 1969. Ed. escolar, por Luis Leal, New York : Appleton-Century-Crofts, 1970 (bibliografía). Trad. al inglés de Lysander Kemp, *Pedro Páramo.* New York : Grove Press, 1959.

PUPO-WALKER, C. Enrique. "Personajes y ambiente en *Pedro Páramo*", *Cuadernos Amer.,* 167 (1969), 194-204.

RODRÍGUEZ ALCALÁ, Hugo. *El arte de Juan Rulfo.* México : Eds. de Bellas Artes, 1965.

SOMMERS, Joseph. "Through the Window of the Grave", *New Mexico Quarterly* XXXVIII (1968), 84-101.

c. *Los continuadores del criollismo*

JOSÉ REVUELTAS

TEXTOS Y ESTUDIOS

Dic. de escritores mexicanos. México : UNAM, 1967, pp. 316-318. (Amplia bibliografía.)

Dios en la tierra. Cuentos. Pról. de José Mancisidor. México : Eds. El Insurgente, 1944.

Dormir en tierra. Cuentos. Xalapa : Edit. Univ. Veracruzana, 1960.

El luto humano. México : Edit. México, 1943. Trad. al inglés de H. R. Hays, *The Stone Knife.* New York : Reynal & Hitchcock, 1947.

En algún valle de lágrimas. México : Los Presentes, 1956.

Los días terrenales. Novela. México : Stylo, 1949.

Los errores. México : Fondo de Cult. Econ., 1964.

Los motivos de Caín. Novela. México : Fondo de Cult. Econ., 1957.

Los muros de agua. México : Talleres de la Soc. de Artes Gráficas Comerciales, 1941.

Obra literaria. 2 tomos. Pról. del Autor. Epílogo de José Agustín. México : Empresas Editoriales, 1967.

JOSÉ MARÍA ARGUEDAS

TEXTOS Y ESTUDIOS

Agua. Lima : CIP, 1935.

ALDRICH, Earl M. Jr. "The Quechua World of José María Arguedas", *Hispania* XLV (1962), 62–66.

Amor mundo y otros relatos. Montevideo : Arca, 1967.

Canciones y cuentos del pueblo quechua. Lima : Edit. Huascarán, 1949. Trad. al inglés de Ruth W. Stephan, *The Singing Mountaineers.* Austin : Univ. of Texas Press, 1957.

Diamantes y pedernales. Lima : Mejía Baca y Villanueva, 1954.

El arte popular religioso y la cultura mestiza. Lima : Rev. del Museo Nac., 1958.

El sexto. Lima : Mejía Baca, 1961.

Evolución de las comunidades indígenas. Lima : Rev. del Museo Nac., 1957.

GHIANO, Juan Carlos. "José María Arguedas, un desconocido", *La Nación*, Buenos Aires (23 marzo, 1969), 4a. sec., p. 3.

Los ríos profundos. Buenos Aires : Losada, 1958. Otra ed., Santiago : Edit. Univ., 1967.

LUCHTIN, Wolfgang A. "Recent Peruvian Fiction : Vargas Llosa, Ribeyro, and Arguedas", *Research Studies*, Washington State Univ., XXXV (1968), 271–290.

Mitos, leyendas y cuentos peruanos. Lima : Eds. de la Dir. de Educ. Artística y Ext. Cult., 1947.

MORETIĆ, Yerko. "José María Arguedas a indianistická literatura v Peru", *Philologica Pragensia*, VII (1964), 284–291.

Todas las sangres. Buenos Aires : Losada, 1964.

Yawar fiesta. Lima : CIP, 1941. Otra ed., Lima : Mejía Baca, 1958.

YURKIEVICH, Saúl. "José María Arguedas : encuentro con una narrativa americana", *Cuadernos Amer.*, XXII, cxxx (1963), 264–278.

ROSARIO CASTELLANOS

TEXTOS Y ESTUDIOS

Balún Canán. México : Fondo de Cult. Econ., 1957. 2a. ed., 1961. Trad. al inglés de Irene Nicholson, *The Nine Guardians.* New York : Vangard Press, 1959.

BAPTISTE, Víctor. "La obra poética de Rosario Castellanos". Tesis doctoral inédita. Univ. of Illinois, 1966.

Ciudad Real. Xalapa : Edit. Univ. Veracruzana, 1960.

Dic. de escritores mexicanos. México : UNAM, 1967, pp. 68–70. (Amplia bibliografía.)

Juicios sumarios (ensayos). Xalapa : Edit. Univ. Veracruzana, 1966.

Los convidados de agosto. México : Eds. Era, 1964.

Materia memorable (poesía). México : UNAM, 1969.

Oficio de tinieblas. México : Joaquín Mortiz, 1962.

EDUARDO CABALLERO CALDERÓN

Textos y Estudios

Breviario del Quijote. Madrid : Afrodisio Aguado, 1947.

Caminos subterráneos. Bogotá : Edit. Santafé, 1936.

CAMPOS, J. *"El buen salvaje* de Caballero Calderón", *Ínsula,* XXI, ccxxxiv (1966), 11.

CARRILLO, Germán. "La novelística de Caballero Calderón". Tesis doctoral inédita. Univ. of Illinois, 1969. (Amplia bibliografía.)

Diario de Tipacoque. 25 fotografías de Luis B. Ranos. Bogotá : Edit. ABC, 1950.

DOMINGO, José. "Eduardo Caballero Calderón, o un hispanoamericano en París", *Ínsula,* XXI, ccxxxiii (1966), 5.

El arte de vivir sin soñar. Novela. Bogotá : Lib. Siglo XX, 1943.

El buen salvaje. Barcelona : Eds. Destino, 1966.

El cristo de espaldas. Buenos Aires : Losada, 1952. Otras eds., Bogotá : Libro Colombiano, 1958(?); New York : Macmillan, 1967, ed. de Roberto Esquenazi-Mayo.

ESQUENAZI-MAYO, Roberto. "Eduardo Caballero Calderón", *Homenaje a Rodríguez-Moñino.* Madrid, 1969, I, 167–171.

La penúltima hora. Madrid : Eds. Guadarrama, 1955.

Manuel Pacho. Medellín : Edit. Bedout, 1962. 2a. ed., Barcelona : Eds. Destino, 1966.

Obras. 3 vols. Pról. de Juan Lozano y Lozano. Medellín : Edit. Bedout, 1963–1964. (I, "Ensayos generales"; II, "Ensayos colombianos"; III, "Novelas y relatos".)

Siervo sin tierra (1954). 2a. ed. Madrid : Eds. Guadarrama, 1955. Otra ed., Barcelona : Eds. Destino, 1967.

Tipacoque. Estampas de provincia. Bogotá : Talleres Gráficos Mundial Día, 1941. Otra ed., Buenos Aires : Edit. Interamericana, 1942.

WERRIE, Paul. "Le roman qui se fait de ne pas se faire" *(El buen salvaje),* La *Table Ronde,* 222–223 (1966), 137–143.

AUGUSTO ROA BASTOS

Textos y Estudios

CAMPOS, Jorge. "Una novela paraguaya : *Hijo de hombre", Ínsula,* XV, clxviii (1960), 13.

El baldío (cuentos). Buenos Aires : Losada, 1966.

El trueno entre las hojas. Buenos Aires : Losada, 1953. Otra ed., Buenos Aires : G. Kraft, 1958.

FOSTER, David W. "The Figure of Christ Crucified as a Narrative Symbol in Roa Bastos' *Hijo de hombre*", *Books Abroad*, XXXVII (1963), 16–20.

——. "La importancia de *Hijo de Hombre* de Roa Bastos en la literatura paraguaya", *Duquesne Hispanic Review*, III (1964), 165–168.

——. *The Myth of Paraguay in the Fiction of Augusto Roa Bastos.* Chapel Hill : Univ. of North Carolina Press, 1969.

Hijo de hombre. Buenos Aires : Losada, 1960. 2a. ed., 1961. Trad. al inglés de Rachel Caffyn, *Son of Man.* London : Gollancz, 1965.

LEHNERDT, Urte. "Ensayo de interpretación de *Hijo de hombre* a través de su simbolismo cristiano y social", *Rev. Iber.*, XXXIV (1968), 67–82.

Madera quemada (cuentos). Santiago : Edit. Univ., 1967.

MENTON, Seymour. "Realismo mágico y dualidad en *Hijo de Hombre*", *Rev. Iber.*, XXXIII, 63 (1967), 55–70.

Moriencia (cuentos). Caracas : Monte Ávila Editores, 1969.

RODRÍGUEZ ALCALÁ, Hugo. "Augusto Roa Bastos y *El trueno entre las hojas*", *Rev. Iber.*, XX, 39 (1955), 19–45.

——. "*Hijo de hombre* de Roa Bastos y la intrahistoria del Paraguay", *Cuadernos Amer.*, XXI, cxxvii (1963), 221–234.

——. "Verdad oficial y verdad verdadera : 'Borrador de un informe' de Augusto Roa Bastos", *Cuadernos Amer.*, XXVI, clvi (1968), 251–267.

d. *La narrativa fantástica*

JORGE LUIS BORGES

TEXTOS

Antología personal. Buenos Aires : Sur, 1961. Trad. al inglés de Anthony, Kerrigan, *A Personal Anthology.* New York : Grove Press, 1967.

Cuaderno de San Martín (poesía). Buenos Aires : Proa, 1929.

Cuentos de Jorge Luis Borges. Pról. de John Copeland. Godfrey, Ill. : Monticello College Press, 1958.

Discusión. Buenos Aires : M. Gleizer, 1932. Otra ed., Buenos Aires : Emecé, 1957 (vol. VI de *Obras completas*).

El aleph. Buenos Aires : Losada, 1949. Otra ed., Buenos Aires : Emecé, 1957 (vol. VII de *Obras completas*).

El hacedor. Buenos Aires : Emecé, 1960 (vol. IX de *Obras completas*). Trad. al inglés de Mildred Boyer y Harold Morland, *Dreamtigers.* Austin : Univ. of Texas Press, 1964.

El idioma de los argentinos. Buenos Aires : M. Gleizer, 1928.

El jardín de senderos que se bifurcan. Buenos Aires : Sur, 1941.

Elogio de la sombra. Buenos Aires : Emecé, 1969.

El tamaño de mi esperanza (ensayos). Buenos Aires : Proa, 1926.

Evaristo Carriego. Buenos Aires : M. Gleizer, 1930. Otra ed., Buenos Aires : Emecé, 1955 (vol. IV de *Obras completas*).

Fervor de Buenos Aires. Poemas. Buenos Aires : Imp. Serantes, 1923.

Ficciones. Buenos Aires : Sur, 1944. Otra ed., Buenos Aires : Emecé, 1956 (vol. V de *Obras completas*). Trad. al inglés de Anthony Kerrigan, *Ficciones.* New York : Grove Press, 1962.

Historia de la eternidad. Buenos Aires : Viau y Zona, 1936. Otra ed., Buenos Aires : Emecé, 1953 (vol. I de *Obras completas*).

Historia universal de la infamia. Buenos Aires : Tor, 1935. Otra ed., Buenos Aires : Emecé, 1954 (vol. III de *Obras completas*).

Inquisiciones (ensayos). Buenos Aires : Proa, 1925.

Labyrinths. Selected Stories and Other Writings. Ed. y trad. de D. A. Yates y James E. Irby. Norfolk, Conn. : New Directions, 1962.

La muerte y la brújula. Buenos Aires : Emecé, 1951.

Las Kenningar. Buenos Aires : Colombo, 1933.

Luna de enfrente (poesía). Buenos Aires : Proa, 1925.

Macedonio Fernández. Buenos Aires : Eds. Culturales Argentinas, 1961.

Manual de zoología fantástica. En col. con Margarita Guerrero. México : Fondo de Cult. Econ., 1957. Otra ed., Buenos Aires : Kier, 1967, bajo el título *El libro de los seres imaginarios.*

Nueva antología personal. México : Siglo XXI Editores, 1968.

Nueva refutación del tiempo. Buenos Aires : Oportet y Haereses, 1947.

Obra poética 1923-1964. Buenos Aires : Emecé, 1964.

Otras inquisiciones. Buenos Aires : Sur, 1952. Otra ed., Buenos Aires : Emecé, 1960 (vol. III de *Obras completas*). Trad. al inglés de R. L. Simms, *Other Inquisitions.* Austin : Univ. of Texas Press, 1964.

Para las seis cuerdas (poesía). Buenos Aires : Emecé, 1965.

Poemas, 1922-1943. Buenos Aires : Losada, 1943.

Poemas 1923-1953. Buenos Aires : Emecé, 1954 (vol. II de *Obras completas*). 2a. ed., 1958.

Estudios

Alazraki, Jaime. *La prosa narrativa de Jorge Luis Borges.* Madrid : Gredos, 1968.

Barrenechea, Ana María. *La expresión de la irrealidad en la obra de Jorge Luis Borges.* México : El Colegio de México, 1957. Otra ed., Buenos Aires : Paidós, 1967. Trad. al inglés de Robert Lima, *Borges the Labyrinth Maker.* New York : New York Univ. Press, 1965.

Blanco González, Manuel. *Jorge Luis Borges; anotaciones sobre el tiempo en su obra.* México : Studium, 1963.

Dic. de la literatura latinoamericana: Argentina. Washington : Unión Panamericana, 1961, II, 253-258.

FERNÁNDEZ MORENO, César. *Esquema de Borges*. Buenos Aires : Perrot, 1957.

GERTER, Zunilda. *Borges y su retorno a la poesía*. New York : Las Américas, 1969. (Copyright, 1967; Depósito Legal, 1968; Colofón, 1969.)

GUTIÉRREZ GIRARDOT, Rafael. *Jorge Luis Borges, ensayo de interpretación*. Madrid : Ínsula, 1959.

IRBY, James. "The Structure of the Stories of Jorge Luis Borges". Tesis doctoral inédita. Univ. de Michigan, 1962.

JURADO, Alicia. *Genio y figura de Jorge Luis Borges*. Buenos Aires : EUDEBA, 1964.

L'Herne. Primer Trimestre, 1964. Número dedicado a Borges.

LUCIO, Nodier, y Lydia REVELLO. "Contribución a la bibliografía de Jorge Luis Borges", *Bibliografía Argentina de Artes y Letras*, 10–11 (abril-sept., 1961), 45–111.

MURILLO, L. A. *The Cyclical Night. Irony in James Joyce and Jorge Luis Borges*. Cambridge, Mass. : Univ. of Harvard Press, 1968.

OCAMPO, Victoria. *Diálogo con Borges*. Buenos Aires : Sur, 1969.

PRIETO, Adolfo. *Borges y la nueva generación*. Buenos Aires : Letras Univ., 1954.

RÍOS PATRÓN, José. *Jorge Luis Borges*. Buenos Aires : La Mandrágora, 1955.

SUCRE, Guillermo. *Borges, el poeta*. México : UNAM, 1967.

TAMAYO, M. y Adolfo RUIZ DÍAZ. *Borges, enigma y clave*. Buenos Aires : Nuestro Tiempo, 1955.

WOLBERG, Isaac. *Jorge Luis Borges*. Buenos Aires : Eds. Culturales Argentinas, 1962.

ADOLFO BIOY-CASARES

TEXTOS Y ESTUDIOS

Antes del novecientos, recuerdos. Buenos Aires, 1958.

Caos. Buenos Aires : Viau y Zona, 1934.

Dic. de la literatura latinoamericana: Argentina. Washington : Unión Panamericana, 1961, II, 248–251.

17 disparos contra lo porvenir. Buenos Aires : Ed. Tor, 1933.

Dos fantasías memorables. Con Jorge Luis Borges y bajo los seudónimos H. Bustos Domecq y B. Suárez Lynch. Buenos Aires : Oportet y Haereses, 1946.

El lado de la sombra. Buenos Aires : Emecé, 1962.

El perjurio de la nieve. Buenos Aires : Emecé, 1944.

El sueño de los héroes. Buenos Aires : Losada, 1954. Otra ed., Buenos Aires : Emecé, 1969.

GÓMEZ, Carlos Alberto. "Bioy-Casares ensayista", *La Nación* (2 marzo, 1969), 3a. sec., p. 5.

Guirnalda con amores. Buenos Aires : Emecé, 1959.

Historia prodigiosa (cuentos). México : Obregón, 1956.

Kovacci, Ofelia. *Adolfo Bioy-Casares*. Buenos Aires : Eds. Culturales Argentinas, 1963.

La estatua casera. Deseo fatal. Buenos Aires, 1936.

La invención de Morel. Pról. de Jorge Luis Borges. Buenos Aires : Losada, 1940. 2a. ed., Buenos Aires : Sur, 1948. 3a. ed., Buenos Aires : Emecé, 1953.

La nueva tormenta, o la vida múltiple de Juan Ruteno. Buenos Aires, 1935.

La otra aventura (ensayos). Buenos Aires : Galerna, 1969.

La trama celeste. Buenos Aires : Sur, 1948.

Libro del cielo y del infierno. Con Jorge Luis Borges. Buenos Aires : Sur, 1961.

Los orilleros. El paraíso de los creyentes. Dos argumentos cinematográficos. Con Jorge Luis Borges. Buenos Aires : Losada, 1955.

Los que aman odian (novela policial). Con Silvina Ocampo. Buenos Aires, 1946.

Luis Greve, muerto. Buenos Aires : Edit. Destiempo, 1937.

Plan de evasión. Buenos Aires : Emecé, 1945. Otra ed., Buenos Aires : Galerna, 1969.

Seis problemas para don Isidro Parodi. Con Jorge Luis Borges bajo el seudónimo H. Bustos Domecq. Palabra liminar de Gervacio Montenegro. Buenos Aires : Sur, 1942.

Un modelo para la muerte. Con Jorge Luis Borges y bajo los seudónimos H. Busto Domecq y B. Suárez Lynch. Buenos Aires : Oportet y Haereses, 1946.

ENRIQUE ANDERSON-IMBERT

Textos y Estudios

Campos, Jorge. "El mundo sobrenatural de Anderson-Imbert", *Ínsula*, XVII, clxxxiv (1962), 11.

Dic. de la literatura latinoamericana: Argentina. Washington : Unión Panamericana, 1961, II, 224–227. (Bibliografía.)

El gato de Cheshire. Buenos Aires : Losada, 1965.

El grimorio. Buenos Aires : Losada, 1961.

Ensayos. Tucumán : M. Voiletto, 1946.

Fuga. Novelita. México : Cuadernos Amer., 1951. Otras eds., Tucumán, 1953; Buenos Aires : Losada, 1963, con *Vigilia;* New York : Macmillan, 1965, ed. de John V. Falconieri.

La flecha en el aire. Buenos Aires : Edit. "La Vanguardia", 1937.

La sandía y otros cuentos. Buenos Aires : Galerna, 1969.

Las pruebas del caos. La Plata : Edit. Yerba Buena, 1946.

Los domingos del profesor. Ensayos. México : Edit. Cultura, 1965.

Ruiz, Isabel. "Anderson-Imbert, autor de ficciones", *Revista de Literatura Argentina e Iberoamericana*, III (1961), 55–70.

Soto, Luis Emilio. "El mundo irreal en los cuentos de Anderson-Imbert," *Argentina Libre.* Buenos Aires (25 julio, 1940), 8.

Vigilia. Buenos Aires, 1934. Otra ed., con *Fuga*, Buenos Aires : Losada, 1963.

JUAN JOSÉ ARREOLA

Textos y Estudios

Bestiario. Textos a *Punta de plata,* de H. Xavier. México : UNAM, 1958.

Carballo, Emmanuel. "Arreola y Rulfo, cuentistas", *Universidad de México,* VIII, 7 (marzo, 1954), 28–29, 32.

Cinco cuentos. México : Los Presentes, 1951.

Confabulario. México : Fondo de Cult. Econ., 1952. 2a. ed., *Confabulario y Varia invención,* 1955.

Confabulario total, 1941–1961. México : Fondo de Cult. Econ., 1962. Trad. al inglés de George D. Schade, *Confabulario and Other Stories.* Austin : Univ. of Texas Press, 1964.

Dic. de escritores mexicanos. México : UNAM, 1967, pp. 22–24. (Amplia bibliografía.)

González Arauzo, Ángel. "Ida y vuelta al *Confabulario*", *Rev. Iber.,* XXXIV (1968), 103–107.

Gunther Stapenhorst. México : Col. "Lunes", 1946.

La feria. México : Joaquín Mortiz, 1963. (Varias reediciones.)

La hora de todos (drama). México : Los Presentes, 1954.

Martínez Palacio, Javier. "La maestría de Juan José Arreola", *Ínsula,* XXI, 240 (nov., 1966), 1, 15.

Menton, Seymour. "Juan José Arreola and the Twentieth Century Short Story", *Hispania,* XLII (1959), 295–308. Trad. al español, "Arreola y el cuento del siglo XX", *Iberoamérica.* México : Studium, 1962. También en *Nivel,* 39–42 (1962); y en folleto, *Juan José Arreola,* La Habana : Casa de las Américas, 1964.

Ojeda, Jorge Arturo (ed.). *Antología de Juan José Arreola.* México : Oasis, 1969.

Soriano, Elena. "Tres escritores de un mundo", *Índice,* XVIII, 196 (1965) 22–24. (Rulfo, Fuentes, Arreola.)

Varia invención. México : Fondo de Cult. Econ., 1949.

3. EL ENSAYO

FRANCISCO ROMERO

Textos y Estudios

Estudios de historia de las ideas. Buenos Aires : Losada, 1953.

Filosofía contemporánea. Estudios y notas. 1a. serie. Buenos Aires : Losada, 1941.

Filosofía de la persona y otros ensayos de filosofía. 3a. ed. ampliada. Buenos Aires : Losada, 1961. (La 1a. ed. es de 1944.)

Filósofos y problemas. Buenos Aires : Losada, 1947.

Harris, Marjorie Silliman. *Francisco Romero on Problems of Philosophy.* New York : Philosophical Library, 1960.

Historia de la filosofía moderna. México : Fondo de Cult. Econ., 1959.
Ideas y figuras. Buenos Aires : Losada, 1949. 2a. ed., 1958.
La estructura de la historia de la filosofía y otros ensayos. Ed. de Juan Carlos Torchia Estrada. Buenos Aires : Losada, 1967.
Ortega y Gasset y el problema de la jefatura espiritual y otros ensayos. Buenos Aires : Losada, 1960.
RODRÍGUEZ ALCALÁ, Hugo. *Misión y pensamiento de Francisco Romero.* México : UNAM, 1959.
SÁNCHEZ REULET, Aníbal. "Francisco Romero", *La filosofía latinoamericana contemporánea.* Washington : Unión Panamericana, 1949, 319-344. (Bibliografía, pp. 368-370.)
Teoría del hombre. Buenos Aires : Losada, 1952. Trad. al inglés de William F. Cooper, *Theory of Man.* Berkeley : Univ. of Calif. Press, 1964.

EZEQUIEL MARTÍNEZ ESTRADA

TEXTOS

Antología. México : Fondo de Cult. Econ., 1964.
Diferencias y semejanzas entre los países de la América Latina. México : Escuela Nac. de Ciencias Políticas y Sociales, UNAM, 1962.
Exhortaciones. Buenos Aires : Burnichon, 1957.
La cabeza de Goliat; microscopia de Buenos Aires. Buenos Aires : Club del Libro A.L.A., 1940. 2a. ed. aum., Buenos Aires : Emecé, 1947.
La inundación y otros cuentos. Buenos Aires : EUDEBA, 1964.
La tos y otros entretenimientos. Buenos Aires : Edit. Futuro, 1957.
Lo que no vemos morir. Buenos Aires : Eds. Losange, 1957.
Los 40. Buenos Aires : Eds. Gure, 1957.
Meditaciones sarmientinas. Santiago : Edit. Univ., 1968.
Muerte y transfiguración de Martín Fierro. 2 vols. México : Fondo de Cult. Econ., 1948. Ed. corr. y aum., 1958.
Poesía. Buenos Aires : Argos, 1947.
Radiografía de la pampa. Buenos Aires : Babel, 1933. Otra ed., 2 vols., Buenos Aires : Losada, 1942.
Sábado de Gloria. Buenos Aires : Edit. Nova, 1956.
Tres cuentos sin amor. Buenos Aires : Goyanarte, 1956.

ESTUDIOS

ADAM, Carlos. *Bibliografía y documentos de Ezquiel Martínez Estrada.* La Plata : Univ. Nacional, 1968.
ARA, Guillermo. "Martínez Estrada, intuición y riesgo", *Atenea,* 43 (1966), 31-42.
Dic. de la literatura latinoamericana: Argentina. Washington : Unión Panamericana, 1961, II, 332-335. (Bibliografía.)

EARLE, Peter G. "El perspectivismo narrativo de Martínez Estrada", *La Nación* (6 julio 1969), sec. 4, p. 2.

MURENA, H. A. "Martínez Estrada, la lección a los desposeídos", *Sur*, 204 (1951), 1–18. También en *El pecado original de América*, Buenos Aires (1954), pp. 105–129.

SEBRELI, Juan José. *Martínez Estrada: una rebelión inútil.* Buenos Aires : Edit. Palestra, 1960.

STABB, Martin S. "Ezequiel Martínez Estrada", *Hispania*, XLIX (1966), 54–80.

——. "Martínez Estrada frente a la crítica", *Rev. Iber.*, XXXII (1966), 77–85.

MARIANO PICÓN SALAS

TEXTOS

Buscando el camino. Caracas : Cult. Venezolana, 1920.

Comprensión de Venezuela. Caracas : Minist. de Educ. Nac., 1949. Otra ed., Madrid : Aguilar, 1955, con Pról. de Hernando Téllez.

Crisis, cambio, tradición. Madrid : Eds. Edime, 1955(?).

De la conquista a la independencia. México : Fondo de Cult. Econ., 1944. Trad. al inglés de Irving A. Leonard, *A Cultural History of Spanish America. From Conquest to Independence.* Berkeley : Univ. of Calif. Press, 1962.

Ensayos escogidos. Pról. de Ricardo A. Latchman. Ed. de Juan Loveluck. Santiago : Zig-Zag, 1958.

Europa-América. Preguntas a la esfinge de la cultura. México : Cuadernos Amer., 1947.

Gusto de México. México : Porrúa y Obregón, 1952.

Hispanoamérica; posición crítica. Santiago : Imp. Univ., 1931.

Hora y deshora. Caracas : Pub. del Ateneo de Caracas, 1963.

Intuición de Chile y otros ensayos. Santiago, 1935.

Las nieves de antaño. Maracaibo : Univ. del Zulia, 1958.

Los malos salvajes. Buenos Aires : Sudamericana, 1962. Trad. al inglés de Herbert Weinstock, *The Ignoble Savages.* New York : Las Américas, 1965.

Los tratos de la noche. Novela. Barquisimeto : Edit. Nueva Segovia, 1955.

Mundo imaginario. Santiago : Nascimiento, 1927.

Obras selectas. Madrid : Eds. Edime, 1953.

Odisea de Tierra Firme (novela). Madrid, 1931.

Pedro Claver, el Santo de los esclavos. México : Fondo de Cult. Econ., 1950.

Registro de huéspedes. Novelas. Santiago : Nascimiento, 1934.

Regreso de tres mundos. México : Fondo de Cult. Econ., 1959.

Viaje al amanecer (autobiografía novelada). México, 1943. Otra ed., Losada, 1948; 2a. ed., 1959.

Estudios

Graces, Pedro. *Mariano Picón Salas, o la inquietud hispanoamericana.* Caracas :
Edit. Arte, 1966.
Loveluck, Juan. "Picón Salas", *Rev. Iber.*, XXXI, 60 (1965), 263–276.
Mead, Robert G., Jr. *Breve historia del ensayo hispanoamericano.* México :
Studium, 1956, pp. 125–126. (Bibliografía.)
Pineda, Rafael (ed.). *Para Mariano Picón Salas.* Caracas, 1966.
Rosenblat, Ángel. "Mariano Picón Salas : el estilo y el hombre", *Thesaurus,*
XX (1965), 201–212.

GERMÁN ARCINIEGAS

Textos y Estudios

América mágica. Buenos Aires : Sudamericana, 1959. 2a. ed., 1961.
América, tierra firme. Santiago : Ercilla, 1937. Otras eds., Buenos Aires : Losada,
1944; Buenos Aires : Sudamericana, 1959.
Amerigo y el Nuevo Mundo. México : Edit. Hermes, 1955. Trad. al inglés por
Harriet de Onís, *Amerigo and the New World.* New York : Knopf,
1955.
Biografía del Caribe. Buenos Aires : Sudamericana, 1947. Trad. al inglés por
Harriet de Onís, *Caribbean, Sea of the New World.* New York : Knopf,
1946.
Córdova, Federico. *Vida y obra de Germán Arciniegas.* La Habana : Minist. de
Educ., Dir. de Cult., 1950.
Cosas del pueblo. Crónicas de la historia vulgar. México : Edit. Hermes, 1962.
Dic. de la literatura latinoamericana: Colombia. Washington : Unión Pan-
americana, 1959, pp. 141–142.
Diario de un peatón. Bogotá : Imp. Nacional, 1936.
El caballero de El Dorado; vida del conquistador Jiménez de Quesada. Buenos
Aires : Losada, 1942. Trad. al inglés de Mildred Adams, *The Knight of
El Dorado.* New York : Viking Press, 1942.
El continente de siete colores. Buenos Aires : Sudamericana, 1965. Trad. al inglés
por Joan MacLean, *Latin America. A Cultural History,* New York :
Knopf, 1967. Ed. escolar española, de Cecil D. McVikers y Osvaldo N.
Soto, New York : Harcourt, Brace, and World, 1968.
El estudiante de la mesa redonda. Madrid : Imp. de J. Pueyo, 1932. 2a. ed.,
Bogotá : Eds. Minerva, 1933. 3a. ed., Santiago : Ercilla, 1936.
En medio del camino de la vida. Buenos Aires : Sudamericana, 1949.
Entre la libertad y el miedo. México : Cuadernos Amer., 1952.
Este pueblo de América. México : Fondo de Cult. Econ., 1945.
Los alemanes en la conquista de América. Buenos Aires : Losada, 1941. Trad. al
inglés de Ángel Flores, *Germans in the Conquest of America.* New York :
Macmillan, 1943.

Los comuneros. Bogotá : Edit. ABC, 1938. Otra ed., México : Edit. Guarania, 1951(?).

MAURÍN, Joaquín. "Arciniegas o la conciencia de América", *Cuadernos,* París, 1 (jul.–ago., 1953), 101–104.

Medio mundo entre un zapato. Buenos Aires : Sudamericana, 1969.

The Green Continent. Trad. al inglés por Harriet de Onís. New York : Knopf, 1944. (Sel. de autores hispanoamericanos hecha por Germán Arciniegas.)

The State of Latin America. Trad. de Harriet de Onís. New York : Knopf, 1952.

VITIER, Medardo. "En torno a Germán Arciniegas", *Del ensayo americano.* México : Fondo de Cult. Econ., 1945, pp. 251–268.

LEOPOLDO ZEA

TEXTOS

América como conciencia. México : Cuadernos Amer., 1953.

América en la conciencia de Europa. México : Los Presentes, 1955.

América en la historia. México : Fondo de Cult. Econ., 1957.

Apogeo y decadencia del positivismo en México. México : El Colegio de México, 1944.

Conciencia y posibilidad del mexicano. México : Gráfica Panamericana, 1952.

Del liberalismo a la revolución en la educación mexicana. México : Inst. Nac. de Bellas Artes, 1956.

Dos etapas del pensamiento en Hispanoamérica. Del romanticismo al positivismo. México : El Colegio de México, 1949. Trad. al inglés de James H. Abbot y Lowell Dunham, *The Latin-American Mind.* Norman : Univ. of Oklahoma Press, 1963.

El occidente y la conciencia de México. México : Porrúa y Obregón, 1953.

El positivismo en México. México : El Colegio de México, 1943.

Esquema para una historia de las ideas en Iberoamérica. México : Imp. Univ., 1956.

La conciencia del hombre en la filosofía. México : Imp. Univ., 1953.

La cultura y el hombre de nuestros días. México : Imp. Univ., 1959.

La filosofía como compromiso y otros ensayos. México : Fondo de Cult. Econ., 1952.

La filosofía en México. México : Libro-Mex Editores, 1955.

Latinoamérica y el mundo. Caracas : Univ. Central de Venezuela, 1960. Trad. al inglés de Frances K. Hendricks y Beatrice Berler, *Latin America and the World.* Norman : Univ. of Oklahoma Press, 1969.

ESTUDIOS

ACOSTA MEJÍA, Tomás. "El historicismo de Leopoldo Zea", *Las Moradas,* Lima, II (1948), 196–198.

Alba, Víctor. "Leopoldo Zea, redescubridor de América", *Cuadernos*, París, 7 (1954), 102–104.

Mead, Robert G., Jr. "La historia del moderno pensamiento hispanoamericano", *Rev. Hisp. Mod.*, XVI, 1–4 (ene.–dic., 1950), 130–133.

4. EL TEATRO

RODOLFO USIGLI

Textos

Anatomía del teatro. México : Ecuador 0°0'0", 1967.

Conversación desesperada. México : Cuadernos de México Nuevo, 1938.

"Corona de fuego". Pieza antihistórica estrenada en 1961.

Corona de luz. México : Fondo de Cult. Econ., 1965.

Corona de sombra. Pieza antihistórica en tres actos. México : Cuadernos Amer., 1947. (Escrita en 1943 y publicada ese año en la revista *Cuadernos Amer.*, núm. 6, nov.–dic.) Ed. escolar de Rex E. Ballinger, New York : Appleton-Century-Crofts, 1961. Trad. al inglés de William F. Stirling, *Crown of Shadows*. London : Allan Wingate, 1947.

El gesticulador. Pieza para demagogos en tres actos. México : Letras de México, 1944. 2a. ed., México : Edit. Stylo, 1947. Ed. escolar de Rex E. Ballinger, Nueva York : Appleton-Century, 1963. (Escrita en 1937, estrenada en 1947. Se publicó en *El Hijo Pródigo* en 1943.)

El niño y la niebla. México : Imp. Nuevo Mundo, 1951. (Escrita en 1936, estrenada en 1951. Se publicó en "México en la Cultura" en 1950.) Ed. escolar de Rex E. Ballinger, Boston : D. C. Heath and Co., 1964.

Ensayo de un crimen. Novela. México : Edit. América, 1944.

Jano es una muchacha. México : Imp. Nuevo Mundo, 1952.

La exposición. Divertimiento en tres actos. (En verso.) México : Cuadernos Amer., 1960.

La familia cena en casa. Comedia en tres actos. México : Soc. Gen. de Autores de México, 1949(?). (Estrenada en 1942. Publicada en *El Hijo Pródigo* en 1944–1945.)

La función de despedida. Comedia en tres actos. México, 1952, "Colección Teatro Contemporáneo". (Escrita en 1949, estrenada en 1953. Se publicó en "México en la Cultura" en 1951.)

La mujer no hace milagros. Comedia en tres actos. México : Sec. de Educ. Púb., 1949. (Escrita y estrenada en 1939. "La crítica de la mujer no hace milagros", comedia en un acto, se publicó en *Letras de México*, en feb. de 1940.)

"La última puerta" (drama), *Hoy*, 577 (marzo 13, 1948), pp. 44–46, 82; 578 (marzo 20), 44–47; 579 (marzo 27), 52–54.

Medio tono. Comedia en tres actos. Pról. de José Zapata Vela. México : Edit. Dialéctica, 1938. (Estrenada en 1937.)

"Mientras amemos", *Panoramas,* 1 (1956). (Escrita en 1937.)

Otra primavera. Pieza en tres actos. México : Eds. de la Unión Nacional de Autores, 1948. 2a. ed., México : Edit. Helio-México, 1956. (Escrita en 1938, estrenada en 1945.) Trad. al inglés de Wayne Wolfe, *Another Spring.* New York : Manuel French, 1961.

Teatro completo. 2 vols. México : Fondo de Cult. Econ., I, 1963; II, 1966.

Tres comedietas: Un navío cargado de . . .; El testamento y el viudo; El encuentro. México : Ecuador 0°0'0", 1966 (1967).

Estudios

Anderson-Imbert, Enrique. "Papeles. La unidad hispanoamericana y Rodolfo Usigli. Tres notas sobre el teatro de R. Usigli", *Sur,* 244 (1957), 55-59.

Beck, Vera F. de. "La fuerza motriz en la obra dramática de Rodolfo Usigli", *Rev. Iber.,* XVIII, 36 (1953), 369-383.

Cantón, Wilberto. "Homenaje a Rodolfo Usigli", *Cuadernos de Bellas Artes,* II, 9 (sept., 1961), 22-24.

Dic. de escritores mexicanos. México : UNAM, 1967, pp. 393-395. (Amplia bibliografía.)

Gates, Eunice J. "Usigli as Seen in his Prefaces and Epilogues", *Hispania,* XXXVII, 4 (dic., 1954), 432-439. Trad. española, "Rodolfo Usigli a través de sus ensayos", *Iberoamérica.* México : Studium, 1962.

Monterde, Francisco. "Juárez, Maximiliano y Carlota en la obra de los dramaturgos mexicanos", *Cuadernos Amer.,* XXIII, cxxxvi (1964), 231-40.

Navarro Sánchez, Adalberto. "Tres lecciones de literatura mexicana. Dos novelistas y un dramaturgo", *Et Caetera,* V, 17-18 (1955), 95-108.

Ragle, Gordon. "Rodolfo Usigli and his Mexican Scene", *Hispania,* XLVI, 2 (May, 1963), 307-311.

Scott, Wilder P. "A Critical Study of the Life and Dramatic Works of Rodolfo Usigli". Tesis doctoral inédita. Univ. de Georgia, 1968.

Sheridan, Rev. Gerald J. "Lo mexicano en el teatro de Rodolfo Usigli". Tesis doctoral inédita. St John's Univ., 1968.

Usigli, Rodolfo. "Mis encuentros con Clifford Odets", *Hispania,* XLVI, 4 (dic., 1963), 689-692.

B. El descontento y la promesa

1. LA NOVELA

LEOPOLDO MARECHAL

TEXTOS Y ESTUDIOS

Adán Buenosayres. Buenos Aires : Sudamericana, 1948. 4a. ed., 3a. en la "Col. Piragua", 1967.

ALONSO GAMO, José Maria. *Tres poetas argentinos: Marechal, Molinari, Bernárdez.* Madrid : Eds. Cult. Hisp., 1951.

Antígona Vélez. Buenos Aires : Eds. Citerea, 1965.

Cuaderno de navegación. Buenos Aires : Sudamericana, 1966.

El banquete de Severo Arcángelo. Buenos Aires : Sudamericana, 1966.

El poema de robot. Buenos Aires : Américalee, 1966.

El viaje de la primavera. Buenos Aires : Emecé, 1945.

GONZÁLEZ, Manuel Pedro. "Leopoldo Marechal y la novela fantástica", *Cuadernos Amer.*, 151 (1967), 200–211.

Heptamerón. Buenos Aires : Sudamericana, 1966.

La rosa en la balanza. Odas para el hombre y la mujer. Buenos Aires : Sudamericana, 1944.

Las claves de Adán Buenosayres. Mendoza : Azor, 1966. (Contiene también tres artículos, de Julio Cortázar, Adolfo Prieto y Graciela de Sola.)

MONTERO DÍAZ, Santiago. *La poesía de Leopoldo Marechal.* Madrid : Gráficas Yagües, 1943.

Palabras con Leopoldo Marechal. Buenos Aires : Carlos Pérez, 1968. (Entrevista con Alfredo Andrés.)

SQUIRRU, Rafael F. *Leopoldo Marechal.* Buenos Aires : Minist. de Educ. y Just., 1961.

Vida de Santa Rosa de Lima. Buenos Aires : Emecé, 1943.

CARLOS FUENTES

TEXTOS

Aura. México : Era, 1962. 2a. ed., 1964. 3a. ed., 1966. Trad. al inglés de Lysander Kemp, *Aura.* New York : Farrar, Straus & Giroux, 1965.

Cambio de piel. México : Joaquín Mortiz, 1967. Trad. al inglés de Sam Hileman, *A Change of Skin.* New York : Farrar, Straus & Giroux, 1968.

Cantar de ciegos (cuentos). México : Joaquín Mortiz, 1964.

Cumpleaños. Novela. México : Joaquín Mortiz, 1969.

La muerte de Artemio Cruz. México : Fondo de Cult. Econ., 1962. 2a. ed., 1963. Trad. al inglés de Sam Hileman, *The Death of Artemio Cruz.* New York : Farrar, Straus & Co., 1964.

La región más transparente. México : Fondo de Cult. Econ., 1958. 4a. ed., 1963. Trad. al inglés de Sam Hileman, *Where the Air Is Clear.* New York : Obolensky, 1960.

Las buenas conciencias. México : Fondo de Cult. Econ., 1959. 3a. ed., 1961. Trad. al inglés de Sam Hileman, *The Good Conscience.* New York : Obolensky, 1961.

Los días enmascarados. México : Los Presentes, 1954. 2a. ed., México : Edit. Novaro, 1966.

Estudios

BENEDETTI, Mario. "Carlos Fuentes, del signo barroco al espejismo", *Letras del continente mestizo.* Montevideo : Arca, 1967, pp. 155–170.

"Cambio de piel en Italia", *Mundo Nuevo,* 21 (marzo, 1968), 20–22.

CARBALLO, Emmanuel. "Carlos Fuentes (1928)", *19 protagonistas . . . ,* pp. 425–448.

COLINA, José de la. *"Aura* o la victoria del amor", *¡Siempre!,* 474 (25 jul., 1962), "La Cultura en México", p. xvi.

Dic. de escritores mexicanos. México : UNAM, 1967, pp. 120–123. (Amplia bibliografía.)

HARSS, Luis. "Carlos Fuentes, o la nueva herejía", *Los nuestros.* Buenos Aires : Sudamericana, 1966, pp. 338–380.

JACKSON, Richard L. "Hacia una bibliografía de y sobre Carlos Fuentes", *Rev. Iber.,* XXXI, 60 (jul.–dic., 1965), 297–301.

LEWALD, E. Ernest. "El pensamiento cultural mexicano en *La región más transparente* de Carlos Fuentes", *Rev. Hisp. Mod.,* XXXIII (1967), 216–223.

MEAD, Robert G., Jr. "Carlos Fuentes, airado novelista mexicano", *Hispania,* L (1967), 229–235.

REEVE, Richard M. "The Narrative Technique of Carlos Fuentes : 1954–1964". Tesis doctoral inédita. Univ. of Illinois, 1967.

——. "An Annotated Bibliography on Carlos Fuentes : 1949–69", *Hispania,* LIII (Oct., 1969). Membership issue.

REYES NEVARES, Salvador. "Notas sobre *La región más transparente*", *Estaciones.* México, III, 10 (ver., 1958), 165–177.

SOMMERS, Joseph. *After the Storm.* Univ. of New Mexico Press, 1968, pp. 97–164. (Bibliografía, pp. 203–204.)

VELARDE, Agustín. *Carlos Fuentes y "Las buenas conciencias".* México : Buena Prensa, A.C., 1962.

MARIO VARGAS LLOSA

Textos

Antología mínima. Buenos Aires : Tiempo Contemporáneo, 1969.
La ciudad y los perros. Barcelona : Seix Barral, 1963.

La casa verde. Barcelona : Seix Barral, 1966. Trad. al inglés de Gregory Rabassa, *The Green House.* New York : Harper and Row, 1968.

Los cachorros. Barcelona : Edit. Lumen, 1967.

Los jefes. Cuentos. Pról. de Juan Planas Cerda. Barcelona : Edit. Rocas, 1959. Otra ed., Buenos Aires : J. Álvarez, 1965.

Estudios

Arnago, L., Manuel L. "Tres figuras representativas de la novelística contemporánea en Hispanoamérica", *Norte*, Revista Hispánica de Amsterdam, IX, 2 (mar.–abr., 1968), 25–68. (Vargas Llosa, Caballero Calderón, Carpentier.)

Benedetti, Mario. "Vargas Llosa y su fértil escándalo", *Letras del continente mestizo.* Montevideo : Arca, 1967, pp. 181–201.

Boldoni, Rosa. *Mario Vargas Llosa y la literatura en el Perú de hoy.* Rosario : Inst. Argentino de Cult. Hisp., 1969.

Campos, Jorge. "*La casa verde* de Mario Vargas Llosa", *Ínsula*, XXI, ccxxxv (1966), 7.

Figueroa-Amaral, Esperanza. "*La casa verde* de Mario Vargas Llosa", *Rev. Iber.*, XXXIV (1968), 109–115.

Harss, Luis. "Mario Vargas Llosa, o los vasos comunicantes", *Los nuestros.* Buenos Aires : Sudamericana, 1966, pp. 420–462.

Lastra Salazar, Pedro. "Un caso de elaboración narrativa de experiencias concretas en *La ciudad y los perros*", *Anales de la Univ. de Chile*, CXXIII cxxxiv (1965), 211–216.

McMurray, George R. "The Novels of Mario Vargas Llosa", *Modern Language Quarterly*, XXIX (1968), 329–340.

Osorio Tejeda, Nelson. "Las expresiones de los niveles de realidad en la narrativa de Mario Vargas Llosa", *Atenea*, XLV, clxvi (1968), 123–133.

Promis Ojeda, José. "Algunas notas a propósito de *La ciudad y los perros* de Mario Vargas Llosa", *Revista Signos de Valparaiso*, I, i (1968), 63–69.

Rodríguez Monegal, Emir. "Mario Vargas Llosa", *Mundo Nuevo*, 3 (1966), 62–72.

JULIO CORTÁZAR

Textos

Bestiario. Buenos Aires : Sudamericana, 1951. 6a. ed., 1967.

Buenos Aires Buenos Aires. Fotos de Alicia d'Amico y Sara Facio y textos de Julio Cortázar. Buenos Aires : Sudamericana, 1968.

Cuentos. Ed. de Antón Arrufat. La Habana : Casa de las Américas, 1964.

Historias de cronopios y de famas. Buenos Aires : Eds. Minotauro, 1962. Trad. al inglés de Paul Blackburn, *Cronopios and Famas.* New York : Pantheon, 1969.

El último round. México : Siglo XXI Editores, 1969.

Final de juego. México : Los Presentes, 1956. 2a. ed., Buenos Aires : Sudamericana, 1964. Trad. al inglés de Paul Blackburn, *End of the Game and Other Stories.* New York : Pantheon, 1967.

Las armas secretas. Buenos Aires : Sudamericana, 1959.

La vuelta al día en ochenta mundos. México : Siglo XXI Editores, 1967.

Los premios. Buenos Aires : Sudamericana, 1960. 4a. ed., 1966. Trad. al inglés de Elaine Kerrigan, *The Winners.* New York : Pantheon, 1965.

Los reyes. Buenos Aires : Gulab y Aldabahor, 1949. 2a. ed., Eds. Croniamantal, sin fecha ni lugar de publicación.

Rayuela. Buenos Aires : Sudamericana, 1963. 3a. ed., 1966. Trad. al inglés de Gregory Rabassa, *Hopscotch.* New York : Pantheon, 1966. Otra ed., New York, New American Library, 1967.

Relatos. Buenos Aires : Sudamericana, 1970.

62. Modelo para armar. Buenos Aires : Sudamericana, 1968.

Todos los fuegos el fuego. Buenos Aires : Sudamericana, 1966.

Estudios

Amícola, José. *Sobre Cortázar.* Buenos Aires : Escuela, 1969.

Barrenechea, Ana María. "*Rayuela,* una búsqueda a partir de cero", *Sur,* 288 (1964), 69–73.

Benedetti, Mario. "Julio Cortázar, un narrador para lectores cómplices", *Letras del continente mestizo.* Montevideo : Arce, 1967, pp. 58–76.

Blanco Amor, José. "Julio Cortázar", *Cuadernos Amer.,* 160 (1968), 213–237.

Cinco miradas sobre Cortázar. Buenos Aires : Tiempo Contemporáneo, 1968.

Cócaro, Nicolás. "De Julio Cortázar poeta a Julio Cortázar", *La Nación* (14 sept., 1969), 4a. sec., p. 2.

Copeland, John G. "Las imágenes de *Rayuela*", *Rev. Iber.,* XXXIII (1967), 85–104.

Durán, Manuel. "Julio Cortázar y su pequeño mundo de cronopios y famas", *Rev. Iber.,* XXX (1965), 33–46.

Durand, José. "Julio Cortázar, los cuentos del gigante", *Américas,* XV, 6 (abril, 1963), 39–43.

Escamilla Molina, Roberto. *Julio Cortázar. Visión de conjunto.* México : Edit. Novaro, 1970.

Figueroa, Esperanza. "Guía para el lector de *Rayuela*", *Rev. Iber.,* XXXI (1966), 261–267.

Ford, Aníbal. "Los últimos cuentos de Cortázar", *Mundo Nuevo,* 4 (1966), 81–84.

Francescato, Martha Palley de. "Julio Cortázar y un modelo para armar ya armado", *Cuadernos Amer.,* XXVIII, clxiv, 3 (1969), 235–241.

Fuentes, Carlos. "*Rayuela:* La novela como caja de Pandora", *Mundo Nuevo,* 9 (1967), 67–69.

GARCÍA CANCLINI, Néstor. *Cortázar, una antropología poética.* Buenos Aires : Edit. Nova, 1968.

HARSS, Luis. "Julio Cortázar, o la cachetada metafísica", *Los nuestros.* Buenos Aires : Sudamericana, 1966, pp. 252-300.

LÓPEZ CHUHURRA, Osvaldo. "Sobre Julio Cortázar", *Cuadernos Hispanoamericanos*, 71 (1967), 5-30.

LOVELUCK, Juan. "Aproximaciones a *Rayuela*", *Rev. Iber.*, XXXIV (1968), 83-93.

GABRIEL GARCÍA MÁRQUEZ

TEXTOS

Cien años de soledad. Buenos Aires : Sudamericana, 1967. 8a. ed., 1968.

El coronel no tiene quien le escriba. Medellín : Aguirre, 1961. Otras eds., México : Era, 1963; Buenos Aires : Sudamericana, 1968. Trad. al inglés de J. S. Bernstein, *No One Writes to the Colonel.* New York : Harper and Row, 1968.

La hojarasca. Bogotá : Edit. Sipa, 1955. Otras eds., Bogotá : Org. Cont. de los Festivales del Libro, 1960; Montevideo : Arca, 1965; Buenos Aires : Sudamericana, 1969.

La mala hora. Madrid, 1962. 2a. ed. corregida, México : Era, 1966.

Los funerales de Mamá Grande. Xalapa : Edit. Univ. Veracruzana, 1962.

ESTUDIOS

BENEDETTI, Mario. "García Márquez, o la vigilia dentro del sueño", *Letras del continente mestizo.* Montevideo : Arca, 1967, pp. 145-154.

CAMPOS, Jorge. "Gabriel García Márquez, fábula y realidad", *Ínsula*, XXIII (mayo, 1968), 11.

CARBALLO, Emmanuel. "Gabriel García Márquez, un gran novelista latinoamericano", *Universidad de México*, XXII, 3 (nov., 1967), 10-16.

DOMINGO, José. "Entrevista : Gabriel García Márquez", *Ínsula*, XXIII (junio, 1968), 6, 11.

GRANDE, Féliz. "Con García Márquez en un miércoles de ceniza", *Cuadernos Hispanoamericanos*, LXXIV (1968), 632-641.

HARSS, Luis. "Gabriel García Márquez, o la cuerda floja", *Los nuestros.* Buenos Aires : Sudamericana, 1966, pp. 381-419.

LERNER, Isaías. "A propósito de *Cien años de soledad*", *Cuadernos Amer.*, XXVIII, (1969), 186-200.

LOVELUCK, Juan. "Gabriel García Márquez, narrador colombiano", *Duquesne Hispanic Review*, V, 3 (1967), 135-154.

MYERS, Oliver T. "Tales of Macondo", *The Nation*, 207 (2 dic., 1968), 600-601.

9 asedios a García Márquez. Santiago : Edit. Univ., 1969. (Vol. colectivo; artículos de Mario Benedetti, Emmanuel Carballo, Pedro Lastra, Juan

Loveluck, Julio Ortega, José Miguel Oviedo, Ángel Rama, Mario Vargas Llosa, Ernesto Volkening.)

RAMA, Ángel. "García Márquez : la violencia americana", *Marcha*, Montevideo, 1201 (17 abril, 1964).

URONDO, Francisco. "El dictador, ese personaje", *Análisis*, Buenos Aires, 410 (22 ene., 1969), 49–51.

VOLKENING, Ernesto. "Los cuentos de García Márquez, o el trópico desembrujado", *Eco*, Bogotá, 40 (ago., 1963). También Buenos Aires : Estuario, 1967.

MARCO DENEVI

TEXTOS Y ESTUDIOS

Ceremonia secreta y otros cuentos. Ed. de Donald A. Yates. New York : Macmillan, 1965.

Falsificación (cuentos). Buenos Aires : EUDEBA, 1966.

Rosaura a las diez. Buenos Aires : G. Kraft, 1955. Otra ed., de Donald A. Yates, New York : Scribner's, 1964.

YATES, Donald D. "Para una bibliografía de Marco Denevi", *Rev. Iber.*, XXXIII (1967), 141–146.

MARIO BENEDETTI

TEXTOS Y ESTUDIOS

ALEGRÍA, Fernando. "Mario Benedetti", *Novelistas contemp. hispanoamer.*, Boston : D. C. Heath and Co., 1964, pp. 183–184.

Antología natural. Poesía. Montevideo : Alfa, 1967.

A ras de sueño. Poesía. Montevideo : Alfa, 1967.

Contra los puentes levadizos. Montevideo : Alfa, 1966.

Datos para el viudo. Buenos Aires : Edit. Galerna, 1967.

DÍAZLASTRA, A. "Entrevista con Mario Benedetti", *¡Siempre!* 223 (mayo 25, 1966), "La Cultura en México", pp. iii, iv.

El país de la cola de paja. Montevideo : Eds. Ciudad Vieja, 1961.

El último viaje y otros cuentos. Montevideo : Número, 1951.

Esta mañana. Cuentos. Montevideo : Atenea, 1949.

GOLD, Arthur. Reseña de *The Truce* en *New York Times Book Review* (Oct. 19, 1969), p. 55.

Gracias por el fuego. Montevideo : Alfa, 1965.

Ida y vuelta. Comedia en dos partes. Buenos Aires : Talía, 1963. También en Solórzano, *El teatro hispanoamericano contemporáneo*, México : Fondo de Cult. Econ., 1964, I, 64–123.

Inventario. Poesía. Montevideo : Alfa, 1963.

Inventario 67. Poesía. Montevideo : Alfa, 1967.

Kuehne, Alyce de. "Influencias de Pirandello y Brecht en Mario Benedetti",
   Hispania, LI (1968), 408–415.
La muerte y otras sorpresas. Cuentos. México : Siglo XXI Editores, 1968.
La tregua. Montevideo : Alfa, 1960. 2a. ed., 1963. Trad. al inglés por Benjamin
   Graham, *The Truce*. New York : Harper and Row, 1969.
Marcel Proust y otros ensayos. Montevideo : Número, 1951.
Mejor es meneallo. Por "Damocles". Montevideo : Aquí poesía, 1965.
Montevideanos. Cuentos. Pról. de Emir Rodríguez Monegal. Montevideo : Alfa,
   1959. 2a. ed., 1961. 3a. ed., 1964.
País de infancia. Buenos Aires : Francisco A. Colombo, 1969.
Poemas de la oficina. Buenos Aires : Edit. Ñandú, 1958.
Quién de nosotros. Novela. Montevideo : Alfa, 1953. 2a. ed., 1962. 3a. ed., 1967.

2. EL CUENTO

AUGUSTO MONTERROSO

Textos y Estudios

Dic. de escritores mexicanos. México : UNAM, 1967, p. 239. (Bibliografía.)
El concierto y el eclipse. México : Col. Los Epígrafes, 1952.
La oveja negra y demás fábulas. México : Mortiz, 1969.
Obras completas y otros cuentos. México : UNAM, 1959. 2a. ed., 1960.
Uno de cada tres y el centenario. México : Los Presentes, 1954.

JOSÉ EMILIO PACHECO

Textos y Estudios

Dic. de escritores mexicanos. México : UNAM, 1967, pp. 270–271.
El reposo del fuego (poesía). México : Fondo de Cult. Econ., 1966.
El viento distante. México : Eds. Era, 1963.
La sangre de Medusa. México : Cuadernos del Unicornio, 1959.
Los elementos de la noche. Poemas de 1958 a 1962. México : UNAM, 1963.
No me preguntes cómo pasa el tiempo. Poemas, 1964–1968. México : Joaquín
   Mortiz, 1969.

SEBASTIÁN SALAZAR BONDY

Textos y Estudios

Algo que quiere morir. Drama en tres actos. Buenos Aires : Edit. Tolía, 1956.
Bingham Powell, Olga. "Comentario sobre Sebastían Salazar Bondy", *Americas*,
   XVII, 11 (nov., 1965), 39.
Confidencia en alta voz. Poemas. Lima : Eds. Vida y Palabra, 1960.
El fabricante de deudas. Lima : Eds. Nuevo Mundo, 1964.

El tacto de la araña; sombras como cosas sólidas. Poemas. Lima : F. Moncloa, 1966.
Lima la horrible. México : Eds. Era, 1964.
Náufragos y sobrevivientes. Lima : Eds. del Club del Libro Peruano, 1954.
No hay isla feliz. Drama en tres actos. Lima : Eds. Club de Teatro, 1954.
Obras. 3 vols. Lima : F. Moncloa, 1967.
Pobre gente de París. Lima : J. Mejía Baca, 1958.
"Sebastián Salazar Bondy, imagen y obra en testimonios de intelectuales amigos", *La Gaceta*, México, XII, 131 (jul., 1965), 3.
Teatro. Buenos Aires : Losada, 1961.

JULIO RAMÓN RIBEYRO

TEXTOS Y ESTUDIOS

Crónicas de San Gabriel. Novela. Lima : Eds. Tawantinsuya, 1960.
Cuentos de circunstancias. Lima : Edit. Nuevos Rumbos, 1958.
Las botellas y los hombres. Lima : Populibros Peruanos, 1964.
Los gallinazos sin plumas. Lima : Círculo de Novelistas Peruanos, 1955.
Los geniecillos dominicales. Lima : Populibros Peruanos, 1965(?).
LUCHTIN, Wolfgang A. "Recent Peruvian Fiction : Vargas Llosa, Ribeyro, and Arguedas", *Research Studies*, Washington State Univ., XXXV (1968), 271–290.
NÚÑEZ, Estuardo. "Perfil de tres recientes narradores peruanos", *Cordillera*, La Paz, II, 4 (ene.–mar., 1957), 67–69.
Santiago, el pajarero. Lima, 1959.
Tres historias sublevantes. Lima : J. Mejía Baca, 1964.

3. LA POESÍA

ERNESTO MEJÍA SÁNCHEZ

TEXTOS Y ESTUDIOS

Contemplaciones europeas. San Salvador : Minist. de Cult., 1957.
Dic. de escritores mexicanos. México : UNAM, 1967, pp. 223–224. (Amplia bibliografía.)
Dic. de la literatura latinoamericana: América Central. Washington : Unión Panamericana, 1963, II, 218–219.
El retorno. México : Los Presentes, 1950.
Ensalmos y conjuros. México : Cuadernos Amer., 1947.
La carne contigua. Buenos Aires : Sur, 1948.
Poemas. Buenos Aires : Sur, 1963.

ERNESTO CARDENAL

Textos y Estudios

Antología de Ernesto Cardenal. Santiago : Edit. Santiago, 1967.
Dic. de la literatura latinoamericana: América Central. Washington : Unión Panamericana, 1963, II, 194-195.
El estrecho dudoso. Carta Pról. de José Coronel Utrecho. Madrid : Eds. Cult. Hisp., 1966.
Epigramas. México : UNAM, 1961.
Gethsemani, Ky. México : Ecuador 0º0'0", 1960.
Hora. México : Rev. Mexicana de Literatura, 1960. Otra ed., *La hora 0*, Montevideo : Aquí, Poesía, 1966.
La ciudad deshabitada (1946).
Oración por Marilyn Monroe y otros poemas. Medellín : La Tertulia, 1965.

JOSÉ RAMÓN MEDINA

Textos y Estudios

A la sombra de los días. Caracas : Lírica Hispana, 1952.
Antología poética. Buenos Aires : Losada, 1957.
Como la vida. Madrid : Eds. Rialp, 1954. Otra ed., Caracas : Eds. Lib. Pensamiento Vivo, 1958, con Pról. de Osvaldo Araujo.
Edad de la esperanza. Bogotá : Edit. Lib. Voluntad, 1947.
Elegía. Caracas : Cuadernos Contrapunto, 1950.
En la reciente orilla. Caracas : EDIME, 1956.
La voz profunda. Caracas : Minist. de Educ., 1954.
Lorenz, Erika. "José Ramón Medina und José Luis Hidalgo—durch eine Metapher gesehen", *Romanische Forschungen*, LXX (1958), 111-125.
Machado de Arnao, José. "La poesía de José Ramón Medina", *Rev. Nac. de Cultura*, Caracas, XXIII, cxliv (1961), 126-137.
Memorias y elegías. Poemario. Caracas : Edit. Arte, 1960.
Parva luz de la estancia familiar. Madrid : Artes Gráficas Argés, 1952.
Poesía plural. Barcelona : Plaza & Janís, S.A., 1969.
Poesías. Caracas : Minist. de Educ., 1961.
Rumor sobre diciembre. Caracas : Tip. D'Suze, 1949.
Textos sobre el tiempo. Barcelona : Inst. de Estudios Hispánicos, 1953.
Vísperas de la aldea. Poemas, 1945-1948. Caracas : Univ. Central de Venezuela, 1949.

JAIME SABINES

Textos y Estudios

Diario semanario y poemas en prosa. Xalapa : Edit. Univ. Veracruzana, 1961.
Dic. de escritores mexicanos. México : UNAM, 1967, pp. 347-348.

Horal. Tuxtla Gutiérrez, Chiapas : Dept. de Prensa y Turismo, 1950.
La señal. Poemas. México : Talleres de la Impresora Econ., 1951.
Recuento de poemas. México : UNAM, 1962.
Tarumba. México : Col. Metáfora, 1956.

MARCO ANTONIO MONTES DE OCA

TEXTOS Y ESTUDIOS

Cantos al sol que no se alcanza. México : Fondo de Cult. Econ., 1961.
Contrapunto de la fe. Pról. de José Enrique Moreno. México : Los Presentes, 1955.
Delante de la luz cantan los pájaros. México : Fondo de Cult. Econ., 1959.
Dic. de escritores mexicanos. México : UNAM, 1967, pp. 239–241.
Fundación del entusiasmo. México : UNAM, 1963.
La parcela en el Edén. México : Pájaro Cascabel, 1964.
Las fuentes legendarias. México : Joaquín Mortiz, 1966.
Pliego de testimonios. México : Col. Metáfora, 1956.
Ruina de la infame Babilonia. Poema. Suplemento a *Medio Siglo*, México, oct.–dic., 1953. 2a. ed., México : Edit. Stylo, 1954.
Vendimia del juglar. México : Joaquín Mortiz, 1965.

HOMERO ARIDJIS

TEXTOS Y ESTUDIOS

Antes del reino. México : Eds. Era, 1963.
Dic. de escritores mexicanos. México : UNAM, 1967, p. 22.
La difícil ceremonia. México : Pájaro Cascabel, 1963.
La musa roja. México, 1958. (Ed. del autor.)
Los ojos desdoblados. México : La Palabra, 1960.
Mirándola dormir. México : Joaquín Mortiz, 1964.

4. EL ENSAYO Y LA CRÍTICA

H. A. MURENA

TEXTOS Y ESTUDIOS

CAMPO, Julio. "La distorción de lo real", *La Nación* (22 jun., 1969), 4a. sec., p. 6.
El centro del infierno (cuentos). Buenos Aires : Sur, 1956.
El círculo de los paraísos (poesía). Buenos Aires : Sur, 1958.
El demonio de la armonía (poesía). Buenos Aires : Sur, 1964.
El escándalo y el fuego (poesía). Buenos Aires : Sudamericana, 1959.
El juez (teatro). Buenos Aires : Sudamericana, 1953.

El pecado original de América. Buenos Aires : Sur, 1954. Otra ed., Buenos Aires : Sudamericana, 1965.
Epitalámica (ensayos). Buenos Aires : Sudamericana, 1969.
La fatalidad de los cuerpos (novela). Buenos Aires : Sur, 1955.
Las leyes de la noche (novela). Buenos Aires : Sur, 1958.
La vida nueva (poesía). Buenos Aires : Sudamericana, 1951.
Martínez Palacio, Javier. "La obra del argentino H. A. Murena", *Ínsula,* XXIII (feb., 1968), 1, 10; (marzo, 1968), 4, 10.
Relámpago de la duración (poesía). Buenos Aires : Losada, 1962.

5. EL TEATRO

FRANCISCO ARRIVÍ

Textos y Estudios

Bolero y plena (1956). San Juan : Tinglado Puertorriqueño, 1960. (Dos piezas en un acto, "El murciélago" y "Medusas en la bahía".)
Club de solteros (1940; otra versión, 1953). San Juan : Tinglado Puertorriqueño, 1962.
Dauster, Frank. "Francisco Arriví : La máscara y el jardín", *Rev. del Inst. de Cult. Puertorriqueña,* V, 14 (ene.–mar., 1962), 37–41. Traducido al inglés en *Hispania,* XLV, 4 (1962), 637–643.
Escultor de la sombra. Poemas. San Juan, 1965.
María Soledad. (Drama en tres actos estrenado en 1947. También bajo el título *Una sombra menos,* 1953.) San Juan : Tinglado Puertorriqueño, 1962.
"Medusas en la bahía", *Asomante,* XI, 2 (1955), 88–105.
Rivera de Álvarez, Josefina. *Dic. de literatura puertorriqueña.* Río Piedras : Eds. La Torre, 1955, pp. 140–141, 190–191.
Sirena (Drama en tres actos, 1959). San Juan : Tinglado Puertorriqueño, 1960.
Teatro. Madrid : Talleres Gráficos Méndez, 1953.
Vegigantes. (Estrenada en 1948.) En *Teatro puertorriqueño.* Primer Festival. San Juan : Inst. de Cult. Puertorriqueña, 1959. También en Frank Dauster, *Teatro hispanoamericano.* Tres piezas. New York : Harcourt, Brace & World, 1965.

RENÉ MARQUÉS

Textos y Estudios

Babín, María Teresa. "Apuntes sobre *La carreta*", *Asomante,* 4 (oct.–dic., 1953), 63–79.
Dauster, Frank. "The Theatre of René Marqués", *Symposium,* XVIII (1964), 35–45.
El apartamiento, en *Teatro Puertorriqueño.* Séptimo Festival. San Juan : Inst. de Cult. Puertorriqueña, 1965, pp. 247–377. (Estrenada en 1964.)

"El hombre y sus sueños", *Asomante*, IV (abr.–jun., 1948).

El sol y los McDonald (1950). San Juan : Asomante, 1957. (Sobretiro.)

Juan Bobo y la dama de occidente. Pantomima puertorriqueña para un ballet occidental. México : Los Presentes, 1956.

La carreta (1953, 1954). Río Piedras : Edit. Cultural, 1961. También en *Teatro puertorriqueño.* Cuarto Festival. San Juan : Inst. de Cult. Puertorriqueña, 1962.

La casa sin reloj. Comedia antipoética en dos absurdos y un final razonable. Xalapa : Edit. Univ. Veracruzana, 1962. (Estrenada en 1961.)

La muerte no entrará en palacio (1957). En Carlos Solórzano, *El teatro hispanoamericano contemporáneo.* México : Fondo de Cult. Econ., 1964, I, 308–417.

Las vísperas del hombre. Novela. San Juan : Club del Libro de Puerto Rico, 1959.

Los soles truncos (1958). En *Teatro puertorriqueño.* Primer Festival. San Juan : Inst. de Cult. Puertorriqueña, 1959.

Lugo, Eunice M. "*Las vísperas del hombre:* A Novel by René Marqués", *Studies for M. J. Benardete,* pp. 245–270.

Mariana o el alba, en *Teatro Puertorriqueño.* Octavo Festival. San Juan : Inst. de Cult. Puertorriqueña, 1966.

Meléndez, Concha. "Cuentos de René Marqués", *Figuración de Puerto Rico y otros estudios.* San Juan, 1958, 65–72.

Pilditch, Charles. "La escena puertorriqueña : *Los soles truncos*", *Asomante,* XVII, 2 (1961), 51–56.

——. "A Study of the Literary Works of René Marqués from 1948 to 1962". Tesis doctoral inédita. Rutgers Univ., 1967.

Teatro: Los soles truncos, Un niño azul para esa sombra, La muerte no entrará en palacio. México : Arrecife, 1959.

Una ciudad llamada San Juan. México : Imp. Univ., 1960.

Un niño azul para esa sombra (1958? 1960?). En *Teatro puertorriqueño.* Tercer Festival. San Juan : Inst. de Cult. Puertorriqueña, 1961.

LUIS ALBERTO HEIREMANS

Textos y Estudios

Durán Cerda, Julio. "Actuales tendencias del teatro chileno", *Revista Interamericana de Bibliografía,* XIII (1963), 152–175.

Los niños extraños. Santiago : Edit. Rapa Nui, 1950.

Moscas sobre el mármol. Teatro. Santiago : Edit. del Nuevo Extremo, 1958.

Seres de un día. Godfrey, Ill. : Monticello College Press, 1960.

CARLOS SOLÓRZANO

Textos y Estudios

Cruce de vías. México : Libros del Unicornio, 1959.
Dauster, Frank. "The Drama of Carlos Solórzano", *Modern Drama* (May, 1964), 89-100.
Dic. de escritores mexicanos. México : UNAM, 1967, pp. 369-370. (Amplia bibliografía crítica.)
El crucificado. Farsa trágica en tres escenas y un acto. En *Dos obras, de Carlos Prieto y Carlos Solórzano.* México : Col. Teatro Mexicano, 1957. Otra ed., México : Libros del Unicornio, 1959.
El hechicero. Tragedia en tres actos. México : Cuadernos Amer. 1955. (Estrenada en 1954.)
Las manos de Dios. México : Edit. Costa-Amic, 1957. (Estrenada en 1956.)
Los falsos demonios (novela). México : Joaquín Mortiz, 1966.
Los fantoches. México : Libros del Unicornio, 1959.
Rivas, Esteban. *Carlos Solórzano y el teatro hispanoamericano.* México : Soc. Coop. "Impresos Anáhuac", 1970.

EMILIO CARBALLIDO

Textos y Estudios

D.F. Nueve obras en un acto. México : Col. Teatro Mexicano, 1957. 2a. ed., aum. (14 obras en un acto), Xalapa : Edit. Univ. Veracruzana, 1962.
Dic. de escritores mexicanos. México : UNAM, 1967, pp. 59-61. (Amplia bibliografía.)
El Norte. Xalapa : Edit. Univ. Veracruzana, 1958. Trad. al inglés de Margaret Sayers Peden. Austin : Univ. of Texas Press, 1968.
La caja vacía (cuentos). México : Fondo de Cult. Econ., 1962.
Las estatuas de marfil. Xalapa : Edit. Univ. Veracruzana, 1960.
Las visitaciones del diablo (novela). México : Joaquín Mortiz, 1965.
La triple porfía (1948) y *La zona intermedia* (1950). México : Unión Nac. de Autores, s.f. (Contiene también *Escribir por ejemplo . . .*)
La veleta oxidada (novela corta). México : Los Presentes, 1956.
Rosalba y los Llaveros. En *Panorama del Teatro en México*, 9 (mayo-jun., 1955). (Estrenada en 1950.)
Teatro de Emilio Carballido. México : Fondo de Cult. Econ., 1960.
Trilogía de piezas en un acto. México : Imp. Univ., 1957. ("Escribir por ejemplo," "La hebra de oro", "El lugar y la hora".)
Yo también hablo de la rosa. En la *Revista de Bellas Artes*, 6 (nov.-dic., 1965), 5-22.

Bibliografía General

I. ESTUDIOS Y ANTOLOGÍAS GENERALES

ANDERSON-IMBERT, Enrique. *Estudios sobre escritores de América*. Buenos Aires : Edit. Raigal, 1954.

——. *Historia de la literatura hispanoamericana*. México : Fondo de Cult. Econ., 1954. 1a. ed. en 2 vols., 1961. 2a. ed. corregida y aumentada del vol. II 1970.

——, y Eugenio FLORIT. *Literatura hispanoamericana. Antología e Introducción histórica*. New York : Holt, 1960. 2a. ed., en 2 vols., 1970.

ARIAS, Augusto. *Panorama de la literatura ecuatoriana*. 2a. ed. Quito : Imp. de la Univ., 1948.

ARRIETA, Rafael Alberto, *et al. Historia de la literatura argentina*. 6 vols. Buenos Aires : Peuser, 1958.

ARROM, José Juan. *Estudios de literatura hispanoamericana*. La Habana, 1950.

——. *Esquema generacional de las letras hispanoamericanas*. Bogotá : Inst. Caro y Cuervo, 1963.

ARROYO, Anita. *América en su literatura*. San Juan : Edit. Univ., 1967.

BALSEIRO, José. *Expresión de Hispanoamérica*. 2 tomos. San Juan : Inst. de Cult. Puertorriqueña, 1960.

BARRENECHEA, Ana María, y Emma S. SPERATTI PIÑERO. *La literatura fantástica en la Argentina*. México : Imp. Univ., 1957.

BARRERA, Isaac J. *Historia de la literatura ecuatoriana*. 4 vols. Quito : Edit. Ecuatoriana, 1944–1955.

BAZIN, Robert. *Historia de la literatura americana en lengua española*. Trad. de Josefina A. de Vázquez. Noticia Prel. de Raúl A. Castagnino. Buenos Aires : Edit. Nova, 1958. 2a. ed., 1963.

BELLINI, Giuseppe. *La letteratura ispano-americana dalle letterature precolombiane ai noistri giorni*. Firenzi-Milano : Sansoni-Academia, 1970.

BOLLO, Sarah. *Literatura uruguaya, 1807–1965*. 2 vols. Montevideo : Orfeo, 1965.

BONILLA, Abelardo. *Historia de la literatura costarricense*. San José : Edit. Costa Rica, 1967.

BUENO, Salvador. *Historia de la literatura cubana*. La Habana : Minerva, 1954. 2a. ed., 1963.

CABRERA MANRIQUE, Francisco. *Historia de la literatura puertorriqueña*. New York : Las Américas, 1956.

CAMACHO GUIZADO, Eduardo. *Estudios sobre literatura colombiana*, I. Bogotá : Eds. de la Univ. de los Andes, 1965.

CARILLA, Emilio. *Estudios de literatura argentina (Siglo XIX)*. Tucumán : Univ. de Tucumán, 1965. Ídem (Siglos XVI-XVIII), 1969.

——. *Hispanoamérica y su expresión literaria*. Buenos Aires : EUDEBA, 1969.

CARTER, Boyd G. *Historia de la literatura hispanoamericana a través de sus revistas*. México : Eds. De Andrea, 1968. "Historia literaria de Hispanoamérica", V.

CASTILLO, Homero. *La literatura chilena en los Estados Unidos de América*. Santiago : Eds. de la Biblio. Nac., 1963. De los *Anales de la Univ. de Chile*, CXVII, 113 (1959), 83-128.

CENTURIÓN, Carlos R. *Historia de las letras paraguayas*. 3 vols. Buenos Aires y Asunción : Ayacucho, 1947-1951.

——. "Actuales tendencias de la literatura paraguaya", *Revista Interamericana de Bibliografía*, 16 (1966), 383-397.

COHEN, John M. (ed.). *Latin American Writing Today*. Baltimore : Penguin, 1967.

COULTHARD, G. R. *Race and Colour in Caribbean Literature*. London : Oxford Univ. Press, 1962.

CREMA, Edoardo. *Interpretaciones críticas de literatura venezolana*. Caracas : Inst. de Estudios Hispanoamericanos, 1954(?).

CUADRA, José de la. *12 siluetas: escritores y artistas ecuatorianos*. Quito : Edit. América, 1934.

Cuatro siglos de literatura mexicana (antología). México : Leyenda, 1946.

CUEVA, Agustín. *La literatura ecuatoriana*. Buenos Aires : CEAL, 1968.

DÍAZ ARRIETA, Hernán (Alone). *Historia personal de la literatura chilena*. 2a. ed. Santiago : Zig-Zag, 1962.

DÍAZ MACHICAO, Porfirio. *El ateneo de los muertos*. La Paz : Buri-Ball, 1956.

DÍAZ SEIJAS, Pedro. *La antigua y la moderna literatura venezolana* (historia y antología). Caracas : Armitano, 1966.

DÍAZ VASCONCELOS, Luis Antonio. *Apuntes para la historia de la literatura guatemalteca*. 2a. ed. Guatemala, 1950.

DÍEZ DE MEDINA, Fernando. *Literatura boliviana*. 3a. ed. Madrid : Aguilar, 1959.

DUSSUEL, Francisco. *Historia de la literatura chilena*. Santiago : Paulinas, 1954.

DYSON, John P. *La evolución de la crítica literaria chilena*. Santiago, 1965.

ECHEVERRÍA, R. Amílcar. *Antología de prosistas guatemaltecos*. Guatemala : Edit. Univ., 1957.

ENGLEKIRK, John A., et al. *An Outline History of Spanish American Literature*. 3a. ed. New York : Appleton-Century-Crofts, 1965.

Fernández Méndez, Eugenio. *Antología de autores puertorriqueños.* 3 vols. San Juan : Eds. del Gobierno, 1957. El vol. 3 editado por Concha Meléndez. (*Ver* "Cuento".)

Finot, Enrique. *Historia de la literatura boliviana.* 3a. ed. La Paz : Gisbert, 1964.

Flores, Ángel. *The Literature of Spanish America.* 4 vols. New York : Las Américas, 1966–1968.

Franco, Jean. *The Modern Culture of Latin America. Society and the Artists.* London : Pall Mall, 1967; New York : F. A. Praeger, 1967.

——. *An Introduction to Spanish American Literature.* London : Univ. of Cambridge Press, 1969.

Gallegos Valdés, Luis. *Panorama de la literatura salvadoreña.* San Salvador : Minist. de Educ., 1962.

García Prada, Carlos. *Letras hispanoamericanas.* 2 vols. Madrid : Eds. Iberoamericanas, 1963.

García S., Ismael. *Historia de la literatura panameña.* México : UNAM, 1964.

Ghiano, Juan Carlos. *Fuentes para el estudio de la literatura hispanoamericana.* Buenos Aires : CEAL, 1968.

Gómez Gil, Orlando. *Historia crítica de la literatura hispanoamericana.* New York : Holt, 1968.

Gómez Restrepo, Antonio. *Historia de la literatura colombiana.* 4 vols. 4a. ed. Bogotá : Litografía Villegas, 1957.

González, J. N. *Proceso y formación de la cultura paraguaya.* Asunción–Buenos Aires : Guarania, 1938.

González, Manuel Pedro. *Estudios sobre literatura hispanoamericana.* México : Cuadernos Amer., 1951.

González Castro, Augusto. *Panorama de las antologías argentinas.* Buenos Aires : F. A. Colombo, 1966.

González Peña, Carlos. *Historia de la literatura mexicana.* 9a. ed. aum., México : Porrúa, 1966. Trad. al inglés por Gusta B. Nance y Florence J. Dunstan, *History of Mexican Literature,* 3a. ed., Dallas : Southern Univ. Press, 1968.

Grossman, Rudolf. *Geschichte und Probleme der lateinamerikanischen Literatur.* München : Max Hueber Verlag, 1969.

Hamilton, Carlos. *Historia de la literatura hispanoamericana.* 2a. ed. corr., Madrid : EPESA, 1966.

Henríquez Ureña, Max. *Panorama histórico de la literatura dominicana.* 2a. ed. 2 vols. Santo Domingo : Col. Pensamiento Dominicano, 1965–1966.

——. *Panorama histórico de la literatura cubana.* New York : Las Américas, 1963.

Henríquez Ureña, Pedro. *Las corrientes literarias en la América Hispana.* 3a. reimpresión. México : Fondo de Cult. Econ., 1969. Trad. al español, aum., de *Literary Currents in Hispanic America.* Cambridge, Mass. : Harvard Univ. Press, 1945.

——, y Jorge Luis BORGES. *Antología clásica de la literatura argentina.* 2a. ed. Buenos Aires : Kapelusz, 1937.

JIMÉNEZ RUEDA, Julio. *Historia de la literatura mexicana.* 7a. ed. México : Botas, 1960.

JONES, William K. (ed.). *Spanish-American Literature in Translation.* New York : Frederick Ungar, 1963.

LAFLEUR, Héctor René, Sergio D. PROVENZANO y Fernando P. ALONSO. *Las revistas literarias argentinas,* 1893–1967. Buenos Aires : CEAL, 1969.

LAZO, Raimundo. *Literatura hispanoamericana.* I, 1492–1780; II, 1780–1914. México : Porrúa, 1965, 1967.

——. *La literatura cubana.* México : UNAM, 1964.

LEAL, Luis, y Joseph SILVERMAN. *Siglo XX* (antología). New York : Holt, 1968.

——, y Frank DAUSTER. *Literatura de hispanoamérica* (antología). New York : Harcourt, Brace, and World, 1970.

LEWALD, H. Ernest. *Argentina: análisis y autoanálisis.* Buenos Aires : Sudamericana, 1969.

LIDA, Raimundo. *Letras hispánicas.* México : Fondo de Cult. Econ., 1958.

MAGIS, Carlos Horacio. *La literatura argentina.* México : Pormaca, 1965.

MANRIQUE CABRERA, Francisco. *Historia de la literatura puertorriqueña.* New York : Las Américas, 1956.

MARIÑAS OTERO, Luis. "Formación de la literatura hondureña", *Estudios Americanos,* XVII (1959), 61–82.

MARTÍNEZ, José Luis. *Literatura mexicana siglo XX.* 2 vols. México : Robredo, 1949, 1950. (Vol. II, "Bibliografía".)

MARTÍNEZ ESTRADA, Ezequiel. *Para una revisión de las letras argentinas.* Buenos Aires : Losada, 1967.

MEAD, Robert G., Jr. *Temas hispanoamericanos.* México : Studium, 1959.

—— (ed.). *Iberoamérica.* México : Studium, 1962. (Sel. de artículos recogidos de *Hispania.*)

MEDINA, José Ramón. *Una visión de la literatura venezolana contemporánea.* Santiago, 1962.

——. *Antología venezolana.* Prosa. Madrid : Gredos, 1962.

MEMBREÑO, María B. de. *Literatura de El Salvador.* San Salvador : Tip. Central, 1959.

MENGOL, Vicente. *Historia de la literatura chilena.* Santiago : Zig-Zag, 1967.

MERINO REYES, Luis. *Perfil humano de la literatura chilena.* Santiago : Edit. Orbe, 1967.

MILLÁN, María del Carmen. *Literatura mexicana.* México : Esfinge, 1962.

MILLARES CARLOS, Augusto (ed.). *La literatura iberoamericana.* Tomo XII de la *Historia universal de la literatura,* de Santiago Prampolini. 2a. ed. Buenos Aires : UTHEA, 1957. (Índice, Tomo XIII.)

MIRÓ, Rodrigo. *La literatura panameña de la república.* Panamá : Imp. de la Academia, 1960.

MIRÓ QUESADA, Carlos. *Rumbo literario del Perú*. Buenos Aires : Emecé, 1947.
MONGUIÓ, Luis. *Estudios sobre literatura hispanoamericana y española*. México : Studium, 1957.
MONTERDE, Francisco. *Historia de la literatura mexicana*. Encuadernada con Guillermo Díaz-Plaja, *Historia de la literatura española*. 4a. ed. México : Porrúa, 1965.
MONTEZUMA DE CARVALHO, Joaquim (ed.). *Panorama das literaturas das Américas*. 4 vols. Angola : Ediçāo do Municipio Nova Lisboa, I, II, 1958; III, 1959; IV, 1965.
MORALES, Miguel Ángel. *Literatura hispanoamericana*. 2 vols. San Juan : Edit. del Dept. de Instr. Púb., 1967.
MORÍNIGO, Mariano. *Estudios sobre nuestra expresión*. Tucumán : Eds. del Cardón, 1965.
PHILLIPS, Allen W. *Estudios y notas sobre literatura hispanoamericana*. México : Edit. Cultura, 1965. "Biblio. del Nuevo Mundo", 3.
OLIVERA, Otto. *Breve historia de la literatura antillana*. México : Studium, 1957.
PACHECO, León. "The Costa Rican in his Own Literatura", *Odyssey*, III, 2 (1963), 144–153.
PAGÉS LARRAYA, Antonio. *Perduración romántica de las letras argentinas*. México : UNAM, 1963.
PASTOR BENÍTEZ, Justo. "Panorama de la literatura paraguaya en el siglo XX", *Revista do Livro*, III (marzo, 1958), 27–42.
PAZ, Octavio. *Las peras del olmo*. México : Imp. Univ., 1957.
PICÓN SALAS, Mariano. *Formación y proceso de la literatura venezolana*. Caracas : Edit. Cecilio, 1940. Reeditado con el título *Literatura venezolana*. 4a. ed., México : Diana, 1952.
——. *Estudios de literatura venezolana*. Caracas : Edime, 1961.
——. *Dos siglos de prosa venezolana* (antología). Caracas : Edime, 1965.
PLA, Josefina. "Aspectos de la cultura paraguaya : literatura paraguaya en el siglo XX", *Cuadernos Amer.*, XXI, 129 (1962), 68–90.
PORTUONDO, José Antonio. *El heroísmo intelectual*. México : Fondo de Cult. Econ., 1955.
——. *Bosquejo histórico de las letras cubanas*. La Habana : Minist. de Rel. Ext., 1960.
PRAMPOLINI. *Ver* Millares Carlo.
QUEIROZ, Maria José de. *Do indianismo ao indigenismo nas letras hispano-americanas*. Belo Horizonte : Imp. da Univ. de Minas Gerais, 1962.
RICORD, Elsie Alvarado de. *Escritores panameños contemporáneos*. Panamá : Imp. Cervantes, 1962.
ROBERTS, William H. "Paraguayan Poetry of Social Protest", *Kentucky Foreign Language Quarterly*, IX (1962), 45–51.
RODRÍGUEZ ALCALÁ, Hugo. *Historia de la literatura paraguaya*. México : Eds. de Andrea, 1970.

Roggiano, Alfredo A. *En este aire de América.* México : Edit. Cultura, 1966. "Biblio. del Nuevo Mundo", 5.

Rojas, Manuel. *Manual de la literatura chilena.* México : UNAM, 1964.

Rosa-Nieves, Cesáreo. *Historia panorámica de la literatura puertorriqueña.* 2 vols. San Juan : Edit. Campos, 1963.

Sánchez, Luis Alberto. *La literatura peruana.* 6 vols. Buenos Aires : Guarania, 1950–1951.

——. *Nueva historia de la literatura americana.* 5a. ed. Buenos Aires : Guarania, 1950.

——. *Escritores representativos de América.* 3 vols. Madrid : Gredos, 1957.

Sánchez Trincado, José. *Literatura latinoamericana, siglo XX.* Buenos Aires : A. Peña Lillo, 1964.

Sanín Cano, Baldomero. *Letras colombianas.* México : Fondo de Cult. Econ., 1944.

Schneider, Luis Mario. *La literatura mexicana.* 2 vols. Buenos Aires : CEAL, 1967. "Biblio. Literaria", 19, 20.

Selva, Mauricio de la. *Diálogos con América.* México : Cuadernos Amer., 1964.

Silva Castro, Raúl. *Panorama literario de Chile.* Santiago : Edit. Univ., 1961.

Sociedades literarias argentinas (1864–1900). La Plata : Univ. Nac. de La Plata, 1967.

Sotela, Rogelio. *Literatura costarricense.* San José, 1938.

——. *Escritores de Costa Rica.* San José, 1942.

Tamayo Vargas, Augusto. *Literatura peruana.* 3 vols. Lima : Eds. Miranda, 1953–1954.

Torre, Guillermo de. *Claves de la literatura hispanoamericana.* Madrid : Taurus, 1959.

——. *Tres conceptos de la literatura hispanoamericana.* Buenos Aires : Losada, 1963.

Torres Ríoseco, Arturo. *Breve historia de la literatura chilena.* México : Eds. De Andrea, 1956. "Manuales Studium", 1.

——. *The Epic of Latin American Literature.* Berkeley : Univ. of Calif. Press, 1959.

——. *Nueva historia de la gran literatura iberoamericana.* 3a. ed. Buenos Aires : Emecé, 1960. Otra ed., New York : Las Américas, 1966.

——. *Aspects of Spanish American Literature.* Seattle : Univ. of Washington Press, 1964.

——. *Panorama de la literatura iberoamericana.* Santiago : Zig-Zag, 1963.

——. *Antología de la literatura hispanoamericana.* 3a. ed. New York : Crofts, 1966.

Toruño, Juan Felipe. *Desarrollo literario de El Salvador.* San Salvador : Minist. de Cult., 1958.

Urbanski, Edmund S. *Angloamérica e Hispanoamérica.* Madrid : Studium, 1965.

USLAR PIETRI, Arturo. *Letras y hombres de Venezuela*. México : Fondo de Cult. Econ., 1948.

VALBUENA BRIONES, Ángel. *Literatura hispanoamericana*. Barcelona : Gustavo Gili, 1963. (Vol. IV de la *Historia de la literatura española* de Ángel Valbuena Prat.)

VELA, David. *Literatura guatemalteca*. 2 vols. Guatemala : Tip. Nacional, 1943.

VIÑAS, David. *Literatura argentina y realidad política*. Buenos Aires : Jorge Álvarez, 1964.

WAPNIR, Salomón. *La crítica literaria argentina*. Buenos Aires : Acanto, 1956.

YÁÑEZ, Agustín. *El contenido social de la literatura iberoamericana*. México : El Colegio de México, 1944. "Jornadas", 14.

——. *Fichas mexicanas*. México : El Colegio de México, 1945. "Jornadas", 39.

YUNQUE, Álvaro. *Síntesis histórica de la literatura argentina*. Buenos Aires : Claridad, 1957.

ZUM FELDE, Alberto. *La literatura del Uruguay*. Buenos Aires : Imp. de la Univ., 1940.

II. LA POESÍA

ALBAREDA, Ginés de, y Francisco GARFIAS. *Antología de la poesía hispano-americana*. 9 tomos. Madrid : Biblio. Nueva, 1957-1961.

ALEGRÍA, Fernando. *La poesía chilena*. Berkeley : Univ. of Calif. Press, 1954.

ALGAN DURAND, V. *Historia de la poesía en Santo Domingo*. Ciudad Trujillo, 1953.

ALTOLAGUIRRE, Manuel. *Presente de la lírica mexicana*. México : El Ciervo Herido, 1946.

ANDRADE Y CORDERO, César. *Ruta de la poesía ecuatoriana contemporánea*. Cuencia : Imp. Casa de la Cult. Ecuatoriana, 1951.

ANITÚA, Santiago de. "La nueva poesía nicaragüense", *Cuadernos Hispano-americanos*, XXXIV (1958), 296-315.

Antología consultada de la joven poesía argentina. Pról. de Héctor Yánover y Bibliog. de H. J. Becco. Buenos Aires : Fabril, 1968.

ARBELÁEZ, Fernando. *Panorama de la nueva poesía colombiana*. Bogotá : Eds. del Minist. de Educ., 1964.

ARELLANO, Jesús. *Antología de los 50 poetas contemporáneos de México*. México : Eds. Alatorre, 1952.

ARIAS, Augusto, y Antonio MONTALVO. *Antología de poetas ecuatorianos*. Quito : Imp. del Minist. de Educ., 1944.

BEDEGRAL DE CONITZER, Yolanda. *Poesía de Bolivia*. Buenos Aires : EUDEBA, 1964.

BOLÍVAR CORONADO, Rafael. *Parnaso costarricense*. Barcelona : Maucci, s.f. (1940?).

BORGES, Jorge Luis, Adolfo BIOY-CASARES y Silvina OCAMPO. *Antología poética argentina*. Buenos Aires : Sudamericana, 1941.

BUZO GÓMEZ, Sinforiano. *Índice de la poesía paraguaya*. 3a. ed. Asunción : Nizza, 1959.

CAILLET-BOIS, Julio. *Antología de la poesía hispanoamericana*. Madrid : Aguilar, 1958.

CAPARROSO, Carlos Arturo. *Dos ciclos de lirismo colombiano*. Bogotá : Inst. Caro y Cuervo, 1961. (Amplia bibliografía.)

CARVALLO CASTILLO, Ignacio. "Panorama de la nueva poesía ecuatoriana". *Cuadernos Hispanoamericanos*, LVII (1964), 133-146.

CASTAÑEDA BATRES, Óscar. "Panorama de la poesía hondureña", *Cuadernos Amer.*, XX (1961), 240-292.

CASTELLANOS, Enrique. *La generación del 18 en la poética venezolana*. Caracas : Cromotip, 1966.

CASTRO, J. L. *Antología de poetas hondureños*. Tegucigalpa : Imp. Calderón, 1946.

CASTRO LEAL, Antonio. *La poesía mexicana moderna* (antología). México : Fondo de Cult. Econ., 1953.

CEIDE-ECHEVERRÍA, Gloria. *El haikai en la lírica mexicana*. México : Eds. De Andrea, 1967.

CLAUDIO, Iván. *21 ensayos sobre poesía venezolana*. Caracas : Gráfica Amer., 1964.

COMETTA MANZONI, Aida. *El indio en la poesía de América española*. Buenos Aires : Joaquín Torres, 1939.

CONDE, Carmen. *Once grandes poetisas americohispanas*. Madrid : Eds. Cult. Hisp., 1967.

CRANFILL, Thomas M. (ed.). *The Muse in Mexico*. Austin : Univ. of Texas Press, 1959.

CUADRA DOWLING, Orlando. *Nueva poesía nicaragüense*. Madrid : Inst. de Cult. Hisp., 1949.

DAUSTER, Frank. *Breve historia de la poesía mexicana*. México : Studium, 1956. "Manuales Studium", 4.

DURÓN Y GAMERO, E. (ed.). *Honduras literaria*. Tegucigalpa : Minist. de Educ. Púb., 1957. (I, "Los poetas".)

ELLIOT, Jorge. *Antología crítica de la nueva poesía chilena*. Santiago : Univ. de Concepción, 1957.

ESPINOSA, Francisco. *Cien de las mejores poesías líricas salvadoreñas*. San Salvador : Imp. Nacional, 1951.

ETCHEBARNE, Miguel D. *La influencia del arrabal en la poesía argentina culta*. Buenos Aires : Kraft, 1955.

FERNÁNDEZ RETAMAR, Roberto. *La poesía contemporánea en Cuba (1927-1953)*. La Habana : Orígenes, 1954.

——. *La poesía joven en Cuba*. La Habana : Org. Cont. de los Festivales del Libro, 1959.

FERNÁNDEZ SPENCER, Antonio. *Nueva poesía dominicana.* Madrid : Inst. de Cult. Hisp., 1953.

FERRO, Hellén. *Historia de la poesía hispanoamericana.* New York : Las Américas, 1964.

——. *Antología comentada de la poesía hispanoamericana.* New York : Las Américas, 1965.

FITTS, Dudley. *Anthology of Contemporary Latin-American Poetry.* New York : New Directions, 1942. (Ed. bilingüe.)

FRANCO OPPENHEIMER, Félix. *Poesía hispanoamericana* (antología). México : Edit. Orión, 1955.

GARCÍA NIETO, José, y Francisco Tomás COMES. *Poesía hispanoamericana. De Terrazas a Rubén Darío.* Madrid : Inst. de Cult. Hisp., 1964.

GARCÍA PRADA, Carlos. *Leve espuma.* México : Eds. De Andrea, 1957.

GARCÍA S., Ismael. *Medio siglo de poesía panameña.* México, 1956.

GHIANO, Juan Carlos. *Poesía argentina del siglo XX.* México : Fondo de Cult. Econ., 1957.

GONZÁLEZ, Otto Raúl, y Huberto ALVARADO. "Panorama de la poesía guatemalteca", *Cuadernos Amer.*, XV, 2 (1956), 217-236.

JIMÉNEZ, José Olivio. *Cien de las mejores poesías hispanoamericanas.* Nueva York : Las Américas, 1965.

LAMOTHE, Louis. *Mayores poetas latinoamericanos de 1850 a 1950.* México : Libro Mex, 1959.

LEDESMA, Roberto. *Evolución del soneto en la Argentina.* Buenos Aires : Eds. Culturales Argentinas, 1962.

LEIVA, Raúl. *Imagen de la poesía mexicana contemporánea.* México : Imp. Univ., 1959.

LEZAMA LIMA, José. *Antología de la poesía cubana.* La Habana : Consejo Nacional de Cult., 1965.

LÓPEZ MORALES, Humberto. *Poesía cubana contemporánea* (antología). Nueva York : Las Américas, 1967.

LUZCANO, Roberto. *El nuevo movimiento poetico de Panamá.* Panamá : Dept. de Bellas Artes y Publicaciones, 1960.

MEDINA, José Ramón. *Examen de la poesía venezolana contemporánea.* Caracas : Minist. de Educ., 1956.

——. *Antología venezolana: verso.* Madrid : Gredos, 1962.

MEDINA VIDAL, Jorge. *Visión de la poesía uruguaya en el siglo XX.* Montevideo : Diaco, 1969.

MEJÍA RICART, Gustavo Adolfo. *Antología de poetas dominicanos.* Ciudad Trujillo : La Palabra de Santo Domingo, 1954.

MIRÓ, Rodrigo. *Cien años de poesía en Panamá, 1852-1952.* Panamá : Imp. Nacional, 1953.

MONTES DE OCA, Francisco (ed.). *Poesía mexicana.* México : Porrúa, 1968.

NICHOLSON, Irene. *A Guide to Mexican Poetry, Ancient and Modern.* México : Edit. Minutiae Mexicana, 1968.

OLIVERA, Otto. *Cuba en su poesía.* México : Eds. De Andrea, 1965.

ORJUELA, Héctor. *Las antologías poéticas de Colombia. Estudio y bibliografía.* Bogotá : Inst. Caro y Cuervo, 1966.

PADILLA, R. de. *Antología de poetas costarricenses.* San José, 1946.

PAZ, Octavio. *Anthology of Mexican Poetry.* Trans. by Samuel Beckett. Pref. by C. M. Bowra. Bloomington : Indiana Univ. Press, 1958.

PEDEMONTE, Hugo Emilio. *Nueva poesía uruguaya.* Antología. Madrid : Eds. Cult. Hisp., 1958.

PELLEGRINI, Aldo. *Antología de la poesía viva latinoamericana.* Barcelona : Seix Barral, 1966.

PERCAS, Helena. *La poesía femenina argentina, 1810-1950.* Madrid : Eds. Cult. Hisp., 1958.

Poesía joven de México. México : Siglo XXI Editores, 1967.

Poesía revolucionaria nicaragüense. México : Patria y Libertad, 1962.

QUIRÓS, Juan. *Índice de la poesía boliviana contemporánea.* La Paz : Lib. y Edit. Juventud, 1964.

ROGGIANO, Alfredo A. "Situación y tendencias de la nueva poesía argentina", *Revista Interamericana de Bibliografía,* XIII, 1 (1963), 3-29.

ROMUALDO, Alejandro, Sebastián Salazar Bondy y Alicia TISNADO. *Antología general de la poesía peruana.* Lima : Lib. Interacional del Perú, 1957.

ROSA-NIEVES, Cesáreo. *La poesía en Puerto Rico.* 2a. ed. San Juan : Lib. Campos, 1958.

——. *Aguinaldo lírico de la poesía puertorriqueña.* 3 vols. San Juan : Lib. Campos, 1957.

SÁNCHEZ, María Teresa. *Poesía nicaragüense.* Managua : Eds. Nuevo Horizonte, 1948.

SCARPA, Roque Esteban, y Hugo MONTES. *Antología de la poesía chilena contemporánea.* Madrid : Gredos, 1968.

SERRA, Edelweis. *Poesía hispanoamericana. Ensayos de aproximación interpretativa.* Santa Fe : Univ. Católica de Santa Fe, 1964.

SILVA CASTRO, Raúl. *Antología general de la poesía chilena.* Santiago : Zig-Zag, 1959.

UNDURRAGA, Antonio de. *Atlas de la poesía de Chile, 1900-1957.* Santiago : Nascimiento, 1958.

VALBUENA BRIONES, Ángel, y Aquino L. HERNÁNDEZ. *Nueva poesía de Puerto Rico.* Madrid : Eds. Cult. Hisp., 1952.

VALLE, Rafael Heliodoro. *Índice de la poesía centroamericana.* Santiago : Ercilla, 1941.

VITIER, Cintio. *Cincuenta años de poesía cubana (1902-1952)* (antología). La Habana : Minist. de Educ., 1952.

——. *Lo cubano en la poesía.* Santa Clara : Univ. Central de las Villas, 1958.

XIRAU, Ramón. *Poesía hispanoamericana y española.* México : Imp. Univ., 1961.

III. LA NOVELA

Alegría, Fernando. *Historia de la novela hispanoamericana.* México : Eds. De Andrea, 1965. "Historia literaria de Hispanoamérica", 1.

——. *Novelistas contemporáneos hispanoamericanos* (antología). Boston : D. C. Heath and Co., 1964.

——. *La novela hispanoamericana, Siglo XX.* Buenos Aires : CEAL, 1967.

Ara, Guillermo. *La novela naturalista hispanoamericana.* Buenos Aires : EUDEBA, 1965.

Barbagelata, Higo D. *La novela y el cuento en Hispanoamérica.* Montevideo : Enrique Miguez, 1947.

Bellini, Giuseppe. *La protesta nel romanzo ispano-americano del novecento.* Milano : Inst. Edit. Cisalpino, 1957.

Botelho Gosálvez, Raúl. "La novela en Bolivia", *Cuadernos Amer.*, XIX, 112 (1960), 266-281.

Brushwood, John S. *Mexico in Its Novel.* Austin : Univ. of Texas Press, 1966.

——, y José Rojas Garcidueñas. *Breve historia de la novela mexicana.* México : Eds. De Andrea, 1959. "Manuales Studium", 9.

Caballero Bonald, José Manuel. *Narrativa cubana de la Revolución.* Madrid : Alianza Editorial, 1968.

Carrión, Benjamín. *El nuevo relato ecuatoriano* (crítica y antología). Quito : Casa de la Cult. Ecuatoriana, 1959.

Castellanos, Rosario. *La novela mexicana contemporánea y su valor testimonial.* México : Inst. Nac. de la Juventud, 1966.

Castillo, Homero. *El criollismo en la novelística chilena.* México : Eds. De Andrea, 1962.

——, y Raúl Silva Castro. *Historia bibliográfica de la novela chilena.* México : Eds. De Andrea, 1961. "Col. Studium", 28.

Castro Leal, Antonio. *La novela del México colonial* (antología de novelas de asunto colonial). 2 vols. México : Aguilar, 1966.

Coll, Edna. *Injerto de temas en las novelistas mexicanas contemporáneas.* San Juan, P.R. : Juan Ponce de León, 1964.

Cometta Manzoni, Aida. *El indio en la novela de América.* Buenos Aires : Edit. Futuro, 1960.

Cruz, Salvador de la. *La novela iberoamericana actual.* México : Sec. de Educ. Púb., 1956.

Curcio Altamar, Antonio. *Evolución de la novela en Colombia.* Bogotá : Inst. Caro y Cuervo, 1957.

Chadwick, John R. *Main Currents in the Venezuelan Novel from Romero García to Gallegos.* Berkeley : Univ. of Calif. Press, 1956.

Englekirk, John E., y Gerald E. Wade. *Bibliografía de la novela colombiana.* México : Imp. Univ., 1950.

——, y Margaret M. RAMOS. *La narrativa uruguaya, estudio crítico bibliográfico.* Berkeley : Univ. of Calif. Press, 1967.

ESCOBAR, Alberto. *La narración en el Perú. Estudio y antología.* Lima : Letras Peruanas, 1956. 2a. ed., Lima : Mejía Baca, 1960.

FLORES, Ángel. *Historia y antología del cuento y la novela en Hispanoamérica.* New York : Las Américas, 1959.

GARCÍA, Germán. *La novela argentina.* Buenos Aires : Sudamericana, 1952.

GARCÍA VEGA, Lorenzo. *Antología de la novela en Cuba.* La Habana, 1960.

GHIANO, Juan Carlos. *Testimonio de la novela argentina.* Buenos Aires : Leviatán, 1956.

GOIĆ, Cedomil. *La novela chilena.* Santiago : Edit. Univ., 1968.

GÓMEZ TEJERA, Carmen. *La novela en Puerto Rico.* San Juan : Univ. de Puerto Rico, 1947.

GONZÁLEZ, Manuel Pedro. *Trayectoria de la novela en México.* México : Botas, 1951.

GREGORICH, Luis. "La narrativa (argentina) : la generación del 55", *Capítulo,* 53. Buenos Aires : CEAL, 1968.

GUZMÁN, Augusto. *La novela en Bolivia. Proceso,* 1847–1954. La Paz :.Lib. y Edit. Juventud, 1955.

GUZMÁN, Julia M. *Apuntes sobre la novelística puertorriqueña.* Madrid, 1960.

HARSS, Luis. *Los nuestros.* Buenos Aires : Sudamericana, 1966. Trad. al inglés, *Into the Mainstream.* New York : Harper and Row, 1967.

IGUÍNIZ, Juan B. *Bibliografía de novelistas mexicanos.* México : Sec. de Rel. Ext., 1926.

IRVY, James E. *La influencia de William Faulkner sobre cuatro narradores hispanoamericanos.* México : Edit. Mimeográfica, 1956.

KUTEISCHIKOVA, Vera, Irina VINNICHENKO e Irma TERTERIAN. *La novela realista mexicana del siglo XX.* Moscú : Edit. Academia de Ciencias de la U.S.S.R., 1961.

LICHTBLAU, Myron I. *The Argentine Novel in the Nineteenth Century.* New York : Hispanic Inst., 1959.

LORA RISCO, Alejandro. "Fronteras universales de la novela peruana", *Atenea,* XLV, clxvi (1968), 135–151.

LORAND DE OLAZAGASTI, Adelaida. *El indio en la narrativa guatemalteca.* San Juan : Edit. Univ., Univ. de Puerto Rico, 1968. (Impreso en Barcelona por Manuel Pareja.)

LOVELUCK, Juan. *La novela hispanoamericana* (col. de ensayos de varios autores). Santiago : Edit. Univ., 1963. 2a. ed., 1966.

MANCERA GALLETTI, Ángel. *Quiénes narran y cuentan en Venezuela.* Caracas : Edit. Caribe, 1958.

McGRADY, Donald. *La novela histórica en Colombia,* 1844–1959. Bogotá : Edit. Kelly, 1962.

MENTON, Seymour. *Historia crítica de la novela guatemalteca.* Guatemala : Edit. Univ., 1960.

MIRÓ, Rodrigo. *Los orígenes de la literatura novelesca en Panamá.* Panamá : Imp. Univ., 1948.

NAVAS RUIZ, Ricardo. *Literatura y compromiso. Ensayo sobre la novela política hispanoamericana.* São Paulo : Univ. de São Paulo, s.f.

ORTEGA, Julio. *La contemplación y la fiesta. Ensayos sobre la nueva novela latinoamericana.* Lima : Edit. Univ., 1968.

OSPINA, Uriel. *Problemas y perspectivas de la novela americana.* Bogotá : Eds. Tercer Mundo, 1964.

PLA, Josefina, y Francisco PÉREZ MARICEVICH. "Narrativa paraguaya (Recuento de una problemática)", *Cuadernos Amer.*, 159 (1968), 181–196.

RATCLIFF, D. F. *Venezuelan Prose Fiction.* New York : Inst. de las Españas, 1933.

REYES NEVÁREZ, Salvador. *Novelas selectas de Hispano América, siglo XIX.* México : Labor Mexicana, 1959.

RIBADENEIRA, Edmundo. *La moderna novela ecuatoriana.* Quito : Casa de la Cult., 1959.

RODRÍGUEZ MONEGAL, Emir. *El arte de narrar.* Caracas : Monte Ávila, 1969.

ROJAS, Ángel F. *La novela ecuatoriana.* México : Fondo de Cult. Econ., 1948.

SÁNCHEZ, Luis Alberto. *Proceso y contenido de la novela hispanoamericana.* Madrid : Gredos, 1953.

SAZ, Agustín del. *Resumen de historia de la novela hispanoamericana.* Barcelona : Edit. Atlántida, s.f. (1949?).

SILVA CASTRO, Raúl. *Panorama de la novela chilena (1843–1953).* México : Fondo de Cult. Econ., 1955.

——. *Historia crítica de la novela chilena (1843–1956).* Madrid : Eds. Cult. Hisp., 1960.

SOLERA, Rodrigo. "La novela costarricense". Tesis doctoral inédita. Univ. of Kansas, 1965.

SOMMERS, Joseph. *After the Storm. Landmarks of the Modern Mexican Novel.* Albuquerque : Univ. of New Mexico Press, 1968.

SUÁREZ-MURIAS, Margarite C. *La novela romántica en Hispanoamérica.* Nueva York : Hispanic Inst., 1963.

TORRES RÍOSECO, Arturo. *Grandes novelistas de la América hispana.* 2 vols. Berkeley : Univ. of Calif. Press, 1941–1943.

——. *Bibliografía de la novela mexicana.* Cambridge, Mass. : Harvard Univ. Press, 1933.

USLAR PIETRI, Arturo. *Breve historia de la novela hispanoamericana.* Caracas : Eds. Edime, 1955.

VENEGAS FILARDO, Pascual. *Novelas y novelistas de Venezuela. Notas críticas.* Caracas : Asoc. de Escritores Venezolanos, 1955.

WILLIAMS ALZAGA, Enrique. *La pampa en la novela argentina.* Buenos Aires : Estrada, 1955.

YEPES BOSCÁN, Guillermo. *La novela indianista en Venezuela*. Maracaibo : Univ. de Zulia, 1965.

ZAMUDIO, Z., José. *La novela histórica en Chile*. Santiago, 1949.

ZUM FELDE, Alberto. *Índice crítico de la literatura hispanoamericana*. II, *La narrativa*. México : Guarania, 1959. 2a. ed., *La narrativa hispanoamericana*. Madrid : Aguilar, 1964. (Con Índice de autores.)

IV. EL CUENTO

ALDRICH, Earl M., Jr. *The Modern Short Story in Peru*. Madison : Univ. of Wisconsin Press, 1966.

ANDERSON-IMBERT, Enrique, y Lawrence B. Kiddle. *Veinte cuentos hispanoamericanos del siglo XX*. New York : Appleton-Century-Crofts, 1956.

BARBA SALINAS, Manuel. *Antología del cuento salvadoreño (1880-1955)*. San Salvador : Minist. de Cult., 1959.

BARRAZA MELÉNDEZ, Martín. *Trayectoria del cuento salvadoreño*. Bogotá : Univ. Católica Javeriana, 1961.

BECCO, Jorge Horacio. *Cuentistas argentinos*. Buenos Aires, 1961.

BUENO, Salvador. *Antología del cuento en Cuba*, 1902-1952. La Habana : Eds. Mirador, 1953.

——. "Tendencias del cuento en Cuba", *Cuadernos*, 15 (nov.-dic., 1955), 62-66.

CÁCERES LARA, Víctor. "El cuento en Honduras", *Repertorio Centro Americano*, 1 (dic., 1964), 6-9.

CARBALLO, Emmanuel. *El cuento mexicano del siglo XX*. Antología. México : Empresas Editoriales, 1964.

CASTELLANOS, Luis. *El cuento en la Argentina*. Santa Fe : Inst. Argentino de Cult. Hisp. de Rosario, 1967.

CÓCARO, Nicolás. *Cuentos fantásticos argentinos*. Buenos Aires, 1960.

ECHEVERRÍA, Amilcar. *Antología del cuento clásico centroamericano*. Guatemala : Edit. del Minist. de Educ. Púb., 1961.

El cuento chileno. Número especial de *Atenea*, XV, 90 (sept.-oct., 1948.)

ESCOBAR, Alberto. *El cuento peruano*, 1875-1925 (antología). Buenos Aires : EUDEBA, 1964.

FABBIANI RUIZ, José. *Cuentos y cuentistas*. Caracas : Lib. Cruz del Sur, 1951.

FAJARDO, Julio José. *Antología del cuento colombiano*. Bogotá, 1967.

FIALLOS GIL, Mariano. *Antología del cuento nicaragüense*. Managua, 1957.

FORNET, Ambrosio. *Antología del cuento cubano contemporáneo*. México : Eds. Era, 1967.

FRANCO, Jean. *Cuentos americanos de nuestros días*. London : Harrap, 1965.

Instituto de Literatura Chilena. *Antología del cuento chileno*. Santiago : Edit. Univ., 1965.

LAFOURCADE, Enrique. *Cuentos de la generación del 50.* Santiago : Edit. del Nuevo Extremo, 1959.

LAGUERRE, Enrique. *Antología de cuentos puertorriqueños.* México : Edit. Orión, 1955.

LAMB, Ruth S. *Antología del cuento guatemalteco.* México : Eds. De Andrea, 1959.

LASTRA, Pedro. "Notas sobre el cuento hispanoamericano del siglo XIX", *Rev. Nacional de Cult.*, XXV, clxi (1963), 118-152.

LATCHAM, Ricardo A. *Antología del cuento hispanoamericano contemporáneo,* 1910-1956. 2a. ed. Santiago : Zig-Zag, 1962.

LEAL, Luis. *Historia del cuento hispanoamericano.* México : Eds. De Andrea, 1966. "Historia Literaria de Hispanoamérica", II. 2a. ed., 1971.

——. *Breve historia del cuento mexicano.* México : Eds. De Andrea, 1956.

——. *El cuento hispanoamericano.* Buenos Aires : CEAL, 1967.

LOVELUCK, Juan. *El cuento chileno (1864-1920)* (antología). Buenos Aires : EUDEBA, 1964.

MARQUÉS, René. *Cuentos puertorriqueños de hoy.* San Juan : Club del Libro de Puerto Rico, 1959.

MASTRANGELO, Carlos. *El cuento argentino.* Buenos Aires : Hachette, 1963.

MATLOWSKY, Bernice D. *Antologías del cuento hispanoamericano. Guías bibliográficas.* Washington : Unión Panamericana, 1950.

MEDINACELI, Carlos. "El cuento en Bolivia", *Kollasuyo,* La Paz, IV, 36 (ene., (1942), 11-23.

MELÉNDEZ, Concha. *El arte del cuento en Puerto Rico.* Nueva York : Las Américas, 1961.

——. *El cuento.* Vol. III de la *Antología de autores puertorriqueños.* San Juan : Eds. del Gobierno, 1957.

MENESES, Guillermo. *Antología del cuento venezolano.* Caracas : Minist. de Educ. Nac., 1955.

MENTON, Seymour. *El cuento costarricense.* México : Eds. De Andrea, 1964.

——. *El cuento hispanoamericano* (antología). 2 vols. México : Fondo de Cult. Econ., 1964.

MIRÓ, Rodrigo. *El cuento en Panamá.* Panamá : Imp. de La Academia, 1950.

NOLASCO, S. *El cuento en Santo Domingo.* 2 vols. Ciudad Trujillo, 1957.

Nuevos cuentos cubanos. La Habana : Eds. Unión, 1964.

NÚÑEZ, Estuardo. "El cuento peruano contemporáneo", *Rev. Nac. de Cult.*, XXIV, cliv (1962), 68-90.

——. *Cuentos.* 2 tomos. Lima, 1963. "Biblio. de Cult. Peruana", X, XI.

PACHÓN PADILLA, Eduardo. "El cuento en Colombia", *Boletín Cultural y Bibliográfico,* Bogotá, VIII, 2 (1965), 181-186.

PERALTA, Jaime. *Cuentistas chilenos de la generación del 50.* Madrid : Ínsula, 1963.

PÉREZ RODRÍGUEZ, Rafael. "Panorama de los cuentistas colombianos", *Univ. Antioquia,* Medellín, (feb.–mar., 1955), 115-121.

Portuguez de Bolaños, Elizabeth. *El cuento en Costa Rica.* San José : A. Lehmann, 1964.

Rivera Silvestrini, José. *El cuento moderno venezolano.* Río Piedras, P.R., 1967.

Rodrigo, Saturnino. *Antología de cuentistas bolivianos contemporáneos.* Buenos Aires, 1942.

Ruiz Vernacci, Enrique. *Introducción al cuento panameño.* Panamá : Imp. de La Academia, 1946.

Sanz y Díaz, José. *Antología de cuentistas hispanoamericanos.* 2a. ed. Madrid : Aguilar, 1956.

Silva Castro, Raúl. *Antología de cuentistas chilenos.* 2a. ed. Santiago : Zig-Zag, 1957.

Soriano Badani, Armando. *El cuento boliviano (1900–1937).* Buenos Aires : EUDEBA, 1964.

Torres Ríoseco, Arturo, et al. *Short Stories of Latin America.* New York : Las Américas, 1963.

Uslar Pietri, Arturo. *Antología del cuento moderno venezolano (1895–1935).* Caracas : Escuela Técnica Industrial, 1940.

Visca, A. S. *Antología del cuento uruguayo.* Montevideo, 1962. "Letras Nacionales", 3.

Yáñez, María Flora. *Antología del cuento chileno moderno.* Santiago : Edit. del Pacífico, 1958.

Yates, Donald A. *El cuento policial latinoamericano.* México : Eds. De Andrea, 1964.

V. EL ENSAYO

Arce de Vázquez, Margot, y Mariana Robles Cardona. "Veinticinco años de ensayo puertorriqueño, 1930–1955", *Asomante,* I (1955), 7–19.

Borello, Rodolfo A. "El ensayo (argentino) del 30 a la actualidad", *Capítulo* 54. Buenos Aires : CEAL, 1968.

Clemente, José Edmundo. *El ensayo.* Buenos Aires, 1961.

Crawford, William Rex. *A Century of Latin American Thought.* Cambridge, Mass. : Harvard Univ. Press, 1961. (La 1a. ed. es de 1944.)

Dyson, John P. *La evolución de la crítica en Chile.* Santiago, 1965.

Finlayson, C. "El ensayo en Hispanoamérica", *Repertorio Americano,* Costa Rica (10 mar., 1945).

Francovich, Guillermo. *El pensamiento boliviano en el siglo XX.* México : Fondo de Cult. Econ., 1956.

Gaos, José. "Aportaciones a la historia del pensamiento iberoamericano", *Cuadernos Amer.,* VI, xxv, 5 (1947), 142–153.

——. *En torno a la filosofía mexicana.* México : Porrúa, 1952.

González y Contreras, Gilberto. "Ensayo y crítica", *México en el mundo de hoy*. México : Edit. Guarania, 1952, pp. 521-541.

Inostroza, Raúl A. "El ensayo en Chile hasta 1900". Tesis doctoral inédita. Stanford Univ., 1967.

Instituto Internacional de Literatura Iberoamericana. *El ensayo y la crítica en Iberoamérica*. XIV Congreso, Memoria. Toronto : Univ. of Toronto Press 1970.

Jaramillo Uribe, Jaime. *El pensamiento colombiano en el siglo XIX*. Bogotá : Edit. Temis, 1964.

Lizaso, Féliz. *Ensayistas contemporáneos*. La Habana : Edit. Trópico, 1938.

Martínez, José Luis. *El ensayo mexicano moderno* (antología). 2 vols. México Fondo de Cult. Econ., 1958. Trad. al inglés de H. W. Hilborn, Toronto : Univ. of Toronto Press, 1965.

Mead, Robert G., Jr. *Breve historia del ensayo hispanoamericano*. México : Eds. De Andrea, 1956. "Manuales Studium", 3.

Millán, María del Carmen. "La generación del Ateneo y el ensayo mexicano" *Nueva Rev. de Filología Hispánica*, XV (1961), 623-626.

Pareja Díez Canseco, Alfredo. "El ensayo en la literatura ecuatoriana actual", *Cuadernos Amer.*, XVI, 4 (1957), 232-245.

Pereda Valdés, Ildefonso. "El ensayo en el Uruguay", *Rev. Nacional*, Montevideo, IV (1959), 98-103.

Picón Salas, Mariano. "En torno al ensayo", *Cuadernos*, (sept.-oct., 1954), 31-33.

Piñera Llera, Humberto. "El ensayo en Hispanoamérica", *Revista Interamericana de Bibliografía*, 17 (1967), 316-321.

Ripoll, Carlos. *Conciencia intelectual de América. Antología del ensayo hispanoamericano (1836-1959)*. New York : Las Américas, 1966.

Robles de Cardona, Mariano. "El ensayo puertorriqueño en los últimos veinte años", *Asomante*, XX, 3 (1964), 24-51.

Romanell, Patrick. *Making of the Mexican Mind. A Study in Recent Mexican Thought*. Lincoln : Univ. of Nebraska Press, 1952.

Sánchez, Luis Alberto. "El ensayo y la crónica, dos 'géneros' hispanoamericanos", *Américas*, IX (jul., 1957), 27-31.

Sánchez Reulet, Aníbal. "Panorama de las ideas en Hispanoamérica", *Tierra Firme*, Madrid, II, 2 (1936), 181-209.

——. *La filosofía latinoamericana contemporánea* (antología). Washington : Unión Panamericana, 1949.

——. "Los ensayistas del Caribe", *Revista Interamericana de Bibliografía*, VII (1957), 143-153.

Soler, Ricarte. *El positivismo argentino*. Panamá : Imp. Nacional, 1959.

Stabb, Martin S. *In Quest of Identity. Patterns in the Spanish American Essay of Ideas*. Chapel Hill : Univ. of North Carolina Press, 1967.

TORRES RÍOSECO, Arturo. "El ensayo en la América colonial", *Cuadernos*, 71 (1963), 36-42.

VALLE, Rafael Heliodoro. *Historia de las ideas contemporáneas en Centro América.* México : Fondo de Cult. Econ., 1960.

VITIER, Medardo. *Del ensayo americano.* México : Fondo de Cult. Econ., 1945.

ZUM FELDE, Alberto. *Índice crítico de la literatura hispanoamericana.* I, *El ensayo.* México : Guarania, 1959.

VI. EL TEATRO

ALPERN, Hyman, y José MARTEL. *Teatro hispanoamericano* (antología). New York : Odyssey, 1956.

Antología de obras en un acto. Colección de teatro mexicano dirigida por Álvaro Arauz. 3 tomos. México : Impresos de Lujo, 1959-1960.

ARROM, José Juan. *Historia del teatro hispanoamericano (Época colonial).* La Habana : Ucar García y Cía., 1956. 2a. ed. aum., México : Eds De Andrea, 1967. "Historia literaria de Hispanoamérica", III.

——. *Historia de la literatura dramática en Cuba.* New Haven : Yale Univ. Press, 1944.

BABÍN, María Teresa. "Veinte años de teatro en Puerto Rico, (1945-1964)", *Asomante*, XX, 4 (1964), 7-20.

BERENGUER CARISOMO, Arturo. *Las ideas estéticas en el teatro argentino.* Buenos Aires : Comisión Nac. de Cult., 1947.

CARELLA, Tulio. *El sainete criollo.* Buenos Aires : Hachette, 1957.

CARILLA, Emilio. "El teatro romántico en Hispanoamérica", *Thesaurus*, Bogotá, XIII (1958).

CASTAGNINO, Raúl H. *Teatro argentino premoreirista.* Buenos Aires : Plus Ultra, 1969.

DAUSTER, Frank. *Historia del teatro hispanoamericano (Siglos XIX y XX).* México : Eds. De Andrea, 1966. "Historia Literaria de Hispanoamérica" IV.

DURÁN CERDA, Julio. *Repertorio del teatro chileno.* Santiago : Inst. de Lit. Chilena, 1962.

——. "Actuales tendencias del teatro chileno", *Revista Interamericana de Bibliografía*, XIII (1963), 152-175.

FOPPA, T. L. *Diccionario teatral del Río de la Plata.* Buenos Aires : Eds. Carro de Tespis, 1961.

GONZÁLEZ FREIRE, Natividad. *Teatro cubano contemporáneo,* 1928-1957. La Habana, 1958.

JONES, Willis Knapp. *Breve historia del teatro latinoamericano.* México : Eds. De Andrea, 1956. "Manuales Studium", 5.

——. *Antología del teatro hispanoamericano.* México : Eds. De Andrea, 1958.

——. *Behind Spanish American Footlights*. Austin : Univ. of Texas Press, 1966.

LAMB, Ruth S. *Bibliografía del teatro mexicano del siglo XX*. México : Eds. De Andrea, 1962.

LEVY, Matilde. *El extranjero en el teatro primitivo de Buenos Aires*. Buenos Aires : Univ. de Buenos Aires, 1962.

MAGAÑA ESQUIVEL, Antonio, y Ruth S. LAMB. *Breve historia del teatro mexicano*. México : Eds. De Andrea, 1958. "Manuales Studium", 8.

MONTERDE, Francisco. *Bibliografía del teatro en México*. México : Sec. de Rel. Ext., 1934.

MORALES, Ernesto. *Historia del teatro argentino*. Buenos Aires : Lautaro, 1944.

MORI, Arturo. *Treinta años de teatro hispanoamericano*. México : Edit. Moderna, 1941.

ORDAZ, Luis. *El teatro en el Río de la Plata desde sus orígenes hasta nuestros días*. 2a. ed. Buenos Aires : Leviatán, 1957.

PLA, Josefina. "El teatro en Paraguay (1544–1870)", *Cuadernos Amer.*, XXIV cxli (1965), 201–222.

——. *El teatro en el Paraguay: de la fundación a 1870*. Asunción : Escuela Salesiana, 1967.

RIVERO MUÑIZ, José. *Bibliografía del teatro cubano*. La Habana : Biblio. Nac., 1957.

RODRÍGUEZ CASTELO, Hernán. "Teatro ecuatoriano", *Cuadernos Hispanoamericanos*, LVIII (1964), 81–119.

SÁEZ, Antonia. *El teatro en Puerto Rico*. San Juan : Edit. Univ., 1950.

SAZ, Agustín del. *Teatro hispanoamericano*. 2 vols. Barcelona : Edit. Vergara, 1963–1964.

SOLÓRZANO, Carlos. *Teatro hispanoamericano del siglo XX*. Buenos Aires : Eds. Nueva Visión, 1961.

Teatro cubano. Sel. y Notas por Dolores Martí de Cid. Madrid : Aguilar, 1959.

Teatro mexicano contemporáneo. Pról. de Antonio Espinosa. Madrid : Aguilar, 1959.

Teatro mexicano del siglo XX. 3 vols. Eds por Francisco Monterde, Antonio Magaña Esquivel y Celestino Gorostiza. México : Fondo de Cult. Econ., 1956.

Teatro uruguayo contemporáneo. Pról. de F. Silva Valdés. Madrid : Aguilar, 1960.

TOLÓN, Edwin, y Jorge A. GONZÁLEZ. *Historia del teatro en la Habana*, I. Santa Clara : Univ. Central de las Villas, 1961.

USIGLI, Rodolfo. *México en el teatro*. México : Imp. Mundial, 1932.

VII. BIBLIOGRAFÍAS GENERALES, BIOGRAFÍAS, DICCIONARIOS, MEMORIAS

BECCO, Horacio Jorge. *Fuentes para el estudio de la literatura hispanoamericana.* Buenos Aires : Centro Editor de América Latina, 1968.

"Bibliografía hispanoamericana", *Rev. Hisp. Mod.* New York : Hispanic Inst., I, 1934–.

BRYANT, Shasta M. *A Selected Bibliography of Bibliographies of Hispanic American Literature.* Washington : Pan American Union, 1966.

BUSHONG, Allen D. *Doctoral dissertations on Pan American Topics Accepted by United States and Canadian Colleges and Universities.* Austin, Tex., 1967. (*Latin American Research Review,* Supl. II, 2, Spring, 1967.)

CARLTON, Robert G. *Latin America in Soviet Writings.* 2 vols. Baltimore : Johns Hopkins, 1966. (Vol. I, 1917–1958; Vol. II, 1959–1964.)

CHAVES, Alfredo. *Fuentes principales de la bibliografía ecuatoriana.* Quito : Casa de la Cult. Ecuatoriana, 1958.

Diccionario biográfico de Venezuela. Madrid : Talleres de "Blass, S.A. Tipográfica". (Editores : Garrido Mezquita y Cía.)

Diccionario de escritores mexicanos. México : UNAM, Centro de Estudios Literarios, 1967. (Compilado por Aurora M. Ocampo de Gómez y Ernesto Prado Velázquez, con un "Panorama de la literatura mexicana" por María del Carmen Millán.)

Diccionario de la literatura latinoamericana. 8 vols. Washington : Unión Panamericana, 1957–1963. (I : Bolivia, 1958; II : Chile, 1958; III : Colombia, 1959; IV : Argentina, 2 vols., 1961; V : Ecuador, 1962; VI : América Central, 2 vols., 1962).

DURÓN, Jorge Fidel. *Índice de la bibliografía hondureña.* Tegucigalpa : Imp. Calderón, 1946.

Enciclopedia de México. En 10 tomos. México : Inst. de la Enciclopedia de México, 1966–. (En vía de publicación. Director : Gutierre Tibón.)

ENGLEKIRK, John E. "La literatura y la revista literaria en Hispanoamérica", *Rev. Iber.,* XXVI, 51 (ene.–jun., 1961), 9–79; XXVII, 52 (jul.–dic., 1961) 219–279; XXVIII, 53 (ene.–jun., 1962), 9–73; XXIX, 58 (ene.–jun. 1963), 9–66.

Fichero bibliográfico hispanoamericano. Trimestral. New York : R. R. Bowker Co., 1961–.

FLORES, Ángel. *Índices de "Cuadernos Americanos",* 1942–1952. México : Cuadernos Amer., 1953.

——, y R. EISMAN. *Índice de "Cuadernos Americanos".* Del Número 1 al Número 100. México : Cuadernos Amer., 1959. (*Índice de "Cuadernos Americanos",* 1953–1958, pp. 173–275.)

FORSTER, Merlin H. *An Index to Mexican Literary Periodicals.* New York : Scarecrow Press, 1966.

GEOGHEGAN, Abel Rodolfo. *Obras de referencia de América Latina.* Buenos Aires : Imp. Crisol, 1965. (Literatura, pp. 207-214.)

GIRALDO JARAMILLO, Gabriel. *Bibliografía de bibliografías colombianas.* 2a. ed. aum. Bogotá : Inst. Caro y Cuervo, 1960.

GROPP, Arthur E. *A Bibliography of Latin American Bibliographies.* Metuchen, N.J. : Scarecrow Press, 1968.

Handbook of Latin American Studies. Editado por Lewis Hanke, Francisco Aguilera, *et al.* Vols. 1-13, Cambridge : Harvard Univ. Press, 1936-1950; vols. 14-30, Gainesville : Univ. of Florida Press, 1951-1968. (En vía de publicación.)

HILTON, Roland (ed.). *Who is Who in Latin America.* Stanford, Calif. : Stanford Univ. Press, 1946-1951. (I : *México*, 1946; II : *Central America and Panamá*, 1945; III : *Colombia, Ecuador and Venezuela*, 1951; IV : *Bolivia, Chile and Perú*, 1947; V. : *Argentina, Paraguay and Uruguay*, 1950; VI : *Brazil*, 1948.)

HULET, Claude L. *Latin American Prose in English Translation.* Washington : Pan American Union, 1965.

——. *Latin American Poetry in English Translation.* Washington : Pan American Union, 1965.

Index to Latin American Periodical Literature, 1929-1960. 10 tomos. Boston : G. K. Hall & Co., 1962. 7 Suplementos, 1961-1967. A partir de 1965, New York : Scarecrow Press. (En vía de publicación.)

Índice de la "Revista Iberoamericana". Pról. de Arthur E. Gropp. Washington : Unión Panamericana, 1954. (Mayo 1939 a enero 1950.)

Índice general de "Atenea", 1924-1950. Pról. de Arthur E. Gropp. Washington : Unión Panamericana, 1955.

Índice general de la revista Sur, 1931-1955. Washington : Unión Panamericana, 1955. (Recopilado por Germania Moncayo de Monge.)

KING, Charles E. "Apuntes para una bibliografía de la literatura de Panamá", *Rev. Iber.*, XIV (1964), 262-302.

LARSON, Ross F. "La literatura hispanoamericana en las tesis doctorales de los Estados Unidos", *Anales de la Univ. de Chile*, cxxiii, 133 (ene.-mar., 1965), 157-170.

Las revistas literarias de México. 2 vols. México : INBA, 1963. 2a. serie, 1964.

LEAVITT, Sturgis E., Madaline W. NICHOLS y J. R. SPELL. *Revistas hispano-americanas. Índice bibliográfico*, 1843-1935. Santiago : Fondo Histórico y Bibliográfico J. T. Medina, 1960.

LEGUIZAMÓN, Julio A. *Bibliografía general de la literatura hispanoamericana.* Buenos Aires : Edits. Reunidas, 1954.

"Literature in Spanish America", *PMLA*, I, 1935-. (Bibliografía anual.)

Memoria del Primer Congreso Internacional de Catedráticos de Literatura Ibero-americana. México : UNAM, 1939.

Memoria del Segundo Congreso ... Berkeley : Univ. of Calif. Press, 1941.

Memoria del Tercer Congreso . . . New Orleans : Tulane Univ. Press, 1944.

Memoria del Cuarto Congreso . . . La Habana : Minist. de Educ., 1949.

Memoria del Quinto Congreso . . . Albuquerque : Univ. of New Mexico, 1952. *(La novela iberoamericana.)*

Memoria del Sexto Congreso . . . México : UNAM, 1954. *(Homenaje a Hidalgo, Díaz Mirón y Martí.)*

Memoria del Séptimo Congreso . . . México : Studium, 1957. *(La cultura y la literatura iberoamericanas.)*

Memoria del Octavo Congreso . . . México : Edit. Cultura, 1961. *(La literatura del Caribe y otros temas.)*

Memoria del Noveno Congreso . . . México : Edit. Cultura, 1962. *(Influencias extranjeras en la literatura iberoamericana.)*

Memoria del Décimo Congreso . . . México : UNAM, 1965. *(Influencias locales.)*

Memoria del Undécimo Congreso . . . Publicado por la Univ. de Texas. México : Edit. Cultura, 1965. *(Movimientos literarios de vanguardia en Iberoamérica.)*

Memoria del Duodécimo Congreso . . . México : Edit. Cultura, 1966. *(El teatro en Iberoamérica.)*

(Memoria del) XIII Congreso . . . Caracas : Univ. Central de Venezuela, 1968. *(La novela iberoamericana contemporánea.)*

ORJUELA, Héctor H. *Fuentes generales para el estudio de la literatura colombiana.* Bogotá : Inst. Caro y Cuervo, 1968.

Quién es Quién en Bolivia. La Paz : Empresa Industrial Gráfica E. Burillo, 1959.

Quién es Quién en la Argentina. 9a. ed. Buenos Aires : Kraft, 1968.

Quién es Quién en Venezuela, Panamá, Ecuador, Colombia. Con datos recopilados hasta el 30 de junio de 1952. Bogotá : Edit. ARGRA, 1952.

RAPHAEL, Maxwell, y J. D. M. FORD. *A Tentative Bibliography of Paraguayan Literature.* Cambridge : Harvard Univ. Press, 1934.

RELA, Walter. *Contribución a la bibliografía de la literatura uruguaya.* Montevideo : Univ. de la Rep., 1963.

RIVERA DE ÁLVAREZ, Josefina. *Diccionario de la literatura puertorriqueña.* Río Piedras : Univ. de Puerto Rico, 1955.

ROMERA DEL VALLE, Emilia. *Diccionario manual de literatura peruana y materias afines.* Lima : Univ. Mayor de San Marcos, 1966.

SÁNCHEZ, Luis Alberto. *Repertorio bibliográfico de la literatura latinoamericana.* Santiago : Univ. de Chile, I, 1955; II, 1957; III, 1962.

TOPETE, José Manuel. *A Working Bibliography of Latin American Literature.* St. Augustine, Fl., 1952. "Inter-American Bibliographical and Library Association", Series 1, Vol. 12.

ULLA, Noemí. *La revista "Nosotros".* Buenos Aires : Galerna, 1969.

Uruguayos contemporáneos. Noticias biográficas. 4 vols. Montevideo : Biblioteca del Poder Ejecutivo, 1965.

The Year's Work in Modern Language Studies. "Spanish-American Literature", desde 1964, vol. XXVI, por Franco, Shaw, Pontiero *et al*. (En vía de publicación.)

ZIMMERMAN, Irene. *A Guide to Current Latin American Periodicals*. Gainesville, Fla. : Kallman Publishing Co., 1961.

Índice de Autores

ABOUT THE AUTHOR

Luis Leal is Professor of Spanish-American literature at the University of Illinois. He received his
undergraduate training at Northwestern University,
and his MA and PhD from the University of
Chicago. A specialist in Mexican and Spanish-
American literature, Professor Leal's books include
Breve historia del cuento mexicano and *Historia del
cuento hispanoamericano* (2nd ed., 1971) both
published in Mexico City; *Panorama de la literatura
mexicana actual* (Washington: Pan American Union,
1968); *Literatura de Hispanoamérica* (Harcourt
Brace, 1970); and most recently *Mariano Azuela*
(Twayne, 1971). Professor Leal is editor of a volume
of short stories entitled *Cuentistas hispanoamericanos
del siglo veinte* to appear under the Random House
imprint in 1972. He is a contributor to numerous
professional journals and to the *Encyclopaedia
Britannica*.

A NOTE ON THE TYPE

The text of this book was set in Monotype Imprint
101. The cutting of Imprint in 1912 was an event
of great typographical importance for, amidst so
much duplication of old style and modern faces, this
was the first original book type to be designed spe-
cially for mechanical composition. Its success proved
not only that it was possible to draw and cut new
type designs pantographically by engraving ma-
chines, but also that mechanically-set type could
rival in appearance the best examples of hand
composition. Gerald Meynell, founder-editor of
The Imprint, persuaded the Corporation to cut
this face for use in his magazine. In collaboration
with Edward Johnston and J. H. Mason, Series 101
was redrawn from an old face of the late 18th century. Fundamentally a smoother and rounder
version of Caslon's old face, it is somewhat larger
on the body than most old faces.

Printed and bound by Halliday Lithograph Corp.
West Hanover, Mass.

Typography by Pedro A. Noa